Der junge Adolf Bastian, 1826 bis 1860

Europäische Hochschulschriften

European University Studies

Publications Universitaires Européennes

Reihe XIX **Volkskunde / Ethnologie. Abteilung B: Ethnologie**

Series XIX Anthropology / Ethnology. Section B: Ethnology

Série XIX Anthropologie / Ethnologie. Section B: ethnologie

Volume / Band **83**

Jutta E. Bellers

Der junge Adolf Bastian, 1826 bis 1860

Auf dem Weg zu einer neuen Wissenschaft vom Menschen

PL ACADEMIC RESEARCH

Bibliografische Information der Deutschen Nationalbibliothek
Die Deutsche Nationalbibliothek verzeichnet diese Publikation in der Deutschen Nationalbibliografie; detaillierte bibliografische Daten sind im Internet über http://dnb.d-nb.de abrufbar.

Zugl.: Münster (Westfalen), Univ., Diss., 2013

Gedruckt auf alterungsbeständigem,
säurefreiem Papier.

D 6
ISSN 0721-3549
ISBN 978-3-631-65243-5 (Print)
E-ISBN 978-3-653-04919-0 (E-Book)
DOI 10.3726/978-3-653-04919-0

PL Academic Research ist ein Imprint der Peter Lang GmbH.
Peter Lang – Frankfurt am Main · Bern · Bruxelles · New York · Oxford · Warszawa · Wien

Diese Publikation wurde begutachtet.

www.peterlang.com

Scherenschnitt Adolf Bastian, 1848

Quelle: Klewitz, Friedrich Wilhelm (1975): Geschichte des Corps Saxonia zu Jena bis 1921, Bonn: o. N., S. 144

Vorwort

Mein Dank geht an die Universitätsarchive in Bremen, Heidelberg, Berlin, Jena, Würzburg und Gießen für die fachliche Hilfe und die freundliche Bereitstellung aller relevanten Archivalien. Aussagekräftige Funde entstammen dem Staatsarchiv, dem Landeskirchlichen Archiv und der Handelskammer in Bremen, deren Mitarbeiter zur Auffindung unentbehrlich waren. Ferner lieferte der Bestand der Staatsbibliothek Berlin, der Herzog August Bibliothek in Wolfenbüttel, des Archivs der Deutschen Akademie der Naturforscher Leopoldina, des Staatsarchivs und des Museums für Völkerkunde in Hamburg einen wichtigen Beitrag. Für die entgegenkommende Bearbeitung meiner Anfragen danke ich allen Beteiligten, nicht zuletzt auch denen in der Universitätsbibliothek Münster.

Prof. Dr. Annemarie Fiedermutz–Laun danke ich dafür, dass sie nach langjähriger, eigener Forschung einen erneuten Blick auf die Persönlichkeit und die Leistung Adolf Bastians förderte. Im Verlauf der Untersuchungen wurde über die ethnologische Fragestellung hinaus die Philosophiegeschichte verstärkt einbezogen. Mein Dank richtet sich an PD Dr. Jörg Hardy für seine Hinweise aus der philosophischen Disziplin.

Inhalt

1. Einleitung

> „Die Jugend der Ethnologie, diese jüngst geborene, oder, wenn man will, kaum erst in embryonaler Entwicklung befindlichen Wissenschaft, ergibt sich von selbst aus der ihr gestellten Aufgabe. Die Ethnologie bezeichnet sich in der Etymologie ihres Namens als die Lehre von den Völkern auf der Erde, sie bedarf also klärlich genug, vorher einer Uebersicht derselben, [...]. Andere der induktiven Naturwissenschaften freilich, [...], sind rascher zu systematischer Vollendung herangereift, weil ihnen ein deutlich und fest umschriebenes Feld der Beobachtung vorlag, wogegen die Ethnologie, die als die Wissenschaft vom Menschen einen letzten Abschluss anstreben soll, nur langsamer Entwicklung fähig ist, denn sie hängt ab von der Hilfe der Uebrigen, [...].“[1]

Mit dem Namen Adolf Bastian ist die Etablierung der Ethnologie 1871 an der *Friedrich-Wilhelms-Universität* und die Ausgestaltung der ethnographischen Abteilung der *Königlichen Museen* ab 1868 zu einem eigenständigen und in seiner Zeit bedeutenden *Museum für Völkerkunde* in Berlin verbunden. Die biographischen Angaben zu seinem Lebenslauf stützen sich bis heute auf die, mit Bastian zu seinen Lebzeiten bekannten, Autoren Thomas Achelis (1850–1909)[2] und Richard Schwarz[3]. Ihre biographischen Angaben finden sich, ergänzt durch persönliche Einschätzungen, in den Nachrufen verschiedener Zeitgenossen und in den ersten Lexikoneinträgen Anfang des 20. Jahrhunderts. Deren chronologische Fassungen enthalten die Informationen, nach denen der in Bremen geborene Bastian einer Kaufmannsfamilie entstammte und nach dem Abitur in Heidelberg, Berlin, Jena, Würzburg und Prag Jura und Medizin studierte. Seine Promotion erwarb er 1850 im Fach Medizin und wurde als Schüler Rudolf Virchows (1821–1902) bezeichnet. Nach seinem Studium soll er als Schiffsarzt – die Angaben sind in der Literatur jedoch widersprüchlich – zwischen 1850 und 1852 bis 1858 oder 1859 durch die Welt gereist sein, um sich – nach einem Aufenthalt in Bremen und der Publikation von zwei Werken – von 1861 bis 1865 auf eine Asienreise zu begeben. Bastian etablierte sich danach ab 1868 in Berlin – und seine weiteren Forschungsreisen

1 Bastian 1881: 1 f.

2 Siehe Achelis 1891: 263–300

3 Siehe Schwarz 1909: 4–13

und seine Verdienste um das Fach und das Museum wurden in diesen frühen Rückblicken herausgestellt.[4]

Um 1970 erschienen zwei Monographien zu Leben und Werk Bastians. Zur Biographie enthalten die Arbeiten von Wilhelm Seidensticker (1938–1996) und Annemarie Fiedermutz-Laun neben der Erwähnung seiner hanseatischen Herkunft, die Auflistung seiner Ausbildung an den Universitäten und eine kurze Reisebeschreibung.[5] Zu Bastians ersten beiden Publikationen wird festgehalten, dass *Afrikanische Reisen – Ein Besuch in San Salvador, der Hauptstadt des Königreichs Congo* (1859) neben dem Reisebericht theoretische Erörterungen enthalte, die für seine gesamte Lehre von Bedeutung seien.[6] Das dreibändige *Der Mensch in der Geschichte – Zur Begründung einer psychologischen Weltanschauung* (1860) wurde als grundlegendes Werk und Programm für die folgenden Jahrzehnte angesehen, dessen Bearbeitung noch ausstehe.[7]

Seidensticker spricht an, dass Bastian eine *psychologische Theorie des Denkens* entwickelt habe und sich mit den Schriften des Gründers der *Psychophysik*, Gustav Theodor Fechner (1801–1887), auseinandergesetzt haben müsse, weil er auffällig oft auf ihn verweise.[8] Fiedermutz–Laun zitiert Bastians kritische Sicht zu Fechners Psycho–Physik, die *mit der Selbstbeobachtung in sich selber feststecke.*[9] Die Psycho–Physik fand jedoch in anderer Hinsicht die Anerkennung Bastians, da sie sein Endziel, das Ineinandergreifen von Natur- und Geisteswissenschaft verwirkliche.[10]

Fiedermutz-Laun hebt 1970 hervor, dass Alexander von Humboldts (1769–1859) Idee eines *harmonischen Kosmos* einen Einblick in Bastians *Weltanschauung* geben könne, weil sein ethisch-religiöser Idealismus darin einen Ausdruck finde.[11] Ebenso habe Bastian sein Leben nach dem, ihm persönlich bekannten, Vorbild ausgestaltet und sich A. v. Humboldts Überzeugung, dass *Weltreisen am meisten geeignet seien, die Wissenschaften zu fördern*[12], angeschlossen.

---

4 Steinen, von den 1905: 236–256. Vgl. ferner Lindeman 1905: 1–9, Hantzsch 1907: 148, Focke 1912b: 25, Siebert 1912: Nr. 268

5 Seidensticker 1969: 27, 81
Fiedermutz-Laun 1970: 5°f.

6 Fiedermutz-Laun 1970: 13

7 Seidensticker 1969: 28 u. Fiedermutz-Laun 1970: 13

8 Seidensticker 1969: 52

9 Bastian 1900: 119, zit. n. Fiedermutz–Laun 1970: 34*

10 Bastian 1888: Bd. 1: 328, zit. n. Fiedermutz–Laun 1970: 34*

11 Preuss 1926: 7, zit.°n. Fiedermutz-Laun 1970: 8*

12 Bastian 1869c: 25, zit.°n. Fiedermutz-Laun 1970: 7

Zum Humanitätsgedanken bei Bastian sah Fiedermutz-Laun eine Anbindung an Johann Gottfried Herder (1744–1803) und dessen Postulat: *Humanität ist der Zweck des Menschen*, mit dem Ziel der *Erziehung des Menschengeschlechts.*[13]

In der vorliegenden Arbeit werden diese hier einleitend skizzierten Einflüsse, nun auf den jungen Bastian, vertiefend aufgegriffen.

Bastian selbst resümierte als Privatdozent an der Philosophischen Fakultät in Berlin 1868 zunächst eine positive Aufnahme seiner Publikationen durch andere Gelehrte. Er empfand dies als Anerkennung seiner wissenschaftlichen Leistung, die er mit seiner ersten Reise erbracht habe. Bastian sah aber auch schon früh die Gefahr, dass seine bisherigen Schriften unter *verkehrten Wappenschildern in die Literatur eingeführt* werden, obwohl er zuvor seine Prinzipien im *Mensch in der Geschichte* dargelegt hatte.[14]

Anlässlich seines 100. Todestages wurde während eines Symposions[15] nach seinem wissenschaftlichen Erbe in den Sammlungen des heutigen ethnologischen Museums und in der Ethnologiegeschichte gefragt. Als Autor hatte er eine Fülle von Abhandlungen, Fachartikeln und Rezensionen hinterlassen, die mehrheitlich noch vorhanden sind.[16] Eine numerische Erfassung seiner Titel zeigt, dass er mit 32 selbstständig erschienenen Publikationen zur Ethnologie aller Erdteile und mit weiteren 21 Arbeiten zur Psychologie im Allgemeinen vertreten ist. Hinzu kommen zahlreiche wissenschaftliche Fachartikel und Beiträge in Sammelbänden. Seine darin dargelegten Gedankengänge galten wegen seines eigenwilligen Schreibstils als schwer nachvollziehbar und ihm haftete der Ruf an, als ein theoretischer *Wolkenwanderer*[17] darin seine überquellenden Vorstellungen festzuhalten.

In ihrem Vortrag gab Fiedermutz-Laun im Rahmen des Symposiums einen Überblick über den Nachlass Bastians, dessen Zusammenführung und Erschließung sie sich widmet.[18] Der Nachlass umfasst rund 2.000 Archivalien, bestehend aus Briefen, Berichten, Studien und Zeichnungen und erfordert aus gegenwärtiger Sicht eine Bearbeitung in mehreren Abschnitten.[19] Ein Beispiel aus den Archivalien verdeutlicht, welche Möglichkeiten der Aussage zu Leben

---

13 Herder 1820: 281, zit.°n. 1970: 64

14 Bastian 1868a: VI

15 „Adolf Bastians Erbe im Ethnologischen Museum- ein universales Archiv der Menschheit?“, Ethnologisches Museum Berlin, 25.-27.02.2005

16 Fischer 2007: 301-322

17 Steinen, von den 1905: 238 f.

18 Fiedermutz-Laun 2007: 55–74

19 Fiedermutz-Laun 2007: 55 f., 72

und Wirken Bastians dieser weitgehend noch nicht veröffentlichte Nachlass enthält. In einem Brief an Georg von Neumeyer (1826–1909) betonte Bastian 1904 rückblickend die Bedeutung der Weichenstellung für die Ethnologie in der Mitte des 19. Jahrhunderts. Seitdem war er bemüht, einen Überblick über das Menschengeschlecht auf dem *Globus intellectualis* zu erlangen.[20] Tapan Kumar Das Gupta[21] sah 1990 in Immanuel Kants (1724–1804) Philosophie und in dessen Definition der intelligiblen Welt den Schlüssel zu den im 20. Jahrhundert rätselhaft erscheinenden Ansichten Bastians.

Bastian selbst äußerte sich 1881 in *Die Vorgeschichte der Ethnologie – Deutschland's Denkfreunden gewidmet für eine Mussestunde* zu den von ihm so genannten Lebensfäden dieser Disziplin. Die neue Wissenschaft erhielt 1869 den Namen *Ethnologie*, weil die beteiligten Kollegen im Gründungskomitee der *Gesellschaft für Anthropologie, Ethnologie und Urgeschichte* an der tradierten Dreiteilung der Welt festhielten. Danach war seit den ältesten kirchlichen Schriften die Welt in die *festis christianorum, judaeorum und ethnicorum* aufgeteilt. Unter *Ethnicismus* wurden alle Völker zusammengefasst, die zum so genannten Heidentum gezählt wurden. Für Bastian verdeutlichte dieser Terminus seinerzeit am besten den vorläufigen Gegenstand des Faches. Theoretisch gehörten für ihn aber nicht nur dieser, sondern *alle* Weltbereiche zur Ethnologie, um eine vollständige *Geschichte der Menschheit* zu schreiben. Die Vereinbarung einer Beschränkung gelte jedoch nur solange, bis genug Wissen über die Völker der Welt vorhanden sei. Solange beanspruche die Ethnologie, keine historischen Vorrechte auf die Völker der alten Welt.[22]

Die *Völkerkunde* oder die *Lehre von den Völkern der Erde* entstand nach Bastian mit den Gründungen der menschenfreundlichen Gesellschaften zu Beginn des 18. Jahrhunderts und sei ohne begriffliche Festlegung auch Ethnographie oder Ethnologie genannt worden. Ihr Ziel sei es gewesen, eine Universalhistorie der Menschheit zu schreiben, und er verwies auf die *Helvetische Gesellschaft* und Isaac Iselin (1728–1782). Der hatte mit den *Muthmassungen über die Geschichte der Menschheit* 1764 einen hypothetischen, kulturgeschichtlichen Abriss von der Antike bis zu den Nationen Europas verfasst. Darin war er auf Unterschiede bei den so genannten barbarischen Zuständen von Völkern und den aufgeklärten und freiheitlichen in den republikanisch verfassten Nationen eingegangen.[23] Bastian betonte, der Pfarrer und Schriftsteller Johann Gottlieb Steeb

---

20 Fiedermutz-Laun 2007: 71

21 Das Gupta 1990: 255

22 Bastian 1881: 16

23 Bernoulli 1808: 772–776

(1742–1799)[24] habe bereits in seinem *Versuch einer allgemeinen Beschreibung von den Zuständen der ungesitteten und gesitteten Völker nach ihrer moralischen und physikalischen Beschaffenheit* (1766) den Wert der Betrachtung der primitiven Stämme für das Anliegen einer chronologischen Geschichtsschreibung erkannt. Als prophetisches Werk dieser Zeit galt ihm dagegen Herders *Ideen zu einer Geschichte der Menschheit,* weil der Theologe in ihnen den Gesellschaftszustand des Menschen als Naturzustand erkannt und schon 1785 eine kultur-anthropologische Übersicht oder Völkerkarte der Erde gefordert habe.[25] Ansonsten, hielt Bastian fest, habe es im 18. Jahrhundert Arbeiten zu den Völkern nur unter der selbstgewählten Beschränkung auf Europa gegeben. Als Beispiel erwähnte er den Historiker August Ludwig Schlözer (1735–1809).[26]

Auf der Suche nach den Vorläufern der modernen Kultur- und Sozialanthropologie amerikanischer Prägung ging Han F. Vermeulen 2006 der Verwendung der Begriffe Völkerkunde, Ethnographie und Ethnologie im europäischen Sprachraum nach. Die Bezeichnungen Völkerkunde und ‚Ethnographia' wurden im 18. Jahrhundert synonym verwendet und traten 1740 bei Gerhard Friedrich Müller und dann 1767 und 1771 bei den Göttinger Historikern Schlözer und Johann Christoph Gatterer (1727–1799) erstmals auf. Die Göttinger nutzten die Völkerbeschreibungen der Geographie für ihre Universalgeschichtsschreibung. Der Terminus ‚Ethnologia' selbst fand sich zum ersten Mal 1783 in einer in Wien veröffentlichten Arbeit über die Geschichte der Ungarn von Adam František Kollár (1718–1783) und 1787 in den philosophischen Schriften des Theologen Alexandre-César Chavannes (1731–1800) aus Lausanne, der sie als Teil einer neuen Anthropologie oder universalen Wissenschaft vom Menschen ansah.[27] Chavannes hatte, so das Historische Lexikon der Schweiz, unter diesem Namen zu einer empirischen *Anthropologie ou science generale de l'homme* aufgerufen. Er hatte die Ethnologie mit pädagogischen Absichten und – ebenfalls in der Tradition der Aufklärung – mit der Aussicht verbunden, eine Geschichte der Entwicklung der Völker zu schreiben.[28]

Mit der Ermittlung der chronologischen Verwendung von, Ethnographie' und, Ethnologie' in der Literatur des 18. Jahrhunderts bestätigt sich eine damals existierende Begriffskonfusion. Vermeulen isoliert und gewichtet daraus zwei Entwicklungsstränge, einen national- und einen universalhistorischen. Der erste

24 Siehe Leisewitz 1893: 542 f.

25 Bastian 1881: 14

26 Bastian 1881: 13

27 Vermeulen 2006: 125, 127 f., 132°f.

28 Bloch 2005 [Historisches Lexikon der Schweiz]: No. 1

sei aus politischen Gründen durch das Zusammenleben vieler Völker in Europa, und da hauptsächlich im Zarenreich, entstanden. Diese Ethnographie sei als Vorläufer der 'sociocultural anthropology' anzusehen, weil sie sich der Ethnizität zugewendet habe. Der universalistische Strang sei durch die philosophische Anthropologie geprägt worden, wobei Impulse zum Kulturverständnis einzig durch Herder gegeben worden seien. Dieser habe auch die Kulturanthropologie von Franz Boas (1858–1906) geprägt. Ansonsten habe die philosophische Anthropologie des 18. Jahrhunderts keinen Einfluss auf die Entstehung der Ethnologie gehabt. Durch Theophil Ehrmann (1762–1811) hätten komparative und deskriptive Studien zum ersten Mal eine Stimme bekommen.[29]

Nach der Definition eines Lexikoneintrags von 1858 untersuchte die frühe Ethnographie, in der Bastian sich 1866 habilitierte, die Völker der Welt nach ethischen Kriterien. Die Völker wurden – ohne Herder zu erwähnen – als Gesellschaften definiert, die durch ethische Bande, wie das der Religion oder das des Rechtssystems, zusammengehalten würden. Die Sprache sei dabei die stärkste Verbindung und bewirke, dass Menschen sich zu Völkern vereinigten. Sie behandle Völker als Mitglieder der zur sittlichen Entwicklung bestimmten Menschheit. Ihr Forschungsgegenstand sei die Kultur und Geschichte lebender Völker und sie unterscheide sich dadurch von der chronologischen Universalgeschichte mit ihrem Bezug auf untergegangene Kulturen und von der universalen Geschichtsschreibung der Politik.[30]

Bastian gründet 1869 eine ethnologische Vereinigung und eine *Zeitschrift für Ethnologie* und vollzog damit eine deklaratorische Abgrenzung zur Ethnographie. Er wählt die Bezeichnung Ethnologie und beabsichtigt – vergleichbar mit Chavannes – eine über die Völkerkunde hinausgehend konzipierte Disziplin. In dem Lexikonartikel war dagegen der Terminus Ethnologie der physischen Anthropologie vorbehalten, die dann jedoch, bei der Gründung der *Berliner Gesellschaft,* abgekürzt als *Anthropologie* in den Namen aufgenommen wurde. Sie untersuchte die Völker als Varianten der Spezies Mensch, widmete sich deren Verbreitung nach den physischen Merkmalen und behandelte die Fragen der Abstammung. Diese Anregung war von Johann Friedrich Blumenbach (1752–1840) ausgegangen und hatte von James Cowles Prichard (1786–1848) eine erste systematische Behandlung erhalten. Robert Gordon Latham (1812–1888) hatte dies unter dem Gesichtspunkt der Einheit der Menschheit weiter betrieben. Dies hatte in einem Gegensatz zu Joseph Arthur Gobineau (1816–1882) und dessen

29 Vermeulen 2006: 134, 137°f., 140

30 Pierer 1858: 927

Essai sur l'inegalité des races humaines von 1853 gestanden. Im gleichen Sinn hatten amerikanische Rassentheoretiker und Befürworter der Sklaverei, etwa Samuel Morton (1799–1851), Josiah Nott (1804–1873) und George Gliddon (1809–1857) argumentiert.[31]

Bastian gab seiner Ethnologie eine *Vorgeschichte*, die er in drei Phasen vorstellte und aus denen durch Kombination und Abänderung der Theorien zur Natur des Menschen bis zur Mitte des 19. Jahrhunderts ein Spektrum an Human-Wissenschaften entstanden sei. Der Beginn wurzelte im 16. Jahrhundert in dem Bestreben, *eine* Wissenschaft vom Menschen betreiben zu wollen. Daraus hatten sich zahlreiche Teildisziplinen entwickelt, zu denen beispielsweise die Zoologie, Anatomie und Physiologie, aber auch die Philosophie, Geschichte und Philologie gehörten. Die Ursache der Differenzierung sah Bastian im Dualismus, in der Festlegung, dass der Mensch aus Körper und Geist bestehe. Daraus hätten sich zwei unterschiedliche Forschungsschwerpunkte unter dem Namen *Anthropologie* ergeben. Im 17. Jahrhundert wiederum habe - aufgrund der neuen empirisch-experimentellen Methoden in der Medizin - der Erkenntnisgewinn zum menschlichen Körper dominiert, und die - noch im 16. Jahrhundert angestrebte - physische und psychische Gesamtschau des Menschen sei aufgehoben worden. Bastian benannte als Beispiel für die noch vereinte Anthropologie die Arbeit des Leipzigers Magnus Hundt (1449–1519), in der der Name *Anthropologie* 1501 erstmals Verwendung in der deutschen Philosophie gefunden hatte, und die Schrift von Otto Casmann (1562–1607), in Steinfurt 1594 unter dem Titel *Psychologia Anthropologica* erschienen, deren Ausrichtung aus seiner Sicht nun wieder zum Tragen komme.[32]

Bastian verweist mit diesen Gelehrten auf die Begründer einer sich autonom verstehenden Wissenschaft vom Menschen. Nach Heinrich Schipperges habe sich in Hundts *Anthropologium de hominis dignitate, natura et proprietatibus* der Mensch nach seinen zwei Naturen in die Psychologie und die Anatomie aufgeteilt, wobei die geistige Komponente von größerer Bedeutung erschien. Casmann habe 1594 in Steinfurt seine *Psychologica anthropologica, sive animae humanae doctrina ...* verfasst und darin die Leib-Seele-Problematik zu einer Lehre von der menschlichen Natur entfaltet, indem er zwar die *duplex natura* von eigenständigen Disziplinen untersucht haben wollte, beide Teilbereiche aber in einer übergeordneten, vereinenden Abhängigkeit zur *großen Natur* stehen sah.[33]

31 Pierer 1858: 928

32 Bastian 1881: 7

33 Schipperges 1999: 86 f.

In der *Vorgeschichte der Ethnologie* legt Bastian den Einfluss der philosophischen Anthropologie dar und bemängelt, dass eine übergeordnete Abhängigkeit der Dualität des Menschen bisher nicht aufgestellt wurde. In der Entwicklung der Anthropologie sei in der Sparte der Physiologie und Anatomie seit dem 17. Jahrhundert ein großer Wissenszuwachs erlangt worden. Der davon getrennte Bereich der Psyche sei bei der Philosophie verblieben, wobei René Descartes (1596–1650) den Menschen von der *ratio* bestimmt, Baruch de Spinoza (1632–1677) dagegen Leib und Seele durch ein *Denken Gottes* vermittelt gesehen habe. Mit John Locke (1632–1704) sei eine *empirische Psychologie* entstanden, wobei Wahrnehmung und Erfahrung zur Grundlage des Denkens wurden.[34] Des weiteren urteilte Bastian: „ [...], während Kant die pragmatische Anthropologie nur 'für eine Art Weltklugheit' zu verwerthen wusste, und auch in seinem Schwanken zwischen rationaler und empirischer Psychologie mit keiner von beiden fertig zu werden vermochte, [...][35] Bastian verortete sich selbst, indem er auf eine philosophische Strömung hinwies, die die *Berührungspunkte des Körperlichen und des Geistigen im individuellen Menschen* suche. Diese habe mit Herders *Ideen zu einer Geschichte der Menschheit* einen erweiterten Auftrag erhalten.[36] Für Bastian ist es folgerichtig, dass weitere Schritte zu einer *vergleichenden Psychologie des Menschen als Gesellschaftswesen* gemacht worden seien. Er räumte beiläufig ein, dass Theodor Waitz (1821–1864) in ähnlicher Absicht 1859 eine Arbeit vorgelegt habe. Er selber habe nach den Reisejahren seinen Entwurf dazu *in seiner als Erstlingsprodukt auf fast noch ungesichtetem Forschungsfelde wenig geordneten Form* 1860 veröffentlicht. Die darin dargelegten Begründungen einer *psychologischen Weltanschauung* seien die *ersten Landmarken* gewesen[37], die – wie am Beginn der Einleitung zitiert – in einer Ethnologie als Wissenschaft vom Menschen einen Abschluss finden sollten. Seine Ethnologie sei eine neue, empirische Wissenschaft, weil sie im *Contactpunkt des menschlichen Auges mit den Aussendingen* ansetze. Sie setze dort an, wo Karl Christian Friedrich Krause (1781–1832) die wissenschaftliche Grenze der Geschichtsphilosophie sah: der Ergründung des *Gottesbewusstseins Werk*.[38]

Bastians Hinweis einer Verortung in der philosophischen Anthropologie ist der Ansatzpunkt dieser Untersuchung. Dazu erschien es erstrebenswert, seine Jugend-, Studien- und Reisejahre in den Kontext der Geistesgeschichte des 19.

34 Bastian 1881: 9
35 Bastian 1881: 11
36 Bastian 1881: 14
37 Bastian 1881: 41
38 Bastian 1881: 30

Jahrhunderts zu stellen. Der aus diesem Ansatz gewonnene, wissenschaftsgeschichtlich relevante Themenkanon wird entsprechenden Aussagen aus Bastians ersten Publikationen gegenübergestellt. Dabei können die theologischen und philosophischen Themen in ihrer Rezeption durch Bastian und als Fundament seines ethnologischen Konzeptes dargestellt werden.

Zur Bearbeitung dieser Aufgabe wurde der Zeitraum (von der Geburt 1826 bis zum Erscheinen des Werkes *Der Mensch in der Geschichte* 1860) in vier Abschnitte unterteilt. Der erste behandelt die Jahre seiner Jugend in Bremen von 1826 bis 1845. Zum einen werden familiengeschichtliche Daten der Familie Bastian, die als protestantische Bürger in der Freien Hansestadt Bremen lebten, in den kulturellen und handelsgeographischen Kontext gestellt. Diese Einordnung basiert auf Archivmaterial zur Familie und zur Handelsreederei J. W. Bastian Söhne und geschichtswissenschaftlichen Publikationen zum Bremer Bürgertum.

Zum anderen werden vor dem Hintergrund der bildungstheoretischen Ausrichtung des Neuhumanismus und staatspolitischer Entscheidungen des Bremer Senats die Archivalien zu Bastians Schulausbildung eingeordnet. Ebenso zwei bisher nicht veröffentlichte naturphilosophische Aufsätze, die er als Primaner für einen privaten Bildungszirkel verfasste. Der von ihm 1844 – ein Jahr vor seinem Abitur – vertretene kulturtheoretische Ansatz wird einer zeitgleichen Bremer Debatte um die Rolle der Wissenschaft entgegengestellt. Die Streitpunkte sind den Dokumenten über die 22. Versammlung deutscher Naturforscher und Ärzte in der Hansestadt und den Nachforschungen zu seinem Freundeskreis entnommen.

Anschließend wird im zweiten Abschnitt anhand von Universitätsarchivalien der Zeitraums 1846-1850 untersucht: welche Fächer belegte Bastian in seinen Studienorten Heidelberg, Berlin, Jena und Würzburg und welche Professoren hörte er. Vernachlässigt werden dabei jene Fächer, etwa die Gynäkologie, die er zum Abschluss seines Medizinstudiums benötigte; hervorgehoben werden alle Studienbelege zur Naturforschung und Anthropologie. Den Fragen und Antworten zur Erde, zur physischen und psychischen Ausstattung des Menschen, die Mitte des Jahrhunderts von einflussreichen Gelehrten gestellt und gegeben wurden, werden Bastians eigene Betrachtungen zum *Naturrecht*, zur *Weltordnung* und zur *Psychologie* entgegengesetzt, die aus *Der Mensch in der Geschichte* entnommen wurden.

Der vorletzte Abschnitt untersucht Bastians erste Reise. Dabei wird den Bedingungen und Möglichkeiten seiner Forschungstätigkeit nachgegangen und deren Verlauf anhand von bekannten und bisher unbekannten Quellen rekonstruiert. Es folgt die Rezension seiner Reisebeschreibung *Ein Besuch in San Salvador, der*

Hauptstadt des Königreich Congo – hierin wird sein Afrika-Bild deutlich und ebenso die Stellung dieses Kontinents für sein Vorhaben. Im letzten Kapitel wird das dreibändige Werk *Der Mensch in der Geschichte* in seiner wissenschaftstheoretischen Ausrichtung vorgestellt, um eine Grundlage für ethnologiegeschichtliche Einordnungen zu schaffen.

2. Familie und Bildung, 1826–1845

2.1 Bremer Kaufmannsfamilie und der Welthandel

2.1.1 Die Familie Bastian-Dwerhagen

Philipp Wilhelm Adolf Bastian wurde am 26. Juni 1826 in Bremen geboren und verbrachte seine Jugend in der Solidargemeinschaft einer begüterten Bürgerfamilie. Seine Großmutter Dorothea Maria, geborene Dwerhagen (1765–1852), hatte 1851 in einem von zwei Senatoren beurkundeten Testament die Verwendung ihres Vermögens geregelt, das zum Wohl ihrer Nachkommen in einer Familien-Stiftung verwaltet werden sollte.[39] Als Witwe des Kaufmanns Johann Wilhelm Bastian (1756–1827) bedachte sie damit einen Personenkreis von 15 Kindern, elf Ehepartnern und über 100 Enkeln und Urenkeln. Ihre verheirateten Söhne und Töchter hatten zwischen sieben und elf Kinder so dass ihr siebter Sohn Hermann Theodor (1796–1866) mit seiner Frau Christine Friedericke Auguste (1803–1873) als Eltern von Bastian und seinen acht Geschwistern dafür durchaus repräsentativ waren.[40]

Die Kaufmannswitwe empfahl ihren Familienmitgliedern, alle Veränderungen des Familienstandes durch Geburt, Heirat oder Tod dem Verwalter ihres Erbes anzugeben, damit das Wissen über die Familie in einem Stammbuch festgehalten werden könne und nur eheliche Nachkommen einen Anspruch geltend machen könnten.[41] Die Erfassung der Deszendenz hat in privaten Aufzeichnungen eine lange Tradition, eine Systematisierung und Erfassung von staatlicher Seite ist in Bremen durch neue Rechtsvorschriften während der französischen Besatzungszeit von 1810 bis 1813 erfolgt. Das *Civilstandsamt* des Senats stellte seit 1814 Personendaten zusammen, um in Erbrechtsverfahren und zur Steuererhebung Grundlagen zu schaffen, aber auch um zuerkannte Bürgerrechte zu dokumentieren und somit den Zuzug Ortsfremder zu kontrollieren.[42]

---

39 Testament von Dorothea Maria Bastian, geborene Dwerhagen, v. 25.11.1850, StA Brem 2-Qq.4.c.3.b.4.dd.Nr. 1617: 152

40 Martens 1988: 17–32

41 Testament von Dorothea Maria Bastian, geborene Dwerhagen, v. 25.11.1850, StA Brem 2-Qq.4.c.3.b.4.dd.Nr. 1617: 155

42 Spreckelsen, von 2003: 1

Bastians Großmutter hatte als Erblasserin verfügt, dass nur hilfsbedürftige Familienmitglieder um Unterstützung nachsuchen könnten. Den von ihr bestimmten Administratoren der Stiftung war es freigestellt, nach ihrem Ermessen Art und Umfang der Bedürftigkeit festzustellen und eine dementsprechende finanzielle Hilfe zu gewähren.[43]

Dorothea Bastian war bemüht, mit ihrem Testament die familiären Bindungen zu stärken und allen Dazugehörigen eine Absicherung für Notfälle zu bieten. Das soziale Fürsorgenetz in Bremen war in der ersten Hälfte des 19. Jahrhunderts noch hauptsächlich durch die bürgerlichen Eliten organisiert. Neben der Absicherung der eigenen Familie finanzierten sie durch Kollekten, Spenden und Stiftungen Fürsorgeeinrichtungen für Witwen, Waisen, kranke und alte Menschen. Bastians Vater gehörte 1838 zu den von der Bürgerschaft gewählten Administratoren des *Catharinenstifts*[44], ein privat bestrittenes, aber vom Senat und der Bürgerschaft verwaltetes ehemaliges Beginen-Haus. Sie bildeten das Fundament kommunaler Sozialpolitik und wurden durch die Diakonie der Kirchen ergänzt. Bürgerliche Mildtätigkeit und praktische Solidarität waren Ausdruck einer christlich-altruistischen Haltung der Alt-Stadt Bürger. Dabei wurden Armut und Bedürftigkeit nicht nach ersichtlicher Not, sondern nach moralischen Kriterien definiert. Es entsprach *einer weit verbreiteten europäischen Einstellung vor der Entdeckung der gesellschaftlichen Ursachen des Pauperismus,* den Grad der Selbstverschuldung zu vermuten und dem Individuum die Verantwortung für seine Lebensumstände zuzusprechen. Die Protektion der Mittellosen aus ethischer Überzeugung festigte die politische und gesellschaftliche Vorherrschaft der wirtschaftlich Leistungsfähigen, weil ihr individuelles und finanzielles Vermögen als Garant für den Wohlstand der Stadt gesehen werden konnte.[45]

Der Großvater war um 1800 einer der höchstbesteuerten Gewerbesteuerzahler.[46] Als Handelswaren-Kommissionär gehörte er nach Art und Umfang seiner Geschäfte zu der Gruppe von Großhändlern ohne strenge Branchenspezialisierung, die sich im frühen 19. Jahrhundert in Bremen als *Kaufleute* bezeichneten.[47] Zum Handelssortiment der Firma *J. W. Bastian Söhne* gehörte der Kaffee. Mit dem Import von Kolonialwaren verband sich mit dem Bremer Unternehmen

43 Testament von Dorothea Maria Bastian, geborene Dwerhagen, v. 25. 11. 1850, StA Brem 2-Qq.4.c.3.b.4.dd.Nr. 1617: 156

44 Das Catarinenstift in Bremen. Inspectoren – Administratoren. StA Brem, Graue Mappe Bastian, XIX.d.11.b

45 Schulz 2002: 324–328

46 Schulz 1991: 41

47 Schulz 2002: 97

auch die Geschichte der außereuropäischen Erdteile unter der wechselnden Einflussnahme durch die Kolonialmächte. Im 16. und 17. Jahrhundert war der Kaffee eine niederländische Kolonialware, die über Amsterdam aus Arabien und Südostasien bezogen wurde. Im 18. Jahrhundert hatte die französische Westindische Kompanie das Handelsmonopol für dieses Produkt an sich gezogen, da seit 1715 eigene Pflanzungen auf Haiti, gefolgt von Martinique, Guadeloupe und Guyana, betrieben wurden. Bordeaux war zu der Zeit der mächtigste Im- und Export-Hafen für die europäischen Verbraucher.

Am Ende des 18. Jahrhunderts bemühten sich Kaufleute der Hansestadt, durch erste Direktimporte aus Südostasien am *Welthandel* teilzunehmen. Bremer Kaufleute standen aber weiterhin unter den Restriktionen der Kolonialmächte, die durch Handelsbeschränkungen ihre Monopolstellung wahren konnten. Seit 1730 hatten die Briten Kaffeeanbau auf Jamaika, Barbados und Antigua betrieben. Der *Navigation Act* von 1651 hatte einen Warenhandel von und in die Kolonien nur durch englische Schiffe und Häfen erlaubt; London und Liverpool wurden für einige Zeit Bremens Lieferanten für Kaffee aus Britisch-Westindien.[48] Ab 1780 lösten sich Bremer Unternehmer aus dieser Abhängigkeit, gefördert durch die Unabhängigkeitserklärung der USA (1776), den Aufschwung der deutschen Exportindustrie und die Seekriege der Kolonialmächte (1793–1802) im Wettstreit um die *Weltmacht.* Von den Kommissions- und Speditionsgeschäften des 18. Jahrhunderts ausgehend, vollzog sich ein Übergang zum überseeischen Direkthandel, indem Söhne oder Verwandte zur Ausbildung in die USA gingen und dort eigene Unternehmen gründeten[49] oder in Weltgegenden, in denen sich Handelsstationen und neue Märkte aufbauen ließen.

In der Familie Bastian waren es drei Brüder der Großmutter[50], die am Ende des 18. Jahrhunderts in die USA gingen, und vier Brüder des Vaters[51], die zu Beginn des 19. Jahrhunderts in Kuba ansässig wurden. Im Testament ihrer Mutter wurde der Älteste von ihnen um 1850 mit dem Zinsgewinn aus dem Verkauf der Plantage *Carlota* bei Mantanzas bedacht; das erlöste Kapital wurde dem Grundstock der Stiftung hinzugefügt.[52]

Kuba war von 1511 bis 1898 spanische Kolonie. 1791 brachten französische Immigranten aus dem westlichen Teil der benachbarten Insel Santo Domingo,

48 Seling-Biehusen 2001: 49, 65, 68, 71, 93, 94

49 Engelsing 1958: 7

50 Lampe 1982: 126–130

51 Martens 1988: 3

52 Testament von Dorothea Maria Bastian, geborene Dwerhagen, v. 25. 11. 1850, StA Brem 2-Qq.4.c.3.b.4.dd.Nr. 1617: 156

dem heutigen Haiti, den Kaffeestrauch auf die Insel. Der Anbau prosperierte und warf um 1820 eine Produktion von 230.000 Tonnen ab. Die Region um Havanna-Mantanzas gehörte zu den bedeutenden Anbauzentren. 1827 gab es 2.000 Kaffeeplantagen, deren Mustergültigste sich auch durch den Besitz von 400 Sklaven hervorhob. Eine erste Krise setzte 1832 ein: Es war zu einem Überangebot durch Kaffee aus Venezuela, Brasilien und Guatemala gekommen. 1844 und 1846 hatten Hurrikane einen Großteil der Anpflanzungen verwüstet, sodass 1848 dieser Wirtschaftszweig zusammenbrach.[53]

Kuba war 1797 durch die Kolonialmächte zur Freihandelszone erklärt worden und hatte sich so zu einem zentralen Stützpunkt im interkolonialen Handel entwickelt, auch für den Sklavenhandel. Der Zuzug weißer Siedler nach Kuba hatte sich im Zeitraum von 1750 bis 1830 verdreifacht;[54] Kuba galt als *siempre fiel isla* der Krone Spaniens. Die so erlangte strategische und wirtschaftliche Bedeutung Kubas erschwerten jegliche Unabhängigkeitsbestrebungen, die Sklaverei wurde erst 1880 aufgehoben und 1901 erlangte die Insel einen autonomen Status als Republik.[55]

In der Blütezeit des Kaffeeanbaus um Havanna und in Mantanzas folgten aus der Bastian-Dwerhagen-Familie in der Generation Bastians sein Bruder Johann Philipp Otto (1832–1850), zwei Cousins aus den Familien Büsing und Traub, und eine mit einem Kaufmann verheiratete Cousine den dort ansässigen Familienmitgliedern. Die verwandtschaftlichen und geschäftlichen Beziehungen waren über zwei Generationen in den Standorten Bremen und Havanna eng verwoben. In der Elterngeneration hatten Bastians Vater und dessen Bruder Georg August (1800–1869) die Geschäfte der Handelsreederei *Johann Wilhelm Bastian Söhne* in Bremen übernommen.[56]

53 Zeuske 2000: 87 f.

54 Engermann 1997: 49, 52

55 MKL 1904 (4): 365 f.

56 Martens 1988: 17–22, 27, 56, 69, 261, 270
Georg August Bastian war mit seiner Nichte Rosalie Friedericke Eugenie Büsing (1813–1882) verheiratet, deren Bruder Friedrich Alexander Alfred (1820–1894) ebenfalls Kaufmann auf Kuba war. Eine weitere Tochter der Bastian-Dwerhagen-Nachkommen, Dorothea Wilhelmina (1789–1856), war mit dem Bremer Kaufmann Johann Carl Traub (1782–1848) verheiratet; deren Sohn Eugen Carl (1823–1894) und deren Tochter Marie Louise, verheiratet mit dem Kaufmann Johann August Böving (1799–1867), betrieben für einige Zeit auf Kuba ihre Geschäfte.

2.1.2 Die kulturelle Bedeutung des Welthandels

Der Firmengründer Johann Wilhelm Bastian war 1780 aus Oberingelheim in der Pfalz nach Bremen gekommen, wo bereits Verwandte der Familie Traub-Bastian lebten. Über die Familie seines Cousins Johann Andreas Traub (1734–1798) gab es Beziehungen zur Handelsreederei Cassel & Traub. Ihr Gründer war Carl Philipp Cassel (1744–1807), ein ehemaliger Kapitän im Dienst der niederländischen Ostindischen Kompanie, der hier mit seinem Teilhaber Johann Adam Traub (1745–1822)[57] um 1780 u. a. erste Spekulationsfahrten in den asiatischen Raum unternahm.[58] Ein Charakteristikum dieser Fahrten war, dass es weder festgelegte Routen noch bekannte Handelspartner gab. In der Absicht, neue Märkte zu erschließen, suchten die Betreiber anfangs mit hohen Verlusten, später in lukrativer Weise Gebiete in Ostasien auf.[59]

Eine Voraussetzung für die Niederlassung des Großvaters in Bremen war der Erwerb der Bürgerrechte. J. W. Bastian schwor am 3. Oktober 1785 den Bürgereid, der ihn zu Gehorsam und zum Erhalt der Gemeinschaft verpflichtete. Von nun an konnte er Hauseigentum erwerben und Ämter im Rat erlangen. Die gleichzeitig verliehene Handlungsfreiheit erlaubte es ihm, autonom Geschäfte zu tätigen und Mitglied in der Handelskammer und des Kaufmannkonvents zu werden. Es ist überliefert, dass Frauen wie Männer verpflichtet waren, diesen Status zu erwerben. Bei einer beabsichtigten Heirat hatte derjenige Ehepartner ohne Bürgerrechte sich um diese zu bemühen, anderenfalls verlor der andere seinen Status. Johann Wilhelm Bastian erfüllte somit auch eine weitere Bedingung, um als Zuwanderer am 13. November 1785 die Tochter des Kaufmanns Dwerhagen zu heiraten. Die Verbindung hätte ohne günstige Beurteilung seiner Person dem Bedürfnis der eingesessenen Familie in der ständisch gegliederten Stadt wohl kaum entsprochen. Zum guten Ansehen in der Bürgerschaft gehörte neben beruflichem Erfolg auch ein soziales Engagement abseits aller wirtschaftlichen Interessen. Moralische Eigenschaften nahmen den ersten Rang im Ansehen ein, Reichtum und intellektuelle Fähigkeit wurden gemindert, wenn es an bürgerlicher Moral mangelte.[60]

---

57 Auszug aus den Bürger–Registern. Bürger-Eid. StA Brem, Graue Mappe Bastian, Blatt 21 u. 21a Im Oktober 1785 hatte Johann Wilhelm Bastian den Bürgereid der Hansestadt Bremen geschworen. Zeuge war u. a. Johann Adam Traub.

58 Martens 1988: 256 f.

59 Bechtloff 2001: 44

60 Bellers 2007: 13 f.

Der Rat der Stadt hatte seit dem 13. Jahrhundert über die Aufnahme eines Zugezogenen in die Bürgerschaft zu entscheiden. Erfüllte ein Antragsteller die Bedingungen des Rates, so erfolgte die Aufnahme im Mittelalter durch deren Bekanntgabe von der Kanzel an drei Sonntagen. Beanspruchte niemand den Antragsteller als seinen Hörigen, so war er danach ein freier Mann. Mit dem Bevölkerungswachstum in den folgenden Jahrhunderten sorgte die Bürgerschaftsregelung für die soziale Differenzierung der Stadtbewohner. Im 18. Jahrhundert waren Kaufleute, Zunfthandwerker und Gelehrte als Altstadtbürger die Gruppe mit dem höchsten Ansehen. Sie partizipierten am politischen Geschehen, im Gegensatz zu den Vorstadt- und Neustadtbürgern, die ohne Mitspracherechte waren. Zur Wahrung des Besitzstandes und zur Regulierung des Zuzugs waren in diesem Jahrhundert die Altstadtbürgerrechte verteuert und eine Unterteilung in Bürger mit und ohne Handlungsfreiheit eingeführt worden.[61]

Die Familie Bastian gehörte darüber hinaus zu der noch kleinen Gruppe von Kaufleuten, die zwischen 1770 und 1800 vor dem weltpolitischen Hintergrund den Transatlantikhandel aufbauten. Wegen ihres Wagemuts und ihres Erfolgs waren sie hoch angesehen. Sie hatten Bremen zur wirtschaftlichen Blüte verholfen und zum Welthandelsplatz gemacht. Für den Nachwuchs der Handelsfirmen führte der Weg zur Selbstständigkeit nicht immer über die heimischen Kontore, sondern für einige über einen erfolgreichen Aufbau von Handelsstationen und Märkten im Ausland. Unter schwierigen Bedingungen wurden sie überall dort ansässig, wo staatliche Maßnahmen sie nicht hinderten. Es wurden neue Beziehungen in China, Japan und Ostindien erprobt. Zur Unterstützung der Handelsgeschäfte besaß die Firma Bastian eigene Schiffe, wie die Brigg *Auguste*, die von 1838 bis 1855 im Einsatz war. Ihre letzte Fahrt machte sie nach Batavia, wo sie noch mehrere Fahrten unternahm und im Dezember 1856 verkauft wurde.[62]

In Bremen bestanden 1846 Handelsbeziehungen zu 74 Städten außerhalb Europas, in denen Bremer mit Handelsniederlassungen beteiligt waren. Ein Großteil entfiel auf Städte in Nord-, Mittel- und Südamerika, gefolgt von elf in der Karibik, drei in Westafrika, fünf in Ostindien und zwei in China.[63] Von den damals sieben norddeutschen Küstenstaaten hatten Bremen und Hamburg als einzige hochseetaugliche Schiffe.[64] Am 1. Januar 1846 waren 80 unter Bremer Flagge auf dem amerikanischen Kontinent unterwegs bzw. auf dem Weg dorthin, 16 fuhren

---

61 Bellers 2007: 12

62 Bellers 2007: 15 f.

63 Pawlik 1994: 438

64 Kerst 1965: 303

nach Westindien, drei nach Ostindien und jeweils eins nach Australien und in die Südsee. Zudem befanden sich elf Walfangschiffe im südlichen Eismeer.[65]

Aus den Spekulationsfahrten früherer Jahre ergaben sich ausgebaute Handelsrouten, mit eigenen Niederlassungen und Pflanzungen vor Ort. Es gab geregelte Geschäftsbeziehungen, die häufig durch Partnerschaften Bremischer Firmen untereinander aufrechterhalten wurden.

Johann Lange Sohn's Witwe & Co war ein traditionsreiches Haus, das in der ersten Hälfte des 19. Jahrhunderts eine Reederei mit zwölf eigenen Schiffen betrieb. Eine ihrer vielen Firmenbeteiligungen bestand mit dem Haus *J. W. Bastian Söhne*, das auch mehrere Kaffeeplantagen in Guatemala besaß. In der Jahrhundertmitte leiteten Mitglieder der Familien Oelrichs und Hartlaub das Unternehmen, welches 1863 durch George Alexander Albrecht (1834–1898) verstärkt wurde.[66] Nach seinen Aufenthalten in China, Indien und Japan war der Hannoveraner in Bremen als Firmenchef ansässig geworden, gehörte zu den Mitbegründern der dortigen *Geographischen Gesellschaft* und war Unterstützer der ersten Nordpolarfahrten.[67]

Bis 1780 hatten Bremer Händler als Mitglieder der *Hanse* vor allem regional Bedeutung. Über Küsten- und Binnenhandel hatten sie hauptsächlich landwirtschaftliche Produkte aus und in Nordwesteuropa vertrieben.[68] Als Mitglieder der *Unio hanseatica* – dem Städtebund, welcher ohne festgelegte Organisationsform vom 12. bis ins 17. Jahrhundert bestand – verbanden Kaufleute europäische Städte zu einem Netzwerk funktionierender Geschäftsverbindungen. Jedem der Mitglieder stand es frei, eigene und autonome Verbindungen zu knüpfen, so dass ein facettenreicher wirtschaftlicher Prozess entstand, bei dem geographische Verbindungen von Nowgorod bis Lübeck, Brügge und London und von Skandinavien bis zum Atlantik und dem Mittelmeer geknüpft wurden.[69]

Die ökonomische Verbindung der europäischen Städte wurde im 17. Jahrhundert durch die *merkantile Moderne* abgelöst. Mit der Entdeckung der Seewege durch den Indischen Ozean zum Pazifik konnten unabhängig vom eurasischen Landweg die Erdteile Europa, Amerika und Asien mit einem Handelswege-System verbunden werden. Im Wettstreit mit den Kronen Spaniens, Portugals, Frankreichs und Englands übernahmen die Vereinigten Niederlande

65 Pawlik 1994: 438

66 Firmengeschichte: Johann Lange Sohn's Wwe. & Co. HK Brem 90001, K 10 u. 90001, K°10 a

67 Wolkenhauer 1900: 325

68 Engelsing 1958: 7

69 Taylor 2004: 11–13

die Vormachtstellung auf ökonomischem Gebiet. Amsterdam wurde das Lagerhaus der Welt, in dem aus dem Handel mit den Waren der drei Erdteile großer Wohlstand gewonnen wurde. Die ökonomische Metageographie der merkantilen Moderne orientierte sich an den Netzwerken ihrer globalen Handelswege. Die Weltsicht war geprägt vom räumlich erweiterten ökonomischen Handeln, wobei eine Waren-Welt gleich einem *cornucopia* zur Nutzung und Mehrung des eigenen Wohlstands zur Verfügung stand.[70]

Die politischen Schriften der Aufklärung im 18. Jahrhundert sahen im nationalen Handelsgeist eine Voraussetzung für das anzustrebende Weltbürgertum. In Bremen entstand daraus die Überzeugung, dass durch den Handel Individualität und Selbstständigkeit als Gemeinwesen behauptet werden könne. Als Fichte-Schüler in Jena und späterer Bürgermeister von Bremen gab Johann Smidt (1773–1857) das *Hanseatische Magazin* heraus, in dem über den Einfluss des Handels auf die Kultur und die Nützlichkeit der reichsfreien Hansestädte – zunächst innerhalb des *Heiligen Römischen Reiches deutscher Nation*, später innerhalb des Deutschen Bundes – referiert wurde. Die Gedanken der Aufklärung veränderten das bisherige Wirtschaftsdenken und zeigten sich auch in kulturellen Veränderungen, etwa der Kleidung und der Sprache. Im letzten Jahrzehnt des 18. Jahrhunderts präsentierten sich die Kaufleute nicht mehr in ständischer Tracht, sondern übernahmen den englischen, schlichten Anzug des Bürgers. Verkehrssprache blieb zunächst Plattdeutsch oder Holländisch; ab 1820 wurden junge Kaufleute dazu angehalten, Hochdeutsch zu sprechen.[71] Ihr Tätigkeitsfeld verschob sich vom Zwischenhändler zum Organisator von Warenströmen, vom regional denkenden Einzelhändler zum expandierenden Unternehmer, der sich global in *Handelsbewegungen* einschaltete, der als selbstständig und selbsttätig begriffen wurde, und sie nach lukrativen Gesichtspunkten zu befördern suchte. Diese Kaufleute investierten ihre Gewinne fortgesetzt in neue Geschäfte, wohingegen die tradierte merkantile Mentalität des Händlers das erwirtschaftete Kapital – für ein erweitertes Wirtschaftsgeschehen ungenutzt – zur Sicherung der eigenen Existenz in Grund- und Boden-Erwerb abführte.[72]

Mit der Wende vom 18. zum 19. Jahrhundert etablierte sich *Welthandel* als soziokultureller Begriff, der wie andere Welt- Komposita im Kontext von Herrschaft, Macht und Krieg das Verständnis der Moderne prägte. Das europäische Bürgertum wusste sich – im Bewusstsein seiner Vormachtstellung durch die rasche

70 Taylor 2004: 181 f.

71 Engelsing 1958: 8 f.

72 Engelsing 1958: 7, 12

Industrialisierung des eigenen Landes und die Kolonialisierung anderer Erdteile – mit wachsendem nationalem Kulturpathos eine imposante Vorgeschichte zu geben. Mit Rekurs auf die Geschichte der Griechen, Römer und des Christentums, wollte es dieses Heldentum fortführen. Es sah sich selbst als technologisch perfektionierter Abschluss, als vorläufigen Höhepunkt einer Jahrtausende währenden Entwicklung. [73]

Mit der erweiterten globalen Aktivität und einer entsprechenden politischen Einstellung entstand eine Metageographie der industriellen Moderne: Das Zentrum ihrer Welt war die industrialisierte Zone, von der beständig Impulse auf den Rest des Erdraumes ausgingen. Durch die Aufhebung der räumlichen Gebundenheit und die gleichzeitige industrielle Revolution in Nordwesteuropa kam es zu einer Machtverschiebung der Weltregionen: Technischer Fortschritt, Bewaffnung und Reichtum sorgten dafür, dass Europa die Welt zum eigenen Nutzen umstrukturieren konnte. Aufbauend auf der Handelsgeographie konzentrierte sich hier die wirtschaftliche und politische Kontrolle über die Welt. Der Erdenraum war nicht länger ein Füllhorn, sondern eine nach eigenen Bedürfnissen gestaltbare Sphäre. Mit dem Erfolg dieses Handels stellten sich im folgenden 19. Jahrhundert Eurozentrismus und Überlegenheitsdenken ein, die sich schließlich als Rassismus und Imperialismus voll entfalteten.[74]

2.1.3 Adolf Bastian als Welt-Hospitant

Bastian nutzte die Kontakte der Bremer Kaufleute auf seinen ersten Reisen. Noch agierten Bremens Handelshäuser ohne politische Direktiven durch ein Deutsches Kaiserreich. Der Übergang von der merkantilen zur industriellen Moderne erfolgte in Deutschland – im Gegensatz zu den frühen Kolonialmächten – eingeschränkter und erst in der zweiten Hälfte des 19. Jahrhunderts.

Politisches und ökonomisches Vorbild war für Bastian die Kolonialmacht Großbritannien. Am 3. März 1864 notierte er bei seiner Ankunft in Singapur, er freue sich, von seinem Bruder[75] empfangen zu werden, der ihn auch zum Landsitz seines Vetters[76] und Mitbegründers des Handlungshauses *Büsing,*

73 Braun 1997: 490

74 Taylor 2004: 183

75 Martens 1988: 25
Alexander Bastian (1841–1885), Kaufmann in Hamburg

76 Martens 1988: 56, 75
Carl Eduard Büsing (1821–1907), Kaufmann in Batavia

Schroeder & Co begleiten werde. Und Bastian erläuterte die Umstände, die zur Niederlassung der Bremer Kaufmannschaft im kolonialen Stil geführt hätten. Demnach sei das Aufblühen Singapurs dem Verständnis der Engländer für den Freihandel zu verdanken. Sie hätten hier einen Freihafen errichtet, nachdem sie (mit den Niederlanden) „ihre“ asiatische Welt in eine britische Festlandzone und eine niederländische Inselwelt aufgeteilt hätten.[77]

Auf dem Dampfschiff *Java* erreichte Bastian im April 1864 Batavia. In der Filiale des von diesem Vetter und dessen Kompagnon gegründeten Handelshauses fand er durch den ihm schon aus Bremen bekannten Leiter Erdmann freundliche Aufnahme.[78]

Eduard Julius Erdmann war am 30. Juli 1861 nach Batavia ausgewandert und ist ein Beispiel für die üblichen Aktivitäten im Handel. Zur Einschätzung der zur Auswanderung Entschlossenen unterschied die Ratsverwaltung:

> „Die Emigration Bremischer Eingeborener hat Gottlobb bis hirhin nicht anders als von Leuten Platz gehabt, die einesteils der Staat fast zum Vorteil der Moralität entbehren konte, oder denen der Kaufmanns- und Nahrungsstand in der neuen Welt eine vorzügliche Rolle und Lebensart ahnden oder vielleicht hoffen lässet.“[79]

Diesen Weg in eine hoffnungsvolle Zukunft war 1842 ebenfalls Carl Eduard Büsing gegangen, um in der niederländischen Kolonie sein Handelshaus zu gründen und dann, nach erfolgreicher Etablierung, 1858 mit der Restitution der Bürgerrechte wieder nach Bremen zurückzukehren.[80]

In Batavia leiteten Bastians Familienangehörige die notwendigen Schritte ein, damit er seine Reise auf einem Kriegsschiff fortsetzen konnte. Der Kommandant des Dampfschiffs *Amsterdam* bat ihn, sein Gast zu sein, und mit der Passage im Mai 1864 umging er die Unzuverlässigkeit, die eine Segelschiffsreise damals noch mit sich brachte.[81] Manila wurde am 28. Mai erreicht, dessen Hafen seit 1789 für Waren aus China und Indien und nun auch fremden Schiffen zugänglich war. Bastian erneuerte seine Kontakte zum Handelshaus *Jenny & Co* und erhielt eine Unterkunft bei einem befreundeten Pflanzer.[82] Der Schweizer Peter Jenny hatte sich in den 50er Jahren darum beworben, auf den spanischen Philippinen als Konsul für die Hansestadt zu residieren. Dies war ihm 1852 gewährt

77 Bastian 1869b: 2–4
78 Bastian 1869b: 101
79 Glade 1965: 296
80 Glade 1965: 298 f.
81 Bastian 1869b: 107
82 Bastian 1869b: 256, 263

worden und sein bevorzugter Handelspartner in Bremen war die Firma *Johann Lange Sohn's Witwe & Co.*[83]

Bastian passierte die Straße von Formosa und erreichte am 6. Juni 1864 Nagasaki. Mit einem Einführungsbrief ausgestattet, begab er sich zum Handelshaus *Kniffler & Co* und wurde im alten Sinne kolonialer Gastlichkeit aufgenommen.[84] Der Düsseldorfer Louis Kniffler war 1858 mit seinem Bremer Mitarbeiter Martin Hermann Gildemeister (1836–1918)[85] von Batavia nach Japan gegangen, um dort eines der ersten deutschen Handelshäuser zu errichten. Bei ihren Bemühungen um einen Handelsvertrag mit Japan wurden die Kaufleute vom Bremer Senat unterstützt. Der Vertrag kam jedoch erst zustande, als sich 1867 der *Norddeutsche Bund* konstituierte und mit zunehmender nationaler Einheit nicht mehr nur Einzelstaaten, sondern ab 1871 das *Deutsche Kaiserreich* die Verhandlungen über Verträge des Welthandels übernahm.[86]

2.2 Protestantische Konfession und die Naturforschung

2.2.1 Protestantismus und Bremer Bürger-Union

Bastian wurde am 18. September 1826 in der Gemeinde St. Stephani durch den mit der Familie verwandten Pastor Hermann Müller getauft.[87] Die religiöse Einordnung der Familie Bastian spiegelt die bremische Koexistenz protestantischer Ausrichtungen in der ersten Hälfte des 19. Jahrhunderts wider.

So hatte der Großvater Johann Wilhelm Bastian 1814 zahlreiche Grabstellen[88] für seine Familie auf dem Doventhor-Friedhof erworben. Diese außerhalb der Altstadt liegende Begräbnisstätte war nach 1812, wegen des Verbots der französischen Besatzungsmacht, innerstädtisch auf Kirchhöfen zu beerdigen, erweitert worden. Für den Erwerb der Grabstellen spielte nun die unterschiedliche Pfarrzugehörigkeit der Familienmitglieder keine Rolle mehr.[89] Der Großvater

83 Glade 1966: 56

84 Bastian 1869b: 301

85 Martens 1988: 75
Adolf Bastian hatte verwandtschaftliche Beziehungen zur Familie Gildemeister, da sein Vetter Carl Eduard Büsing in Batavia mit Elise Victorine Auguste Gildemeister verheiratet war.

86 Kerst 1965: 312, 321 f.

87 Taufen an St. Stefani, 1826, Eintrag Nr. 640, s. LA Brem

88 Liste der von Johann Wilhelm Bastian erworbenen und vererbten Grabstellen, 1814–1873 . StA Brem, Graue Mappe Bastian, Bl. 23

89 Schwarz 1980: 33, 37, 38, 42

war pfälzischer Calvinist und hatte mit Dorothea Maria Dwerhagen die Tochter einer lutherischen Familie geheiratet, die aus Brabant und über Norwegen nach Bremen gekommen war.

Bastians Onkel Carl Eduard (1797–1875) war mit Sophia Elisabeth Müller (1808–1883) verheiratet, der Schwester des schon erwähnten Pfarrers Hermann Müller, und wurde als streng religiös beschrieben. Gemeinsam mit einem Cousin Bastians, Johann Wilhelm Bröckelmann (1816–1892), wurde er als Mitbegründer der Sonntagsschulen[90] genannt. Mitglieder der *Herrnhuter Brüdergemeine*[91] waren in diesem Familienzweig auch zu finden.[92]

Bastian wuchs in einer Gemeinde auf, deren konfessionelle Ausrichtung seit ihrer Gründung konstitutiv für das politische, soziale und kulturelle Leben war.

Die St.-Stefani-Gemeinde war bereits 1139 auf Initiative Bremer Bewohner entstanden, indem mit einem Kirchenbau und der Gründung eines Kollegiat-Stifts begonnen worden war. Die Gründung von Kleriker-Gemeinschaften war eine unter der Bezeichnung *devotio moderna*[93] stehende Frömmigkeitsbewegung des 12. Jahrhunderts, wobei ein Aufbruch des Bestehenden nicht durch

---

90 Voigt, K. H. 1999: 359–364
Sie unterstützten eine Laienbewegung, die durch angelsächsische Vorbilder zu Beginn des 19. Jahrhunderts initiiert war. Die erste Schule nach englischem Muster wurde 1826 in Bremen gegründet. Sie machten es sich (noch vor dem Bestehen einer Schulpflicht) zur Aufgabe, neben der Vermittlung christlichen Grundwissens auch einen Beitrag zur Alphabetisierung zu leisten.

91 Ludwig 2009: 8–13, 38–46, 52–56, 60 ff., 87
Nikolaus Ludwig Graf von Zinzendorf (1700–1760) hatte ab 1721 der verfolgten mährischen Brüder-Unität, die sich auf den Reformator Jan Hus berief, Asyl gewährt. Daraus war auf seinem Gutsgelände am Hutberg die Ansiedlung Herrnhut entstanden. Zinzendorf war bestrebt, den Forderungen eines frommen, pietistischen Lebens für sich und in Gemeinschaft mit anderen nachzukommen. Durch seine mystischen Erfahrungen eines inneren Gottbezugs setzte er Luthers Idee eines allgemeinen Priestertums aller Gläubigen konsequent um, wobei den Frauen die gleiche Stellung im geistlichen Dienst zustand. Seine Vision war, dass die Gläubigen die Konfessionsgrenzen überwinden, das Beste in allen Religionen entdecken und zu einer Universalreligion formen sollten. Die Forderung nach einem frommen Leben erfülle sich nur, wenn jede Tätigkeit im Leben als Gottesdienst verstanden werde. Ab 1732 gründete die Gemeinschaft Missionsstationen, zunächst in der Karibik, in die Zinzendorf 1739 reiste. Die Herrnhuter Missionare waren Gegner der Sklavenhaltung und deswegen, aber auch aufgrund der fehlenden kirchliche Anerkennung ihrer Frömmigkeitsbewegung, Repressalien durch die Kolonialbehörden ausgesetzt.

92 Martens 1988: 8

93 Angenendt 1997: 228

Veränderung der Institution Kirche bewirkt werden sollte, sondern durch interne Reformen. Mit der Namensgebung verwiesen die Gläubigen auf die Vorbildfunktion des Heiligen für die Ausgestaltung ihrer Lebenshaltung. Heilige und andere Vorläufer bestimmten als ursprungmythisches Deutungsmodell die Kooperationsbereitschaft der Menschen im Mittelalter und waren der Ordnungsfaktor in einer vom Schöpfer erschaffen geglaubten und regierten Welt. Durch die Kirchengründung wurde zum einen die Seelsorge durch Kleriker sichergestellt, zum anderen entstanden aus der Gemeinschaft der Gläubigen Vereinigungen, die soziale und karitative Aufgaben wahrnahmen, die sie mit beruflichen und geselligen Zwecken zu verbinden wussten. Mit der Gründung der Kapitelschule und den musikalisch gestalteten Messen im Zyklus des Kirchenjahres bestritten sie das kulturelle Angebot im Mittelalter. Als Organisationsform der für diese Zeit typischen Stiftsgründungen fand sich – im Gegensatz zum klösterlichen Ordensklerus – der weltliche Klerus in Kapiteln zusammen. Diese Gemeinschaft der Geistlichen verwirklichte die Idee eines gläubig geordneten Lebens, um eine *vita communis* nach kanonischen Regeln umzusetzen.[94]

Mit der Reformation änderten sich die Vorstellungen eines religiös geordneten Lebens und der Einbindung des Einzelnen darin. In der St.-Stefani-Kirche in Bremen vollzogen sich, wie in den anderen Stadtteilkirchen auch (mit Ausnahme des Doms), ab 1547 eine Abkehr von den Lehren Luthers und eine Hinwendung zu den Lehren Johannes Calvins. Bremen wurde nach der Teilnahme an der Synode in Dordrecht 1618 offiziell zu einer reformierten Stadt.

Das Leben im 17. Jahrhundert war von strenger Nüchternheit gekennzeichnet; Luxus und Künste wurden ablehnt.[95] Der Humanist Johannes Calvin (1509–1564) hatte sich in der Ausformulierung seiner Metaphysik von der scholastischen Theologie seiner Zeit abgesetzt, indem er die antiken Philosophen abweichend interpretierte. Danach gebe es eine göttliche Vorsehung, an die der Mensch jedoch nicht schicksalhaft gebunden sei. Mit Platon (427–347 v. u. Z.) war er der Meinung, dass der Mensch durch die Gotteserkenntnis zu einer Ähnlichkeit mit ihm gelange, und mit Ciceros (106–43 v. u. Z.) Argumenten begründete er eine natürliche Gotteserkenntnis.[96] Mit Bezug auf die Schule der Stoiker, die im

94 Röpcke 1990: 18–24

95 Zobeltitz, von 1990: 27–32
Die Mentalität war wesentlich von strenger Konfessionsdoktrin, Sozialdisziplinierung, Kirchenzucht, dem Gebot von Schlichtheit in der Lebensführung und vom Primat des Wortes in einer von Symbolen und Bildern bereinigten Kirche geprägt. Siehe hierzu auch: Brückner 2009: 357–363

96 Rohls 2009: 37

Logos der Götter das Ursache-Wirkungs-Prinzip der Welt sahen, stand für ihn der Mensch unter der Supervision dieses Wirkprinzips, das die Welt in dessen Vorsehung prägt. Der Ablauf der Welt geschehe nicht durch Zufall, sondern mit dem Zweck, Nutzen, Freude und Schönheit zu stiften. Die erste Ursache des ganzen Weltgeschehens oder der Logos wirkten, so Calvin in Übereinstimmung mit Seneca, ununterbrochen fort. Bei den Menschen kämen zwei Wirkprinzipien zur Geltung: zum einen jener Logos, der aus sich heraus in ihm wirke und dem alles Leben unterliege. Zum anderen könne der Mensch durch seine Vernunft die Entfaltung eines inneren Logos erreichen und ihn im Weltgeschehen mithelfend einsetzen. Für Calvin bildete die Lektüre der Bibel den inneren, gottähnlichen Logos und dieser eröffne den Weg zu einem gottgefälligen Leben.

In der Folgezeit teilten sich seine Anhänger in zwei nahezu unversöhnliche gegnerische Lager: Der orthodoxe Calvinismus setzte allein auf die Bibel als Quelle der Erkenntnis, rationale Strömungen öffneten sich der Philosophie und der Empirie.[97]

Der Bremer Theologe und spätere Gelehrte in Leiden Johannes Cocceius (1603–1669) prägte den Calvinismus im norddeutschen und niederländischen Raum. Der Hebraist war Verfechter der orthodoxen Bundes- oder Föderaltheologie, die die Gemeinde (unter Verweis auf die historische Entstehung des Christentums) in enger Abhängigkeit zur Bibel sah und die Gestaltung des gemeinsamen Lebens nur auf biblische Weisungen gründen wollte. Den aufkommenden Rationalismus in der Philosophie und der Theologie wertete Cocceius als Gefährdung des Glaubens; er war ein Gegner seines Zeitgenossen Descartes und der religiösen Strömungen aus Großbritannien.[98] In der Auseinandersetzung der orthodoxen Calvinisten in den Niederlanden und in Norddeutschland um die philosophischen Systeme Descartes' und Spinozas fochten sie bis Mitte des 17. Jahrhunderts um die Deutungshoheit der Theologie. Die aufgebrachten Gegner unterbanden die Verbreitung ihrer Schriften. Bei unterschiedlichen Positionen stritten doch beide Philosophen um die Unabhängigkeit ihrer Disziplin – von der Theologie. Die initiierte Strömung des Rationalismus wurde durch die Gegenwehr, die Cartesianismus und Spinozismus erfuhren, verzögert, aber in seiner Ausbreitung nicht verhindert.[99]

In der Auseinandersetzung um die Stellung der menschlichen Vernunft im Glauben und um die Unabhängigkeit des Einzelnen vom Dogma der Kirche

97 Huizing 2008: 89, 97 f., 104–107, 131 f.
98 Benedict 2002: 338 f., 341
99 Rohls 2009: 40–42

wurde eine Form des bürgerlichen Rationalismus[100] des 17. Jahrhunderts zum Kampfbegriff: der englische Deismus. Dieses Freidenkertum richtete sich gegen das Deutungsmonopol der Kleriker mit ihren Wundern, Mysterien und Geheimlehren. Es setzte auf eine Offenbarung durch rationale Erkenntnis, mit der natürlich-moralische Sittengesetze (in Anlehnung an die *theologica naturalis* der Antike) erkannt werden könnten. Mit der Idee einer natürlichen Religion, die je nach historischer Ausprägung in allen Religionen der Welt zu finden sei, begründeten sie eine Philosophie der Religionsgeschichte. Sie richteten ihren Blick über das Christentum hinaus, um einen Gemeinbesitz aller Menschen zu formulieren. Ihnen ging es um einen toleranten, rational erfassbaren Ausgleich unterschiedlicher Wahrheitsansprüche der Konfessionen. Ihre Gedanken trafen bei den Zeitgenossen in Deutschland mehrheitlich auf Ablehnung. Erst im Laufe des 18. Jahrhunderts verbreitete sich aufgeklärtes Gedankengut im Protestantismus. Nun fanden die Ideen des Deismus Aufnahme in das theologische Denken und zeigten eine Wirkung auf die Kulturgeschichte. Der Wendepunkt in Deutschland bestand am Ende des 18. Jahrhunderts darin, dass der theologische Wahrheitsanspruch nun am philosophischen Anspruch des Humanismus gemessen wurde. Die Idee der natürlichen Religion und die Funktion der Rationalität des Menschen wurden als Bedingungen christlicher Lebensgestaltung gesehen.[101]

Als theologische Reaktion auf den bürgerlichen Rationalismus der Aufklärung entstanden am Ende des 17. Jahrhunderts die Frömmigkeitsbewegungen der Pietisten. Sie wandten sich ebenfalls gegen den Dogmatismus der Amtskirchen und betonten die Bedeutung des Gemüts für eine innere Heilserwartung oder innere Wiedergeburt des Glaubens. Dabei erfuhren die seelischen Vorgänge im Innern des Einzelnen und seine Teilnahme an den Erfahrungen der Mitmenschen große Aufmerksamkeit und erzeugten ein neues Zusammengehörigkeitsgefühl in den Gemeinden. Mit Betonung der emotionalen Erfahrung des Glaubens wuchs

---

100 Weißbrich 2009: 246
Auf die Entwicklung der anglikanischen Kirche wirkte Johannes Calvin zunächst nur begrenzt ein. Als Folge der katholischen Restauration 1533-1558 waren viele Protestanten ins Exil nach Genf oder in die Niederlande gegangen. Danach gewann der Calvinismus an Bedeutung. Die Puritaner betrieben eine Reinigung des Glaubens von katholischen Elementen. Mit König Wilhelm III. stand 1689 ein Calvinist an der Spitze des Staates.
Benedict 2002: 338
Ein strikter religiöser Rationalismus in Form des Deismus entstand in England unter dem Einfluss der niederländischen Remonstranten.

101 Voigt, Ch. 2003: 9–11, 211, 219–221

das Interesse an den psychischen Vorgängen im Menschen. Hauptvertreter im deutschsprachigen Raum waren der Frankfurter Theologe Philipp Jacob Spener (1635–1705), der bereits erwähnte Nikolaus Ludwig von Zinzendorf und der Zürcher Prediger Johann Caspar Lavater (1741–1801).[102] Der walisische Bischof Lewis Bayle (1575–1631) verfasste mit seiner *Praxis Pietatis* 1612 ein System von Vorschriften für das christliche Leben, das, 1628 übersetzt, im deutschen Sprachraum eine Umorientierung auslöste. Sein Erbauungsbuch reagierte auf die Durchsetzungskraft einer christlichen Disziplinierung des Alltags, wie er sie bei dem Jesuiten-Orden beobachten konnte. Es entstand ein konfessionell angepasstes Kompendium für die inneren und äußeren Aspekte der puritanischen Frömmigkeit. Bayle's Anleitungen zur Meditation, Gebeten und Bibelstunden strukturierten den Tagesablauf und den Kalender. Spener war seit seiner Jugend von diesem Buch geprägt und er verfasste mit *Pia desideria oder herzlichstes Verlangen nach gottseliger Besserung der evangelischen Kirche* die erste lutherisch-pietistische Schrift. Eine weitere Bearbeitung nahm der Bremer Pastor Theodor Undereyck (1635–1693) vor; er gilt als der erste reformierte Pietist.[103]

Der Einzug der pietistischen Frömmigkeitsbewegung am Ende des 17. Jahrhunderts hatte zu heftigen Auseinandersetzungen mit den orthodoxen Calvinisten geführt. Anfang des 18. Jahrhunderts gab es den ersten Pfarrer dieser Erneuerungsbewegung in der St.-Stefani-Gemeinde, die seither dieser Strömung zugerechnet wurde. Diese Richtung war weniger eine theologische als eine praktische Reformbewegung, die sich in moderater Form den Gedanken der Aufklärung öffnete. Der Fortschritt war eine Idee der Aufklärung, mit der die Menschheit zu besseren Lebensbedingungen, zu mehr Zivilisation durch erweiterte Naturkenntnisse und Technik gelangen und in der der Einzelne und die Gesellschaft zum Besseren, Höheren und Vollkommeneren durch die Leistungsfähigkeit der Vernunft geführt werden sollte. Die Pietisten in Bremen verbanden diesen Anspruch mit einem persönlich erfahrenen und gelebten Glauben. Sie leisteten Überzeugungsarbeit zur Bekehrung des Einzelnen durch Hausbesuche, gottselige Versammlungen, Schriftstudium und mystisch-sinnliche Emotionalität in ihren Predigten. Als Gegenbewegung zum sich davon weiter ausbreitenden bürgerlichen Rationalismus formierte sich in Bremen zu Beginn des 19. Jahrhunderts erneut eine Reformbewegung. Die Französische Revolution und die napoleonische Besatzung deutete diese neue Strömung als Irrwege der Vernunft. Den Aufruf zur Wiedererweckung des Glaubens verbanden sie mit der

102 Frenzel 1993 (1): 188 f.

103 Kamp, van de 2011: 11–18

erwachten nationalen Begeisterung der Zeit. Mit der Wahl Hermann Müllers durch die Mehrheit der Gemeindemitglieder bekam 1809 St. Stefani als zweiten Prediger einen Vertreter dieser, nun biblizistisch-pietistischen Richtung, dessen Aufnahme die aufgeklärten Pietisten unter ihnen gerne verhindert hätten.[104]

Zu Beginn des 19. Jahrhunderts bestand in Bremen aufgrund einer liberalen Kirchenverfassung eine pragmatische Union der protestantischen Konfessionen. Die praktizierte Toleranz[105] wirkte identitätsstiftend auf die Bürger der Stadt. Diese Verfassung ermöglichte einen religiösen Individualismus, in dem jeder Gläubige sich seine Gemeinde selbst aussuchte und bei der Wahl der Prediger für seine Ausrichtung votieren konnte. Gemeinden und Pfarrer setzten sich daher aus unterschiedlichen Strömungen des orthodoxen und pietistischen Calvinismus zusammen. Diese Kirchenverfassung kann als Vorstufe politischer Partizipationsmöglichkeit gesehen werden, die zu dieser Zeit nur der Oberschicht vorbehalten war. Sie erzeugte das Gefühl, einer freien Religionsgemeinschaft anzugehören, die sich nicht auf Autorität und Tradition der Kirche, sondern auf individuelle Glaubensentscheidung gründete. Die Idee einer Bürgerunion war im ersten Jahrzehnt des 19. Jahrhunderts in konfessioneller Hinsicht Wirklichkeit geworden. Die Mehrheit des Bürgertums bekannte sich zu einem aufgeklärten Protestantismus, als einer sie verbindenden Religion.[106]

2.2.2 Die kulturelle Bedeutung der Naturforschung

Ein Jahr vor Bastians Abitur wurde im September 1844 die *22. Naturforscher- und Ärzteversammlung* in Bremen abgehalten. Die Veranstaltung fand im Zentrum statt und durch die Programmgestaltung stand die Altstadt ganz im Zeichen dieses Ereignisses. Bastians Elternhaus auf der Langenstraße lag inmitten des festlichen Geschehens, als die Teilnehmer zur Besichtigung des Hafens auf dem Dampfer *Gutenberg* nach Bremerhaven fuhren und von der Bevölkerung bei ihrer Rückkehr durch ein illuminiertes Weserufer empfangen wurden. Auch ein

---

104 Zobeltitz, von 1990: 32–48

105 Stollberg-Rilinger 2000: 113
„[…] religiöse Toleranz [war nicht] eine überall selbstverständlich geübte Praxis […]. [Aber] auf der Ebene des religiösen Glaubens wurde der Anspruch des Einzelnen auf Freiheit von äußeren Zwängen und auf individuelle Autonomie zuerst erhoben. Symptomatisch ist, dass der Begriff ‹Toleranz›, zunächst ein rein kirchenrechtlicher Begriff, im Laufe des 18. Jahrhunderts auf immer mehr Gebiete des Denkens und Handelns ausgedehnt wurde und so allmählich seine heutige allgemeine Bedeutung annahm."

106 Schulz 2002: 198

Fackelzug, mit dem die Gelehrten ihre Tagung beendeten, führte durch die Straßen der Innenstadt und Chorgesang war auf den Plätzen zu hören.[107]

Es war ein Treffen jener Gelehrtenvereinigung, die seit 1828 unter dem Vorsitz A. v. Humboldts stand und aus der zehn Jahre nach seinem Tod 1869 die *Anthropologische Gesellschaft* hervorgehen sollte, jene Gesellschaft, die Leib und Seele des Menschen, seinen Ursprung, Rasse und Charakter der Völker zu erforschen suchte. Die Gründung im Tagungsort Innsbruck war damals noch von einer weltanschaulichen Kontroverse zwischen fortschrittlichen und konservativ-klerikalen Parteien gekennzeichnet. Die Empörung hatte sich auf den so genannten Materialismus in ihren Positionen bezogen, von dem sich die katholische Kirche verunglimpft sah. Für den folgenden Tag war ein Sühnegottesdienst angekündigt worden.[108]

Bastians Schulzeit wird als lebhafte Auseinandersetzung und Periode interner Kämpfe in der Bremer Kirchengeschichte beschrieben. Es herrschten allgemeine Religiosität und Kirchlichkeit vor, deren orthodoxe oder pietistische Lebensauffassung mit einer rationalistischen Färbung versehen war und von der Mehrheit als *Rechtgläubigkeit* angesehen wurde. Radikale Aufklärer, die gegen die tradierte Auffassung zu Felde zogen, oder ihren Biblizismus verteidigende Pietisten bildeten Randgruppen. Im Allgemeinen nahm die gesamte Bevölkerung, und somit auch die Jugend, Anteil an kirchlichen Fragen, weil die Kirche im Gegensatz zur Politik einen öffentlichen Raum darstellte, zu dem jeder Zugang hatte. Im Zeitraum von 1830 bis 1845 waren Meinungsverschiedenheiten eskaliert und in mehreren Phasen hatte sich unter den Pastoren ein Streit um die Einstellung zur Wissenschaft entfacht. Dieser Streit war 1840 bis 1842 von der Kanzel aus und in Zeitungsartikeln ausgetragen worden. Zunächst waren von orthodoxer Seite Wissenschaft und Literatur als Volksverführer verflucht und den Rationalisten angedroht worden, sie *vor den Richterstuhl der heiligen Schrift* zu bringen.[109] Dieses Position vertrat Friedrich Ludwig Mallet (1792–1865), ein Amtsbruder und Zögling Hermann Müllers in der St.-Stefani-Gemeinde. Die Haltung dieses Predigers in Bastians Gemeinde stieß auf Ablehnung im aufgeklärten Bürgertum.[110] Befürworter des Fortschritts dagegen sahen im bürgerlichen Rationalismus und im Pantheismus eine notwendige Reform der Kirche. Als Mitstreiter dieser Überzeugung ereiferte sich Bastians Lehrer und Direktor der Gelehrtenschule Wilhelm Ernst Weber (1780–1850) und titulierte seinen

107 Entholt 1932: 50
108 Querner 1970: 15, 23 f.
109 Entholt 1932: 21, 34–37, 41 ff.
110 Zobeltitz, von 1990: 50, 56

orthodoxen Widersacher als *Oberschuhu*, als *fluchenden Dschingiskhan der Ascetik, Elberfelder Mohamet* oder *einen den heiligen Tanz auswirbelnden Fakir.* Sein Ziel war ein kirchliches Christentum, das jedoch Bildung aufnehmen und nicht *glaubenswütige Idioten* überlassen werden sollte. In Ton und Wortwahl suchte der 1829 aus Frankfurt nach Bremen berufene Verehrer des Altertums nicht nur hier die Konfrontation, seine Amtszeit war von kontinuierlichen Zusammenstößen auch mit Vorgesetzten und Kollegen gekennzeichnet.[111]

An den Themen der *22. Naturforscher- und Ärzteversammlung* 1844 in Bremen eskalierte der Streit erneut. Der liberale Pfarrer Karl August Nagel (1805–1864) besuchte die Veranstaltungen und veröffentlichte danach einen Artikel über den Einfluss der Naturwissenschaften auf Religion und Volksbildung. Er beklagte, dass die Religion sich von der Wirklichkeit ausschließe und forderte, dass sie eine Reihe ihrer Dogmen aufgeben müsse. Die Naturwissenschaften würden nach seiner Ansicht die richtige Erkenntnis und damit Frieden und Wohlstand bringen. Er plädierte für eine Fortbildung des Christentums, da der Mensch in seiner pyramidischen Entwicklung bereits der Spitze näher sei als dem Fundament.[112] Seiner aufgeklärten Überzeugung entsprechend bemühte sich Pfarrer Nagel auch in seinem Amt, gemeinsam mit seinen Zuhörern und Anhängern durch Denken und Forschen zu größerer Klarheit der Erkenntnis zu gelangen. Der seit 1842 in der Remberti-Gemeinde tätige Geistliche wandte sich zunächst Ludwig Feuerbach (1804–1872) zu, ab 1861 dem philosophischen System Arthur Schopenhauers (1788–1860) und verstand seine Predigten als einen Beitrag zur *Religion des Geistes.*[113]

Ein Thema der Tagung war die Phrenologie, die als naturgemäße Geisteskunde vorgestellt wurde. Am 19. September 1844 referierte der Bremer Naturforscher und Arzt Eduard Hirschfeld darüber. Das Gehirn sei das Geistesorgan und das Rückenmark von großer Bedeutung im höheren Nervenleben.[114] Hirschfeld berief sich dabei auf den Anatom Franz Josef Gall (1758–1828)[115] und führte

111 Entholt 1932: 21, 34–37, 41 ff.

112 Entholt 1932: 49, 57 f., 79 f., 81

113 Motz 1886: 23, 217

114 Ankündigung des Vortrags, *Tageblatt* Nr. 5 v. 21. 9. 1844. In: 22. Versammlung der Naturforscher, StA Brem 2-S.7.a.5.b

115 Ackerknecht 1964: 42
„Nach einer 2jährigen aufsehenerregenden Vortragsreise durch Deutschland, die Schweiz, Holland und Dänemark ließ sich G. 1807 in Paris nieder, [...] und [wirkte] bis zu seinem Tode als ein gesuchter Praktiker und Propagator seiner Lehre, die besonders in der Spurzheim-Modifikation als ‚Phrenologie' bekannt geworden ist,

in pantheistischer Überzeugung aus, dass die *erhabenen Gesetze unseres Gottes im geistigen Leben der Geschöpfe walten.* Er postulierte auch eine Identität von Gott und den materiellen Erscheinungen der Welt, von menschlichem Geist und Gehirnorgan. Aufgrund dieses Kausalnexus könne von der Entwicklung der Gehirnpartien auf mentale Eigenschaften und von diesen auf die Physiognomie des Menschen geschlossen werden. Zur Anschauung verwies er auf die Gestalt des *trefflichen Melanchton* im Gegensatz zum *furchtbaren Papst Alexander VI.* oder auf die Atheisten, deren Gehirnareal für den Tatsachensinn gut ausgebildet sei, im Gegensatz zu dem des logischen Vermögens. Ein Resümee war der Rat an seine Hörer und Leser, gegenüber den göttlichen Naturgesetzen gehorsam zu sein, denn die Belohnung erfolge im Physischen wie im Psychischen.[116] Für einen weiteren Referenten, Gustav von Struve (1805–1870), war die Phrenologie eine von allen Physiologen anerkannte Lehre von den Verrichtungen des Gehirnorgans. Sie erforsche dadurch die Elementarkräfte des Geistes und ermittle das Grundsätzliche, aus dem die Natur des Menschen bestehe, und sei somit eine alles vereinende Wissenschaft der Menschenkenntnis. Sie sei die neue Philosophie der Humanität und von größter Bedeutung.[117]

2.2.3 Adolf Bastian 1844: *Über die Verhältnisse der Welt*

> „Alles, was ist, ist. Innigste Einheit in der mannigfaltigsten Mannigfaltigkeit, ist das Grundgesetz des Seins, welches daher gar keine Eigenschaften oder, was dasselbe sagt, alle besitzt. So wenig sich daher Unterschiede in demselben befinden, so wenig gibt es dort Stufen. Was ist, ist vollkommen, weil es ist, wie das Ganze, so jedes Einzelne gemäß der allgemeinen Einheit, und Gleichem kommt nur Gleiches, doch findet nicht ein Stillstand statt, sondern ein stetes Werden, die Bedingung des Lebens. [...]. Die Einheit des Seins gibt sich in jedem Einzelnen, wie im Ganzen kund, was auch immer

---

[...]. Gall selbst sprach nur von seiner Organologie und Craniologie. Er glaubte, empirisch am menschlichen Gehirn 27 ‚Organe' entdeckt zu haben, welche Grundeigenschaften verkörperten, vom Fortpflanzungsinstinkt (No 1) über Besitzgier (No 7) bis zum Gottesglauben (No 26). Starke Entwicklungen dieser Organe prägen sich durch Erhebungen am Schädel aus. Von all diesen Organen hat sich nur eins bestätigt: das sog. Brocasche Sprachzentrum; [...]. Er hat außerdem sehr wichtige Beiträge zur Gehirnanatomie gemacht. [...] er ist der Begründer der Lehre, daß Geisteskrankheiten Hirnkrankheiten sind. Auch zur Erziehungslehre und Kriminologie trug er bei."

116 Hirschfeld 1844: Umrisse der Phrenologie: 14, 28, 43, 49, 91, 101, 105. In: 22. Versammlung der Naturforscher, StA Brem 2-S.7.a.5.b

117 Smidt 1844: Amtlicher Bericht: 75–92. In: 22. Versammlung der Naturforscher, StA Brem 2-S.7.a.5.b

dawider sprechen möchte, wie z. B. d[ie] Trennung in Geist – und Körper= Gestalt ist nur scheinbar. Dieser Unterschied besteht einzig in d[er]. Ansicht der Menschen, er ist, einzig für diesen, als solchen vorhanden."[118]

Bastian referierte im Februar 1844 über eine Weltanschauung und über die Stellung des Menschen im Weltgeschehen im *Wissenschaftlichen Verein* der Gymnasiasten.

Diese Primaner-Vereinigung war 1822 als *Literarischer Verein* in Anlehnung an die *Bremische Deutsche Gesellschaft* entstanden, die bereits 1748 bis 1793 sich den Zielen der Aufklärung verpflichtet hatte. Deren Vorbild wiederum war die Leipziger *Deutsche Gesellschaft* von 1727 gewesen, die von Johann Christian Gottsched (1700–1766) zur Förderung der selbstständigen Entwicklung des menschlichen Geistes gegründet worden war. Bastian war von 1843 bis 1845 Mitglied in diesem *Wissenschaftlichen Verein* und hatte insgesamt drei Aufsätze mit naturphilosophischem Inhalt als Beiträge für die in den Elternhäusern abgehaltenen Zusammenkünfte verfasst.[119]

Bastian stellt im Kreis der Primaner mit Vorbehalt einen metaphysischen Entwurf zur Diskussion, in dem im Gegensatz zur Schöpfungsgeschichte der Bibel axiomatisch von der Existenz der Welt ausgegangen wird: „Alles, was ist, ist."[120] Bastian bekannte, dass er sich mit dem ontologischen Thema beschäftige, weil eine innere Stimme ihn dazu dränge. Das Bedürfnis des Menschen seine Existenz zu erklären, gehöre in den Bereich der unbekannten Natur und bei allen Erklärungsbemühungen des Seins könne auch das Unbekannte des Weltgeschehens nicht vollständig ergründet werden.[121]

In dem vorgetragenen Modell existiert kein Schöpfer, sondern ein Naturwille, der die Welt hervorbringe. Dieser Wille offenbare sich, indem er ihm Gleiches in großer gestalterischer Vielfalt schaffe. Der *Schaffer* – der Wille – und das *Geschaffene* – der Mensch – würden in wechselseitiger Beziehung stehen. Die menschlichen Sinne wie das Auge nähmen mit der sie umgebenden Natur die *Urbilder* des kontinuierlich schaffenden Willens in sich auf. Zunächst erschienen sie ihm durch Art und Dauer der Erfassung als zusammenhanglose Einzeldinge. Die Besonderheit des Menschen bestehe aber darin, dass er mit zunehmender geistiger

118 Bastian 1844: *Über das Verhältnis der Welt*: 187°f. In: Primaner-Verein, StA Brem 7, 1038, s. ferner Transkript im Anhang, Kap. 7.1: 198

119 Seedorf 1922: 5–8, 130

120 Bastian 1844: *Über das Verhältnis der Welt*: 187°f. In: Primaner-Verein, StA Brem 7, 1038, s. ferner Transkript im Anhang, Kap. 7.1: 198

121 Bastian 1844: *Über das Verhältnis der Welt*: 187°f. In: Primaner-Verein, StA Brem 7, 1038, s. ferner Transkript im Anhang, Kap. 7.1: 198

Reflexion die Welt von den einzelnen Eindrücken zur Vollkommenheit des ganzen Geschehens der Natur in Beziehung setzen könne. So sei das menschliche Sein durch ein Werden gekennzeichnet, das nicht aus einer Entwicklung vom Unvollkommenen zum Vollkommenen bestehe, sondern in der Reflexion der ewigen Vollkommenheit. Durch seine Sonderstellung befinde sich der Mensch – im Gegensatz zu Tier und Pflanze – nicht mehr im festgelegten Zyklus des Werdens und Vergehens. Er habe sich durch geistige Bewegung davon gelöst und befinde auf einer selbstbewussten Ebene mit dem schaffenden Sein nach dessen Gesetzen. Der Mensch schaffe sich seine eigene Welt, bleibe aber ein Teil einer Allmacht.[122]

Der Aufsatzstil vermittelt den Eindruck, als sei er hastig geschrieben worden und Bastian bietet seinen Zuhörern das Thema wortreich, aber unstrukturiert an. Dabei bleibt unbekannt, welche Autoren der Schüler gelesen hat. Im Primanerverein war es Sitte, dass alle Darbietungen schriftlich kommentiert wurden. In diesem Fall äußerten sich seine Freunde anerkennend. Sie honorierten seinen Fleiß, mit dem er sich seinem intellektuellen Anspruch widme. Nach ihrer Einschätzung übersteige das Thema aber seinen Horizont als Schüler und sie rieten ihm zunächst von einer weiteren Bearbeitung ab. Bastian stimmte dieser Einschätzung insofern zu, dass er im Moment nicht genügend Zeit für eine gründliche Auseinandersetzung habe.[123]

Diese Aussage ist nachvollziehbar, wenn man bedenkt, dass das Wochenpensum eines Gymnasiasten um 1840 einen sechstägigen Unterricht umfasste, in dem täglich an sieben Stunden im klassisch akademischen Fächerkanon (Schwerpunkte: Latein, Griechisch, Geschichte und Mathematik) gelehrt wurde. In geringerem Umfang wurden Deutsch, Französisch und Englisch gegeben. Dazu gab es Nachmittagsunterricht in den Fächern Sport, Zeichnen und Musik. Zu den geforderten fünf Leistungsnachweisen pro Halbjahr hielten sich die Schüler jeweils von 8 bis 22 Uhr in der Schule auf. Neben der schulischen war ein mehrjähriger kirchlicher Unterricht obligatorisch und sorgte wegen fehlender Koordination bei den Institutionen für Überschneidungen im Stundenplan.[124]

Der Primaner versucht mit dem Aufsatzthema den Gleichaltrigen ein philosophisches System näher zu bringen, dass von der theologischen Deutung des Weltgeschehens abweicht. Im calvinistischen Umfeld in Bremen wird Bastian im Glauben an einen personifizierten Gott erzogen, zu dem der Mensch durch die Ausbildung eines inneren Logos in Verbindung trete. Er lernt zwei Strömungen

---

122 Bastian 1844: *Über das Verhältnis der Welt*. In: Primaner-Verein, StA Brem 7, 1038, s. ferner Transkript im Anhang, Kap. 7.1: 199–203

123 *Extracte* zu den Aufsätzen, Nr. 30. In: Primaner-Verein, SUUB 49.c.2959 Nr. 14

124 Bellers 2007: 17

kennen, die als Mittel zur Erlangung dieses Ziels entweder auf die orthodoxe Bibelauslegung oder auf die Forderungen der Aufklärung setzen. Mit dem Einfluss des Pietismus wird der Emotionalität, neben der Vernunft, große Bedeutung beigemessen. Bastians pietistisches Umfeld ist durch ein lebhaftes Interesse an religiösen Fragen gekennzeichnet. Der Glaube bestimmt direkt die Lebensgestaltung der einzelnen Personen und den Alltag der Bürger. Die konservative, kirchliche Lehrmeinung sieht sich durch die wissenschaftliche angegriffen, während die sich als fortschrittlich begreifenden Geistlichen diese als Mittel zur Reform des Glaubens annehmen. Im September 1844 hört oder liest Bastian von den Naturforschungen, die zum einen durch Untersuchung des Gehirns in pantheistischer Weltanschauung nach einem Wiedererkennen des göttlichen Willens in Physis und Psyche des Menschen suchen.

Bastian referiert aber über eine Überzeugung, in der der Mensch durch seine rationalen Fähigkeiten selbstbestimmter im Weltgeschehen agiert. Das ist eine Kernaussage, die für die unterschiedlichsten philosophischen Systeme des Deutschen Idealismus zwischen 1785 und 1870 charakteristisch ist. Das Gemeinsame dabei ist, dass sie auf Reflexion und Interpretation der Philosophie Spinozas[125] beruht. Im Rekurs auf ihn interpretiert der Deutsche Idealismus Spinozas Begründung der Weltzusammenhänge. Dessen Anerkennung

---

125 Bartuschat 2006: 11–31
Baruch de Spinoza wurde 1632 in Amsterdam als Kind jüdischer Migranten aus Portugal geboren. Die Händlerfamilie war eingebunden in die strenge Orthodoxie ihrer Gemeinde, die sich nach Jahrzehnten der Zwangschristianisierung auf der iberischen Halbinsel hier manifestiert hatte. Die Vereinigten Niederlande hatten sich als Union selbstständiger Staaten 1581 erfolgreich von der spanischen Krone befreit und wurden im 17. Jahrhundert zur führenden Handelsmacht in Europa. Innenpolitisch brachte die Auseinandersetzung (zwischen orthodoxen Calvinisten und Befürwortern eines laizistischen Staates) über die Rolle der Religion im Staat einen toleranten Ausgleich, der zu einer gewissen Duldung von Religions- und Meinungsfreiheit führte. Die jüdische Gemeinde war durch strikte Glaubenskonformität auch bestrebt, diese Duldung, besonders durch die orthodoxen Calvinisten, nicht zu gefährden und wehrte sich gegen abweichende Strömungen im Judentum. Diese gingen nicht mehr von unveränderlichen Gesetzen Gottes in der Natur und im Leben der Menschen aus. Spinoza wurde 1656 aus der Synagoge ausgeschlossen. Sein Leben verbrachte er in und um Leiden und in Den Haag als Linsenschleifer. Seine philosophischen Werke waren nur einem kleinen Kreis bekannt und wurden erst posthum veröffentlicht. Noch im 18. Jahrhundert wurde er als Atheist und Weltvernichter abgelehnt. Einen Ruf an die Heidelberger Universität 1673 lehnte Spinoza nach langer Erwägung ab; er starb fünf Jahre später mit 44 Jahren in Den Haag.

beziehe sich auf eine Theorie des Absoluten und ziele auf eine vernünftige Durchdringung des Ganzen ab, womit der Dualismus zwischen Göttlichem und Menschlichem zu überwinden sei.[126]

Seine Ableitung der vernünftigen Weltorientierung stützte Spinoza auf die geometrische Methode, deren Beweisverfahren in der Mathematik dazu dienten, Formen (wie den Kreis) durch ihre Konstruktion zu definieren. Dieses „genetische" Verfahren wurde von Thomas Hobbes (1588–1679) auf nichtmathematische Sachverhalte übertragen, mit der Absicht, ethische Bereiche des menschlichen Lebens (wie die Politik) in ihren erzeugenden humanen Grundlagen zu erkennen und davon ausgehend ihre Ausgestaltung zu formulieren. Den Paradigmenwechsel in der Philosophie nahm Spinoza auf und erweiterte im Gegensatz zu Hobbes den Gegenstandsbereich. Hobbes hatte die Methode nur auf die vom Menschen erzeugten Bereiche übertragen, die waren neben der Mathematik vor allem die Politik. Die Natur galt ihm vom Menschen nur erforschbar, sofern sie mathematisierbar sei – und eine Erkenntnis über Gott könne es nicht geben. Spinoza dagegen bezog Gott mit. In seinem System war Gott einzig eine bewirkende Ursache, ohne Willen oder Absicht. Er war lediglich hervorbringende Kausalität, die sich nur manifestiere, in dem es die Wirklichkeit gebe. Sie manifestiere sich ohne Lenkung oder Plan, schon allein dadurch, dass es die Welt gebe. Sie sei die ewige *potentia,* und alle Natur – und somit der Mensch – sei eine notwendige Folge daraus.[127]

In diesem ontologischen Zusammenhang ist die *ratio* in ihrer bloßen Existenz Modus *innerhalb* und nicht *durch* eine immanente Kausalität.[128] In Spinozas System übertragen sich weder spirituell noch materiell ein göttliches Wesen oder dessen Eigentümlichkeiten auf den menschlichen Geist. Dieses philosophische System unterscheidet sich grundlegend von den Vorstellungen des Pantheismus, der eine Identität Gottes und der Natur annimmt, worin der Mensch durch und wegen eines teleologischen Plans lebt und handelt.

Spinoza überträgt das, was bisher dem Göttlichen zugeschrieben worden war, auf den Menschen: er verfolge Ziele, habe einen Willen und einen Verstand. Zudem erlaube die Rationalität mit Hilfe der geometrischen Methode ihm ein intellektuelles Begreifen der Ursachen der Welt[129], weil er, zwar endlicher, doch Teil im unendlichen Geschehen sei. Das unendliche und ewige Sein, das Spinoza Gott oder Natur nennt (*deus sive natura*)[130], existiert und handelt in seiner Prämisse

126 Bartuschat 2006: 180

127 Bartuschat 2006: 50°f.

128 Bartuschat 2006: 51

129 Bartuschat 2006: 51°f.

130 Spinoza 2010 [1677]: 189

ohne Anfangsgrund und Endzweck. Jegliche Ursprungstheorie oder Teleologie ist für ihn einzig auf das mentale Bedürfnis des Menschen zurückzuführen. Gott oder Natur versteht Spinoza als eine *freie Ursache*, die er als Einheit versteht, die aber in zwei Daseinsformen wirken: als *natura naturans* und als *natura naturata*. Die schaffende oder *wirkende Natur* ist die ewige Existenz des Geschehens und die geschaffene oder *gewirkte Natur*[131] all jenes, was aus der Notwendigkeit der freien Ursache temporär entsteht. In Spinozas Vorstellung lebt und handelt der bewirkte Mensch durch und deshalb inmitten des ewig wirkenden Geschehens, das er es mit seinen Mitteln erfassen und in das er gestaltend eingreifen kann.

Im philosophischen Diskurs über den Begriff „Pantheismus" grenzt 1828 K. Chr. F. Krause sich durch die Begriffsbildung *Panentheismus* von diesem ab, weil in dieser Weltanschauung die Welt nur *vergöttert* werde. Unter Berufung auf Spinoza argumentiert er, dass Gott in der Philosophie in seiner Selbstwesenheit – als Absolutes und als Einheit –gedacht werden müsse:

„ Da aber in der Wesenschau [Gottes] auch dies gefunden wird, das Wesen, als das Eine, auch an sich, oder in sich, unter sich und durch sich Alles, auch der Inbegriff alles Endlichen ist, so würde dieser Einsicht gemäß der Ausspruch gethan werden müssen, daß das Eine in sich und durch sich auch das All sey, [...]; und weil in der Wesenschau erkannt wird, daß Gott auch Alles in, unter und durch sich ist, so könnte wohl die Wissenschaft *Panentheismus* genannt werden."[132]

Er stützt sich dabei auf Spinozas Definition, dass zum einen Gott die absolute Substanz[133] – ein Wesen an sich selbst – sei und dass zum anderen der Mensch und seine geistigen Fähigkeiten auf eine bestimmte Weise *in Gott* seien.[134] Unter der neuen Bezeichnung *Panentheismus*[135] integriert Krause die Idee des Humanismus in ein teleologisch ontologisches Geschehen. Danach bestehe Gottes vereinendes Wesen in der ewigen Liebe, durch die die Vielfalt der Welt entstehe, verbunden sei

131 Spinoza 2010 [1677]: 33

132 Krause 1828 [1981]: 256

133 Krause 1828 [1981]: 367, 375

134 Krause 1828 [1981]: 256

135 Brierley 2004: 2–4
In der modernen christlichen Theologie existiert der Panentheismus neben dem klassischen Theismus und dem Pantheismus zur Bestimmung Gottes. Theologen in Deutschland, die als Panentheisten identifiziert worden sind, sind u. a.: Dietrich Bonhoeffer, Martin Buber, Albert Schweitzer, Paul Tillich, Ernst Troeltsch. Im 19. Jahrhundert gehörten Schleiermacher, Fichte, Hegel, Schelling und Fechner dazu. Bewegungen, wie der Neoplatonismus, aber auch Mystizismus und Orthodoxie in den westlichen Religionen, basierten darauf.

und zu ihm zurückgeführt werde. Vernunft und Natur seien Ausdruck dieses göttlichen Lebens. In der Humanität verbänden sich beide; mit den intellektuellen Fähigkeiten gelange der endliche Mensch zur *Gottesinnigkeit* oder Einheit mit ihm.[136]

Eine zweite Abgrenzung nimmt Krause vor, indem er Kant[137] attestiert, in seiner Argumentation gegen den Pantheismus nicht zur Anerkennung Gottes als *Princip der Wissenschaft* gelangt zu sein.[138] Für Kant war ein *physikotheologischer* Gottesbeweis eine Anmaßung, weil sie die Grenzen der Vernunft überschritten. In deren Beweisführung werde aus der empirisch erfahrbaren Zweckmäßigkeit und Ordnung der Natur auf eine, sich der Erfahrung entziehende, Ursache geschlossen. Indem Gott, Welt oder ein Zweck gedacht würden, zeige sich, so Kant, aber nur die Fähigkeit des Intellekts zu abstrakten, die Erfahrung übersteigende Anschauungen. Für Kant hatten sie keine konstitutive, sondern eine heuristische Bedeutung. Sie sind nicht real existent, sondern eine Erkenntnis ermöglichende Fiktion für den Menschen und die Naturforschung.[139]

In der Darstellung der theologischen Auseinandersetzung um den wahren Glauben, die in Bremen seit der Reformation in den Ausrichtungen des Calvinismus und Pietismus geführt worden waren, kann gezeigt werden, dass Bastian in einer Jugendzeit in einem Gemeinwesen lebt, das protestantisch-dogmatische und aufgeklärte Strömungen aufgenommen hat. In internen Kontroversen wird um 1840 um den *rechten Glauben* und die daraus abgeleitete Lebensführung gestritten. Dabei spielen der Geist und die Seele, der Intellekt und die Empfindung für die Christen (als aufgeklärte Bürger einer freien Stadt) eine zentrale Rolle in ihrem Selbstverständnis und in ihrem Verständnis von Gesellschaft und Politik. Dazu gibt es eine Deutungsvielfalt durch Theologen, Philosophen und Naturforscher. Der Schüler Bastian stellt vor diesem Hintergrund Gedanken zu einer metaphysischen Einordnung des Menschen im Weltgeschehen vor. In den für seine *psychologische Weltanschauung* aufschlussreichen, frühen Aufsatz stellt er den Geist als eine reale, für das Begreifen der Welt konstitutive, aber auch als eine in ein Gesamtgeschehen eingebundene und auf ein übergeordnetes Ziel ausgerichtete Kraft dar. Die Erkenntnisfähigkeit des Menschen ist hier letztendlich mit der Reflexion der göttlichen Vollkommenheit beauftragt.

---

136 Gregersen 2004: 28

137 Hinske 1977: 111
Kant erinnerte sich an den Pietismus als die zentrale Komponente in seinem Elternhaus. Obwohl er den Ausdrucksformen dieser Religion kritisch gegenüberstand, hatte der Pietismus ihn beeindruckt und beeinflusst.

138 Krause 1828 [1981]: 375

139 Höffe 1996: 143, 147 f., 159–163

Bastians Denken ist durch die Literatur des Deutschen Idealismus und speziell durch deren Spinozismus, wie er in der Idee des Panentheismus zum Ausdruck kommt, geprägt.

2.3 Humanistische Bildung und das Kulturverständnis um 1845

2.3.1 Schulzeit und Freunde

Bastian war neun Jahre alt, als er 1835 in die Vorschule der staatlichen Bremer *Hauptschule* kam. Alle Schüler besaßen bereits durch privaten Unterricht Kenntnisse im Lesen und Schreiben und wurden nun zur Vervollkommnung ihrer Disziplin und ihrer Fähigkeiten in fünf Sprachen, Rechnen, Religion, Geographie und Geschichte unterrichtet. Der Lernerfolg wurde mit nicht zu harter Züchtigung angestrebt und die Leistungen und das Betragen der Schüler benoteten die Lehrer häufig und nach strengen Kriterien. Mit einem guten Zeugnis wurde der 13-jährige Bastian am 26. September 1839 für den weiterführenden Zweig dieser Schule empfohlen. Seine Lehrer bescheinigten ihm ausgezeichnete Voranlagen und geistige Regsamkeit. Sie lobten seinen Fleiß, seinen Sinn für Ästhetik und bemängelten in puncto Disziplin sein temperamentvolles Wesen.[140]

Bastian war einer von rund 15 Schülern, die pro Jahr die Aufnahmeprüfung bestanden und im Durchschnitt bis 1845 die *Gelehrtenschule* besuchten. Dieser Schultyp war nach einer Schulreform 1817 zusammen mit der parallel geführten *Handelsschule* entstanden. Sie stellten seitdem das Bildungsangebot für die männliche Jugend der oberen Bürgerschicht dar. Ihre Ausgestaltung entsprach den Forderungen des Bürgertums nach einer zeitgemäßen Vorbereitung auf ein Universitätsstudium oder alternativ einer verbesserten Ausbildung für künftige Kaufleute. Das dreigliedrige, staatliche Schulsystem löste das calvinistische *Gymnasium Illustre* und die lutherische *Domschule* ab, um im Sinne aufgeklärter Pädagogik die konfessionelle Ausrichtung einer höheren Lehranstalt zu lockern. Der deutschen Sprache und den Realienfächern sollten an diesen Schulen, im Gegensatz zu ihren Vorläufern, mehr Gewicht im Fächerkanon gegeben werden.[141]

Bremens alt-humanistische Schulgeschichte begann 1562 mit dem Vorhaben von Johann Molanus (1510–1583), eine calvinistisch-reformierte Gelehrten-Schule zu etablieren, die nach mehreren Umformungen bis 1610 ihre feste

140 Bellers 2007: 16 f.

141 Bellers 2007: 17

Ausrichtung nach dem Vorbild der Herborner Schule fand.[142] Im 16. Jahrhundert war es in Herborn und Bremen, aber auch in Neustadt an der Hardt, Zerbst und Steinfurt zu Schulneugründungen nach dem Straßburger Modell gekommen. Nach den Richtlinien des protestantischen Humanisten Johann Sturm (1507–1589) waren Einrichtungen entstanden, die gymnasiale und universitäre Ausbildung kombinierten. Als *Gymnasium Academicum*, *Gymnasium Illustre* oder *Hohe Schule* wurden sie Vorbild aller calvinistisch reformierten Schulgründungen, in denen sich nach sieben bis neun Jahren schulischer Ausbildung eine freiere Weiterbildung in Vorlesungen anschloss.[143]

Sturms Schulkonzept war unter den *althumanistischen* Schulen jener Zeit hoch geachtet. Die Methode seines Unterrichts war es, die Schüler durch Lateinunterricht und da besonders in der antiken Rhetorik zu schulen. Sein Ziel der Erziehung war die *imitatio* der griechischen und besonders der römischen Antike: Seine Schüler sollten reden und schreiben lernen, wie Cicero gesprochen und geschrieben habe.[144] Mit dieser Methode setzte der Theologe, im Rahmen einer christlichen Erziehung, auf eine Aneignung römischer Tugenden über die Sprache, die unter *humanitas* eine Menschlichkeit definierte, welche sich durch Rücksicht und Barmherzigkeit, geistreiche und taktvolle Umgänglichkeit, das Gefühl für natürliche menschliche Verbundenheit und gebildetes Menschsein auszeichnen sollte.[145]

Seit der Renaissance waren die Fragen der Erziehung, des Denkens und der Künste die Aspekte der antiken Kultur, die als *Humanismus* Aufnahme in die europäische Kultur fanden. Der Rekurs auf die Vergangenheit durch das Studium der antiken Literatur wurde als ein Wiederbedenken und Wiederfinden eines Anfangs, einer Wahrheit und Wirklichkeit gesehen. Das griechisch-römische Altertum bekam einen Glorienschein absoluter Perfektion, der diesen vergangenen Kulturen einen beispielhaften Wert verlieh. Im Rückgriff auf die Erziehung zum freien und wahren Menschen in den Schulen der Antike, forderten diese Humanisten, den Menschen in seiner Ganzheit zu bilden und durch alle Disziplinen und Künste den *Beruf des Menschen* zu lehren. Die Imitation der Vorbilder war ein Hauptthema, aber auch Gegenstand vieler Streitgespräche am Ende des 15. Jahrhunderts. Gegen die Mode des Kopierens, dem *Ciceronianismus*, sprachen sich jene aus, die im Rückgriff auf die Antike den Geist befreien wollten. Der Mensch solle selbstständig geistig tätig sein und unter dem überall

---

142 Prüser 1957: 55

143 Röser 1988: 5 f.

144 Ziegler 1894: 21, 29–31

145 Storck 1998: 752 f.

gegenwärtigen Einfluss göttlicher Kraft, der auf die Gedanken und Kenntnissen des Menschen wirke, eigenständige Schöpferkraft erreichen. Für manche Renaissance-Humanisten gab es einen korrespondierenden Zusammenhang zwischen Individuum und Welt[146], wie er bereits in Casmanns Anthropologie zum Ausdruck gekommen war.

Im 18. Jahrhundert entstand mit der Epoche der Aufklärung ein von der Theologie losgelöstes Erziehungsmodell, nach dem sich der freie Mensch am selbstständigen Gebrauch seiner erworbenen Vernunft orientiere. Um diese Freiheit zu erlangen, war nach Kant zunächst Disziplin und Edukation, dann Moralität notwendig. Die kindliche *Rohigkeit* sah er noch als unbeeinflusst von Vernunft-Gesetzen, die deshalb durch Regeln zu disziplinieren sei.[147] Demnach sollte die Erziehung des Naturwesens *Mensch* mit der Ausbildung seiner Anlagen einsetzen. Kant unterschied die Edukation des Physischen – mit der der Mensch durch Gebrauch von Geist und Körper, der Sinne und Organe, Geschicklichkeit, Sprache und Gedächtnis erlange – von der Kultivierung des Menschen zu einem moralisch handelnden Wesen. Er bezeichnete als *Bildung* all das, was den in seinen natürlichen Anlagen erzogenen Menschen nach der Idee der Moralität geistig forme, und als *Moral* all jene Vorstellungen, die dem Menschen als handlungsleitende Gesetze dienten, um nützliche Zwecke zu erreichen.[148]

Im 18. Jahrhundert veränderten sich mit den Gedanken der Aufklärung und mit der wirtschaftlichen Prosperität auch in Bremen die Anforderungen an das bisher kirchlich geführte höhere Schulwesen. Unter dem Einfluss des Rationalismus und den Nützlichkeitserwägungen gab es 1761 Pläne, nach denen die alte *Verbalschule* in eine *Realanstalt* umgeformt werden sollte. Die Jugend sollte nicht nur in philologischen, sondern in allen Wissenschaften unterrichtet werden; der Unterricht sollte Bezug auf die Anfangsgründe der Dinge nehmen und die Voraussetzungen für die sinnliche Erkenntnis der Welt und der Zeit schaffen, in welcher der Mensch lebe. Unterrichtet werden sollten Geografie, Geschichte, Mathematik, moderne Sprachen und Moral. Der pädagogische Anspruch sollte sich nicht weiter auf eine Schulung nach Vorbildern zielen, sondern auf ein Erkennen von Zusammenhängen. Die Pädagogen empfahlen täglich eine Stunde zur sinnlichen Erkenntnis, damit die Gedanken der Jugend auf etwas Würdiges lenkt würden und sie zum Ausgleich des Unterrichts nicht nur toben und schreien.[149]

146 Garin 1991: 453 f., 456–480
147 Groothoff 1982: 9–11
148 Groothoff 1982: 12°f., 33
149 Entholt 1909: 17 f.

Die Reformversuche konnten aufgrund mehrerer interner und externer Faktoren nicht umgesetzt werden. Ein Grund war auch, dass am Ende des 18. Jahrhunderts der Einfluss eines erneuerten Humanismus mit ihnen konkurrierte.[150] Im schulischen *Neuhumanismus* entstand zwischen 1790 und 1840 ein höheres Schulwesen, das erneut einen hohen Anteil an philologischen Bildungsmitteln aufnahm, diesmal bevorzugt aus der griechischen Antike.[151]

Die Bremer *Gelehrtenschule* orientierte sich zu Beginn des 19. Jahrhunderts an den Reformen in Preußen. Diese wurden als Reaktion auf die Französische Revolution umgesetzt. Die politische Idee von Freiheit, Gleichheit und Brüderlichkeit hatte den französischen Staat revolutioniert; er war zur ersten politischen *Nation* Europas geworden. Dieser Nationalstaat bedrohte durch die Expansionspolitik unter Napoleon die Souveränität der übrigen etablierten Mächte in Europa. Im preußischen Königreich sollten daher Selbsterhalt und Zukunftsfähigkeit durch Reformen gesichert werden. Als einer der ersten Staaten beabsichtigte Preußen, die bestehende gesellschaftliche Ordnung in einem umfassenden Sinn zu verändern. Die tradierte Ständegesellschaft mit ihren partikularen Interessen sollte nach den Zielen der Aufklärung in eine Gesellschaft rechtsgleicher Bürger modernisiert werden. Im Zuge dieser Bestrebungen bekam Bildung eine besondere Rolle. Im schulpolitischen Diskurs forderte die eine Seite einen Erziehungsprozess im Sinne der Aufklärung, damit zukünftige Staatsbürger geschaffen würden. Die andere Seite betonte einen Bildungsprozess im Sinne des Humanismus, der eine geistig-kulturelle Identität stiften sollte.

Durch das neue Verständnis des Zusammenhangs von Gesellschaft, Bildung und Staat engagierten sich in Berlin zum ersten Mal Gelehrte für den Umbau des Staates, die bisher den Ämtern fern gestanden hatten.[152] Wilhelm von Humboldt (1767–1835) wurde 1810 für gut ein Jahr Abteilungsleiter für Bildungs- und Erziehungsfragen im preußischen Innenministerium. Seine eigene Erziehung in Tegel war vom Theologen Joachim Heinrich Campe (1746–1818) im Sinne Jean Jacques Rousseaus (1712–1778) und dessen Kontakte zu den Vertretern des Deismus um Hermann Samuel Reimarus (1694–1768) in Hamburg geprägt gewesen.[153]

150 Entholt 1909: 16, 41

151 Landfester 2001: 918

152 Landfester 1988: 30 f.

153 Baur 1876: 733 ff.
Campe hatte das über seine Zeit hinaus populäre Kinderbuch *Robinson der Jüngere* verfasst, das am Beispiel der Erziehung eines Naturmenschen eine wünschenswerte Erziehung schilderte, die frei von jeder Berührung mit der verderbten Gesellschaft sein sollte.

Als Staatsbeamter sah W. v. Humboldt seine Aufgabe darin, konsequent Voraussetzungen für eine neue humanistische Bildung jeden Schülers zu schaffen, damit der Mensch nicht gleichgültig im Staat lebe, sondern ihn als Bürger gestalte. Humboldt sah sich als Vermittler zwischen den Bedürfnissen des Individuums und einem adäquaten Staat. Er verstand sich als Sachverwalter einer neu zu etablierenden Kultur, wobei der Staat passiv den Menschen in seinem aktiven Wirken als *Nation* zu unterstützen habe. Er stellte dazu ein den Menschen kultivierendes – kein politisch nützliches – Schulwesen in den Mittelpunkt seines Reformkonzeptes.[154]

Im selben Jahr noch trat W. v. Humboldt vom Amt zurück. Seine zahlreichen schulpolitischen Gegner begrüßten den freiwilligen Rückzug. Eine bessere Lösung für den Staat als die eigene Demission hatte es nach dem eifrigen Antichambrieren auch in den Augen seiner Gegner nicht geben können. Die Organisation des Erziehungswesens mündete bei den Nachfolgern in ein System, das als neuhumanistisches Vorbildfunktion bekam.[155] Im Königreich entstand im gleichen Jahr ein nach den Bedürfnissen des Staates ausgerichtetes, dreigliedriges Erziehungssystem, wobei die von Wilhelm von Humboldt konzipierte humanistische Bildung für alle Schüler zu einem Bildungsauftrag des Gymnasiums gemacht wurde. Die größte Zäsur in dieser Reform war die Loslösung des Unterrichts von kirchlicher Leitung. In der Folge entwickelte sich vom Staat ausgebildeter und bezahlter Lehrerstand, der für die höhere Bildung einen, in den Altertumswissenschaften ausgebildeten, *gelehrten Schulmann* anstelle eines Theologen als Gymnasiallehrer vorsah.[156]

Die *Gelehrtenschule* in Bremen, in die Bastian eintrat, wurde seit 1829 von dem (in den Pastorenstreit eingreifenden) Pädagogen W. E. Weber geleitet. In den rund zwanzig Jahren seiner Amtszeit stritt der aus Weimar stammende Weber für einen gehobenen, gelehrten Unterricht am Gymnasium nach preußischem Vorbild. Er verstand sich als philologischer Wissenschaftler und innovativer Pädagoge, dessen Forderungen nach geeigneten Räumlichkeiten, nach Aufnahme des Faches Physik und der Einführung eines geregelten Prüfungswesens nicht erfüllt wurden. Der Verfechter klassischer Bildung und Autor mehrerer anerkannter lateinischer Übersetzungen konnte sich gegen die Nützlichkeitserwägungen der Bremer Bürgerschaft nicht durchsetzen. Die Schulreform 1817 war den veränderten Bildungsansprüchen des handeltreibenden Bürgertums

---

154 Landfester 1988: 55 f.

155 Rabe 1991: 63

156 Landfester 1988: 3 ff.

gefolgt und bevorzugte – materiell und ideell – den Auf- und Ausbau einer die Realien vermittelnden Handelsschule. Die Gelehrtenschule bekam im höheren Schulwesen eine Sonderrolle zugewiesen; in ihr sollten in bedarfsgerechter, geringer Zahl die künftigen Bremer Juristen, Mediziner und Theologen für das Universitätsstudium vorgebildet werden.[157]

Weber verstand sich als Schulmann des neuen Typs, der seinen Schülern eine kombinierte höhere Bildung geben wollte, die neben den Inhalten des Schul-Humanismus auch Patriotismus und Staatsbürgersinn zu vermitteln suchte. Weber widersprach als modern-aufgeklärter Gymnasiallehrer auch der in Bremen verbreiteten Gefühlslage, die in jedem gesellschaftlichen Umbruch ein gottloses Vordringen der Vernunft sah und mit dieser Einstellung Forschung und Wissenschaft ablehnte. Diese Haltung erschwere die Durchführung seiner Aufgaben, ebenso die Tendenz, dass Eltern die Disziplinierung ihrer Kinder vollständig den vom Staat bezahlten Lehrern überließen.[158]

Den Schülern bescheinigte Weber das Potenzial für eine gute Entwicklung, bemängelte jedoch ihren Hang zu falsch verstandener Selbstständigkeit. Er verglich seine pädagogischen Maßnahmen mit den Methoden im Landbau, bei dem ein Baum an einen Pfahl angebunden werden müsse, damit er gerade wachse. Er argumentierte im kantischen Sinn für eine Edukation, bevor aus dem ungeformten Individuum ein humanistisches *Kunstwerk der Bildung* werden könne.[159] Seine schulpolitischen Ambitionen stehen in Bremen im Kontrast zu der dort bestehenden Auffassung zur bürgerlichen Freiheit: Um diese nicht zu beschränken, blieb in der Hansestadt die Abiturprüfung bis 1863 fakultativ und war (bei guten Schülern) eine Frage der eigenen Ehre. Diese Praxis stützte das Recht des Vormundes auf eine eigene Entscheidung, den jungen Erwachsenen auch ohne Abitur zur Universität zu schicken.[160]

Bastian absolvierte im März 1845 seine freiwillige Abiturprüfung. Seine Lehrer vergaben weniger glänzende Noten und bescheinigten ihm in seinem Zeugnis eine bedingte Fähigkeit zum Universitätsstudium. Nach ihrem Urteil hätte ein längerer Aufenthalt in der Oberstufe seinem wissenschaftlichen Urteil und seinen schon erfreulichen Kenntnissen mehr Klarheit und Reife gegeben.[161] Das Zeugnis beeinflusst seine weitere Ausbildung an der Universität nicht.

157 Elsmann 1994: 226 f.

158 Weber 1831: 1, 10 ff., 16 ff.

159 Weber 1831: III

160 Henke 1905 [1999]: 297

161 Bellers 2007: 17 f.

Mit den Primanern im *Wissenschaftlichen Verein* versucht Bastian sich im Sinne W. v. Humboldts selbsttätig zu kultivieren. Er verschafft sich in den 40er Jahren zusätzliche, private Bildungsanreize. In den Zusammenkünften ermöglicht er sich einen, von der Erwachsenen- und der Schulwelt separaten Erfahrungsraum, indem er in Eigenregie und nach eigener Neigung seine Lektüre auswählt. Nach der Selbsteinschätzung der Schüler entschieden sie in individueller Neugier und nach individuellem Bedarf darüber, was sie für nützlich hielten. Dazu wurden Aufsätze[162] ausgearbeitet, vorgetragen und gemeinsam diskutiert. Zu Bastians Zeit behandeln die meisten Aufsätze historische Themen, gefolgt von Übersetzungen antiker Autoren, Arbeiten zur deutschen Literatur, nebst eigener Dichtung. Fünf von insgesamt 42 Aufsätzen dieser Zeit widmen sich der Politik und Gesellschaft, ebenso viele sind humoristischer Natur, und vier beschäftigen sich mit philosophischen Fragen. Bastian ist derjenige unter ihnen, der sich in der Zeit von 1843 bis 1845 als einziger für naturphilosophisch-ethnographische Fragstellungen interessiert.[163]

Eine öffentliche ethnographische Ausstellung wurde am Ende der Schulzeit Bastians, begleitend zur Naturforscher-Versammlung 1844, in Bremen organisiert. Darüber hinaus erschien während der Tagung täglich ein Bericht über die Veranstaltung in der Zeitung und alle Vorträge wurden in einem amtlichen Bericht veröffentlicht. Von den rund 650 Teilnehmern und Mitgliedern der Naturforscherorganisation waren knapp die Hälfte Ärzte, Kaufleute, Lehrer und Gelehrte aus Bremen. Ihren Anteil am Geschehen konnten sie durch finanzielle und logistische Hilfen, aber auch durch Übernachtungsangebote an die angereisten Mitglieder der Vereinigung leisten. Die Firma *J. W. Bastian* war mit einem Teilnehmer, die erweiterte Familie Bastians durch den Bruder des Vaters, den Mediziner Eugen Julius Bastian (1810–1875), vertreten. Des Weiteren befand

---

162 Siehe Seedorf 1922: 37: „Über die Aufsätze sind wir am besten unterrichtet, da die Aufsatzbücher bis auf die drei ersten erhalten sind. Welch eine Fülle geistiger Arbeit steckt in diesen rund 1600 Aufsätzen, die bis ins Jahr 1826 zurückreichen! Ich bezweifle, daß es eine zweite derartige Sammlung in Deutschland gibt. Von den Schulaufsätzen unterscheiden sie sich vor allem dadurch, daß [...] die Themen frei nach eigenem Geschmack gewählt sind und das jeder ohne irgend welche Rücksichten auf Ältere schreiben konnte, wie es ihm ums Herz war. Die Aufsätze durften von Anfang an nicht Arbeiten sein, die vorher schon für die Schule geliefert waren, und wurden stets als Eigentum des Prima-Vereins betrachtet, wodurch ihre spätere Benutzung zu Schulzwecken ausgeschlossen war."

163 Siehe *Extracte* zu den Aufsätzen, Nr. 1–42. In: Primaner-Verein, SUUB 49.c.2959 Nr. 14

sich Bastians älterer Freund, der Mediziner Gustav Hartlaub (1814–1900), auf der Tagungsliste.[164] Hartlaub nahm in der Sektion Anatomie, Zoologie und Physiologie die Stelle des Sekretärs wahr.[165]

In seiner Eröffnungsrede stellte Bürgermeister Johann Smidt heraus, dass Gemeinsamkeiten zwischen der Hansestadt und der Naturforschung in der Ungebundenheit und Freiheit bestünden. Die ökonomische und politische Freiheit habe ermöglicht, dass die Bürger den Kreis der forschenden Beobachter und Sammler vergrößerten. Durch ihre Kommunikationsmittel sei durch alle Bremer Handelshäuser und Kapitäne mit überseeischen Verbindungen der Aufruf ergangen, aus allen erreichbaren Ländern und Meeren Objekte für eine Ausstellung zusammenzutragen.[166]

Zudem waren Gelehrte im In- und Ausland und weitere Bremer Seefahrer aufgefordert worden, die *Merkwürdigkeiten* von ihren Reisen mit einzubringen. Eingesendet wurde eine Fülle von wahllos ausgesuchten Gegenständen, die sich kaum zu einer Präsentation zusammenstellen ließen. Die im *Haus Seefahrt* untergebrachte Ausstellung legte auf die Bereiche Mineralogie, Botanik und Zoologie ihr Hauptaugenmerk, so dass aus Zeit- und Platzgründen neu angelieferte ethnographische Gegenstände doch nicht aufgenommen wurden.[167] Gezeigt wurden rund 150 Objekte aus dem Bestand der *Museumsgesellschaft*, die vom friesischen Trinkhorn über Gebrauchsgegenstände aus China, Afrika, Amerika und Neuseeland bis zum javanischen Segelschiff reichten.[168]

Mit der Sammelaktion verfolgten die Organisatoren, neben Smidt der Mediziner Gustav Woldemar Focke (1810–1877), mehrere Ziele: Sie diente mit pädagogischer Absicht der Popularisierung der Naturforschung und wandte sich gegen die bisherige Praxis, dass Museen ihre Schätze der *stummen Bewunderung* und nicht der Verbreitung von Kenntnissen zur Verfügung stellten. Um dem abzuhelfen, wurde in Bremen ein breites Spektrum aus allen Bereichen der Natur der Öffentlichkeit präsentiert. Darüber hinaus wurden die Objekte in einer

164 Smidt 1844: Amtlicher Bericht: 163–180. In: 22. Versammlung der Naturforscher, StA Brem 2-S.7.a.5.b

165 Ankündigung der Sektion für Anatomie, Zoologie und Physiologie, *Tageblatt* Nr. 7 v. 24. 9. 1844. In: 22. Versammlung der Naturforscher, StA Brem 2-S.7.a.5.b

166 Bericht über die Eröffnungsrede, *Tageblatt* Nr. 3 v. 19. 9. 1844. In: 22. Versammlung der Naturforscher, StA Brem 2-S.7.a.5.b

167 Smidt 1844: Amtlicher Bericht: 16, 20. In: 22. Versammlung der Naturforscher, StA Brem 2-S.7.a.5.b

168 Siehe Catalog einer Sammlung: 73–76. In: 22. Versammlung der Naturforscher, StA Brem 2-S.7.a.5.b

Versteigerung zum Erwerb angeboten. Es wurde darin eine Möglichkeit gesehen, dass Forschungsmaterial erstanden werden konnte und gleichzeitig den Initiatoren in Aussicht gestellt, auf dieser Weise einen Teil der Beschaffungskosten zu decken. Der forschungsfördernde Austausch von Gegenständen sollte ein Beitrag zur modernen Forschungsmethode sein. Diese solle sich von den Analogieschlüssen zwischen der Natur und einer übergeordneten Autorität trennen und durch eine nähere Untersuchung der Natur selbst revidiert werden. Der Idee, den wissenschaftlichen Forschungsbetrieb durch Sammlungen zu fördern, maßen die Organisatoren eine über Bremen hinausreichende, nationale Bedeutung zu. Dazu müsse ihre Initiative an künftigen Veranstaltungsorten weitergeführt werden.[169]

Die Organisatoren betonten, dass sie Bremen während der Veranstaltung zu einem *momentanen Stapelplatz* für Forschungsgegenstände machen wollten und die Sammlung nicht dazu diene, das *Museum* in Bremen zu bereichern.[170]

Die Entstehung des Museums ging zurück auf einen 1774 gegründeten privaten Lesezirkel um den Mediziner Arnold Wienhold (1749–1804). Bis zum Ende des 18. Jahrhunderts erwuchs daraus die *Physikalische Gesellschaft,* eine den Zielen der Aufklärung verpflichtete Vereinigung, die in ihrer Bibliothek u. a. Werke der Enzyklopädisten, Bücher zur Naturgeschichte, Anthropologie, Geographie und Technologie aufnahm. Französische Publikationen waren in den 90er Jahren meist nur über einen Umweg aus Basel zu beziehen, da sie wegen ihrer materialistischen Ausrichtung der Zensur unterlagen. Im Aufbau befand sich ebenfalls eine zoologische und botanische Sammlung. Der Erwerb physikalischer Geräte, Experimente und regelmäßige Vorträge, zum Beispiel über die *Schwere der Luft* oder über *Gehirn und Nerven,* ergänzten ihre Tätigkeit. Gemeinsam mit ihrer Sektion *Gesellschaft zur Beförderung nützlicher Endzwecke* nahm die Vereinigung Einfluss auf wirtschaftliche und kulturelle Belange der Stadt. Die Mitgliederzahl war bis 1797 auf zweihundert beschränkt, wurde jedoch zehn Jahre später auf dreihundert Bürger der Altstadt erhöht.[171]

Mit der Umbenennung der Gesellschaft 1805 in *Museum* fand gleichzeitig ein Generationenwechsel statt. Naturforschende Schulprofessoren, wie der Handelsschullehrer und Botaniker Franz Carl Mertens (1764–1831), und forschende Mediziner bestimmten nun zunehmend die Ausrichtung der wissenschaftli-

169 Smidt 1844: Amtlicher Bericht: 7–10, 13, 22–24. In: 22. Versammlung der Naturforscher, StA Brem 2-S.7.a.5.b

170 Smidt 1844: Amtlicher Bericht: 8. In: 22. Versammlung der Naturforscher, StA Brem 2-S.7.a.5.b

171 Club zu Bremen 1933: 59–70

chen Vereinigung. Zu ihnen gehörten der als Astronom anerkannte Heinrich Wilhelm Olbers (1758–1840) und der ebenfalls bedeutende Biologe Gottfried Reinhold Treviranus (1776–1836). Zu den von ihnen eingeladenen, auswärtigen Gelehrten gehörte 1806 der Hirnforscher Gall.[172]

Nach der Zeit der französischen Besetzung Bremens wandelte sich diese wissenschaftliche allmählich zu einer geselligen Vereinigung, die nun eigene Räume in einem repräsentativen Haus besaß. Vorträge wurden ab 1830 seltener gehalten, der gesellschaftliche Aspekt und der Austausch von Handelsnachrichten dominierten die Zusammenkünfte. Im Saal des Gebäudes wurden einige *ausländische Kunstsachen und Kleidungsstücke* neben anatomischen Präparaten und Tieren aller Art gezeigt, im Lesezimmer lagen in- und ausländische Zeitungen aus. Der Bestand an Büchern und Sammlungsstücken wuchs noch bis 1870 weiter an. Sie befanden sich allerdings eng zusammengedrängt und von nur wenigen beachtet im oberen Stockwerk des Hauses. Diesen Zustand versuchte Hartlaub zu ändern und schlug eine Aufteilung der Bestände in einen ethnographischen und einen naturhistorischen Bereich vor.[173]

1844 systematisierte Hartlaub den Bestand der Sammlung des *Museums*. Danach spezialisierte er sich neben seiner Berufstätigkeit als Arzt auf dem Gebiet der Ornithologie, auf dem er zu einer anerkannten Forscherpersönlichkeit wurde. Er erhielt ornithologische Objekte durch seine weltweit aufgebauten Kontakte. Das Handelshaus Godeffroy in Hamburg lieferte ihm Anschauungsmaterial aus Polynesien und der Afrika-Forscher Emin Pascha (1840–1892) überließ ihm seine Sammlung zur Auswertung. Zu seinen Publikationen gehörte *System der Ornithologie Westafrikas* (1857), *Beitrag zur Ornithologie Central-Polynesiens* (1867) und *Vögel in v. d. Decken's großem Reisewerk* (1870), die er gemeinsam mit seinem Mitarbeiter am *Museum* in Bremen, Otto Finsch (1839–1917), herausgab.[174]

Hartlaubs Großvater war, in einer Parallele zur Familiengeschichte Bastian, von Schweinfurt nach Bremen gekommen. Sein Vater war Teilhaber der Handelsreederei Johann Lange Sohn's Witwe & Co, und auch er hatte die Gelehrtenschule in Bremen besucht. Im Haus Hartlaub, das sich, in Nachbarschaft zu den Bastians, an der Langenstraße befand, hatte seine Mutter einen Kreis *wissenschaftlich gebildeter und künstlerisch angeregter* Männer und Frauen um sich versammelt. Hartlaub studierte Medizin zunächst in Bonn, dann in Berlin. Dort

172 Club zu Bremen 1933: 75–85

173 Club zu Bremen 1933: 90–112, 115–123

174 Leverkühn 2005: 343 f.

war er zum eifrigen Schüler des Geographen Carl Ritter (1779–1859) und des Zoologen Georg Christoph Lichtenberg (1742–19) geworden. Auf deren Anregung hin hatte der Student Hartlaub zusammen mit Alexander Graf Keyserling (1815–1891) und Johann Heinrich Blasius (1809–1870) eine Exkursion in die Karpaten unternommen. Ihren Erfahrungsbericht hatten die drei Jungforscher der Berliner *Geographischen Gesellschaft* im Beisein von Alexander von Humboldt vortragen können.[175]

Zunächst schloss Hartlaub sein Medizinstudium ab, besuchte in den Jahren 1839 bis 1841 zur weiteren Ausbildung verschiedene wissenschaftliche Einrichtungen in Wien, Paris, London, Edinburgh und Leiden, um sich dann als praktischer Arzt in Bremen niederzulassen. Diese Tätigkeit übte er bis 1890 aus, sein anfängliches Engagement im *Ärztlichen Verein* endete bald nach 1844 und er hätte ein von dieser Vereinigung distanziertes Gelehrtenleben geführte. Seine weiteren Interessen hätten u. a. auch der Literatur aller Völker und Zeiten gegolten und da besonders Fragen der Philosophie und Religion. Sein verschlossenes Wesen hätte es nur wenigen Vertrauten erlaubt, Einblicke in seine Gedankenwelt zu bekommen.[176]

Zu diesen Vertrauten gehört Bastian und er wird durch den rund zehn Jahre älteren Freund wichtige Impulse für sein Interessensgebiet bekommen haben. Seinen persönlichen Freundeskreis in Bremen erweitert Bastian später als Student durch den Stenographen der Bremer Bürgerschaft, Moritz Lindeman (1823–1908). Daraus entwickelte sich eine langjährige Freundschaft, die auch zwischen den Wohnorten Berlin und Bremen durch Briefkontakt aufrechterhalten wurde. Lindeman berichtete, dass es eine ebensolche Beziehung zu Hartlaub gab.[177]

Bastians Werdegang in Berlin wurde den Bremern durch ihn kontinuierlich in Artikeln der *Weser-Zeitung* vermittelt. Da geographische und ethnographische Forschung ebenso zu den Interessengebieten der Freunde gehörten, unterstützten Hartlaub, Lindeman und der Geograph Johann Georg Kohl (1808–1878) die zweite deutsche Nordpolexpedition[178] von Bremen aus, arbeiteten aktiv in der Bremer *Geographischen Gesellschaft* von 1876 mit - und Hartlaub war es, der die Bremer Öffentlichkeit über viele Jahre über die neuesten Schriften Bastians durch Rezensionen informierte.[179]

---

175 Leverkühn 2005: 337 f.

176 Focke 1912a: 203 f.

177 Lindeman 1905: 1

178 Siehe Vita activa …, s. Kap. 7.6: 226

179 Focke 1912a: 205

2.3.2 Die kulturelle Bedeutung der *höheren* Bildung

> „Denn dieses Selbstüberlassensein, diese Unabhängigkeit stählt den Geist. Daß wir uns irren können u[nd] uns irren gebe ich gerne zu; aber was thut es? Schon das Forschen u. Streben allein ist nicht sich genug anzuschlagen und sind wir auch einmal in den einen oder anderen Irrthum befangen, wir können gewiß sein d[ie] Wahrheit wird uns nicht lange in demselben lassen, und eine solche Aufklärung ist doppelt fruchtbringend. Derartiges kann doch die Schule u[nd] selbst nur durch eine gewisse Oberleitung nie erreicht werden. Der Lehrer kann unmöglich den Schüler stets so ganz und gar völlig kennen, er missversteht ihn, der Geist fühlt sich zugleich durch ihn, wenn auch nur scheinbaren Zuspruch, gedrückt und in seinem schönsten Wirken nicht selten gehemmt [...].[180]

Der 18-jährige Primaner Bastian plädierte 1844 in einer Ansprache[181] im Primaner-Verein für eine von der Schule unabhängige, freie Entfaltung des Geistes. Er wollte, ungehindert von Erwachsenen, im Kreis gleichgestellter und eng verbundener Freunde wissenschaftliche Themen erörtern und seine Bildung vervollkommnen.

Dieses Bestreben erstreckte sich auf das gesamte Spektrum der Wissenschaften und wurde nur durch die Grenzen ihres Alters und ihres Wissens beschränkt. Er ging auf den Einwand ein, dass sich selbst überlassene junge Leute dem Ganzen nicht gewachsen seien und Fehler begingen. Der Primaner setzte dem entgegen, dass schon das Gestimmtsein auf ein Streben nach Wahrheit diese aufklären werde. Um die Glaubwürdigkeit seiner eigenen Wahrheitssuche zu erhöhen, bekannte er, sich *der Wissenschaft weihen* zu wollen und sich dem *Dienst* an ihr mit aller Kraft zu widmen. Bastian unterstrich, dass die Anleitung durch einen Lehrer wie in der Schule nicht notwendig sei, da es im Verein um die Kultivierung des eigenen Verstandes und der eigenen Sprache gehe. Die Erziehung durch Pädagogen wirke hemmend auf die Motivation und die freie Entfaltung des Geistes.[182]

Es zeigt sich, dass Bastians Anspruch auf Selbstständigkeit im Kontrast zu den Empfehlungen der Lehrer steht. Er beruft sich auf die Entwicklung der individuellen geistigen Schöpferkraft, die schon ein Anliegen der Renaissance-Humanisten gewesen war und nicht nur in den religiösen Bewegungen, sondern

---

180 Bastian 1844: *Worte, gesprochen bei der Einführung ...*: 220. In: Primaner-Verein, StA Brem 7, 1038

181 Transkript der Ansprache *Worte, gesprochen bei der Einführung ...*, s. Anhang, Kap. 7.2: 204–206

182 Bastian 1844: *Worte, gesprochen bei der Einführung ...*:, s. Anhang, Kap. 7.2: 205°f.

auch in der Weimarer Klassik und im Deutschen Idealismus eine neue Bewertung der mentalen und intellektuellen Fähigkeiten des Menschen erfährt. Für die Zeitgenossen des 19. Jahrhunderts ist dabei ein als *Wahrheit* dargestellter Kausalnexus in der Natur zentral, bei dem durch eine Begebenheit von außen eine Empfindung im Innern des Menschen erzeugt werde. Diese Empfindsamkeit und Gestimmtheit gilt als Voraussetzung für vollkommene Bildung, für eine schöpferische Handlung oder – wie bei Bastian – für die Erkenntnis der Wahrheit durch die Wissenschaften.

W. v. Humboldts Humanismus bezeichnete nach Uwe Rabe die Kraft der Seele als Grundtrieb der Individualität; ihr Empfinden, Begehren, Wollen bringe das Streben nach höchster Vollendung hervor. Diese *Kultur* entstehe durch die reine Bearbeitung der vorhandenen menschlichen Natur. Die individuelle Entwicklung beschreibe dabei keine qualitativen Sprünge, sondern sei Ausdruck des unterschiedlich wachsenden Selbstverständnisses. Humboldt habe im Gegensatz zum christlichen Humanismus keinen korrespondierenden Zusammenhang von Mensch und Gott gesehen, sondern einen von Individuum und Gesellschaft. Sein Ideal des Bürgers habe auf dem Vorbild der Athener in klassischer Zeit basiert. Die Bürger der griechischen Antike seien *vom Drang beseelt gewesen,* ein *höchstes Leben* als Gemeinschaft zu schaffen, und mit der Kraft ihrer Seelen und durch die Schulung ihrer geistigen Fähigkeiten hätten sie die *Nation* zu ihrem selbst erschaffenen Besitz gemacht.[183]

W. v. Humboldt sei davon überzeugt gewesen, dass es keinen Gegensatz zwischen vollkommener Kultur und roher Natur gebe. Kultur entstehe erst auf Basis der Natur; sie sei ein durch Veredlungsgrade in die Wirklichkeit getretenes natürliches Lebensprinzip. Die Schöpferkraft dazu sei in jedem Einzelwesen vorhanden. Dessen Freiheit bestehe darin, diese zu entfesseln, da nur ungebundenen Kräfte sich naturgemäß entfalten könnten. Alle Kräfte, die im Widerstreit miteinander oder unter der Herrschaft anderer stünden, befänden sich in einem widernatürlichen Zustand. Nach Rabe bescheinigte W. v. Humboldt Kant, den Nutzen der Moral gesehen zu haben; jedoch habe dieser die moralischen Gesetze durch eine *künstliche Maschinerie* – durch ein Staats- und Rechtssystem – dem Menschen *wie eine fremde Belohnung* zuführen wollen. Nicht die Freiheit im Gebrauch einer verordneten Vernunft sei bei W. v. Humboldt die Lösung gewesen, sondern eine aus dem Begehren entstandene und vom Begehren getragene Überzeugung.[184]

183 Rabe 1991 : 81°ff.
184 Rabe 1991 : 83°ff.

Der Kunst[185] wurde zu Bastians Schulzeit zunehmend große Bedeutung für die Ausprägung bürgerlicher Kultur zugeschrieben. Beim Individuum werde in seiner Empfindsamkeit und Gestimmtheit eine schöpferische Handlung durch äußere Begebenheiten initiiert. Die inneren Geschichten fiktiver Menschen wurden Gegenstand der Dichtung, und in Reisebeschreibungen zählte für Autoren und Leser das innige Mitleiden, auch an den geringsten Abenteuern.[186] Zudem nahmen sich Dichter, Gelehrte und Gebildete als Mitglieder einer *Kultur-Nation* wahr. Die Antike erlebte in Deutschland als *Griechentum*[187] eine Verherrlichung, die alle gebildeten Schichten durchdrang und gesellschaftliche Wirkung entfalten sollte. Die griechische Kultur wurde, wie in der Renaissance, als Manifestation absoluter Werte gesehen. Mit dem Wort *Kultur* verband sich bei den Neuhumanisten nun das *Bewusstsein*[188] eines gemeinsamen, zweckmäßigen Handelns. Als philosophischer Terminus beschrieb er seit dem 18. Jahrhundert das Geleitetsein des Menschen durch die Gesamtheit der psychischen Vorgänge.

In Deutschland war – im Gegensatz zu Frankreich – kein nationaler Staat entstanden, sondern es herrschte ein *National-Gefühl*[189] vor, das bis zu Bastians

---

185 Frenzel 1993, Bd. 1: 236
Mit Johann Wolfgang von Goethe (1749–1832) fand der Aufschwung des Theaters seinen Höhepunkt zwischen 1791 und 1817, als er das Weimarer Theater leitete. Das Repertoire bestand zu einem kleinen Teil aus den Stücken zeitgenössischer Autoren, deren antikisierende Kunstauffassung neue Bühnenstücke im griechisch-klassischen Schauspielstil hervorbrachten. Mit vielgespielten Rührstücken und Lustspielen wurde dagegen der Hauptanteil am Programm bestritten. Dem *Weimarer Musenhof* gehörten neben der Herzogin Anna Amalia und Goethe einige Personen aus dem Umfeld des Hofes und des Goetheschen Haushalts, sowie Christoph Martin Wieland (1733–1813), Johann Gottfried Herder (1744–1803), der Herausgeber der *Volksmärchen der Deutschen* Johann Karl August Musäus (1735–1787), der Erzieher und Übersetzer antiker Dichtung Karl Ludwig von Knebel (1744–1834) und der Verleger Friedrich Justin Bertuch (1747–1822) an.

186 Frenzel 1993: 189

187 Landfester 1988: 1 f.

188 Duden, Bd. 7: Herkunftswörterbuch, 1997: 79 f.: Begriffe „bewußt", „Bewußtsein". Der Begriff *Bewusstsein* ist auf die ältere Form *bewēten* (= auf etwas sinnen, um etwas wissen) zurückzuführen. Durch Luthers Bibelübersetzung wurde das Wort in *bewūst* verändert.

189 Schönemann 1997: 281–283. Der wechselvolle Gebrauch des Begriffs Nation war abhängig vom wechselvollen Verlauf der politischen und sozialen Geschichte in Deutschland. Nation wurde in der zweiten Hälfte des 15. Jahrhunderts zu einem politischen Begriff und wurde zu Beginn des 16. Jahrhunderts im *Heiligen Römischen Reich Deutscher Nation* Bestandteil der Reichstitulatur. Gleichzeitig entstand eine

Abiturientenzeit als unpolitische Bewegung ihren Ausdruck in der Literatur der Weimarer Klassik, der Romantik und der Philosophie des Deutschen Idealismus fand.

In Bremen war zu Bastians Schulzeit nach diesem Vorbild eine neues Kunst- und Literaturinteresse entstanden. Einen breiten Zuspruch hatten Kunstausstellungen in der Bremer Bevölkerung in der Zeit zwischen 1830 und 1845. Die Einschränkung, nur in *ordentlicher Kleidung und ohne Kinder unter zehn Jahren* eingelassen zu werden, lassen einen regen Zulauf erahnen. Die Kunstausstellungen wurden in dieser Zeit zur erzieherischen Übung. Sie sollten zur *denkenden Betrachtung* und Erfassung dessen, was Kunst eigentlich sei, veranlassen. In Bremen gab es bereits seit 1792 ein Theater für über tausend Zuschauer. Die aufgestellten Büsten von Lessing, Voltaire, Seneca, Goethe, Schiller, Wieland und Herder standen da, *wie Garanten einer fortschreitenden Geistesbildung.*[190] Mit dem 1826 gegründeten Theater-Verein nahm das interessierte Bürgertum Einfluss auf das künstlerische Programm. Kaufleute und Gelehrte bildeten die Mehrheit der Mitglieder – und mit dem neuen Theatergebäude schuf sich das Stadtbürgertum 1845 eine Institution, die zum kulturellen Mittelpunkt der Stadt wurde. Der Senat der Stadt hatte das Projekt ebenfalls unterstützt. Er sah darin zum einen die Möglichkeit, die sozialen Unterschichten stärker in das Bürgertum zu integrieren, zum anderen einen erzieherischen Aspekt. Da das Theater immer deutlicher zum *Bedürfnis der Civilisation* geworden sei, eigne es sich auch zu einer Schule derselben. Diese Erwartung erfüllte sich so nicht, da Goethes und Schillers Stücke seltener, dafür Boulevard-Theater häufiger gegeben wurde. In dargebotenen *Familiengemälden* feierte sich das Bürgertum als Sieger des zivilisatorischen Fortschritts oder belustigte sich, nicht ohne Selbstironie, wie in Kotzebues *Indianer in England,* an der Begegnung eines Bürgers mit künstlich verfeinerten Manieren und eines *homme sauvage* mit *natürlichem* Gebaren.[191]

---

sprachlich-kulturelle Identität unter den deutschen Gelehrten. Durch die Wiederentdeckung der *Germania* von Tacitus wurde von den Humanisten die Behauptung aufgestellt, dass Germanen und Deutsche identisch seien, was das geschichtliche Bewusstsein stärkte und historische Dignität verlieh. Die frühneuzeitliche Staatlichkeit blieb in Deutschland eine territorial aufgeteilte. Erst Mitte des 18. Jahrhunderts gewann die Nation eine die Grenzen der Einzelstaatlichkeit transzendierende geistig-kulturelle Deutungskompetenz.

190 Rudloff 1993: 13

191 Schulz 2002: 395, 399, 400–405, 413

Bastian gehört zu den Jugendlichen des Bürgertums, die lange den Erziehungsort Schule besuchen und für die das Lesen[192] im Privaten Bestandteil ihrer Sozialisation ist. Die Auswirkungen der Leserevolution der Aufklärung erfassten um 1800 rund ein Prozent der Bevölkerung, zu denen in den Städten neben Geistlichen, Juristen, Medizinern und Beamten auch deren Frauen und ältere Kinder gehörten. Dieser Kreis erweiterte sich in der ersten Hälfte des 19. Jahrhunderts auf breitere Schichten und erfasste auch diejenigen, die in den Lesegesellschaften keine Aufnahme fanden. Über Leihbibliotheken hatten diese Zugang zu selbstgewählter Lektüre. Der hohe Buchpreis hatte im deutschsprachigen Raum eine Welle von Neugründungen ausgelöst, die je nach Typologie der Bibliothek – vom Verleih als Nebengeschäft eines Friseurs oder Tabakhändlers bis zu den luxuriösen Lesekabinetten der Residenzstädte – von der Landbevölkerung bis zum schriftstellernden und intellektuellen Publikum reichten.[193]

Bastian hat aufgrund seines protestantischen Hintergrunds schon früh Religionsunterricht und Unterweisungen durch Kinderfibeln erhalten. In der Vorschule lernt er das praktisch-didaktische Unterrichtsmaterial zur Berufsbildung der angehenden Kaufleute kennen. Vor dem schulpolitischen Hintergrund erhielt der Jugendliche bis zum 15. Lebensjahr Unterricht in Geographie, in der anschließenden Sekunda und Prima entfiel dieses Fach.[194] Unter den Schulbüchern der 30er und 40er Jahre finden sich beispielsweise das *Handbuch der Naturgeschichte der drei Reiche für Schule und Haus* und die *Naturgeschichte der drei Reiche - Ein Hand- und Hülfsbuch für Lehrer, ein belehrendes Lesebuch für Erwachsene und die reifere Jugend* des Pädagogen Heinrich Gräfe (1802–1868). Zu seinen Publikationen gehören die nicht in Schulbüchern erschienenen *Reisebilder zur belehrenden Unterhaltung für gebildete Leser, vorzüglich jüngeren Alters* von 1840. Der Bremer Johann Georg Kohl, der in Göttingen Arnold Heeren (1760–1842)[195] gehört hatte und lange Jahre in Europa und Amerika gereist war, veröffentlichte viele seiner Reisebeschreibungen auch in deutschen

192 Katalog der Büchersammlung, 1861, HAB Bb 4° 116: 118 f., 207
Publikationen aller nachfolgend genannten Bremer Autoren sind im Bestand der *Museums*-Bibliothek verzeichnet.

193 Martino 1990: 47, 56–58

194 Elsmann 1994: 225

195 Wegele 1880: 244 f.
Heeren wurde in Arbergen bei Bremen geboren. Er war ab 1801 Professor für Geschichte in Göttingen. Hauptwerk: *Ideen über Politik, den Verkehr und den Handel der vornehmsten Völker der alten Welt* (1793–1796)

Schulbüchern.[196] Als Geograph war er bemüht, historische Zusammenhänge auf diesem Gebiet zu erfassen. Bereits 1841, rund zehn Jahre vor seiner Bekanntschaft mit Carl Ritter in Berlin, verfasste er *Der Verkehr und die Ansiedlungen der Menschen in ihrer Abhängigkeit von der Gestalt der Erdoberfläche.*[197]

In der Pädagogik der Aufklärung waren Kinder- und Jugendzeitschriften ein wichtiger Bestandteil. Seit dem 18. Jahrhunderts wurde Kindern ein Recht auf Unterhaltung und auf erholsames Spielen eingeräumt. Zu den Empfehlungen gehörten belehrende Erzählungen und naturgeschichtliche Artikel, mit denen Eltern ihren Kindern eine nützliche Abendgestaltung bieten sollten. Im Bürgerhaushalt wurden seitdem durch Medien Erziehungsvorstellungen popularisiert und eine interessierte Öffentlichkeit geschaffen, die den Ratschlägen für eine Kindererziehung zum moralisch gesinnten, geselligen und brauchbaren Bürger folgen sollten.[198] Ein Bremer Periodikum dieser Art war der *Bremer Jugendfreund.* Das waren *Blätter zur Fortbildung und Unterhaltung der Jugend,* die zwischen 1833 und 1837 monatlich erschienen, mit Erzählungen, Bearbeitungen zu Dichtungen, volkskundlichen Beschreibungen und Gedichten der Herausgeberin Hedwig Hülle (1794–1861).[199]

Im 19. Jahrhundert hatte sich die naturgeschichtliche und geografische Ausrichtung der Kinder-Literatur ausgeweitet. Ein gutes Buch oder eine aufbauende Lektüre sollte nach Ansicht der Autoren, Verleger und Pädagogen Reisebeschreibungen und Sittenlehren behandeln. Damit grenzten sie nützliche Literatur von gefährdender Romanlektüre oder Gedichten ab, mit der Begründung, dass nicht zum Zeitvertreib und zur Ergötzung der Einbildungskraft gelesen werden solle.[200] Bei Werken wie *Benno von Rabeneck oder das warnende Gerippe im Brautgemach* befürchteten Erzieher und Eltern, dass die Jugendlichen in ihrem Charakter Schaden nähmen. Eine weitere Sorge war, dass das selbstbestimmte Lesen keine Überwachung der angefachten Phantasie erlaube. Nur eine geordnete Auswahl an Lektüre könne Nutzen und eine Erfolgskontrolle die gewünschten Lesefrüchte bringen. Ein Bremer Schuldirektor empfahl 1858, dass eine Nutzung der Schulbibliothek nur unter Kontrolle von Lehrern erlaubt werden solle. Für jeden Schüler war ein Buch pro Monat vorgesehen, und durch die obligatorischen, schriftlichen Aufzeichnungen des gelesenen Stoffes sollte der Schüler zum konformen Lesen angehalten und eigene Gedanken vermieden werden.[201]

196 Nagel 1993: 160, 246, 291, 295
197 Wolkenhauer 1882: 426 f.
198 Ewers 1999: 138–142, 153
199 Nagel 1993: 275 f.
200 Henschen 1985: 5
201 Nagel 1993: 70 f.

Als älterer Schüler ist Bastian in den Bereichen Geografie und Naturkunde auf private Lektüre im Umfeld seiner Freunde und seines liberalen Elternhauses[202] angewiesen. Seit dem ausgehenden 18. Jahrhundert bestand nicht nur im Handelsbürgertum ein wachsendes Interesse an geografischen Zeitschriften und Reisejournalen. Die größte Bibliothek in Bremen war die der Gesellschaft *Museum;* sie enthielt ein breites Spektrum an Publikationen aus allen Fächern der Wissenschaft.[203]

In Bremen entstanden um die Jahrhundertwende 36 kleinere und größere Lesegesellschaften, zwölf Buchhandlungen und zehn Leihbibliotheken. Die Stadtbibliothek, die zugleich die Bibliothek des Gymnasiums[204] war, wurde öffentlich nicht gefördert, verfügte aber über Büchersammlungen und ein Raritätenkabinett aus den vergangenen zweihundert Jahren aus den Beständen des *Gymnasium Illustre* und den kontinuierlichen Stiftungen Bremer Gelehrter. Mit der Bibliothek der naturwissenschaftlichen Gesellschaft *Museum*, der des Kaufmannsvereins *Union* von 1801 und der der Mediziner verfügten die Bremer (und in nicht näher zu spezifizierendem Umfang der Schüler Bastian) über einen beachtliches Angebot an Lesestoff.[205]

Bastian erfährt in seiner Jugend eine Schulausbildung, die nach einer Schulreform für nur wenige Jungen des Bürgertums als notwendige staatliche Institution errichtet worden war, um den Bedarf an Akademikern in der Hansestadt zu decken. Das pädagogische Konzept des Schuldirektors orientiert sich an den Reformen in Preußen, mit denen ein staatspolitisch motiviertes Schulsystem aufgebaut worden sollte. Es enthält einige Elemente neuhumanistischer Bildungsideale, die W. v. Humboldt konzipiert worden waren und die eine Freisetzung individueller geistiger Fähigkeiten beabsichtigten.

Des Gymnasiallehrer Webers Landbau-Metaphorik in den pädagogischen Begründungen erinnern dagegen an Kants Unterscheidung von *Edukation* und *Bildung*. Er strebt mit lenkenden Maßnahmen und erzieherischen Kontrollen einen in Stufen erreichbaren Reifzustand an. Dieses Kriterium spiegelt sich auch in seiner Beurteilung des Abiturienten Bastian wider, den er für unfertig hält.

---

202 Schulz 2002: 553, 567
Bastians Vater Hermann Theodor wurde als *Redner der Liberalen* oder als *Altliberaler* bei den politischen Auseinandersetzungen um 1848 in der Bürgerschaft zitiert.

203 Club zu Bremen 1933: 108, 116, 120
Es ist überliefert, dass Frauen und Töchter der Mitglieder die Vorträge besuchen konnten und männlichen Nichtmitgliedern der Zugang zum Lesezimmer durchaus bewilligt wurde.

204 Schwarzwälder 1976: 442

205 Wegener 1960: 74–77

Im Primaner-Verein entzieht sich Bastian den pädagogisch lenkenden Vorgaben der Schulerziehung im Klassenverband und übt sich im Austausch mit anderen Mitgliedern nach individueller Neigung. Er versucht, die eigenen geistigen Kräfte im Humboldt'schen Sinn in der Erörterung naturphilosophischer Themen zu entfalten.

Seine Kenntnisse in den Bereichen Geografie und Naturkunde erwirbt der Schüler der *Gelehrtenschule* eher durch private Lektüre, die ihm sein liberales und an der Naturforschung interessiertes Umfeld aus Familie und Freunden ermöglichen. Sie gehören zu den Befürwortern der Leserevolution und bilden die dem Fortschritt zugewandte Schicht im protestantischen Bremen. Ein Jahr vor seinem Abitur leistet das aufgeklärte Bürgertum mit der Naturforscher-Versammlung unter erheblichem Aufwand einen Beitrag zur Popularisierung der Wissenschaften.

Der jugendliche Bastian befindet sich, seiner Zeit entsprechend, in einer emotionalen Gestimmtheit, die sein inneres Empfinden zur Grundlage für seine Eigenständigkeit als Individuum und zur schöpferischen Kraft macht. Die Bedürfnisse, die aus seiner emotionalen Disposition entstehen, lenkt Bastian nicht auf den Bereich der Religion, obwohl er im pietistischen Umfeld aufwächst, aus dem die emotionale Hinwendung zuerst eine Bedeutung erfährt. Er lenkt sie auch nicht auf die Kunst, die zur neuen Autorität wird. Für ihn bleiben Religion und Kunst auf der Suche nach Wahrheit emotionale Nebelphantome[206], die nur durch die Wissenschaften eine Erklärung erfahren können und denen er deshalb früh sein ganzes Interesse widmet. Er wendet sich naturphilosophischen Erklärungsmodellen zu und blieb der rationalen Ausrichtung verhaftet, die in dem ihn prägenden norddeutschen Protestantismus zuerst in einer Strömung innerhalb des Calvinismus (im Rekurs auf die Antike) im 17. Jahrhundert nach dem inneren Logos und der Verbindung zum Weltgeschehens fragte und unter niederländischem und britischem Einfluss vom 18. Jahrhundert an eine säkulare, anthropologische Deutung bekam. Bastian entscheidet sich gegen den Biblizismus, der in Bremen als Hauptkontrahent der Naturforscher auftritt und der aus den Reihen der Kleriker kommt, die Bastian getauft und konfirmiert hatten. Die Bedeutung von Vernunft und Psyche, von Geist und Seele, ist in der Theologie zentral für die Bestimmung der Wahrheit, aber auch im Kulturverständnis in der Mitte des 19. Jahrhunderts, das eine Konstituierung des humanen Menschen und eine geistig-kulturelle Einheit durch die Mittel der höheren Bildung anstrebt. Von beiden Bereichen, die unvereinbar gegenständig, aber auch synergistisch bei der

---

206 Steinen, von den 1905:238

Erforschung der Natur wirken, ist Bastians Jugend im Bremer Bürgertum durchdrungen. Bastian geht, wie bereits ausgeführt, von einem panentheistischen Kausalnexus der Natur und der intellektuellen Fähigkeiten des Menschen aus. Es ist in diesem Kontext folgerichtig, dass sich der nach Antworten suchende Schüler in einem Aufsatz mit der *Bildung*, der Kulturgeschichte, der Völker beschäftigt.

2.3.3 Adolf Bastian 1844: *Die Bildung der Völker*

> „Um schließlich einige Worte über den Ort hinzuzufügen, so haben wir gesehen, daß die mindere Bildung über die ganze Erde verbreitet gewesen und noch verbreitet sei; die Gegend, wo die höhere ihren Ursprung genommen, kann nur muthmaßlich bestimmt werden. Es musste nothwendig eine solche sein, wo sich am leichtesten die Hindernisse der Natur ganz und gar beseitigen ließen, und als die vollkommenste Art finden sich auf der Erde: Hoch-Asien und Mittel-Amerika, in welchem das Kaschmir-Thal und die Ebene von Quito sprichwörtlich geworden sind. Die ältesten Sagen der Völker, die Geschichte selbst berichtet, daß von Asien aus die Bildung sich über die Länder verbreitet habe; Amerika mag es sich hinsichtlich seiner etwaig späten Entstehung und seiner Bevölkerung verhalten wie es will, [...]. Die schönste Blüthe der Bildung muß sich, [...], in den gemäßigten Zonen entfalten, während in allzubegünstigten Gegenden die Annehmlichkeiten des bürgerlichen Lebens den Schwung des Geistes hindern, und in allzu rauhen, die Widerwärtigkeiten der äußeren Natur den letztern zu sehr in Anspruch nehmen, als daß er sich weiter und höher entwickeln könnt“[207]

Bastian trug im Juni 1844 im *Wissenschaftlichen Verein* seine vor längerer Zeit verfasste Arbeit über *Die Bildung der Völker* vor[208], deren Inhalt er zu diesem Zeitpunkt nicht mehr in allen Gesichtspunkten vertreten mochte. Dennoch enthielt sie allgemeine Aussagen zur Kulturgeschichte, von denen die gelehrte Welt damals überzeugt war. Jedes Volk besitze ursprünglich einen gewissen Grad an Kultur. Die rohe und ungeordnete Außenwelt wirke feindlich auf die Völker, diese Einwirkung rufe die Tätigkeit der Vernunft ins Leben, die sich im Leben der Völker konstituiere, um die Gefahren der Natur unschädlich zu machen. Die geistige Tätigkeit offenbare sich zunächst bewusstlos und nur zu ihrem Schutz gegen die Naturgewalt. Dieses sei die natürliche Bildung, die sich bei allen Völkern finde. Da die Völker sich diese niedrige Bildung nicht selbst mit Bewusstsein gegeben hätten, sondern da diese von der Natur initiiert worden sei, gebe es in diesem Stadium noch große Ähnlichkeiten in den Vorstellungen.[209]

---

207 Bastian 1844: *Über die Bildung der Völker*: 229°f. In: Primaner-Verein, StA Brem 7, 1038

208 Transkript des Aufsatzes *Über die Bildung der Völker*, s. Anhang, Kap. 7.3: 207–213

209 Bastian 1844: *Über die Bildung der Völker*: s. Anhang, Kap. 7.3: 210°f.

Die Sagen und Mythen waren für Bastian der einzige Anhaltspunkt, um sich bei einer Darstellung der Kulturgeschichte dem unbekannten Urzustand der Völker zu nähern. Dabei war noch ungeklärt, wie von den anfänglich auf sich beschränkt lebenden Völkern eine Überlieferung aus den höheren Kulturen erfolgen könne. Drei Fragen stellten sich Bastian: Was zeichnet die niedere und was die höhere Kultur aus? Warum entstand sie gerade in Asien und wie war es dazu gekommen, dass die neuen Besitzer von kulturellem Wissen damit die vorherigen übertroffen hatten?[210]

Seine Antwort hob die Vernunftbegabung des Menschen als allgemeine Grundlage für die Kulturbildung hervor. Im Gegensatz zum Tier sei mit der Vernunft beim Menschen die Anlage für eine höhere Entwicklung gegeben. Entscheidend für die geistige Entwicklung sei die Außenwelt, in der die Völker lebten. In glücklichen Gegenden, wie in Hoch-Asien, werde der Vernunft das Widerständige genommen, sie komme in Bewegung und stehe in einer befreundeten Wechselwirkung zur Außenwelt. Das seien die Anstöße der höheren Bildung. Der Geist nehme die Gesamtheit der Natur in sich auf und wandle sie in Dichtung oder Kunst. Natur und Geist seien dabei nur verschiedene Offenbarungen desselben Urwesens. Die beiden Schöpfungen gingen von demselben Ursprung aus und liefen in demselben Ziel zusammen, ihre Wege aber seien getrennt. In benachteiligten Klimazonen hemme die feindliche Einwirkung der Umgebung ein Aufsteigen von der natürlichen geistigen Bildung zu einer höheren geistigen Eigentätigkeit. Eine Fehlentwicklung durch das Klima entstehe, wenn Völker des Orients sich im Labyrinth der Sinnlichkeit verlören. Sie ahmten die Natur nur nach und hinterließen in Schrift und Mythos den Nachkommen unverständliche Zeichen und Bilder. Eine entgegengesetzte Entwicklung setze ein, wenn klimatisch benachteiligte Völker von anderen lernten. Sie erführen dann, dass ein höheres geistiges Leben gegen die Widerwärtigkeiten der Natur dem Leiblichen Ersatz böte. Nur dann folgten die Völker der Weisung und Leitung des eigenen, inneren Wesens. Ihre Errungenschaften seien gefährdet, wenn ein bequemes, bürgerliches Leben den Geist lähme.[211]

Bastian referiert über eine kulturgeschichtliche Mutmaßung, die ihren Anfang in Deutschland im frühen 18. Jahrhundert mit dem Hamburger Religionsphilosophen Reimarus hatte. Mit seiner *Apologie oder Schutzschrift für die vernünftige Verehrung Gottes* hatte er die größte Kontroverse der Aufklärungszeit ausgelöst. Der vom englischen Deismus, von Spinoza, Gottfried Wilhelm

210 Bastian 1844: *Über die Bildung der Völker*, s. Anhang, Kap. 7.3: 208

211 Bastian 1844: *Über die Bildung der Völker*, s. Anhang, Kap. 7.3: 211–213

Leibniz (1646–1716) und Christian Wolff (1679–1754) beeinflusste Rationalist griff den Offenbarungscharakter der Bibel an und interpretierte sie als historisches und literarisches Schriftstück. Mit dieser Interpretation isolierte er Regeln, die nach statischem Prinzip die Wissensübertragung in der Geschichte belegen sollten. Er beschrieb, wie Erfahrung und Erkenntnis von Menschen an andere und Nachfahren überliefert würden, um in Erinnerung gehalten zu werden.[212]

Seine deistischen Hypothesen lösten eine tiefgreifende Verunsicherung im protestantischen Bürgertum aus. Unter den Theologen riefen sie heftige Gegenwehr hervor. Der Aufklärungstheologe Johann Salomo Semler (1725–1791) aus Halle griff das Geschichtsverständnis an, weil Reimarus seine *Waffen aus der wirklichen Geschichte* der vergangenen und der unchristlichen Nationen genommen und eine Kontinuität hergeleitet habe, die das christliche Geschichtsbild zerstöre. In seiner lebenslangen Auseinandersetzung mit dem Thema entwickelte Semler seit 1760 eine dynamische Geschichtsauffassung. Seine Zeitgenossen lehnten diese jedoch ab, weil sie von der deistischen Logik kaum zu unterscheiden sei und er diese Irrwege nur noch weiter verbreite. Nach Semlers These bewirke der Geist Gottes eine zweite Schöpfung unter den Menschen durch lebendige Vorstellungen. Da er in den Seelen der Menschen regiere, vereinige er alle durch die Gleichheit und Gemeinschaft seiner überirdischen Absichten. Innerhalb dieses metaphysischen Rahmens entfalte sich die Geschichte als ein dynamischer und auf einen innerweltlichen Fortschritt hinzielender Prozess. Diesen Prozess nannte er *lebendige Geschichte*.[213]

Herder kannte Semlers Arbeiten, bemerkte jedoch, sie wegen des unleserlichen Schreibstils nicht gelesen zu haben.[214] Der Königsberger hatte seit 1784 selbst eine Philosophie der Geschichte entworfen, in der er sich ebenfalls von der Wahrheit der tradierten Bibelinterpretation distanzierte. Die Geschichte der Sintflut sah er als eine *Nationalerzählung*, wie es sie zahlreich auch bei anderen Völkern gebe. Mythen und Sagen waren für Herder Symbole und Namensdenkmale ihrer Erinnerung. Er bemängelte, dass die Erzählung der *Sündflut* und der Rettung einer Familie für den historischen Neubeginn der ganzen Welt genommen werde, ebenso die Verwendung ihrer Genealogie als Ausgang der verwandtschaftlichen Interpretation der Deszendenz aller Völker. Herder setzte seine naturgeschichtliche Interpretation dagegen. Danach sei bei der Überflutung der Erde nur das Hochgebirge in Asien vom Wasser unbedeckt geblieben. Es

212 Fleischer 2010: 75–77
213 Fleischer 2010: 79–83, 85–92
214 Fleischer 2010: 78

habe den ersten großen Schauplatz der Menschheit gebildet, auf dem die Völker und Sprachen der Erde entstanden seien. Die Flut sei ein alles neu hervorbringendes Chaos gewesen. Auf dem ältesten Wohnsitz des Menschen sei in einem gemäßigten Klima eine große Vielfalt an Pflanzen und auch Tieren entstanden. Diese seien Urformen der heutigen Haus- und Nutztiere gewesen, die dort noch zu finden seien. Europa sei länger als Asien vom Wasser bedeckt gewesen und zeitversetzt als nächster Raum von dort aus besiedelt worden. Amerika galt Herder als jung und roh und Afrika topografisch als niedriger Erdteil, der *Kind am Schoß der Mutter Asien* bleibe.[215]

Herder schränkte ein, dass die Belege für die Mutmaßungen der Erdgeschichte unzureichend seien, und er stellte eine Abhilfe durch die Charakterisierung der Völker in Aussicht. Als Basis einer möglichen Kulturentwicklung entwarf er seine Idee zur Geschichte. Danach unterschied sich nach göttlichem Plan zunächst der Mensch vom Tier. Der Mensch sei das Ergebnis einer behüteten Erziehung durch die Vorsehung. Gott habe in einer zweiten Genesis künstlerisch den Menschencharakter gebildet. Er habe allen Menschen Vernunft gegeben und sie in seiner Schule der Sprache und Tradition erzogen.[216]

Diese zweite Genesis des Menschen, diese Bildung durch den Schöpfer, nannte Herder in Analogie zum Ackerbau *Kultur* oder in der Metaphorik des Lichts *Aufklärung*. Diese indizierte Bildung habe den Menschen ein Leben lang begleitet. Sie sei in unterschiedlichen Graden überall anzutreffen und entwickle sich durch die von Gott bestimmten Mittel der Natur. Diese Mittel seien die dem Menschen gegebenen Sinne und in ihrem Gebrauch liege der Zweck des Menschengeschlechts. Dadurch werde er zur Humanität und Glückseligkeit geführt.[217]

Die Völker erschienen Herder wie unendliche Schattierungen in einem göttlichen Kunstgemälde der Natur. Es komme – wie bei der Betrachtung von gegenständlichen Gemälden – auch hier auf die Perspektive an, aus der diese wahrgenommen würden. Würden bei der Betrachtung der Kulturen der Welt europäische Maßstabe zugrunde gelegt, werde das göttliche Wirken verkannt. In den unterschiedlichen Lebensweisen offenbare sich der göttliche Wille zur Erziehung der Erdenbewohner – zur Menschlichkeit. Er zeige sich in ihren Religionen, Sprachen, Künsten und Wissenschaften. Die Stimme Gottes sei jeder Bildungs-Tradition inne. Die Geschehnisse der zweiten Genesis seien daher

215 Herder 1785: 284–291

216 Herder 1785: 292°f.

217 Herder 1785: 215 ff.

miteinander verbunden wie Glieder einer Kette, die die Erde umschlinge und die bis zum Thron der Vorsehung reiche.[218]

Es wird deutlich, dass Bastian in seinem Aufsatz den Herder'schen Bildungsbegriff referiert, nach dem der Mensch seine geistige Entwicklung als einen gegebenen Auftrag fortzuführen habe, dessen vorbestimmter Zweck in der Humanität liege, die bis zur Gottähnlichkeit führe.

Die so verstandene Bildung ist – ohne den theologischen und teleologischen Bezug – in Wilhelm von Humboldts pädagogischen und gesellschaftlichen Forderungen enthalten. Die von Herder aufgenommene, deistische Erklärung der Entstehung des Geistes durch eine zweite Genesis, trennte aber die Natur und von der Kultur.

Bastian weicht in seinen Ausführungen davon ab, wenn er Natur und Geist zwar als verschiedene Erscheinungen, aber als solche mit demselben Ursprung und Zweck beschreibt. Der Geist ist in seinem Text ein natürlicher Bildungsgrundstock, der durch das Klima in seiner Entwicklung gehemmt oder gefördert werde. Gegenstand seines Referates ist die Einzigartigkeit der Menschen und die Gleichartigkeit aller Völker, die Herder mit seinen Glaubensvorstellungen begründet hatte.

Bastian folgt ebenso der kulturgeschichtlichen Interpretation Herders, dass Asien die Wiege aller Kulturen sei. Herder hatte zunächst für die Kulturgeschichtsschreibung eine alle Völker umfassende Darstellung gefordert. Er habe ihre Funktion mit der einer Galerie verglichen, in der die göttliche Absicht und Kunstfertigkeit durch die verschiedenen Völker auf der Erde zum Ausdruck kommen solle. Sie solle ein Abbild dieses Könnens sein und dadurch die bisherigen Feindschaften, Phantasien und Vorurteile unter den Völkern beseitigen. Die anthropologische Galerie würde mit ihrer befriedenden Absicht ein Geschenk an die Menschheit sein, wenn durch Gleichgesinnte die verstreuten Gemälde der Verschiedenheit des Menschengeschlechts gesammelt und eine *sprechende Naturlehre und Physiognomik* der Menschheit begründet werde. Eine solche Sammlung sei für Herder die Krönung der menschlichen Bildung, weil sie in philanthropischer Absicht eine Menschheits-Karte entwerfe, mit der die Philosophie sich der erschaffenen Diversität in der Einheit der Menschheit widmen könne.[219]

Herder verfolgt mit seiner Kulturgeschichts-Idee eine Würdigung der göttlichen Gestaltungskraft, die für ihn in jeder Kulturleistung ersichtlich sei. Er hat sich für diesen Bereich jedoch gegen Klassifikationen aus der Naturgeschichte

---

218 Herder 1785: 215, 220 ff.

219 Herder 1785: 68–70

gewandt, weil sie das Menschengeschlecht in Rassen unterteile und eine Verschiedenheit der Völker in ihrer Abstammung behaupte.[220]

Die Naturgeschichte habe sich, so erläuterte Heinz 2000, im Allgemeinen im 18. Jahrhundert allein mit der Inventarisierung und Beschreibung aller zum Naturreich gehörigen Körper befasst. Diese Sammlungen seien entweder nach einem natürlichen System geordnet worden, das nach äußerlichen Ähnlichkeiten klassifiziert habe, oder nach einem künstlichen System, bei dem Vergleichsmerkmale nach eigener Wahl eingesetzt worden seien, zu denen auch Gestaltloses, Unsichtbares oder Abstraktes gehört habe.[221]

Beide Systeme verwendete der Göttinger Gelehrte Christoph Meiners (1747–1810), der neben Länder- und Reisebeschreibungen 1786 einen *Grundriss der Geschichte der Menschheit* verfasst hatte.[222] Sein Ruf als Deuter der Menschheitsgeschichte war unter den Zeitgenossen jedoch fragwürdig. Ihm wurden Flüchtigkeit, unkritische Quellenauswertung, Widersprüchlichkeit und einseitige anthropologische Grundauffassungen vorgeworfen.[223]

Meiners hatte, so Ihle 1931, eine polygenetische Auffassung bezüglich der Entstehung der Völker vertreten und dass sich deshalb jedes in einer separaten Entwicklung vom Niederen zum Höheren befinde. Den jeweiligen Entwicklungsstand ermittelte er anhand eines künstlichen Systems durch *Anteile der Humanität,* die sich als Spiegelung der inneren Vollkommenheit in äußeren vorhandenen oder fehlenden physischen Vorzügen und in der kulturellen Lebensweise zeige. Er erstellte eine Stufenleiter der Entwicklung, die vom Zustand der Wildheit über den der Barbarei bis zu dem der vollendeten Aufklärung führte.[224]

Maßstab seiner Beurteilung waren die Vernunft und das Seelenleben des Menschen. 1773 hatte Meiners einen *Abriß der Psychologie* veröffentlicht, 1787 einen *Grundriss der Seelenlehre* und 1806 in zwei Bänden *Untersuchungen über die Denkkräfte und Willenskräfte des Menschen.* Als Herausgeber der *Philosophischen Bibliothek* (von 1788 bis 1791) hatte er die Schädellehre von Gall zum psychologischen Ausgangspunkt seiner naturgeschichtlichen Arbeiten gemacht.[225]

Als Reaktion auf die Systematisierungswut der künstlichen Systeme rief der Verleger Friedrich Justin Bertuch (1747–1822) aus Weimar Ende des 18. Jahrhunderts mit anderen Autoren zu einer Reform auf. Nomenklatur und Systeme

---

220 Herder 1785: 80°f.
221 Heinz 2000: 661°f.
222 Prantl, von 1885: 225
223 Ihle 1931: 144
224 Ihle 1931: 6, 85, 89, 91, 122
225 Prantl, von 1885: 224 f.

sollten vereinheitlicht werden und zunächst die Vielfalt der natürlichen Phänomene ermittelt werden, um natürliche Systeme zu erstellen und damit der Bevorzugung der künstlichen Systeme und ihren Spekulationen entgegenzuwirken. In der an Empirie orientierten Forschung sahen auch diese Aufklärer einen Garanten für mehr Wohlstand und Fortschritt, Freiheit und Humanität.[226]

Bertuch gelang es mit seinen *Allgemeinen geographischen Ephemeriden* (ab 1798) eine viel gelesene Zeitschrift für eine neue Konzeption der Ethnographie herauszubringen, die auch noch nach seinem Tod unter dem Namen *Neue geographische Ephemeriden* (bis 1831) erschien. In seinem Verlag *Landes-Industrie-Comptoir* entwarf er ein umfangreiches Programm zur Verbreitung naturgeschichtlichen, geographischen und ethnographischen Wissens, das der neuhumanistischen Bildungsreform zuarbeiten sollte[227] und mit 82 Bänden in der *Museums*-Bibliothek in Bremen vorhanden war.[228]

Als Gegenstück zu den *Ephemeriden* hatte Bertuch 1808 gemeinsam mit A. v. Humboldt, dem Theologen und Orientalisten Johann Severin Vater (1771–1826), dem Publizisten und Übersetzer von Reiseliteratur Th. F. Ehrmann und anderen das *Allgemeine Archiv für Ethnographie und Linguistik* konzipiert. Thematischer Gegenstand dieses Journals waren die physischen, moralischen und intellektuellen Eigentümlichkeiten der Völker und ihre Abstammung voneinander. Ihr Erscheinen wurde aber über den ersten Band hinaus nicht fortgesetzt.[229]

Bertuch und J. S. Vater erläuterten darin 1808 ihr Konzept. Die allgemeine Völkerkunde oder Ethnographie solle im Herder'schen Duktus ein Bild der Menschheit erstellen und dazu ihre gesammelten Daten in dem neugegründeten Archiv erfassen. Die Sprache als besondere Geistestätigkeit solle dabei besonderen Raum einnehmen. Wie in ihrem Gegenstück – den *geographischen Ephemeriden* – sei im *ethnographischen Archiv* durch Karten und Kupferstiche das Wissen zur Anschauung zu bringen.[230]

Ehrmann konkretisierte das Programm einer, über Herders Galerie hinausgehenden, allgemeinen Völkerkunde. Er formulierte unter dem Namen *Ethnographie* ein neues Forschungsvorhaben, das durch das Zusammengehen von theoretischen und empirischen Betrachtungen der intellektuellen Leistungen und der physischen Ausstattung des Menschen einen kulturellen Zustandsanzeiger der Völker ermöglichen sollte. Er rief dazu auf, eine Fülle neuer Daten zu

---

226 Heinz 2000: 666 f.

227 Kaiser 2000: 26

228 Katalog der Büchersammlung, 1861, s. HAB Bb 4° 116: 26

229 UrMel : *Archiv für Ethnographie*. Inhaltliche Beschreibung. Jena, s. ThULB

230 Bertuch 1808: 3–8

erheben, zu ordnen und zu einem Gesamtbild zusammenzufügen. Die Ethnographie werde so zu einer Wissenschaft, die – gestützt auf Naturgeschichte und Philosophie – das weit verzweigte Menschengeschlecht überblicken, zu Klassen ordnen und zu einem harmonischen Ganzen oder einem allgemeinen Völkergemälde zusammenfügen werde. Sie habe ihre Verwandtschaft untereinander zu bestimmen durch Untersuchung ihrer Sprachen, ihrer Physiognomie, ihres sittlichen Charakters, ihrer Nutzung der Naturgüter, Nahrung, Kleidung, Wohnung und Sitten, ihrer bürgerlichen Verfassungen, Meinung und Religionen. Sie werde aber auch – nach dem Stand der Kultur und dem Grad an Aufklärung – ein *moralisch-ethnographisches Barometer* erstellen, *das eine Standzuordnung eines jeden Volkes* erlaube.[231] Ehrmann bekannte sich mit Enthusiasmus zu den Fähigkeiten der zukünftigen Wissenschaft:

> „Die Philosophie an der Spitze werden die Anthropologie, die Physiologie, die Psychologie, die Geschichtskunde und insbesondere die neueste Geographie einander schwesterlich die Hände bieten, um den Forscher in das Heiligtum der *Völkerkunde* zu führen, und seine Schritte durch ihr ganzes Gebiet zu leiten."[232]

Ehrmann hatte schon 1786 den ersten von zwei Bänden verfasst und ihnen (als Gleichgesinnter Herders) den Titel *Beytrag zu einer redenden Naturlehre und Physiognomik der Menschheit* gegeben. Darin stellte er zur belehrenden Unterhaltung die bekannten und die neu hinzugekommenen Völker vor. Sie waren darin ohne ausführliche Beschreibung, aber durch Originalzeichnungen der Berichterstatter dokumentiert. Eine vergleichende Untersuchung der Ansichten zeige, so Ehrmann 1786, dass Herders Annahme einer Monogenese des Menschen nur richtig sein könne.[233]

Der zweite Band erschien 1791 als aktualisierte Fortsetzung, in dem nun ausführliche Beschreibungen der Völker hinzugefügt worden waren und eine noch weitläufigere Schilderung in Aussicht gestellt wurde. Im Anhang warb der Verlag *Chr. Weigel und A. G. Schneider* in Nürnberg für seine Neuerscheinungen „zur Jubilatemesse", darunter die *Ethnographische Bildergallerie – Eine Reihe von Sittengemälden aus der neuesten Völkerkunde* mit mehreren Kupferstichen.[234]

In den Studienjahren verfolgt Bastian sein frühes, kulturgeschichtliches Interesse durch naturphilosophische und -geschichtliche Reflexionen weiter. In der Auseinandersetzung mit der Naturforschung um 1845 findet er zu einem

231 Bertuch 1808: 9–25
232 Ehrmann 1808: 24
233 Ehrmann 1786: Vorrede
234 Ehrmann 1791: 179

eigenen Konzept, das sich zwar methodisch an Ehrmann[235] und somit an das von Herder geforderte Ziel, ein *Völkergemälde* zu erstellen, anlehnt, sich aber in Anspruch und Ausrichtung davon unterscheidet.

235 Bastian 1881: 15
Bastian nannte im Rückblick die existierende Ethnographie als Einflussgröße auf sein eigenes Konzept der Ethnologie, wobei er ausdrücklich die beiden Publizisten Bertuch und Ehrmann hervorhob.

3. Studienorte, 1845–1850

3.1 Heidelberg

3.1.1 Heidelberger Student von 1845 bis 1846

Bastian immatrikulierte sich gut einen Monat nach seinem Abitur, am 28. April 1845, an der *Grossherzoglich Badischen Ruprecht Karls Universität Heidelberg.*[236] Im Verzeichnis der Studierenden wurde er als Wohnungsnehmer bei *Hornung's Erben* und als Jurastudent aus Bremen aufgeführt.[237]

Als Mieter waren Studenten ein wesentlicher Wirtschaftsfaktor in der um 1850 13.500 Einwohner zählenden Universitätsstadt, die in ihrer Größe hinter Berlin, München, Leipzig, Breslau und Göttingen rangierte. Sie hatte sich mit der Verdopplung der Studierendenzahl auf 800 Immatrikulierte in den ersten dreißig Jahren nach ihrer Neuordnung 1803 als badische Staatsuniversität positiv entwickelt. Die institutionelle Änderung zu Beginn des 19. Jahrhunderts brachte eine Hinwendung zu modernen Denkansätzen, die – ausgehend von W. v. Humboldts Idee einer neuhumanistischen Universität – hier eine eigene Ausprägung fand. Die Theologie war durch die Rechtsphilosophie als leitende Disziplin abgelöst worden; mit dem Begriff der Lehrfreiheit wehrte sich die Universität gegen staatliche Reglementierungen. In den 40er Jahren war Heidelberg der Studienort in Deutschland, an dem die Positionen des südwestdeutschen Liberalismus am stärksten vertreten wurden. Sie war nahezu die einzige Universität, in der auch Professoren – und nicht nur politisierte Studentenverbindungen – Reformen des Staates und eine Einheit der deutschen Nation öffentlich forderten.[238]

Bastian erlebt hier die Zeit des Vormärz, in der mit der Forderung nach nationaler Einheit liberale, konservative und radikale Ideen zum Staat verbreitet und diskutiert werden. Der Diskurs in Heidelberg beinhaltet die praktische Anwendbarkeit philosophischer Systeme in der Politik und in der Gestaltung von Rechtssystemen mit dem Rekurs auf die Natur des Menschen.

236 Hintzelmann 1916: 756

237 Adressbuch Universität Heidelberg 1845: 10

238 Wolgast 1986: 88, 91, 95 f., 99, 102

Die Vorlesungsverzeichnisse (Inskriptionslisten sind nicht mehr vorhanden) für die Rechtswissenschaften in der Studienzeit Bastians von 1845 bis 1846 enthielten Ankündigungen zur Rechtsgeschichte, zum Staats- und Kirchenrecht, Zivil- und Kriminalrecht.[239] Die Bereiche Rechtsphilosophie und Völkerrecht wurden in dieser Zeit durchgängig von Carl David August Röder (1808–1879) angeboten, der nach seinem Lehrbuch über die *Grundzüge des Naturrechts* las.[240] Mit Röder lehrte ein Krause-Schüler[241] an der Universität Heidelberg, der dessen rechtsphilosophische Positionen auf die Bereiche der Straftheorie und des Strafvollzugs anwendete und zu seiner Zeit wissenschaftliche Bedeutung erlangt hatte. Im Strafvollzug des Staates sah Röder eine erzieherische Aufgabe zur moralischen Besserung der Straftäter.[242]

Bastians Heidelberger Studienort nimmt nicht nur in ihrer generell philosophischen Ausrichtung eine Sonderstellung ein, sondern auch als Verbreitungsort der Schriften Karl Christian Friedrich Krauses. Der Philosoph fand über den Kreis seiner Anhänger wenig Anerkennung und aufgrund eines Konflikts mit den Freimaurern in der Zeit seines Lebens keine dauerhafte Anstellung an einer Universität. (Zu den Anhängern gehörte der Philosoph Julián Sanz del Rio (1814–1869), der seine Philosophie als *Krausismo* in Spanien erfolgreich etablierte.)[243] Der Jurastudent Bastian hatte hier die besten Möglichkeiten sich mit dem Krausismus auseinander zu setzen.

---

239 Anzeige der Vorlesungen Sommerhalbjahr 1845: 4–8, Wintersemester 1845–1846: 4–7, Sommerhalbjahr 1846: 4–7

240 Anzeige der Vorlesungen Wintersemester 1845–1846: 5

241 Prantl, von 1883: 312
In privaten Vorträgen von 1841 bis 1849 verbreitete Krauses Schwiegersohn Hermann von Leonhardi (1809–1875) dessen Philosophie in Heidelberg.
Savigny, von 1899: 714 f.
Heinrich Ahrens (1808–1874) war ein weiterer Schüler Krauses. Er erarbeitete auf dessen *Grundlagen der Anthropologie* ein rechtsphilosophisches System aus, das er aus dem Wesen und der Bestimmung des Menschen und der menschlichen Gesellschaft abgeleitet hatte und das über Deutschland hinaus populär geworden war.
Ritter, J. 1984: 562, 606
Ahrens lernte in Brüssel die Gesellschaftslehre des Henri de Saint-Simon (1720–1799) kennen und verband sie mit der Philosophie Krauses, bevor er 1833 in Paris Kurse über Psychologie hielt und 1834 eine Professur für Philosophie an der neu gegründeten Universität in Brüssel übernahm.

242 Landau 2003: 709

243 Dierksmeier 1999: 79

Bastian ging in Heidelberg, wie auch später, keiner politischen Betätigung nach. Als Corps-Student der *Vandaliae Heidelberg* und der *Saxoniae Jena* gehörte er studentischen Vereinigungen an,[244] die keinen politischen Zweck verfolgten. In ihrer Selbsteinschätzung begriffen sich die Corps daher als Gegner der ab 1815 gegründeten Burschenschaften. Ihr Ziel wurzelte in den Erziehungsidealen der Aufklärung, wobei sich die Persönlichkeit des Individuums durch und für die Gruppe heranbilden sollte.

Die ersten Corps waren 1790 als konstituierte Landsmannschaften entstanden. Diese neuen studentischen Verbindungen hatten sich eine demokratische Verfassung gegeben und sich grundsätzlich von den seit 1740 üblichen akademischen Orden unterschieden. Die Ausrichtung der Orden hatte sich an die der Freimaurer angelehnt, die sich nach einem Lebensbundprinzip vereinigt hatten. Mit Beginn des 19. Jahrhunderts gaben die Corps das landsmannschaftliche Vereinigungsziel an den Universitätsstandorten auf und fügten ihren demokratischen Strukturen das Lebensbundprinzip der Orden hinzu. Bis 1850 war es möglich, wie für Bastian dokumentiert, mehreren Bruderschaften anzugehören. Danach bestand das *Lebenscorps-Prinzip*, die Aufnahme in einem Corps auf Lebenszeit.[245]

3.1.2 Adolf Bastians naturrechtliche Betrachtungen

Bastian führte aus,

> „[d]ass der Staat die Erfüllung der Gesellschaftspsychologie sei, ahnte Plato und führte es in seinem beschränkten Gebiete durch, während die reiche Zunahme abstracter Begriffe später die Philosophen verführte, aus diesen allein die geltenden Principien (die zwar in ihnen zur Entscheidung kommen, aber nicht in ihnen entstehen) construiren zu wollen und ihre organische Grundlage zu übersehen, […]. Die Moral wurde dadurch ethisch, statt naturnotwendig, und obwohl ihre losgelöste Freiheit in der Gestaltung, die sie dadurch erlangte, anfangs durch die prächtigen Idealgestalten bestach, welche sie aufbauten, so musste sich diese Aufgebung des an sich wahren Standpunktes doch bald durch ihre willkürliche Behandlung rächen, indem sie eben den Schwankungen subjektiver Gefühle überlassen ward."[246]

In diesen Zeilen machte Bastian deutlich, dass eine Staatstheorie sich an der Natur des Menschen auszurichten habe. Sie würde so eine unumstößliche

244 Vorstand des Verbandes Alter Corpsstudenten (Hrsg.) 1985, Bd. 1: 219

245 Vorstand des Verbandes Alter Corpsstudenten (Hrsg.) 1985, Bd. 1: 37, 53 f., 283, 328

246 Bastian 1968 [1860], Bd. 3: 280

Grundlage erhalten und sich der subjektiven Einschätzung und willkürlichen Behandlung durch den Menschen entziehen. Die philosophische Behandlung dieser Frage hätte zu einer Vielzahl von Ideengebäuden mit abstrakter Begrifflichkeit geführt. Für Bastian bildeten sie beliebige Wahlmöglichkeiten, die zwar im Staat zur Anwendung kommen könnten, aber keine unumstößlichen Grundlagen hätten. Ihre Ethik sei eine rein theoretische Konstruktion des Staates, ihre gedanklichen Reflexionen bezögen die natürlichen Grundlagen nicht mit ein. Eine begründete Theorie zum Gemeinwesen müsse sich aber auf die Bedürfnisse des Menschen als soziales und psychisches Wesen stützen und eine „Gemeinschaftspsychologie" sein. Die Grundlage jeglicher Staatstheorie habe demnach immer eine Ethik zu sein, die sich auf die natürlich gegebene Ausstattung des Menschen begründe und davon ableite.[247]

Die „natürliche Moral" des Menschen war für Bastian durch seine Triebe gegeben und er nannte an erster Stelle den Trieb zur Selbsterhaltung. Dadurch sei der Mensch gezwungen, sich u. a. mit Nahrung zu versorgen. Würde er dabei von anderen gehindert, entstehe eine Abwehrreaktion. Dieser Ablauf erfolge zunächst auf emotionaler Ebene und führe zu natürlichen Reaktionen der Verteidigung. Bastian führte diese Reaktion auf die Ausstattung des Nervensystems zurück, welches mit seinem Reiz-Reaktions-Mechanismus dazu ausgelegt sei, die Bedürfnisse des Körpers zu erfüllen. Entstehe eine Behinderung dieses Ablaufs durch andere, ebenfalls nach diesem Naturprinzip handelnde Menschen, so führe diese Konkurrenzsituation zunächst zu einem inneren Konflikt. Diese Empfindungen erreichten, geleitet durch die Nervenbahnen, den menschlichen Geist. Als Folge des natürlichen Selbsterhaltungstriebs und den daraus verursachten Interessenkonflikten mit anderen Menschen, entstünden zum Ausgleich die rationalen Begriffe „Mein" und „Dein" und die Vorstellung – einer Aller nützlichen Gegenseitigkeit. Dies war für Bastian die natürliche – von außen und durch die Physis initiierte – Moral und Grundlage der Ordnung im Staat.[248]

Eine Vollkommenheit eines Staates war für Bastian dann gegeben, wenn er von äußeren Einflüssen abgeschlossen und nur von den Produkten seines Bodens lebte. Er erwirtschafte keine materiellen Überschüsse und richte seine Tätigkeit allein auf die Bedürfnisbefriedigung seiner Bewohner. In einem derartigen Staat lebe jedes Mitglied seiner Stellung nach in behaglichen Verhältnissen. Diese *Behaglichkeit* messe sich nicht am materiellen Wohlstand, sondern an der „Wohlfahrt" der Nation, die dieser zur Befriedigung der natürlichen Bedürfnisse

247 Bastian 1968 [1860], Bd. 3: 247
248 Bastian 1968 [1860], Bd. 3: 218 f.

des Individuums im Zusammenschluss mit anderen zum Vorteil aller biete. Ein auf sich ruhender Staat könne seinen Nutzen – den Bastian Normalzustand nannte – nur erhalten, wenn er wehrhaft sei. Denn dieser Idealzustand könne von außen durch fremde Elemente destabilisiert werden, was zu Gegenreaktionen führe, die erneut einen harmonischen Ausgleich suchten.[249]

Nach dieser Staatstheorie bestand für Bastian die zentrale Aufgabe im Schutz und in der Sicherung des Eigentums. Unter Eigentum verstand er den erworbenen Besitz des Einzelnen zur Sicherung seiner Existenz. Diesen sah er als eine naturnotwendige Erweiterung der persönlichen Sphäre, und mit dieser Ausstattung werde der Mensch erst zu einer politischen Persönlichkeit, zu einem *zoon politicon*, der im Zusammenschluss Gleicher das natürliche Prinzip der Gesellschaft sei. Eine politische Trennung des Eigentums von der Persönlichkeit war für Bastian vergleichbar mit der philosophischen Trennung von Körper und Geist und bedeutete für ihn eine künstliche Scheidung von aufeinander bezogenen Lebensvorgängen. Eine politische Gegenposition dazu sei der Saint-Simonismus, der das Erbe von Privatpersonen für den Staat einfordere, um ein Nationaleigentum zu bilden. Eine noch weit radikalere Position hätten Pierre Joseph Proudhon (1809–1865) und Wilhelm Weitling (1808–1871) vertreten. Sie würden Privatbesitz gänzlich abschaffen und die Gesellschaft zum einzigen Besitzer im Staat machen wollen.[250]

Ein zivilisierter Staat, so Bastian, zeichne sich jedoch dadurch aus, dass er individuellen Besitz anerkenne und ein Rechtssystem zu dessen Schutz errichte. Ein Richter in diesem System wäre dann gerecht, wenn er nicht von subjektiven Empfindungen geleitet, sondern als Vertreter der Bürgerschaft ein Urteil zu ihrem Besten fälle.[251]

Als positives Beispiel nannte Bastian die neue Institution der Geschworenen bei Gericht, die die Folter als Mittel zur Urteilfindung abgelöst habe. Die nun öffentlichen Gerichtsverhandlungen seien eine Weiterentwicklung des Rechtssystems gewesen, das sich permanent entsprechend der Anforderungen seiner Staatsbürger umbilden müsse. Ideale Beispiele bürgerlicher Rechtssysteme seien das britische, in dem das Individuum schon durch ein System allgemeingültiger juristischer Wahrheiten geschützt werde, und das amerikanische, das ebenfalls darauf fuße, jedoch nach seinen eigenen Ansprüchen gestaltet sei. Ein Urteil im bürgerlichen Sinn sei dann gerecht, wenn ein Täter neben einer Bestrafung auch

249 Bastian 1968 [1860], Bd. 3: 247, 249

250 Bastian 1968 [1860], Bd. 3: 217, 230 f.

251 Bastian 1968 [1860], Bd. 3: 222, 243

zum Schutz der Gesellschaft erzogen werde. Die moralische Erziehung durch Arbeit und individuelle Therapie solle das bei den Tätern unzureichend gelenkte Triebleben regulieren und zur Besserung ihres Verhaltens führen.[252]

Straftaten bewertete Bastian als „krankhaften" Befall der Sitten, wobei das Rechtssystem einer Ethik dienen solle, die durch die Definition von „Recht" und „Unrecht" die Gesellschaft erhalte. Historisch habe der Einfluss der Religion auf die Justiz jedoch weltweit zu Rechtsnormen geführt, die von einem göttlichen Willen oder seiner Gewalt moralisierende Urteile ableiteten. Diese zielten hauptsächlich auf die Bestrafung des Einzelnen und die Feststellung seiner Schuld und Sündigkeit.[253]

Die in dieser Analogie deklarierten ungesunden Zustände der Gesellschaft (wie Gewalttaten, Raub, aber auch Trunk- und Habsucht) seien, so Bastian, Entwicklungskrankheiten, die aus dem Überfluss von Anreizen und einem Überangebot an Genussmitteln entstünden. Das Streben nach mehr sei zwar ein natürlicher Reiz, jedoch gehe die Verfolgung dieses Verlangens über die Bedürfnisbefriedigung hinaus und erzeuge eine Kettenreaktion von gesteigertem Begehren und den daraus resultierenden negativen Handlungen. Die gesunden, sittlichen Prinzipien einer Gesellschaft seien aber die Grundlage der Zivilisation. Sie erwüchsen aus der geistigen Lenkung der natürlichen Triebe. Die Natur zwinge den Bürger, auf momentane Reize zu reagieren. Erst in der rationalen Abwägung der Konsequenzen seiner Impulse erlange das Individuum Selbstbestimmung für die Dauer seines Lebens.[254]

Die Komplexität dieses Vorgangs erläuterte Bastian am Beispiel des Geschlechtstriebes. Das Individuum stelle zunächst eine unversehrte emotionale Einheit dar, die dann von konkurrierenden Trieben ergriffen werde. Zum einem entstünde das sexuelle Verlangen, zum anderen die beschützende Reaktion der Scham. Der daraus resultierende Konflikt erscheine unauflösbar, wenn nicht die Scham als genauso natürliche Reaktion aufgefasst und in geistiger Reflexion zu einem tugendhaften Prinzip erklärt werde. Durch die Scham würden momentane Impulse zu einem harmonischen Geschlechtsleben umgeformt, das in der dauerhaften, eine neue Einheit stiftenden, Ehe seine Erfüllung finde.[255]

Adolf Bastian grenzte seine Position, dass der Zivilisationsprozess ein auf von egoistischen Prinzipien des Selbsterhalts motiviertes Kooperationsverhalten sei, von denen ab, wonach die Zivilisation allein durch den freien Willen oder die

252 Bastian 1968 [1860], Bd. 3: 243°f.

253 Bastian 1968 [1860], Bd. 3: 224°f., 244

254 Bastian 1968 [1860], Bd. 3: 236 ff.

255 Bastian 1968 [1860], Bd. 3: 240°f.

uneigennützige Nächstenliebe begründet werde. Diese Annahmen hätten zur falschen Unterscheidung in zivilisierte und unzivilisierte Völker geführt. Im Kontakt mit den „Wilden" beklagten die Vertreter dieser Ansicht ihre Verkommenheit oder ihre Unfähigkeit zu einem besseren Verhalten. Bastian hielt dagegen, dass bei ihnen die gleiche physisch-psychische Ausstattung des Menschen bestehe und daher die gleichen Fähigkeiten potenziell gegeben seien. Ihre subsidiäre Lebensweise erspare ihnen sogar die Laster der Gier europäischen Ausmaßes. Ihre Tugend entspringe aber noch mehr dem natürlichen Trieb zum Selbsterhalt, weniger einem reflektiertem ethischen Verhalten. Der Kontakt zwischen ihnen und den Europäern wirke wie ein starker Reiz, zu dessen Regulierung sie noch keinen Mechanismus hätten. Deshalb resultiere bei ihnen daraus Laster und Verelendung und das führe oftmals zu ihrer grausamen Ausrottung.[256]

Nach Bastians Verständnis verfolgte das Bürgertum einen naturnotwendigen Gedanken. Die Bürger bildeten ein organisches System und der Staat sichere dessen Existenz. In dieser selbstgesetzten, gegenseitigen Abhängigkeit, die nichts mit Gunst oder Dankbarkeit zu tun habe, sei alles durch das Recht reguliert. Ein jeder Bürger habe ein Patriot zu sein, weil sein Empfinden für den ihn schützenden Staat ihn zu einem Verteidiger gegen fremde Einflüsse mache. Der natürliche Egoismus sei daher nicht der Feind des Patriotismus, sondern sein Auslöser. Aus diesem Verständnis heraus erschien es Bastian ebenso natürlich, dass der Bürger nach einem neuen, größeren nationalen Zusammenhang suche, falls die *eigene Geburtsstadt* zu schwach sei, ihn zu schützen.[257]

Für Bastian gab es durch die politische Entwicklung destabilisierende Einflüsse auf die „Einheit der bürgerlichen Anschauung" und auf das Gefühl, ein Teil eines organischen Ganzen zu sein. Die Entwicklung des Vormärz wertete er als „künstlichen" Versuch eine gesellschaftliche Einheit herzustellen, die nur mit einer „natürlichen" Reaktion auf der Suche nach einem Zusammenhang zu beantworten sei. Dabei sei es entscheidend, wie frei die Gedankengänge seien und *wie weit die Weltanschauung reiche*.[258]

Die Zeitumstände wertet Bastian als einen zersetzenden Angriff auf das bürgerliche Selbstverständnis. Seine Reaktion besteht nicht in einer Verteidigung seiner Position durch politische Aktion, sondern in dem Versuch, sie durch eine Übertragung auf übergeordnete Begründungszusammenhänge zu rechtfertigen. Diese von ihm gezogenen Konsequenzen aus der politischen Situation stellt er als

256 Bastian 1968 [1860], Bd. 3: 236 ff.
257 Bastian 1968 [1860], Bd. 3: 271°f.
258 Bastian 1968 [1860], Bd. 3: 272°f.

eine natürliche Reaktion dar und er spricht sie verallgemeinernd dem Menschen zu. Seine Ausführungen sind vielmehr auch als ein persönliches Bekenntnis zu seinem eingeschlagenen Lebensweg als Forschungsreisender zu werten und als Begründung dafür, weshalb er die von ihm erwartete Laufbahn als Mediziner in Bremen nicht einschlägt:

> „Durch den Austausch der Ideen wird eine Gedankenwelt von Forschungen, Bestrebungen, Wünschen und Zweifeln in ihm geweckt, denen der Staat weder ihren Ursprung gab, noch ihnen ihre Erfüllung zu verleihen vermag. Mit ihnen tritt er deshalb aus seinem bürgerlichen Horizont heraus, er giebt die Berechtigung von Ansprüchen zu, die an ihn als Mensch (gegenüber seinem Charakter als Bürger) gestellt werden, deren Befriedigung er nicht in demjenigen Wirkungskreis seiner Kräfte, die zum Besten des Staats in Bewegung gesetzt sind, finden kann, die er darüber hinaus suchen muss. [...]. Er wird Weltbürger, er schafft sich eine neue Einheit in dem Horizont des Kosmos, der sein Vaterland bildet."[259]

3.1.3 Das Modell des freien Bürgers

Mit seinen naturrechtlichen Betrachtungen entwirft Bastian das Modell des freien Bürgers, in dem sich seine konservative, politische Einstellung –das durch sein Umfeld geprägt ist – spiegelt. Charakteristisch dafür ist das Gemeinschaftsgefühl, das seine Großeltern und Eltern als Altstadtbürger besaßen. Im Einklang mit ihrer politischen Führung sahen sie sich als Garanten für Gegenseitigkeit, Gerechtigkeit, Selbstständigkeit und Freiheit. Die Politik war auf die Bedürfnisse des handwerklichen und kaufmännischen Bürgertums und den Schutz ihrer sozialen Sicherheit ausgerichtet. Das wirtschaftliche und politische Handeln unterlag dem Gebot des Gemeinnutzes. Solange die Bewohner Bremens von der Richtigkeit der moralischen Grundlagen ihrer politischen Elite überzeugt waren, solange erlebten sie ihre Gesellschaft als eine Einheit von großer Stabilität. Richtschnur ihres sozialen Handelns war es, Not dort zu mildern, wo sie unverschuldet eingetreten war oder als „unverschuldet" deklariert werden konnte. Es bestand ein Konsens darüber, wie die gemeinnützige Ausrichtung des bürgerlichen Lebens auszusehen hatte. Ein Übermaß an privatem Luxus war der Gemeinschaft abträglich - und durch die Konformität der Lebensweise und seine Leistungsbereitschaft hatte der Einzelne dazu beizutragen, die eigene Existenz und die des Staates abzusichern.[260]

---

259 Bastian 1968 [1860], Bd. 3: 273

260 Schulz 2002: 337 f., 342

In dieses Modell integriert Bastian den aktiven Gestaltungswillen der Bürger zum Erhalt ihrer Autonomie, wie er es unter andern bei seinem politisch aktiven Vater erlebt. Die Liberalen der Elterngeneration wehrten sich gegen die Vormundschaft der orthodoxen Kleriker und erlangten ab 1845 eine vollständige Gemeindesouveränität. Der Gemeindeliberalismus war eine weltanschauliche Gesinnungsgemeinschaft, die in den 40er Jahren eine parteiähnliche Struktur bekam. Theodor Hermann Bastian setzte 1851 mit einigen Liberalen (im Gegensatz zum konservativen Senat) auf eine moderate Veränderung, um sich den Erfordernissen der Zeit anzupassen, indem sie gemeinsam mit den nach Demokratie strebenden Handwerkern für eine Änderung der Verfassung eintraten. Der radikalen Forderung nach einer Volksrevolution, die aus dem Kreis um Pfarrer Rudolph Dulon (1807–1870) erhoben wurde, stand die Gruppierung ablehnend gegenüber. Als Redner der Liberalen verteidigte er jedoch die bestehenden Rechte – etwa die protestantische Freiheit, die das kirchliche Leben von jeher ausschließlich in den Händen der Gemeinden beließ – auch für politische Gegner. Er erinnerte daran, dass allein die Mitglieder das Recht hätten, sich ihren Pastor zu wählen, wie sie es für richtig hielten. Er wehrte sich öffentlich gegen die Vormundschaft der Amtskirche. Diese habe den als aufwieglerisch empfundenen Pfarrer durch ein zweifelhaftes Gutachten der Heidelberger Theologischen Fakultät aus dem Amt entfernen lassen.[261]

Mit seinem Entwurf reagiert Bastian auf die aktuellen politischen Geschehnisse, die er als einen Angriff auf die bewährte Lebensweise wertet. Er verteidigt das bestehende System, in dem die ökonomische Elite auch politisch domminiert. Die Situation während seiner Abiturientenzeit war dadurch gekennzeichnet, dass seit Mitte der 40er Jahre die *alte Ordnung* in einer Legitimationskrise war. Ein sich politisierender Mittelstand formierte sich in Protestbewegungen. Es wurde eine Neuordnung der Herrschaftsverhältnisse gefordert und in politischen Vereinen über Konzepte zur Veränderungen der Bürgergesellschaft nachgedacht. In den 50er Jahren gab es Bestrebungen einer breiter angelegten, gesellschaftlichen Revolution. Gegenüber dem sich emanzipierenden „Volk" hielt der Kaufmannsstand an seinem patriarchalischen Standpunkt fest und verteidigte die alte Bürgerunion.[262]

Dem Modell unterlegt Bastian ein Prinzip, das er *Gesellschaftspsychologie* nennt und in dessen Erfüllung er die Aufgabe des Staates sieht. Wie in den Betrachtungen ausgeführt, sei die Grundlage der Vergemeinschaftung

---

261 Schulz 2002: 363, 456–459, 567

262 Schulz 2002: 354, 371, 560°f., 582°f.

die „natürliche“ Moral. Sie sei natürlich, weil sie durch einen physio-psychischen Prozess – einem Reiz-Reaktions-Mechanismus – ausgelöst werde. Ihre Ursache läge im naturgegebenen Selbsterhaltungstrieb und sei – wie beispielsweise die Notwendigkeit sich zu ernähren das Gefühl des Hungers erzeugt – physisch erfahrbar.[263] Der naturgegebene Selbsterhaltungstrieb äußere sich auf gesellschaftlicher Ebene am ursprünglichsten in dem geistigen Band zu den leiblichen Eltern, den Bastian deshalb als einen natürlichen Verbund bezeichnet. In hierarchischer Stufung zeichnet er verschiedene Ebenen aus dem Selbsterhalt entstandener emotionaler Verbundenheit bis zum patriotischen Gefühl eines durch seine Kraft „künstlich“ konstruierten Staatswesens. Die Beteiligung des Bürgers schaffe die Selbstständigkeit, welche deshalb nicht durch Gunst gewährt werden könne, sondern als „natürliches“ Recht existiere.[264]

Mit dem Begriff Gesellschaftspsychologie beschreibt Bastian Grundlagen des Rechts, die er neben der rationalen Gestaltung auch mit der emotionalen Verbundenheit des Menschen zum Gemeinwesen begründet. Für sich selbst erweitert er diese Verbundenheit auf einen größeren Wirkungskreis als den Staat. Indem er sich zum *Weltbürger* ernennt, bringt er seine emotionale Verbundenheit als selbstständiger Bürger einer im kosmischen Geschehen eingebundenen Erde zum Ausdruck.

In der „inneren“ Verbundenheit bestand für K. Chr. F. Krause der Unterschied in seinem System zu dem Kants, das sich nur auf die Handlungen des Menschen und nicht auf seine Gesinnung bezogen habe. Es habe deshalb nur eine „äußere“ Legitimation des Rechtes und einen gesellschaftlichen Zwang ihres Vollzugs gefunden.[265] Nach Spinoza dagegen sei auch das Rechtssystem etwas, was aus der Macht Gottes entstehe und innerhalb dieser existiere: Der Mensch handele aus der Notwendigkeit seiner gegebenen Natur, suche sich zu erhalten und sein Wohl zu fördern. Daher besitze jeder Mensch natürliche Rechte. Aus seinen Leidenschaften entspringe aber ein rechtloser Zustand, der nur im Bürgerverein aufgehoben und durch gemeinsame Gesetze verhütet werden könne. Der Staat sei der gesellschaftliche Verein, worin alle Beteiligten durch Verträge ihm die Aufsicht und die Durchführung des Rechts übertragen. Der Staat werde nach Naturgesetzen gestiftet, aber die Natur strebe dahin, dass im Staat nur Vernunftgesetze gelten und damit die Freiheit von der Natur.[266]

263 Bastian 1968 [1860], Bd. 3: 217°f., 221°f., 227

264 Bastian 1968 [1860], Bd. 3: 262, 265°ff., 269, 271

265 Krause 1803[2003]: 275

266 Krause 1803[2003]: 272

Krause postuliert darüber hinaus nach den Prämissen des Panentheismus in den *Grundlagen des Naturrechts oder philosophischer Grundriss des Ideals des Rechts*, dass es die Bestimmung der freien Vernunft des Menschen sei, die Welt in ihren ursprünglichen Harmonien zu erkennen. Darum sei es das Ziel der Philosophie ein Ideal zu entwerfen, worin das Recht mit dem unendlichen Geschehen verbunden werde. Es bilde dann eine Richtschnur für die Überlegungen der Wissenschaft des positiven Rechts oder für aktuelle Staatsverfassungen.[267]

Der metaphysische Überbau besteht in der Ableitung des Rechts bei Krause in der Annahme, dass alles innerhalb eines ewigen Geschehens entsteht, untereinander verbunden und in ihm aufgehoben ist. Er entwickelt davon ausgehend ein *Seelenleben der menschlichen Gesellschaft*[268] und setzt die Idee der reinen Menschlichkeit (den Humanismus) nicht abstrakt, sondern als Wirkprinzip ein. Diese Grundidee verbinde alle Menschen und von ihr ausgehend entwickelt er ausgehend davon, dass die erste gesellschaftliche Empfindung[269] die des Kindes zu den Eltern sei, die Ideen zur Familie und davon aufsteigend Ideen zur Freundschaft, zum Volk, zu Völkervereinen bis zur der der gesamten Menschheit. Die Humanität bestimme alle Vereinigungen dazu, eine gottähnliche Lebensweise zu haben. Sie erzeuge in *werktätigen Vereinen* (wie dem Staat) ein Rechtsystem, das als Ausdruck der Freiheit des Menschen als Vernunftwesen das *Eine Recht der Menschheit* (die Menschenrechte[270]) kenne.[271]

Krause war sich des hohen Anspruchs seines Ideals bewusst. Im Rechtsleben der Völker würden noch viele Gesellschaften von anderen bevormundet. Seine Richtschnur sei die Idee der Menschheit als Einheit, ein organisch wirkender Lebens-Verbund, der für die gesamte Vernunftbestimmung in allen Lebensbereichen stehe. Mit der Bestimmung durch die Vernunft werde es möglich, dass Humanität die Menschen auf allen Ebenen erfasse.[272]

---

267 Krause 1803 [2003]: 72, 85

268 Krause 1848 [1905]: 272

269 Krause 1803 [2003]: 192

270 Siehe Diercksmeier 1999: 82°f.
Krause sei es gelungen, die Menschenrechte allgemeingültig in seinen Rechtsvorstellungen zu verankern. Seine Begründungsleistung erfülle die Forderungen der modernen Rechtsphilosophie, wenn das Prozessgeschehen von der Bestimmung der Grundwesenheit Gottes auf die Bestimmung des Rechtssystems an sich angewendet werde.

271 Krause 1848 [1905]: 273, 277°f.

272 Krause 1848 [1905]: 278–281, 288

Bastians Entwurf stützt sichauf ein idealistisches, psychologisches Modell krausismischer Prägung. Er unterlegt ihm einen ebenfalls metaphysisch bestimmten Interaktionsprozess zwischen unendlicher Ursache und endlicher Wirkung, welchen er analog des naturwissenschaftlichen Erklärungsmodells als Reiz–Reaktion–Mechanismus beschreibt. Für ihn ist die Idee der Einheit der Menschheit Teil eines ewigen Geschehens, was später noch näher beschrieben wird. Die Idee der Einheit autonomer Individuen hat sich für ihn wie gezeigt im Bürgertum realisiert. Er setzt die bürgerlichen Vorstellungen einem natürlichen Geschehen gleich. Er entwirft ein idealistisches System, in dem die Moralvorstellungen der bürgerlichen Welt und ihr Rechtsverständnis zu einem natürlichen und gesunden erklärt werden. Das Gegensatzpaar von „gesund" und „krank" steht für die Instabilität aller Prozesse und gleichzeitig für die Einflussnahmen und Gestaltungsmöglichkeiten des Menschen. Seiner Überzeugung nach erfolgt auf eine Destabilisierung[273] immer eine ausgleichende Reaktion, um eine Stabilisierung zu erreichen.

Bastian konzipiert mit der neuen *Wissenschaft vom Menschen* für sich einen Ausweg aus einem emotionalen Konflikt – der durch das Zeitgeschehen entstanden ist – indem er für sich einen „harmonischen Ausgleich" schafft. Er sucht Stabilität und Verankerung nicht als Bürger der Bremer Gesellschaft, sondern als Bürger innerhalb der gesamten Menschheit. Seine „bürgerliche Sphäre" oder Selbstständigkeit sucht er dabei nicht durch den Erwerb materiellen Besitzes zu erlangen, sondern durch den Erwerb von Wissen.

3.2 Berlin

3.2.1 Berliner Student von 1846 bis 1848

Im Abgangszeugnis der *Königlichen Friedrich-Wilhelms-Universität zu Berlin* wurde die Immatrikulation im Oktober 1846 bestätigt und darüber hinaus die größtenteils *sehr fleißigen* Studien in den naturwissenschaftlichen Fächern durch Auflistung der besuchten Vorlesungen dokumentiert.[274] Demnach hatte Bastian in drei Semestern Chemie und Mineralogie bei dem Pharmazeuten Heinrich Rose (1795–1864)[275] gehört, außerdem den Chemiker Eilhard Mitscherlich

273 Bastian 1968 [1860], Bd. 3: 239°f.

274 Abgangszeugnis der *Königlichen Friedrich-Wilhelms-Universität zu Berlin* für Adolf Bastian, 1848, s. HU-Berlin UK AZ

275 Anschütz 1899: 177–181

(1794–1863)[276], Karl-Friedrich Rammelsberg (1813–1899)[277] und den Begründer der Kristallographie Samuel Weiss (1780–1856)[278]. Studien im Fach Geologie betrieb er bei Gustav Rose (1798–1873), der 1829 die mineralogisch-geognostische Reise A. v. Humboldts nach Asien begleitet hatte.[279] Das Fach Technologie belegte Bastian bei dem Physiker Heinrich Gustav von Magnus (1802–1870), dessen sorgfältig vorbereitete Vorlesungen und dessen Verwendung von Anschauungsmaterial in Form von Modellen, Wandbildern und Apparaturen ein Novum waren. Neben seinen experimentellen Studien und Vorlesungen versammelte Magnus 1843 in seinem Privathaus einen Kreis Interessierter, mit denen er sich über physikalische Fragen austauschte und aus dem zahlreiche namhafte Wissenschaftler hervorgingen.[280]

Bastian war auch Hörer des Botanikers Karl Sigismund Kunth (1788–1850), der dieses Fach seit 1829 an der Berliner Universität lehrte. Kunth hatte zuvor für A. v. Humboldt die von diesem und von Aimé Bonpland (1773–1858) gesammelten Pflanzen geordnet und systematisch beschrieben.[281]

Ein weiterer Lehrer Bastians war Georg Adolph Ermann (1806–1877), der als Physiker und Forschungsreisender *Physik der Erde* las. Um Beobachtungen zum Erdmagnetismus zu sammeln, war Ermann von 1828 bis 1830 *um die Welt durch Nordasien und die beiden Ozeane* gereist. Des Weiteren war er als Übersetzer und Schriftsteller zahlreicher Publikationen in Erscheinung getreten, u. a. in der von Heinrich Berghaus (1797–1884)[282] herausgegebenen

---

276 Hirsch 1885: 15–22

277 Schütt 2003: 132 f.

278 Gümbel, von 1896: 559

279 Gümbel, von 1889: 175 ff.

280 Hofmann, von 1884: 77–90

281 Wunschmann 1883: 394–397

282 Hantzsch 1899: 374–379
Heinrich Berghaus war einer der besten Kartographen um 1850. Mit Alexander von Humboldt wechselte er 1821 von Paris nach Berlin. 1828 hatte sich Berghaus an der Gründung der geographischen Gesellschaft beteiligt und dann 1839 in Potsdam seiner Geographischen *Kunstschule* errichtet, aus der Mitstreiter wie August Petermann hervorgegangen waren. Seine fachlichen Leistungen bestand in der Zeichnung und Anfertigung von Spezialkarten, zum Beispiel der *Physikalische Atlas*, den er mit Materialien Alexander von Humboldts erstellt hatte. Als Schriftsteller war Heinrich Berghaus für Bertuchs *Geographischen Ephemeriden* tätig gewesen und war gemeinsam mit A. v. Humboldt Herausgeber von *Hertha* einem bis 1829 beim Cotta-Verlag in Stuttgart, dann in *Annalen der Völker-, Erd- und Staatenkunde* umbenanntem, bis 1843, erschienenen Periodikum. Berghaus hatte um 1847

Kabinets-Bibliothek der neuesten Reisen und Forschungen im Gebiet der Länder-, Völker- und Staatenkunde.[283]

Bastian wurde durch den seit 1829 in Berlin ansässigen Physiker Heinrich Wilhelm Dove (1803–1879) mit der Meteorologie bekannt. Dove hatte über Klimatologie habilitiert, und weil er der erste war, der existierende Theorien durch Systematik und empirische Daten überprüfte, bezeichnete ihn A. v. Humboldt als Begründer der neuen Meteorologie. Der *Gesellschaft für Erdkunde* stand er im Wechsel mit Carl Ritter und Heinrich Barth (1821–1865) bis 1859 immer wieder vor und arbeitete im Kontakt mit Forschungsreisenden an der Wissenschaftlichkeit von Expeditionen.[284]

A. v. Humboldt hatte die Entwicklung der Wissenschaften in Berlin zu Beginn des 19. Jahrhunderts nicht nur in den Bereichen Astronomie, Botanik, Zoologie und Mathematik beeinflusst, sondern auch die der Geowissenschaften. Schon früh hatte er für die Errichtung eines meteorologischen Instituts argumentiert und mit Gustav Rose und anderen dafür gesorgt, dass die Mineralogie starken Aufschwung bekam.[285] Als Vorsitzender der *Gesellschaft Deutscher Naturforscher und Ärzte* 1828–1858 hatte er eine fachliche Segmentierung innerhalb der Gesellschaft eingeführt. Es entstanden sieben Bereiche, je einer für Astronomie und Geographie, für Geognosie und Mineralogie, für Chemie und Physik, für Botanik und Zoologie, Anatomie und Physiologie sowie separat einer für praktische Medizin. Bereits 1845 trennte sich die *Deutsche Physikalische Gesellschaft* als eigenständiger Verband und 1849 die *Deutsche Geologische Gesellschaft* als erste von der Gelehrtenvereinigung.[286]

Die hier vollzogene fachliche Spezialisierung in der Vereinigung spiegelt die im Laufe des 19. Jahrhunderts zunehmende wissenschaftliche Etablierung der Fächer an den Universitäten wider. An Bastians Studienverlauf ist zu erkennen, wie eng verflochten die Beziehungen der Lehrenden mit A. v. Humboldt waren und dass nicht wenige von ihnen als Pioniere ihrer Disziplin gelten. Als Student in Berlin gehört er zu dem Kreis von jungen Männern, deren naturwissenschaftliche Ausbildung nicht nur fachlich, sondern auch didaktisch eine neue Ausrichtung bekommt.

---

auch völkerkundliche Studien in drei Bänden veröffentlicht: *Die Völker des Erdballs nach ihrer Abstammung und Verwandtschaft und ihrer Eigenthümlichkeiten in Regierungsform, Religion, Sitte und Tracht geschildert.*

283 Lommel 1877: 486

284 Dove 1899: 51–69

285 Hamel 2003: 8 f., 10 f.

286 Degen 1966: 352

Die *Gesellschaft für Erdkunde* beschrieb die Rolle A. v. Humboldts für die Erforschung der Erde über einen Zeitraum von 30 Jahren. Durch seine viel beachteten Reisen und seine populären Vorträge in der Berliner Singakademie sei er zum *Heros der gelehrten Welt* [287] und 1828 als Ehrenmitglied in die Gesellschaft aufgenommen worden. Sein *Kosmos*-Werk gelte als Beispiel für die Bedeutung von Naturbeobachtung in der Wissenschaft; mit ihm habe er die wissenschaftliche Ausrichtung und praktische Umsetzung der Erforschung der Erde beeinflusst. Durch seine Initiative und die des Kartographen August Petermann (1822–1878) wäre es möglich geworden, dass der Privatdozent der Geographie, Heinrich Barth, gemeinsam mit dem Geologen Adolf Overweg (1822–1852) an der Durchquerung der Sahara, einer Expedition der *Royal Geographic Society* in der Zeit von 1850 bis 1855, teilnehmen konnte. Berlin hätte betonte, den wissenschaftlichen Anspruch an die Reise formuliert und sie planerisch gestaltet zu haben. Sie wäre als ein erfolgreiches Unternehmen in einem unbekannten Erdteil gewertet worden.[288]

3.2.2 Adolf Bastians naturwissenschaftliche Betrachtungen

> „[Alexander von Humboldt] brachte uns als Frucht seiner Meditation die Grundzüge der Vergleichswissenschaften, die Harmonie des Kosmos, unter denen im einheitlichen Wohlklang zusammentönender Gesetze die neue Weltauffassung ihrem Abschluss entgegenreifen wird.“[289]

Bastian hielt als Vorsitzender der Gesellschaft für Erdkunde eine Festrede zum 100. Geburtstag A. v. Humboldts. In ihr betonte er im Pathos des Zeitgeschmacks dessen Verdienste als Visionär einer modernen Wissenschaft. Er zeichnete im Rückblick auf sein Leben den Weg der Wissenschaften am Ende des 18. Jahrhunderts auf. Sie wäre eine Gegenbewegung zum Chaos, das die Französische Revolution verursacht hätte. Bastian stellte neben dem politischen, den zivilisatorischen Angriff auf alles Bestehende heraus. Die Revolution habe eine Vernunft der Zerstörung zur Grundlage ihrer Moral gemacht und neben Gott auch die Gelehrten und ihr Wissen entmachtet. Diese hätten demnach die Aufgabe, wieder eine Stütze der zivilisierten Welt zu werden. In Deutschland seien heftige philosophische Debatten darüber geführt worden, wie die Vermittlung von Glauben, Wissen und mehr Humanität begründet werden könne.[290]

---

287 Dieterici 1858: 27
288 Ritter, C. 1858: 6
289 Bastian 1869c: 11
290 Bastian 1869c: 10°f.

In diesem Kontext würdigte Bastian A. v. Humboldt als einen Pionier auf dem Gebiet der Naturforschung, der von 1799 bis 1804 den amerikanischen Kontinent bereist habe und sich von seinem Vorhaben auch nicht durch politische und logistische Hindernisse habe aufhalten lassen. Die Bedeutung seiner Reise für die Forschung liege darin, dass Humboldt – neben den gewonnenen physikalischen Daten – die fremdartige Natur in sich aufgenommen habe. Dadurch habe er eine erste Vorstellung über die Gesetzmäßigkeiten bekommen, die der geographischen Verbreitung der Lebewesen auf der Erde zugrunde lägen. A. v. Humboldts Empfindsamkeit hätte vor Ort das aufgenommen und er habe in unablässigem Denken das bearbeitet, was als Offenbarung der Natur angesehen werden könne und die Grundlage einer gesicherten Neuorientierung gelegt habe. Dieser Erdteil mit seinen abwechslungsreichen klimatischen Zonen hätte ihn zur Abfassung einer Pflanzengeographie inspiriert, die er später auf andere Vergleichsobjekte übertragen habe.[291]

Für Bastian ist A. v. Humboldt ein Vordenker der Ethnologie, weil bei ihm die methodische Anbahnung ihrer Ausrichtung als *comparative Hülfswissenschaft* vorgezeichnet sei. Bei ihm fänden sich schon vergleichende Zusammenstellungen von Klimazonen und Kulturen und Bastian ist sich sicher, dass die Beziehungen zwischen dem Beobachtbarem in den Kulturen und den Kräften der Natur der Gegenstand empirischer Forschung zu seien hätte und eine ethnologische Wissenschaft, wie bei A. v. Humboldts Studien, durch Weltreisen zu fördern sei.[292]

Ausgangspunkt in Humboldts wissenschaftlicher Weltanschauung war nach Bastian die Astronomie. Deren Mechanik sei der objektive Standpunkt des Menschen in der Erfassung der Weltordnung. Die verantwortliche Willkür des Schöpfers erschließe sich dem Menschen in den Gesetzen des Universums und zeige sich als Gleichgewicht relativer Verhältnisse. Die Wahrscheinlichkeit ihrer Regeln sei durch Newtons mathematische Innovation ermittelt worden. Es sei sein bleibender Verdienst, dass bis dahin nicht Erklärbares im Weltall in mathematische Regeln integriert werden könne. Das Wissen über die Bewegungen der Himmelskörper sei noch nicht vollständig, aber die Astronomie habe sich von dem Glauben, den Keppler noch gehabt habe, verabschiedet, dass es prinzipiell nicht berechenbare Einflüsse im Weltall gebe. Es sei die Forderung der Zeit, das empirische Wissen der Naturwissenschaften anzuerkennen. Seit Galilei gebe es die Unendlichkeit des Weltalls. Seit den Errungenschaften in der Physik und

291 Bastian 1869c: 11–13

292 Bastian 1869c: 18, 25, 29

der Chemie gebe es keinen Glauben mehr an eine unsichtbar wirkende, abstrakte Lebenskraft, die Newton noch annahm. Seit Faradays „Unversehrbarkeit der Kraft“ gebe es keine Idee der Vernichtung mehr. Die Furcht vor materialistischen Erklärungen und einer Zerstörung der Sitten sei unbegründet und beruhe auf einem Missverständnis. Es wäre das Gleiche, als wenn von der chemische Analyse auf die Zerstörung von Nahrungsmitteln geschlossen und Hungersnöte prophezeit würden. Durch die Wissenschaft gebe es keine Zerstörung des Glaubens. Dieser ergänze nicht vorhandenes Wissen und stelle innerhalb der Wissenschaften eine geistige Einheit her. Es flössen Fakten und Ideen zusammen. Der Aberglaube jedoch stelle sich gegen das Wissen und folge unwissenschaftlichen Motiven. Er manifestiere sich in Dogmen, die allein aus Machterhalt in Religion und Politik aufrechterhalten würden und keine Veränderung durch erweitertes Wissen zuließen.[293]

In kritischer Stellungnahme bedauerte daher Bastian das Festhalten an dieser Denktradition seiner Zeit. In seiner Kosmologie existierten die Dinge der Erde und des Himmels nebeneinander im Raum. Sie existierten durch Interaktion, und in der Reaktion aufeinander entstünden Veränderungen. Die Reaktion erzeuge Kräfte, die analog dem Wechsel der Aggregatzustände, Modifikationen hervorriefen und in ihrer Unterschiedlichkeit gleichzeitig bestünden. Diese relativen Veränderungen seien weder ein neues Entstehen noch ein endgültiges Vergehen von Materie, sondern ein Auflösen und Vereinen von Kräften in einem kontinuierlichen Geschehen.[294]

Das Auge des Menschen sei der Ausgangspunkt der Erforschung des harmonischen Kosmos. Dabei könne er keinen Standpunkt außerhalb dieses Geschehens einnehmen. Der Gebrauch der Vernunft sei für den Menschen die einzige Möglichkeit, in der Zeitspanne des Erlebens zu relativen Wahrheiten zu gelangen. Mit der Weltanschauung des harmonischen Kosmos bestehe ein gültiges System, das durch die naturwissenschaftliche Forschung in Teilen bestätigt oder aber revidiert werden würde. Der Fortschritt werde darin liegen, dass auch bei einem partiellen Umdenken kein Schaden für die bereits errungenen Fakten eintrete und eine generelle Vermehrung des Wissens stattfinde. Diese *Weltanschauung* trete an die Stelle des bisher Geglaubten. Sie vereine das Wissen über die unendliche Weite des Raumes, die zeitliche Begrenzung des menschlichen Lebens und das Phänomen seines Bewusstseins. Ihre Idee vermittle das Gefühl einer sinnvollen Ordnung, in der der Mensch mit seinen physischen und psychischen

293 Bastian 1968 [1860], Bd. 1: 2, 7, 14 Fn., 15°f., 18, 20°f., 28
294 Bastian 1968 [1860], Bd. 1: 1, 15

Fähigkeiten am ewigen Geschehen teilnehme. Die Vorstellung von der Reproduktion göttlicher Ideen sei ein Trost und das Denken in Harmonien sei ein selbsternannter Auftrag des im Horizont seines Fühlens und Denkens lebenden Menschen, seine Welt zu erkennen.[295]

Neben der inneren Freiheit des Menschen als selbsterkennendes und eigenverantwortliches Wesen, waren für Bastian die geographischen Gegebenheiten des Bodens und des Klimas stabile, äußere Faktoren mit Wirkung auf die Kulturen. Er verwies auf die Lage und Gestalt Europas, deren kontinentales Festland durch zwei Binnenmeere, zerklüftete Küstenlinien mit zahlreichen vorgelagerten Inseln und ihren Wasserstraßen die Menschen derartig verbänden, dass ein vielgestaltetes, politisches Leben daraus hervorgegangen sei. Im Gegensatz dazu hätten sich Völker in abgeschlossenen Tälern oder weiten, trockenen Ebenen verzögert entwickelt, da nur unter günstigen Voraussetzungen der Natur der Mensch vielfältiger kommuniziere.[296]

Bastian gibt jedoch zu bedenken, dass im Bemühen, allgemeine Regeln der Bedingungen von Kulturentwicklung der Völker zu formulieren, bisher viel Falsches und Halbwahres geschrieben worden sei. Nach seiner Auffassung gebe es blühende Kulturen entlang der Flussläufe und an den Küsten, aber in ebensolchen Regionen habe er auch trostlose Ansiedlungen gefunden. Es sei deshalb angeraten, keine *bequeme Schablone* der Entwicklungsgeschichte anzulegen, sondern jeden einzelnen Untersuchungsgegenstand in aufwendiger Bearbeitung und in all seinen Berührungspunkten zu studieren und lebendig festzuhalten.[297]

3.2.3 Das Modell von der Erde als Habitat der Völker

Bastian widmet sein Werk *Der Mensch in der Geschichte* A. v. Humboldt mit den Worten, dass jener die ersten Ausführungen am Ende seines Lebens noch kennen gelernt und ihn zur weiteren Bearbeitung seines Themas ermutigt habe.[298] Mit dieser Widmung stellt Bastian sich in die Reihe der zeitgenössisch modernen Naturforschung und in Verbindung mit der naturphilosophischen Idee der Einheit, die auch mit dem populären und einflussreichen Forscher in der ersten Hälfte des 19. Jahrhunderts verbunden war. Seine Forschungsmethode wurde in den Fächern angewendet, die Bastian während seines Studiums

295 Bastian 1968 [1860], Bd. 1: 15, 18, 28°f.
296 Bastian 1968 [1860], Bd. 3: 422
297 Bastian 1968 [1860], Bd. 3: 414 f., 422
298 Bastian 1968 [1860], Bd. 1: Widmung

kennenlernte und dessen Lehrende mit Humboldt in Verbindung standen. Eine neue Ausrichtung der Geographie[299], deren Ausgestaltung der interessierte Student zusätzlich durch Vorträge und Publikationen in Erfahrung bringen konnte, war in Berlin mit den Namen Carl Ritter, Johann August Zeune (1778–1853) und Henrich Steffens (1773–1845) verbunden.

A. v. Humboldt hatte seit 1827 durch Vorträge an der Universität und in der Singakademie sowie durch die Publikation der *Kosmos*-Bände ab 1845 sein Konzept der *physischen Weltbeschreibung* von Berlin aus wirkmächtig verbreitet.

Im *Kosmos* stellt er eine kulturgeschichtliche Einordnung seines Forschungsverständnisses vor, ohne sein Werk als vollständige Geschichte der Naturwissenschaften, noch als vollständige Kulturgeschichte des Menschen zu verstehen. Humboldt zeichnet in ihm die Geschichte der naturphilosophischen Idee der Einheit nach und wie mit der Zunahme technischer Erfindungen und empirischen Wissens der Zusammenhang von Erscheinungen der Welt und Kräften des Weltalls hergestellt werde und der Mensch so in den intellektuellen Besitz über die Welt gelänge. Der Ausgang dieser Denk-Kultur im europäischen Abendland sei bei den Griechen und Römer zu sehen. Sie sei wiederum durch die Aufnahme von Naturkenntnissen der Ägypter, Chinesen und Inder entstanden. Es sei unklar, in welcher zeitlichen Abfolge sich diese Denktradition der alten Kulturvölker Asiens in Europa durchgesetzt habe. Die Erfassung geographischer, kosmischer und kultureller Zusammenhänge in der Idee einer Harmonie sei für ihn die *edelste Frucht einer Kultur* und für Europa mit der Naturphilosophie der Antike überliefert.[300]

Seit Strabo von Amaseia (etwa 63 v. u. Z. –19 u. Z.) werde den Zonen der Erde eine Wirkung auf die Kultur des Menschen zugeschrieben. Der Verfasser der *Erdbeschreibung* sei, so Humboldt, das Vorbild eines Naturforschers, weil er durch das römische Reich gereist sei und mit der Abfassung seines geographischen Werks im hohen Alter begonnen habe. Humboldt würdigte auch die Kosmologie Strabos, die bis zum Ende des Hochmittelalters fast unbekannt geblieben sei, aber in seinem Werk die Grundlage bilde. Ebenso vorbildlich für ihn seien seine physikalischen Studien, die er mit seiner Physik der Erde fortgesetzt würde.[301]

---

299 In die 1828 gegründete *Gesellschaft für Erdkunde* trat Bastian 1867 ein und übernahm ein Jahr später deren Vorsitz. Vgl. Vita activa…, s. Anhang, Kap. 7.6: 223 ff.

300 Humboldt, A. von 2004 [1845–1862]: 241 f., 245–248

301 Humboldt, A. von 2004 [1845–1862]: 152 f., 156, 172

Humboldt beschrieb die Kulturentwicklung Europas durch die technischen Erfindungen und dabei besonders die der physikalischen Geräte, die als Verstärkung des Auges empirische Forschung und eine physische Weltbeschreibung[302] ermöglichten. Durch Galileo Galilei (1564–1642) und Johannes Keppler (1571–163) sei die Kenntnis über die Verteilung der Materie im Weltraum hinzugekommen und durch Isaac Newtons (1642–1726) mathematische Berechnungen sei es gelungen, eine alles beherrschende Grundkraft der Bewegung zu erfassen. Newton habe die physikalische Astronomie durch seine Mechanik zu einer mathematischen Wissenschaft erhoben. Er habe aber die Gravitation nicht für eine Grundkraft der Materie gehalten, sondern für eine von einer höheren, noch unbekannten Kraft abgeleitete.[303]

In der aktuellen physikalischen Naturlehre sei seiner Meinung nach die Gravitation das alles bestimmende Prinzip, denn von den Gesetzen der Schwerkraft im Universum bis zu den Gesetzen der belebten Körper auf der Erde sei alles ein organisches Ganze, dass es empirisch zu bestimmen gelte. Die Vorstellungen über die Einheit aller Erscheinungen gäbe es seit der Antike. In der Neuzeit entstand die Grundidee in der Naturphilosophie, die Naturerscheinungen der Erde dem Impuls der Himmelsbewegungen zuzuschreiben. Neu sei nun, diese durch empirische Forschung zu belegen. [304] A. v. Humboldt verdeutlicht und begrenzt die Aussagefähigkeit seiner Methode:

---

302 Hamel 2003: 75–78, 84, 87
Die Astronomie war in ihrer langen Tradition durch ihre Winkelmessinstrumente eine Positionsastronomie, die durch die Berechnung der Bewegungen der Himmelskörper gesellschaftlichen Bedürfnissen Rechnung trug. Sie hatte den Himmel mit einem Netz von Bezugspunkten überzogen, die Anwendung in der Astrologie, im Gestirnkult, den Kalenderwissenschaften und in den geographischen Land- und Seekarten fanden. Die Frage nach der Entstehung und Entwicklung der Himmelskörper kam nicht aus der Astronomie, sondern wurde in Kosmogonien, wie im 18. Jahrhundert in Kants *Lehre von der Entstehung des Planetensystems,* abgehandelt. Kants Theorie beruhte auf der Newtonscher Himmelsmechanik und sah in der Entstehung des Kosmos eine Zusammenballung feinverteilter Stoffe unter Einfluss der eigenen Anziehungskraft. Humboldt übernahm die Vorstellung des *Weltgartens* und der *genetischen Entwicklung* im Weltall. Humboldt war einer der wenigen Gelehrten, der in der Zeit von 1750 bis 1850 an die Bedeutung von Entwicklungsprozessen und ihre naturwissenschaftliche Fundierung in der Astronomie glaubte und ihre Erforschung forderte.

303 Humboldt, A. von 2004 [1845–1862]: 395°f.

304 Humboldt, A. von 2004 [1845–1862]: 391 f.

„Den Impuls, welchen ich hier bezeichne, deutet nur die Mittheilung der Bewegung als den Grund aller irdischen Erscheinungen an. Pantheistische Vorstellungen sind ausgeschlossen.“[305]

Die Lehre vom Kosmos steht für eine Neuorientierung in der Wissenschaft, die von einer begeisterten Anhängerschaft – so auch von dem Studenten Bastian – aufgenommen wird. Humboldts Erklärungsmodell orientiert und konzentriert sich auf die sichtbare Welt und lehnt darüber hinausgehende Erklärungen ab. Fragen zur Genesis und anderen theologischen Themen blieben für ihn durch die Naturforschung nicht erklärbar. Er fokussiert sich ausschließlich auf das Geschehen der Erde, wie es sich als messbare Kraft zeigt. A. v. Humboldt, wie schon Kant, stellt sich gegen die Deutungen der natürlichen Theologie, aber auch gegen die Interpretationen der klassischen Physik.

Für Newton, als ein Vertreter der klassischen Physik, war das Universum ein unbeweglicher und unwandelbarer Schauplatz, dem Raum und Zeit eine sichere und berechenbare Struktur gaben. Bis ins 20. Jahrhundert zeigte diese Anschauung die Wirkung, dass geglaubt wurde, Entwicklungen könnten von der Gegenwart aus linear in die Vergangenheit oder in die Zukunft verfolgt werden.[306]

Das Model des harmonischen Kosmos geht dagegen von Bewegung, Veränderung und Relativität aus. (Erst ab 1910 konnten durch Albert Einstein (1879–1955) und andere mathematische Beweise für ein „einheitliches Geschehen“ im Kosmos erbracht und mit einer wissenschaftlichen Kosmologie begonnen werden.[307])

---

305 Humboldt, A. von 2004 [1845–1862]: 392

306 Greene 2004: 22°f.

307 Greene 2004: 22–31
1910 erfolgte mit der Relativitätstheorie und 1930 mit der Quantenmechanik eine Revision der Naturgesetze, in denen Raum und Zeit nicht unabhängig voneinander, sondern als miteinander verflochten und sich so als aufeinander bezogene Größen erwiesen. Albert Einstein bewies, dass Raum und Zeit Teil eines einheitlichen Geschehens sind und am kosmischen Geschehen mitwirken. Statt starr und unwandelbar, ist die Struktur des Kosmos flexibel und dynamisch. Heute kann man bestenfalls eine Aussage über die Wahrscheinlichkeit von Positionen in Vergangenheit und Zukunft machen. Die Zeit scheint eine Richtung zu haben, die aber weder durch Relativitäts- noch durch Quantentheorie geklärt ist. Fortschritte kommen dazu aus der wissenschaftlichen Kosmologie. Diese beginnt mit Einstein, der nach einer einheitlichen Theorie suchte, wenn auch vergeblich. Er hatte wenige Nachfolger darin; erst heute ist sie zu einem zentralen Tätigkeitsfeld der theoretischen Physik geworden.

In der Mitte des 19. Jahrhunderts stellt A. v. Humboldts Modell des harmonischen Kosmos eine von den Kirchen abweichende Ansicht dar.[308]

Nach A. v. Humboldt hatte Bernhardus Varenius (1622–1650)[309] als Erster ein Konzept einer empirischen Erdkunde entwickelt.[310] Varens *Geographia generalis* erschien posthume und erzielte eine Wirkung erst, als Newton eine revidierte Neuausgabe herausgab und Übersetzungen aus dem Lateinischen für eine weitere Verbreitung sorgten. Varen hatte darin, so Gottfried Lange, nachdem die kopernikanische Wende die Erde in ihrer kosmischen Bedeutung herabgestuft hatte, eine Erd-Wissenschaft mit anthropozentrischen Argumenten gerechtfertigt: Sie sei Wohnstätte des Menschen und gebe ihm Möglichkeiten der Entfaltung und darüber hinaus sei sie sein einziger Standpunkt zur Beobachtung der Himmelsbewegungen, deren Kräften er ausgesetzt sei. Mit der frühen Adaption der heliozentrischen Weltsicht habe sich Varen konsequent der überkommenen mythologischen und astronomischen Ansichten der meisten Gelehrten seiner Zeit widersetzt und eine Lehre begründet, deren Bedeutung durch und für den Menschen entstehe. Es sei ein Novum gewesen, dass er das Wissen über die Welt der reisenden Militärs, Kaufleute oder Missionare ergänzend hinzugenommen habe. Die Erde als Forschungsgegenstand hatte er aufgegliedert. So behandelte er den Globus als individuellen Körper als Gegenstand der allgemeinen Geographie, die Länder dagegen als spezielle Geographie. Beide Ausrichtungen gliederten sich in drei Untersuchungsfelder, die terrestrische, kosmische oder humane Aspekte umfassten. Im ersten solle das untersucht werden, was sich auf dem Planeten oder in den Ländern als unmittelbar vorhanden zeige. Im kosmischen Untersuchungsfeld beider Sparten solle das untersucht werden, worauf das Universum eine Wirkung habe. Die humanen Aspekte der Erdkunde hätten im Allgemeinen die Raumüberwindung mit Hilfe der Kartographie und der Technik der Seefahrt und im Speziellen die Bevölkerung der Länder umfasst. Die Ergebnisse der verschiedenen Forschungen, die als Dreiklang von Geowissenschaften, Astronomie und Anthropogeographie konzipiert waren, sollten komplementär wirken und ein Wissen über die irdische Realität im Ganzen erzeugen.[311]

---

308 Humboldt, A. von 2004 [1845–1862]: 909, siehe auch Bastian 1968 [1860]: 311 Fn

309 Akademie der Wissenschaften zu Göttingen 2009 (III, 1): 374
Varen, Bernhard [Varenius, Bernhardus] wurde in Uelzen geboren, verbrachte seine Gymnasialzeit in Hamburg und studierte in Königsberg und Leiden. Er lebte als Arzt in Amsterdam. Er gilt mit seiner *Geographia generalis* als einer der Begründer der neuzeitlich-modernen Geographie.

310 Humboldt, A. von 2004 [1845–1862]: 31

311 Lange 1961: 274–280

Auf Varens Strukturierung einer Erd-Wissenschaft hatte auch Kant zurückgegriffen und eine Abhandlung über die sichtbare Natur verfasst. Kant hatte Vorlesungen zur physischen Geographie konzipiert, die er schon zu Beginn seiner Lehrtätigkeit 1757 in Königsberg hielt.[312]

Über vier Jahrzehnte las Kant über dieses Thema, das auf großes Interesse bei seinen Hörern stieß. Seine Vorlesungsreihe stand einerseits in Verbindung zur Naturforschung an der Universität und zum anderen war sie eine Reaktion auf den dortigen Pietismus. Bis Ende des 19. Jahrhunderts wurde über die Glaubwürdigkeit theologischer Bibelauslegungen in den Fakultäten gestritten. Theorien zum Weltall oder zur Erde, die von einer mechanischen Entwicklung ausgingen, wurden als atheistischer Angriff auf den Glauben gewertet, und zwar nicht nur von Theologen, sondern auch von Mathematikern und Philosophen. Kant wandte sich in seinen Ausführungen gegen physikotheologischen Erklärungen. Seine Absicht lag (im Gegensatz zum jüngeren Humboldt) aber nicht in der Förderung empirischer Wissenschaften, sondern in der Bereitstellung eines Entwurfs für ein mögliches Lehrbuch zur rein intellektuellen Erfassung der Welt. Seine Vorlesungen sollten mit der Neugier eines Reisenden aufgenommen werden, ihre Inhalte nach einem vernünftigen Plan[313], im Laufe der Zeit neu überdacht werden.[314]

Die Konstituierung einer vergleichenden Erdkunde geschah nach A. v. Humboldt erst, als das Wissen durch Reisende, Seefahrer und andere *Weltbegebenheiten* umfangreicher geworden war und Rückschlüsse von der Erdgestaltung auf den Fortschritt der Kulturen gezogen werden konnten. Humboldt schränkte ein, dass eine eindeutige Zuordnung von Umgebung und Bewohnern noch nicht aufgrund physikalischer Gesetze begründet werden könne. Eine Naturgeschichte des Menschen unter dem Aspekt der Wechselwirkung mit dem planetarischen

312 Akademie der Wissenschaften zu Göttingen 2009 (III, 1): XLVI
Aus der Zeit vor 1770 sind über seine Geographie-Vorlesungen nur noch Notizen und Ausarbeitungen von Herder überliefert. Es besteht die Absicht von Stark u. Brandt, den Komplex Kant und Herder (als Königsberger Student) in einer eigenen Abhandlung zu erforschen und herauszugeben.

313 Hoheisel 1979: 274
A. v. Humboldt gehörte kurz nach 1770 in Berlin für längere Zeit dem Kreis um den Kant-Anhänger Marcus Herz an. Ein Brief Kants zeigt, dass Herz von den Geographie-Vorlesungen wusste. Es besteht die Vermutung, dass Humboldt ebenfalls darüber informiert war und sich generell an Kants Philosophie orientierte – auch, weil er Geographie-Unterricht bei Georg Forster hatte, der mit Kant in Verbindung stand.

314 Akademie der Wissenschaften zu Göttingen 2009 (III, 1): VI–XXIII

Geschehen befürwortete er als Idee, da der Mensch durch das Licht und die Gravitation Kontakt zum Weltall habe.[315]

Die Übertragung der humboldtschen Idee auf eine Geographielehre war von Ritter in Angriff genommen worden. Er befasste sich seit 1806 mit der pädagogischen Vermittlung der Geographie, die er unter den humanen Aspekten[316] im Sinn des Varenius verstand und bei der die Erde Schauplatz der Wirksamkeit des Menschen sei. Im Unterricht sollte vermittelt werden, in welcher Weise der Mensch in seiner geistigen Tätigkeit und in der Gestaltung der Kultur vom geographischen Ort abhängig sei. 1817 veröffentlichte er den ersten Band *Die Erdkunde im Verhältnis zur Natur und zur Geschichte des Menschen,* mit der er durch seine kulturhistorische Betrachtung der Erde und ihrer Völker Beachtung fand, bevor er 1820 nach Berlin ging.[317]

Die schriftliche Ausarbeitung seines Konzeptes, mit der er die Absicht verfolgte, Eingriffe der lokalen Umgebung auf die Geschichte der Völker der Erde darzustellen, blieb unvollendet. Ritter charakterisierte die Kontinente als von der Natur individualisierte Bereiche, die er nach der Form der Küstenlinien in einfache bis komplexe Erdteile unterschied, wobei er Afrika eine Einförmigkeit und Einfachheit in allen Bereichen der Natur und somit auch ihrer Menschen zuschrieb. Der Alten Welt dagegen attestierte er aufgrund ihrer Zerklüftung, der Ort zu sein, auf dem das Größte und Höchste der Menschengeschichte sich ereignet habe. Ritter bewertete jeden Erdteil analog seiner Naturplastik durch Hochgebirge, Flussläufe und Ebenen, dem Vorkommen von Wasser, Luft und

---

315 Humboldt, A. von 2004 [1845–1862]: 30–32

316 Lange 1961: 274, 283
Carl Ritter war als moderner Geograph nicht ohne Vorgänger, wie einige seiner Biographen behaupteten. Die Dreiteilung der Geographie fußte in der Renaissance. Er bearbeitete den dort vorgegebenen, humanen Aspekte der Erdkunde, der zur Anthropogeographie ausgebaut wurde und sich bis ins 20. Jahrhundert erhielt. Ein weiterer Zweig war bei ihm die politische Geographie, die seit dem 18. Jahrhundert u. a. in Göttingen betrieben wurde, wo er von 1813 bis 1817 lebte. In Berlin war er an der Herausgabe des Lehrbuchs *Grundzüge der Erd-, Völker- und Staatenkunde,* 1840–1849 beteiligt; Autor war der preußische Kriegsminister Albrecht von Roon.

317 Ratzel 1888: 684–689
Ritter wurde in Quedlinburg geboren. Nach seiner Schulausbildung auf dem Landgut Schnepfental, wo – inspiriert von der Philanthropie J. J. Rousseaus – nach reformpädagogischen Ansätzen unterrichtet wurde, folgte ein Studium in Halle, eine Erziehertätigkeit in mehren Städten. Ab 1820 war Ritter Geographie-Lehrer an der Berliner Kriegsschule und 1828 Mitbegründer der Gesellschaft für Erdkunde. Er hielt zahlreiche Vorträge in wissenschaftlichen Vereinen.

Vulkantätigkeit und dem Vorkommen aus den drei Naturreichen (Mineralien, Pflanzen, Tiere). Sie seien durch ihre Charakteristika Repräsentanten einer „individuellen" Lokalität. Durch Vergleiche der verschiedenen Zonen der Natur könnten Regeln abgeleitet werden, die den Menschen als lebendigen Spiegel der Natur zeigten.[318]

Ein weiterer Mitstreiter für diese Idee war August Zeune, der seit 1810 außerordentlicher Professor für Geographie an der neuen Berliner Universität und Verfasser des 1808 erschienenen Buches *Gea, Versuch einer wissenschaftlichen Erdbeschreibung* war. Er propagierte in seiner Lehre die Einteilung der festen Landmasse nach ihren unveränderbaren, physischen Grenzen (etwa Gebirge, Flüsse, Küstenlinien) und folgerte daraus, dass diese orographische Einteilung der Erde Raumtypen ergeben habe, die ihrer Natur nach gleich seien, ebenso wie die dort lebenden Völker. Mit ihm vollzog sich an der neuen Berliner Universität ein Paradigmenwechsel des Faches.[319] Mit der Deklarierung natürlicher Räume setzte er sich von der Staaten-Geographie ab, die am Ende des 18. Jahrhunderts durch statistische Erhebungen eine neue Wissenschaft zum Nutzen aufgeklärter Politik geschaffen und die bisher ausschließliche Erfassung territorialer Besitzansprüche von Regenten abgelöst hatte. Alle geographischen Handbücher in der ersten Hälfte des 19. Jahrhunderts wiesen Gedankengänge seiner *Gea* auf, aber auch die geologischen Naturansichten Henrich Steffens.[320]

Ab 1832 hielt der Naturforscher und Schriftsteller Steffens, der mit der Mineralogie und Abraham Gottlob Werners (1749–1817) Geognosie vertraut war und in freundschaftlicher Beziehung zu Zeune und K. Chr. F. Krause[321] stand, Vorlesungen in Berlin zur Naturphilosophie, Anthropologie und Religionsphilosophie.[322]

Bernhard Varen strebt mit seinem Geographie-Konzept ein universales Wissen über die Erde an, in dem sich alle Teilbereiche der Forschung ergänzen sollen. Seine Nachfolger seit der Mitte 18. Jahrhunderts gehen von diesem Konzept aus und konzentrieren sich auf unterschiedliche Schwerpunkte. Kant wirbt für eine rationale Ausrichtung der bisherigen Naturlehre und leitet damit im konfessionellen Zeitalter des 18. Jahrhunderts eine „Revolution der Denkart" ein. Er fordert ausgehend vom vorhandenen, geographischen Material in seinen Vorlesungen dazu auf, Betrachtungen über die Erde anzustellen. Ritter, Zeune

318 Ritter, C., 1822: 12, 14 f., 17, 19
319 Fränkle 1900: 123
320 Köhler 1905: 69°f.
321 Köhler 1905: 70
322 Liebmann 1893: 556, 558

und Steffens sind Vertreter der neuen Denkart insofern, dass sie Betrachtungen zu den Völkern in Abhängigkeit mit der Umwelt anstellen, aus denen sie eine Kulturentwicklungstheorie herleiten. Eine entscheidende Wende vollzieht A. v. Humboldt, indem er reist und eine eigene Anschauung von der Natur hat. Darin ist er für Bastian im Besonderen ein Vorbild.

Bastian schließt an Humboldts Wissenschaftsverständnis an. Es beruht auf der Anwendung der kantischen Epistemologie. Deren Grundlage gibt Humboldt im *Kosmos* wieder, indem er sagt, dass die Außenwelt für den Menschen nur existiere, wenn der Mensch sie in sich aufnehme und zu einer Natur-Anschauung gestalte. Die Welt werde vom Menschen gedacht, sie sei als Anschauung den ewigen und notwendigen Formen des menschlichen Geistes unterworfen.[323]

Humboldt kritisiert, dass philosophische Systeme allein kein vernunftgemäßes Begreifen der wirklichen Erscheinungen der Natur seien. Dies könne es erst vom sicheren Boden der empirischen Betrachtung gelingen. Werde empirische Beobachtung betrieben, dann träten naturphilosophische Ideen und Empirie nicht mehr in einen Widerspruch, sondern würden sich bedingen und stellten in ihrem Streben nach einem Verstehen den höchsten Zweck der Naturforschung dar. Würden sich Widersprüche auftun, so liege es entweder an der „Hohlheit" der philosophischen Spekulationen oder an der „Anmaßung" der Empirie, die mehr bewiesen zu haben glaube, als sie belegen könne.[324]

Als ein Beispiel nannte A. v. Humboldt, wie eine die Forschungen leitende Idee, die Idee der Einheit des Menschengeschlechts, durch Belege aus der Naturforschung gestützt werde. Nach neuesten ethnographischen und medizinischen Erkenntnissen über die Menschenrassen seien sie die unterschiedlichen Formen einer einzigen Art. Humboldt verwies dabei auf eine Arbeit von 1837 des Heidelberger Anatomen Friedrich Tiedemann (1781–1861)[325]. Es bestehe demnach eine Gleichheit im physischen und psychischen Bereich. Daher gelte für alle Rassen, dass ihre Menschen am Geschehen der Erde durch die Geistestätigkeit teilnähmen, die sich jedoch abhängig von der Natur, dem Boden und den Klimaverhältnissen ausbilde.[326]

323 Humboldt, A. von 2004 [1845–1862]: 37

324 Humboldt, A. von 2004 [1845–1862]: 36

325 Tiedemann 1837: 64–82
Sein Material hatte dieser dem britischen Parlament zur Verfügung gestellt, als dort über den Sklavenhandel debattiert worden war. Sein Resümee aufgrund umfassender Schädelmessungen war, dass es keinen Unterschied in der afrikanischen oder europäischen Physis gebe. Es gebe keine natürliche Inferiorität, sondern es bestünden nur Vorurteile und eine unwürdige Behandlung dieser Menschen.

326 Humboldt, A. von 2004 [1845–1862]: 185

A.v. Humboldt erklärt, dass die Außenwelt mit dem Innersten im Menschen, mit den Gedanken und Empfindungen, unbewusst verschmelze. Dabei übe sich der Intellekt an den durch die Sinnlichkeit überkommenen Stoff. Jede einfachste Betrachtung der Natur seit dem Anfang der Menschheit, jenes erste Erkennen, sei schon eine Anregung zu naturphilosophischen Ansichten. Eine Geistesarbeit beginne, sobald - von innerer Notwendigkeit getrieben - das Denken den Stoff sinnlicher Wahrnehmung aufnehme.[327]

Hier begann für A. v. Humboldt ein Gebiet, das außerhalb seines Forschungsinteresses lag. Am Ende des ersten Bandes des *Kosmos* hält er fest:

> „Ein physisches Naturgemälde bezeichnet die Grenze, wo die Sphäre der Intelligenz beginnt und der ferne Blick sich senkt in eine andere Welt. Er bezeichnet die Grenze und überschreitet sie nicht."[328]

Die Sphäre der Intelligenz ist aber jene, die Bastian zum Gegenstand seiner empirischen Forschung macht. Damit vollzieht er eine konzeptionelle Trennung von der Geographie und stellt nicht die Erde, sondern die Völker in den Vordergrund. Eine erste Anregung dazu ist im *Kosmos* enthalten, sie stammt von W. v. Humboldt.

Die vergleichende Sprachkunde seines Bruders[329] bewertet A. v. Humboldt als rationales Hilfsmittel der empirischen Forschung. Sie sei für ihn eine „Naturkunde des Geistes"[330]. Er zitierte seinen Bruder Wilhelm aus einer noch nicht veröffentlichten Arbeit damit, dass sich in den Sprachveränderungen die Geschichte der Völker widerspiegle und dass ihre Sprachgemeinsamkeiten auf eine natürliche, nicht durch die Kultur geformte, Unwandelbarkeit des Geistes und des Gemüts hindeuteten. Die Sprachforschung habe auch die Aufgabe, das Natürliche im Denken zu ermitteln, dass es in vielen Weltanschauungen die Geschichte eines ersten Elternpaares gebe, die bisher für die Ur-Erinnerung der Menschheit gehalten worden sei. Sie deute aber vielmehr auf die Gleichheit menschlicher Vorstellungsweise hin; die Ähnlichkeiten der Mythen seien aus der Gleichheit des menschlichen Denkens entstanden.[331]

---

327 Humboldt, A. von 2004 [1845–1862]: 37

328 Humboldt, A. von 2004 [1845–1862]: 188

329 Humboldt, W. von 1836 (1): III
W. v. Humboldts dreibändiges Werk wurde 1836 posthum von seinem Bruder Alexander herausgegeben. Er verfasste ein Vorwort, in dem er die Individualität ihrer beider Studienrichtungen voneinander abgrenzte.

330 Humboldt, A. von 2004 [1845–1862]: 187

331 Humboldt, A. von 2004 [1845–1862]: 185

3.3 Jena und Würzburg

3.3.1 Jenaer und Würzburger Student von 1848 bis 1850

Bastians Studienverlauf nach dem gymnasialen Abschluss und mit den bisher belegten Fächern der Bereiche Philosophie, Naturkunde und Naturwissenschaft erfüllten die Anforderungen, die noch in der zweiten Hälfte des 19. Jahrhunderts im *Tentamen philosophicum* der Mediziner geprüft wurden. Zu seiner Zeit war die Unterscheidung zwischen dem promovierten *Medici* und dem Aufgabenbereich des *inneren Curierens* und dem Wundarzt mit seinen äußerlichen, chirurgischen *Kuren* noch gebräuchlich. In Preußen wurden 1825 und 1852 Studienordnungen aufgestellt, mit denen die Ausbildung allmählich vereinheitlicht und nur noch der *wissenschaftlich an der Universität ausgebildete und mit der gesamten Heilkunde vertraute Arzt* angestrebt wurde. Die Prüfungsordnung sah das *philosophicum* vor, bis es 1861 durch das *Tentamen physicum* ersetzt wurde. Anatomie, innere Medizin und Chirurgie und Geburtshilfe wurden zu Pflichtfächern der staatlichen Abschlussprüfung.[332]

Die akademisch-medizinische Ausbildung bestand bis Anfang des 18. Jahrhunderts hauptsächlich im Lesen und Auslegen der im Urtext ausgewählten, medizinischen Schriften der Antike und des Mittelalters. Sie änderte sich mit den Präparier-Übungen am menschlichen Leichnam in der Anatomie, was dem Studenten die selbstständige Beobachtung ermöglichte. Eine grundlegende Reform der Ausbildung vollzog sich mit der Errichtung von medizinischen Kliniken Ende des Jahrhunderts, die nun einen praktischen Unterricht für die Studenten vorsah und Studierenden Erfahrungen mit kranken Menschen und Krankheitsverläufen vermittelte. In der ersten Hälfte des 19. Jahrhunderts war die Errichtung von Laboratorien in den medizinischen Fakultäten die Veränderung, mit der akademische Lehrer naturwissenschaftliche Forschung betreiben und gleichzeitig den angehenden Ärzten wissenschaftliche Methoden näher bringen konnten.[333]

Bastian erfährt während seines Studiums in Jena und im Abschluss-Semester in Würzburg eine moderne medizinische Ausbildung, die auch im Bereich der Psyche, eine noch seltene naturwissenschaftliche Ausrichtung hat. Am 15. Mai 1848 schrieb sich der 21-Jährige unter der Nr. 138 in das Inskriptionsbuch der *Großherzoglich-Herzoglich-Sächsischen Gesamt-Universität Jena* ein.[334] In den

332 Becher 1905, Bd. 3: 1003, 1005 f.
333 Becher 1905, Bd. 3: 1042–1044
334 Inskriptionsbuch 1848–1849/50, s. UAJ, Bestand BA, Nr. 1665 a

Immatrikulationsunterlagen wurde vermerkt, dass seine medizinische Ausbildung nach der Vorlage der Berliner Matrikel am 21. Juni für vier Semester (von Sommer 1848 bis zum Winter 1849/50) im Fach Philosophie erfolgte.[335] Die Rekonstruktion des Vorlesungsbesuchs anhand der Rechnungsmanuale der akademischen Quästur und dem Verzeichnis der Lehrer[336] ergab, dass Bastian Metaphysik, Religionsphilosophie, Psychologie und Logik bei dem Philosophen Carl Friedrich Bachmann (1785–1855) und eine Veranstaltung bei dem Philologen Ferdinand Hand (1786–1851) hörte. Die Fächer Mineralogie und Zoologie belegte er bei Carl Friedrich Suckow (1770–1848) und Theobald Renner, Botanik, Physiologie und Anthropologie bei Matthias Jacob Schleiden (1804–1881). Die medizinischen Fächer Anatomie absolvierte er bei Emil Huschke (1797–1858), Pathologie bei August Friedrich Siebert (1805–1855), Ottomar Domrich (1819–1907) und August Theobald Förster (1822–1865), Chirurgie bei Franz Jordan Ried (1810–1895), Geburtshilfe bei Eduard Martin (1809–1875) und Pharmakologie bei Xaver Schomann.[337]

Die Universität Jena hatte seit 1791 ein medizinisch-chirurgisches Institut, welches 1811 zusammen mit dem neu gegründeten Krankenhaus als Landesanstalt geführt wurde. Ab 1846 wurde der Internist Siebert mit der Modernisierung der Klinik und des medizinischen Unterrichts betraut. Zeitgleich stand nun mit dem Chirurgen Ried ein Fachmann zur Verfügung, dessen Erneuerungen die Narkose in Jena einführte, und mit Eduard Martin ein Förderer der sich neu etablierenden Frauenheilkunde.[338] Im ersten Drittel des Jahrhunderts differenzierte sich – gegen den Widerstand der durch die Naturphilosophie bestimmten Lehrmeinung – die Physiologie als eigenständige Experimentalwissenschaft. A. v. Humboldt förderte die Naturbetrachtung durch das Mikroskop und verhalf 1811 durch seine Vermittlung Johann Purkinje (1787–1869) zum ersten Lehrstuhl dieser Fachrichtung in Breslau.[339] Ebenfalls auf Empfehlung A. v. Humboldts begann Matthias Jacob Schleiden 1839 in Jena seine Universitätslaufbahn.[340] Er hielt Vorlesungen zur Anthropologie, richtete 1843 ein *physiologisches Praktikum* ein, wechselte 1846 zur medizinischen Fakultät und erhielt 1850 einen Lehrstuhl für Naturgeschichte.[341]

---

335 Immatrikulationsunterlagen 1848, s. UAJ, Bestand BA, Nr. 661, Bl. 35/37

336 Voigt, C. 1848: A III

337 Rechnungsmanuale der akademischen Quästatur 1848–1849/50, s. UAJ, G/Abt. I

338 Vöckler 1998: 1

339 Becher 1905 (3): 1048–1050

340 Jahn 2004: 4

341 Jahn 2007: 52–54

Unter Mitarbeit von Schleiden und Domrich wurde 1845 in Plan zum Aufbau eines Physiologischen Instituts[342] erarbeitet. Domrich wurde 1846 dessen Direktor. Er arbeitete bis 1856 in dieser Funktion in den neuen medizinischen Gebieten der Histologie und Pathologie. Darüber hinaus publizierte er über psychische Krankheiten und psychische Anthropologie. 1849 erschienen von ihm *Die psychischen Zustände, ihre organische Vermittlung und ihre Wirkung in Erzeugung körperlicher Krankheiten.*[343] Bastian hielt fest, dass Domrichs Verknüpfung von Psyche und Physis auch zu den Arbeiten am Ende der 40er Jahre gehörten, mit denen sich die Blicke auf eine neue Zukunft richteten.[344]

Das Seelenleben des Menschen war kein Gegenstand der praktischen medizinischen Ausbildung. In vielen Universitäten wurden Medizinstudenten, wie in Königsberg noch 1874, über psychische Erkrankungen ausschließlich in einem theoretischen Kurs in *psychiatria philosophica* unterrichtet. Die Diagnose der Zustände und die Behandlung Erkrankter war in der Vergangenheit ausschließlich die Aufgabe der Theologen. In der theoretischen Unterweisung über den normalen und krankhaft veränderten Seelenzustand wurden sie dann von den Philosophen abgelöst. Die ersten Mediziner, die sich dieses Gebietes annahmen, waren noch von der philosophischen Psychiatrie mit starkem theologischem Einschlag geprägt. Als medizinischer Lehrgegenstand erschien die Psychiatrie zuerst an großen Krankenhäusern, denen eine *Irrenabteilung* angegliedert war. Bis in die 60er Jahre waren Demonstrationen der Erkrankungen eher sporadisch erfolgt und die pathologische Anatomie des Nervensystems und besonders des Gehirns hatte gerade erst begonnen.[345] Die Universität Jena verfügte über ein dem Lehrkrankenhaus angeschlossenes *Irreninstitut,* dessen Ausbau zur Psychiatrie mit den Namen Domrich und, vor allem ab 1869, mit Siebert verbunden war.[346]

Schleiden, 1804 in Hamburg geboren, Jurastudium in Heidelberg, Medizinstudium in Göttingen, entwickelte 1839 eine einflussreiche Zelltheorie in Berlin, lehrte 1839–1863 an der Universität Jena, 1864–1871 als Privatgelehrter, schrieb Arbeiten, u. a. „Handbuch der Anthropologie", außerdem kulturhistorische Forschungen; verstorben in Frankfurt.

342 Physiologisches Institut (Hrsg.) 1845: Plan des erweiterten physiologischen Instituts unter der Leitung der Prof. Schleiden, Schmid, Haeser, Domrich. Jena, o. N.

343 Pagel 1901: 409 f.

344 Bastian 1881: 31 Fn.

345 Becher 1905, Bd. 3: 1068

346 Vöckler 1998: 1°f.

Die Studienzeit Bastians in den Jahren 1848 und 1849 in Jena war geprägt von den politischen Unruhen der März-Revolution, wobei es vor Ort zu Straßenkundgebungen und zur Bildung eines Studentenparlaments kam, in dem u. a. eine Mitbestimmung bei der Besetzung der Lehrstühle gefordert wurde. Im Juli 1849 eskalierten die politischen Rivalitäten innerhalb der Studentenschaft und es kam zu einer mehrstündigen Schlägerei auf den Straßen. Der studentische Unmut über die darauf folgenden Sanktionen des Senats der Universität entlud sich, indem die Wohnungen einiger Professoren demoliert wurden. Es folgte eine strafrechtliche Verfolgung der Geschehnisse - und einige Studenten wurden ausgeschlossen oder in Haft genommen.[347]

Ehemalige Kommilitonen berichteten von den Eigenarten Bastians als Student. Er sei einerseits gesellig, aber auch von einem merkwürdigen Lerneifer befallen gewesen und habe sich mit ungewöhnlichen Reiseplänen getragen.[348] Den Entschluss, auf eine Forschungsreise zu gehen, fasste Bastian 1849. In diesem Jahr suchte er den Stenographen der Bremer Bürgerschaft Moritz Lindeman in der Hansestadt auf, um die für die schnellen Notizen unentbehrliche Kurzschrift zu erlernen.[349]

Zum Sommersemester 1850 wechselte Bastian auf die *Bayrische Julius-Maximilians-Universität* nach Würzburg. Auch hier hatten die Studentenverbindungen seit 1848 für eine Liberalisierung des Lehrbetriebs gestritten, die mit der Amtseinführung eines neuen Regenten umgesetzt wurde und die Voraussetzung war, dass der Dekan der medizinischen Fakultät, Franz von Rinecker (1811–1883), Ende 1849 namhafte Mediziner wie Rudolf Virchow an die Universität holen konnte und die Fakultät in den 50er Jahren wieder zu einer Forschungsstätte von Bedeutung wurde.[350]

In der Inskriptionsliste für das Sommersemesters 1850 ist für den Bremer Medizinstudenten Bastian vermerkt, dass er Repetitorien bei Koelliker und Rapp, medizinische, chirurgische und geburtshilfliche Klinik bei Marcus, Textor und Kiwisch und für Arzneikunde bei Schmidt hatte. Bei Rinecker belegte Bastian *Poliklinik* und Hautkrankheiten.[351] Rinecker gab poliklinischen Unterricht ab 1838 und las von 1839 bis 1954 speziell zu Hautkrankheiten. Als Klinikdirektor hatte

347 Klewitz 1975: 142 f., 144 f.

348 Steinen von den 1905: 240

349 Lindeman 1905: 1

350 Pathologisches Institut: Würzburger Universität vor Virchows Amtsantritt 1849. Würzburg, s. Universität Würzburg

351 Ich danke Archivar Marcus Sporn für die Zusendung von Kopien der *Inscriptions-Listen* des Sommersemesters 1850 aus dem Universitätsarchiv Würzburg, Bf. v. 27. 3. 2006

er in Würzburg ab 1842 die Bedingungen für Mikroskopie und physiologische Experimente an der Universität geschaffen, die ihn am Ende seiner Laufbahn auf eine Reihe erfolgreicher Mitarbeiter zurückblicken ließ, zu denen Virchow, Siebert und Hermann Emminghaus (1845–1904) zählten.[352] In der Festschrift zum 40. Jubiläum Rineckers verwies Emminghaus auf die *reiche Fülle* des *von Bastian herbeigeschafften Materials*, das der Autor bei seiner *Psychopathologie* und in den 70er Jahren Moritz Lazarus (1824–1903) in seiner *Völkerpsychologie* hinzugezogen hätte.[353]

Bastian widmete seine Promotionsarbeit *seinem lieben Freunde Friedrich Osann*[354] *zum Andenken an den Sommer 1850* und stellte in ihr die *endermatische Therapie* vor. Darin ging es um die Erforschung der Wirksamkeit von über die Haut eingegebenen Arzneimitteln, unter anderem Quecksilber. Bastian beendete seine Darstellung der Versuchsmethoden mit einer kritischen Äußerung: Der Kenntnisstand in der Pharmakologie könne nur durch umsichtige Versuche verbessert werden. Nur so könne die Unwissenheit in diesem Fachgebiet ein Ende finden, die sich mit einem *Wust unklarer Phrasen* verhülle.[355] Bastian kritisierte in seiner Dissertation die Vorgehensweise in der Pharmakologie, wie er sie bei dem Lehrenden dieses Faches und dem Leiter der Berufskommission, Franz von Rinecker, kennenlernte. Rinecker habe das Ziel verfolgt, die naturphilosophischen Vorstellungen in der Medizin zu überwinden und durch naturwissenschaftliche Kenntnisse zu ersetzen.[356]

---

352 Keil 1995: 25 f., 31, 51

353 Emminghaus 1878: 44, 52

354 Kipnis 2007: Osann, Alfred (1859-1923).
Friedrich Osann (1827–1885) wurde praktischer Arzt in Unterfranken, lebte ab 1867 mit seiner Familie im Haus des verstorbenen Vaters in Würzburg, wurde ab 1877 Bezirksgerichtsarzt in Hof und später Landgerichtsarzt in München.
(In den *Inscriptions-Listen* des Sommersemesters 1850 ist Friedrich Osann, mit der Angabe „Geburtsort Dorpat", als Medizinstudent aufgeführt.)
Karsten 1887: 461
Sein Vater, der Chemiker und Physiker Gottfried Wilhelm Osann (1797-1866), wurde in Weimar geboren, lehrte von 1821-1823 in Jena, 1823 in Erlangen, 1823-1828 in Dorpat [Tartu] und von 1829-1866 in Würzburg. Seine Mutter war die Schwester von Christoph Wilhelm Hufeland (1762-1836), dem Begründer der Makrobiotik, und ermöglichte ihm den Zugang zu dem „litterarischen Kreis um Goethe", der ihn in seiner wissenschaftlichen Ausrichtung beeinflusste.

355 Promotionsschrift 1850, s. SBB Sig. Jv 9566

356 Pathologisches Institut: Franz von Rinecker: der Mann hinter dem Aufstieg Würzburgs zur medizinischen Hochburg. Würzburg, s. Universität Würzburg

Das Berufsethos dieses Mediziners beschrieb mit einigem Unbehagen der Würzburger Student Ernst Haeckel (1834–1919) in einem Brief an seine Eltern 1853. Mit seinen Vorlesungen zur Heilmittellehre vertreibe dieser idealistische Illusionen, dass Krankheiten durch die Medizin vermindert oder verhindert würden. Sie würden sich im Gegenteil durch die rationale Aneignung von Wissen noch vermehren. Auf dem Weg dahin sei die medizinische Praxis ein unsystematisches Experimentieren und ein „irrationales Versuchen mit dem menschlichen Organismus“, dessen Darstellung er den Studenten mit *gräulichsten Zoten* ausgeschmückt habe. Am Beispiel der Anwendung des Quecksilbers als Heilmittel habe er die Freiheit des Arztes gerühmt, ohne feste Regeln und Aufsicht durch andere experimentieren zu können.[357]

Tatsächlich kam es in den deutschen Ländern ab 1850 zu Prozessen, weil Mediziner im „Namen des Fortschritts“ ethisch nicht vertretbare Versuche, auch an psychisch Kranken und Waisenkindern, durchgeführt hatten. 1859 wurde Rinecker wegen Impfversuchen mit Syphilis-Erregern verurteilt.[358]

Im *Amtlichen Verzeichnis* des *Personals und der Studirenden* dieses Halbjahres war Virchow nicht als Lehrender aufgeführt.[359] Soweit gibt es keinen direkten Beleg für die Behauptung, Bastian sei *Schüler Rudolf Virchows* in Würzburg gewesen, wie u. a. Richard Schwarz schrieb. Auch die Aussage von Schwarz, Bastian habe in Prag studiert, ist fraglich.[360] In einer Fußnote des Artikels *Meine Reise um und durch die Welt* gibt es einen Hinweis des Herausgebers der Zeitschrift, Johann Jakob Weber (1803–1880), Bastian habe nach seiner Promotion Hospitäler in Prag besucht.[361] Nach Aussage der *Universitas Carolina* war Bastian in der Zeit von 1842 bis 1855 nicht in Prag immatrikuliert.[362]

3.3.2 Adolf Bastians psychologische Betrachtungen

> „In vielfachster Bewegung lockt die Mechanik des Geistes Bewegung aus Bewegung hervor, [...], aber so oft man versucht den Kreuzungspunkt des Causalnexus in Ursache und Wirkung zu erfassen, so wird man nur die ineinanderverschlungenen Hälften des Nervensystems auseinanderblättern und den Menschen so wenig finden als die Pflanze in den ineinandergewundenen Spiralen. Man mag in der Blume tellurische Wurzel und

357 Pathologisches Institut: Rineckers Pharmakologie - Vorlesungen um 1850, zitiert von Ernst Haeckel. Würzburg, s. Universität Würzburg

358 Keil 1995: 28 f.

359 Universität Würzburg: 5–10

360 Schwarz 1909: 4

361 Bastian 1860: 219

362 Mitteilung per E-Mail von der Archivarin Ivana Cornejova v. 27. 8. 2009

> kosmische Blüthe unterscheiden, aber der Durchschlingungsknoten es Oben und Unten ist damit ebenso entschlüpft, als wenn die ungeduldige Dialektik den Menschen in Geist und Körper zerhaut."[363]

Bastian sah als Grundlage alles Mentalen einen Reiz-Reaktions-Mechanismus, bei dem das Materielle der Ausgang des Psychischen sei. Mit den Sinnesorganen nehme der Körper die Reize von außen auf, die das Nervensystem affiziere und Körper und Geist zu Reaktionen veranlasse. Er beschrieb eine naturbedingte Erkenntnisfähigkeit, wobei das Auge ihm als dasjenige Sinnesorgan erschien, welches geistige Bewegungen verursache. Das Licht sei dabei der wichtigste optische Eindruck des psychischen Lebens. Die Lichtschwingungen erreiche die Netzhaut, in der Retina entstünden daraus Empfindungen, etwa das Sehen von Farben. Im Sehen harmonisieren sich die Eindrücke zu Bildern, die aus mathematisch bestimmbaren Schwingungen bestünden. Der Mensch habe das ihm fremde Element des Lichts in sich aufgenommen, ein ephemeres Empfinden werde in ihm erzeugt, für dessen materiellen Ursprung er aber kein Gespür habe. Die durch die Sinne aufgenommenen Schwingungen erreichten das Gehirn. Dort werde ein kontinuierlicher Prozess des Denkens initiiert. Grundlage dafür sei die Umwandlung des nebeneinander im Raum Wahrgenommenen in die Zeitbewegungen des Gedankens.[364]

Hier beginne die kulturbedingte Erkenntnisfähigkeit. Mit der Zeit wüchsen die Vorstellungen durch ständig neue Reiz-Aufnahme an. Um Orientierung zu finden und sein Überleben zu sichern, sei der Mensch gezwungen, die Flut an Umgebungsreizen zu Assoziationen zu verknüpfen. Das Zusammenfassen der Vorstellungen zu Einheiten werde durch die Erinnerungsfähigkeit des Gehirns – einem zweiten Sehen – zu einem komplexen Geschehen und mit dem Sprachvermögen des Menschen schöpferisch vermehrt.[365]

Das schöpferische Vermehren der Gedanken sei danach ebenso eine innere Wechselwirkung, wieder analog zu einem Reiz-Reaktions-Schema, zum einen durch das Analysieren und Differenzieren der aufgenommenen Empfindungen und zum anderen durch ein gedankliches Verbinden und Ergänzen dieser zergliederten Teile zu begrifflichen Einheiten. Dabei begünstigten lebhafte Eindrücke von außen die Geistestätigkeit. Das verbindende Denken erfolge durch Begriffe, die für Bastian im übertragenen Sinn *Logarithmen des Denkens* seien. In ihnen würden auf einer höheren Ebene die Sinneseindrücke zusammengefasst.

363 Bastian 1968 [1860], Bd. 1: 79 f.
364 Bastian 1968 [1860], Bd. 1: 69–73
365 Bastian 1968 [1860], Bd. 1: 96 ff., 101–105

Die Entsprechung für den Terminus *Begriff*, der aus der Logik stamme, sei in seinem Konzept die *Idee*.[366] Seine Komplexität hänge von den Sinnesorganen, vom Fortschritt der Technik und dem daraus folgenden Tatsachenwissen ab. Die *Begriffe* des Menschen seien immer im Fluss und sie könnten keine absoluten Wahrheiten repräsentieren. Ihr unveränderbares Charakteristikum sei, dass sie auf der Natur-Anschauung basierten und diese mit den Grenzen und Möglichkeiten der Vernunft erfasst würden. Der Geist denke in transzendentalen Gesetzen, denen er sich im Allgemeinen nicht bewusst sei.[367]

Bastian erläutert das Denken mit den Hauptaussagen der Erkenntnis-Theorie Immanuel Kants. Dieser Philosoph ist für ihn der Wegbereiter der Naturwissenschaft. Er habe die metaphysischen Spekulationen über die Natur beendet, die ein *Rechnen mit lauter unbekannten Grössen* gewesen sei. Durch Kants *Kritik der reinen Vernunft* habe die Fähigkeit zur Vernunft selbst analysiert werden können; die Quellen der menschlichen Erkenntnis seien ersichtlich geworden. Diese lägen weder in den Begriffen der Logik allein, noch in den Gegenständen der Empirie selbst. Die einen seien für sich *leere Einbildungen* und die anderen nur *Erfahrungsstoffe*. Das Erkenntnisvermögen setze sich vielmehr aus beidem zusammen, wobei der Teil aus der *Sinnesanschauung* der Gegenstände den zweiten Teil, die Tätigkeit des Verstandes, auslöse. Der Verstand entwickle danach unabhängig vom Erfahrungsstoff seine Begriffe. Der Mensch könne sich Vorstellungen zu den Gegenständen machen, aber niemals herausfinden, was es wirklich mit ihnen für eine *Bewandtniss* habe.[368]

Durch Kants Theorie ändern sich die Forschungsansätze in der ihm nachfolgenden Generation. Wie im *Kosmos* deutlich wird, befruchten sich Idee und Empirie gegenseitig. Humboldt legt besonderen Wert auf die empirische Forschung, mit der Vorstellung, dass sich alles im Weltgeschehen harmonisch zusammenfügt. Durch die Idee der Harmonie waren alle Gebiete der Naturbeobachtung von Interesse. Humboldt fördert darüber hinaus durch seinen Einfluss eine Vielzahl von naturwissenschaftlichen Disziplinen. Seine Vorstellung vom harmonischen Kosmos als Auftrag der empirischen Forschung übernimmt Bastian. Er überträgt die Prämissen der Erkenntnistheorie nicht nur auf die Wissenschaft, sondern auch auf das Denken in den Kulturen, das bei ihm dadurch zu einem naturwissenschaftlichen Forschungsgegenstand wird. Mit seiner Idee zu einer Psychologie beabsichtigt Bastian die bestehende Unversöhnlichkeit der

366 Bastian 1968 [1860], Bd. 1: 118

367 Bastian 1968 [1860], Bd. 1: 106 ff., 111 ff., 117–121

368 Bastian 1968 [1860], Bd. 1: 128, 129°f. Fn.

Philosophie des Geistes mit dem Materialismus der Naturwissenschaft aufzuheben. Diese Vorstellung geht bei ihm wiederum von der Idee der Einheit aus, wobei er sich auf Spinoza beruft:

> „Die Naturforschung muss aufhören die Gestaltung des Universums als körperlich neben einander abgeschnittene Individuen zu zertheilen, sie muss die lebendig wirkenden Gesetze als solche auffassen, verfolgen und in ihrem ewigen Causalnexus erkennen. ‚Wir sind Theil der ganzen Natur, deren Ordnung wir folgen', wie Spinoza sagt."[369]

Die Psyche des Menschen reduziert sich bei Bastian nicht auf eine von zwei unversöhnlichen Seiten, sondern beide Facetten werden in einer Wechselbeziehung gesehen und diese wiederum in einer Wechselwirkung zum Kosmos. Die Psyche ist in Bastians spinozistischem Konzept das Produkt einer Kraft, die wiederum auch die Kraft einer schöpferischen Fortentwicklung in sich trägt.

Die Ursache der menschlichen, schöpferischen Kraft sah Bastian in einem *allgemeinen Gottesgefühls*. Es sei ein Ausdruck des menschlichen Sehnens und da in den Empfindungen des Menschen mehr Wahrheit liege, sei dadurch mehr von dieser zu erkennen als durch starre Abbildungen eines Gottes, die durch den Verstand oder die Hand gemacht worden seien.[370] In diesem Zusammenhang sah Bastian den Menschen als ein nicht auf den Raum der Erde begrenztes Wesen, da er mit seiner Psyche überall in den Erscheinungen des Makrokosmos wurzle. Den Menschen jedoch nicht in diesem Zusammenhang zu sehen, zeige nur einen *homo phaenomenon, dem der noumenon fehle*.[371]

Die auf diesen Grundsätzen entwickelte Idee der Psychologie wollte Bastian auf eine breite Basis der Erfahrung stellen, damit durch *gegenseitige Controle* von Idee und Empirie eine relative Wahrheit entstehe. Der Wert der Erkenntnis hänge nun von der Menge der Fakten ab:

> „Wer nur einen Neger gesehen hat, wird ein sehr deutliches und frappantes Bild des (eben dieses) Negers geben können, aber je mehrere und vielfache Einzelheiten sich einem länger im Lande verweilenden Reisenden aufdrängen, desto mehr wird er sich hüten, ein abgeschlossenes und allgemeines Urtheil zu bilden, um nicht unsere Wissenschaft, die aus unvollkommenen Daten unrichtige Folgerungen ziehen musste, noch mehr zu verwirren." [372]

369 Bastian 1968 [1860], Bd. 1: 111°f.
370 Bastian 1968 [1860], Bd. 1: 133
371 Bastian 1968 [1860], Bd. 1: 111
372 Bastian 1968 [1860], Bd. 1: 130°f.

Einen Beleg für die materielle Basis des Psychischen sah er in G. Th. Fechners[373] *Sehen der primären Erschütterungen*, obwohl der Mensch dadurch noch nicht gefunden sei. Das gelungene Experiment zeige, wie Bewegungen andere Bewegungen verursachten. Wenn man aber den Übergang vom Physischen zum Psychischen ermitteln wolle, eröffne sich eine erweiterte Einsicht in die Verschlungenheit beider Bereiche und nicht die einfache Ursache-Wirkungs-Relation.[374] Die in den Messungen der Physik[375] angewandte Methode galt Bastian als Erklärungsmuster für den Prozess des Denkens. Er verwies dazu auf Pythagoras, dem alles in der Natur nach Zahl und Maß geordnet und deshalb durch die Mathematik erfassbar schien. Bastian folgerte, dass wenn aus Sinnesempfindungen logische Begriffe und Ideen entwickelt würden, nichts anderes geschehe, als dass Bewegungen im Raum in Bewegungen der Zeit – dem Gedächtnis des Menschen, der Geschichte – überführt und somit belebt würden. Die Zahlengesetze der Schwingungen bekleideten sich, in seinen Worten, mit dem *Körper des Gedachten.*[376]

Die Sinnlichkeit war nicht nur ein *leidendes*, empfangendes Vermögen – im Gegensatz zum erfassenden Vermögen des Verstandes –, sondern beide würden in Relation zu einander stehen und einen Teil des lebendigen Organismus des Menschen bilden. Der Mensch agiere als psychologisches Wesen im Geschehen

373 Gustav-Theodor-Fechner-Gesellschaft 2012: CD-Rom
Fechner studierte in Leipzig Medizin, unterrichtete von 1823 bis 1840 an der dortigen Universität, war zuletzt Direktor des Physikalischen Instituts. 1846 folgten, nach einer Krankheitsperiode, erneut Vorlesungen und die Arbeiten zur Psychophysik. 1851 erschien *Zend Avesta oder über die Dinge des Himmels und des Jenseits.* Großen Einfluss auf seine Arbeiten hatte Lorenz Okens *Lehrbuch der Naturphilosophie.*

374 Bastian 1968 [1860], Bd. 1: 134

375 Gundlach 2010: 49–56
Zu Fechners Zeit konnten Sinnesreize bereits gemessen werden. Die sie verursachenden *Empfindungen* galten als unquantifizierbar. Mit einer indirekten Methode gelang es ihm, beide als Größenunterschiede darzustellen. Der Mensch fungiert dabei als Messinstrument analog einer Waage. Ein solches Instrument kann, ausgehend vom kleinsten merklichen Unterschied, alle Größendifferenzen zu diesem, auf eine Maßeinheit an einer Skala übertragen. Fechner kommt nach diesem Verfahren zu einem numerischen Ausdruck für die geringere Empfindlichkeit im Gegensatz zum stärkeren Reiz. Diese Messungen beweisen nach heutiger Bewertung die relativen Empfindlichkeiten des Nervensystems. Sie schließen die Geistestätigkeit im Prinzip in den Bereich der physikalisch-mathematischen Gesetze mit ein. Die Methode erbringt noch nicht den Beweis für die nach heutigem neurophysiologischen Kenntnisstand wesentlich komplexeren Empfindungen.

376 Bastian 1968 [1860], Bd. 1: 139

des unendlichen Kosmos. Seine endliche, physische Existenz komme durch die psychischen Bewegungen in Harmonie zum kosmischen Gesamtgeschehen. Die Tätigkeit von Seele und Geist dehne sich durch ihre Bewegungen in die Unendlichkeit des Kosmos aus. Diese Bewegungen würden in den physikalischen Eigenschaften der sie verursachenden Schwingungen gründen, sie ließen sich mathematisch erfassen.[377]

3.3.3 Das Modell von der Physis der Psyche

> „Die Denkbewegungen müssen als die Rechenoperationen selbst aufgefasst werden und nicht dahin streben, objective Formeln anzuschauen, sondern das Gesetz derselben in sich selbst durchleben. Indem wir Begriffe aus Sinnesempfindungen entwickeln, wird der Raum in der Bewegung der Zeit belebt."[378]

Bastian erweiterte seine Vorstellung zu den „Denkbewegungen" um eine Vorstellung zur Mathematisierung der Psyche. Das Denken subsumierte er unter die Empfindungen, die das Ergebnis eines physischen Prozesses seien. Die Empfindungen des Menschen seien durch erste Versuche in der Physik und Anwendung der Mathematik durch Fechner untersucht worden, wenn auch noch mit limitiertem Ergebnis.

Er interpretierte Fechner dahingehend, dass die komplexen *erwachsenen Empfindungen* physikalisch noch nicht messbar seien, sondern lediglich deren physikalisch messbaren *Incremente*, die unterschiedlich starken Nervenreize, aus denen sie erwüchsen.[379]

Für Bastian stand fest, dass die „Denkbewegungen" selbst Rechenoperationen seien. Als Beispiel galt ihm der Bericht des Kieler Psychiaters Peter Willers Jessen (1793–1875)[380], der die Fähigkeiten des Rechenkünstlers Johann Martin Zacharias Dase (1824–1861)[381] damit erklärte, dass dieser durch Übung seine Kunst

---

377 Bastian 1968 [1860], Bd. 1: 137

378 Bastian 1968 [1860], Bd. 1: 139

379 Bastian 1968 [1860], Bd. 1: 140

380 Bandorf 1881: 786 f.
Jessen vertrat die Auffassung, dass wie die physische auch die psychische Tätigkeit des Menschen an einen physiologischen Kreislauf gebunden sei. Beide Bereiche ständen in einer Wechselbeziehung. Er erweiterte seinen Standpunkt auch auf einen Kreislauf der Ideen, den er 1855 in dem *Versuch einer wissenschaftlichen Begründung der Psychologie* darlegte. Darin behandelte er das Seelenleben, insbesondere das menschliche Seelenleben, dessen wachende und träumende Zustände.

381 Strasznicky 1844: 395

vervollkommnet habe. Für Bastian führte Dase seine Denkoperationen gleich einer Maschine aus, die ihre eigenen Bewegungen zähle.[382]

Dieses Beispiel an Präzision und Perfektion im Rechnen verband Bastian mit einer Vorstellung der mechanischen Grundlagen, auf denen die belebte und bewegte Psyche arbeite und auf höherer Ebene zu ihren Empfindungen gelange. Bastian erinnerte an ein Beispiel, das Fechner angeführt habe, nach dem das Hören von Musik auf den Schwingungszahlen der Töne beruhe. Das Harmonie- und Melodieempfinden sei auf einer höheren Stufe als ihre materielle, messbare und quantifizierbare Grundlagen.[383]

Fechner stand mit seinem Ansatz in der Tradition der *Mathesis universalis*[384], eines wissenschaftlichen Erkenntnisideals, das auf Pythagoras, den Gründer einer religiösen Bruderschaft und einer Schule der Wissenschaft im 6. Jahrhundert vor unserer Zeitrechnung, zurückgeführt wird. Nach der Legende von Pythagoras in der Schmiede hörte er die Musikalität des Hämmerns, stellte die Gewichtsverhältnisse der verwendeten Werkzeuge fest und fand heraus, dass die Qualität der Töne ihre Ursache in quantitativen Relationen der Gewichte hatte. Die empfundene Harmonie der Klänge konnte somit in Zahlenverhältnissen gemessen werden.[385]

Bastians meist zitierter Autor in *Der Mensch in der Geschichte* (1860) ist der Physiker Fechner[386], der seit 1849 über die mathematische Behandlung von

---

„Der bekannte Kopfrechner Zacharias Dahse aus Hamburg kam im J. 1840, nachdem er Norddeutschland durchreiset hatte, nach Wien, um öffentliche Proben seines erstaunlichen Rechentalents abzulegen. […] Er besuchte meine Vorlesungen über Elementar-Mathematik am hiesigen k. k. polytechnischen Institute, und ich glaube ihn dahin gebracht zu haben, daß er, unter Leitung eines Mathematikers, mit seiner riesigen Rechenkraft der Wissenschaft nützliche Dienste leisten könne."

382 Mausfeld 2010: 19 f.
In der Psychologie-Geschichte geht die erste Erwähnung einer Mathematisierung der Seele auf den arabischen Mathematiker und Astronom Alhazen (965–1040) zurück, der erkannte, dass die visuelle Wahrnehmung ein geometrisch-psychologischer Prozess ist. Er beschrieb ihn als einen durch die Gewohnheit unbewusst ablaufenden Mechanismus. Seine Aussagen werden heute in der Wahrnehmungspsychologie als erwiesen betrachtet. Alhazens lateinische Übersetzung wurde im 17. Jahrhundert von den Gelehrten Europas aufgenommen. Aus dem 18. Jahrhundert sind rund 120 mathematisierte Studien zur Psyche bekannt.

383 Bastian 1968 [1860], Bd. 1: 63

384 Mausfeld 2010: 14

385 Mausfeld 2010: 14

386 Bastian 1968 [1860], Bd. 1: 16, 35, 38 f., 40, 51 ff., 57, 59, 63, 66, 73, 78, 80 f., 91, 110 ff., 113, 115, 127, 134, 140, 161, 349, 373; vgl. Bastian 1968 [1860], Bd. 2: 598

Wahrnehmungsprozessen geschrieben hatte und dessen zweibändige *Elemente der Psychophysik* ebenfalls 1860 erschienen. Bastian zitiert Fechner damit, dass *erwachsene* Empfindungen nicht messbar seien, sondern nur der Anstieg beim Anwachsen der Reizempfindung. Da die naturwissenschaftliche Aufschlüsselung der Psyche an Grenzen stößt, verbindet Bastian den Beweis ihrer physischen Grundlage mit den Ausführungen zur Psychologie aus der Naturphilosophie.[387]

Bastian verweist im ersten Band fast ausschließlich in Fußnoten auf Fechner und wählte – ohne Quellenangabe – Originalzitate, um dessen materialistisch fundierten System-Begriff und die daraus abgeleitete Definition einer lebendigen Kraftentwicklung im Nervensystem aufzunehmen. (Bastian hielt sich seit seiner Rückkehr von der Reise im September 1858 bis zum Erscheinen seiner Bücher, deren Vorwort er im September 1860 schrieb, unter anderem in Leipzig auf.)

Hier könnte Bastian Fechners Vorlesungen gehört haben, die der durch eine Erkrankung aus dem Lehrbetrieb ausgeschiedene Physiker dennoch an der Universität gab. Ab 1857 las er über die Psychophysik, neben naturphilosophischen Themen.[388]

Demnach sei der harmonische Kosmos ein Zusammenspiel von Kräften, deren Existenz allein durch das Zusammensein von Materie zustande komme. Es sei ein System wechselvoller Teile, deren Veränderungen durch physikalisch messbare Bewegungen gekennzeichnet seien. Gravitation, Elektrizität und andere Bezeichnungen von Wirkkräften seien nur verschiedene Namen *für eine* verursachende, einwohnende Kraft.[389] Wie im Planetensystem sei sie auch in anderen Systemen wirksam und erzeuge analog der Geschlossenheit eines Kreises Bewegungen, bei der sich die Zustände der Materie zwar änderten, die ihnen innewohnende, lebendige Kraft bleibe aber immer erhalten. Diese lebendige Kraft im menschlichen Organismus bestehe wiederum aus Teilkräften ihrer Organe, die im solidarischen Zusammenspiel stünden und durch den Ernährungsprozess

---

387 Mausfeld 2010: 15 f.
In Fechners Weltanschauung sind ebenfalls naturphilosophische Ansätze mit naturwissenschaftlicher Methodik verknüpft, um Gegensätze zu vereinen. Solche Verknüpfungen erscheinen aus heutiger Sicht unvereinbar, in der Wissenschaftsgeschichte jedoch waren diese Kombinationen häufig und wurden von anerkannten Physikern, Astronomen und Mathematikern wie Newton, mit seiner Alchemie, oder von Keppler, mit seiner Sphärenharmonie, erwähnt.
Greene 2004, S. 93 Fn. 284
Eine Vereinbarkeit besteht auch bei Albert Einstein

388 Meischner-Metge 2010: 8°f.

389 Bastian 1968 [1860], Bd. 1: 16, 35, 39, 51

unterhalten würden. Die Kraft des Chemismus der Ernährungsprozesse sei gleich einer inneren Bewegung, die dann in die äußere, sichtbare motorische Bewegung des Menschen umgesetzt werde. Die Kraft der Empfindungen sei die innere, physikalische Grundlage, auf der höhere geistige Leistungen entstehen könnten. Die psychischen Leistungen seien in ihrem Entstehen immer auf physikalische Bewegung angewiesen.[390]

Bastian hörte im Gegensatz dazu in Jena Vorlesungen zur Anthropologie bei Schleiden, bei dem der Menschen und seine Erkenntnisgegenstände in einen natur- und einen geisteswissenschaftlichen Bereich aufgeteilt blieb. Demnach werde Wissen der Naturforschung durch die äußere Anschauung gewonnen. Es werde durch den äußeren Sinn an real erkannten Gegenständen durch die Gesetze der Mathematik bestimmt. Ein davon verschiedenes Wissen entstehe durch den inneren Sinn. Die Philosophie analysiere die Natur des Menschen und sei in einem weiten Sinn auch eine Wissenschaft ihrer Natur, da sie ebenfalls eine Erfahrungswissenschaft sei. Sie arbeite aber mit Hilfe innerer Anschauung. Durch ihre analytischen Methoden belasse sie den Menschen nicht mehr in dem Glauben an das Empfundene und Gedachte, sondern ermögliche ihm ein Wissen in Form von Reflexionen über seine Psyche.[391]

Für Schleiden war das Materielle nicht das allein real Bestehende und er führte Argumente an, die auf einen ebenso realen Bereich der Psychologie, aber in Abweichung zu Bastian, jenseits der Naturgesetzlichkeit verwies. Seine Beweisführung stützte er auf Erkenntnisse der Optik, der Physiologie und der Anatomie, die er den damals neuesten Handbüchern entnahm.

Seine *Theorie des Erkennens durch den Gesichtssinn* basiere auf der von Kant gegründeten und von Jakob Friedrich Fries (1773–1843) und Ernst Friedrich Apelt (1813–1859) weiterentwickelten *Theorie der erkennenden Vernunft*. Danach entfaltete Schleiden zunächst am Beispiel der optischen Erscheinung des farblichen Sehens einen Beleg für die Existenz einer immateriellen Seele. Er beschrieb die Aufnahme der Lichtreize durch die Sehnerven und ihre Umwandlung in die optische Wahrnehmung als Veränderung der Materie in Form von Bewegungen kleinster Teilchen. Für ihn endete hier die Fähigkeit der Naturwissenschaft; ein tieferes Eindringen in die Natur könne es nicht geben. Weil aber Licht und Farben keine äußere, sondern eine innere Erscheinungen sei, bezeichnete er diesen Bereich als den seelischen.[392]

---

390 Bastian 1968 [1860], Bd. 1: 39 f., 57, 63, 66, 78

391 Schleiden 1861: 106 f.

392 Schleiden 1861: Vorwort, 14 f.

Das Leugnen der Existenz einer immateriellen Sphäre war nach Schleiden ein gedanklicher Fehler der Materialisten. Die Anschauungen der Sinne waren für ihn immer schon von einem Denken in Kategorien von Raum und Zeit begleitet. Bei der äußeren Wahrnehmung seien es die Vorstellungen vom Raum, die die materielle Welt formten. Bei der inneren Anschauung seien es die Vorstellungen von Zeit und in Selbstreflexion die des Ichs. Beide Auffassungen waren für ihn, im Gegensatz zu Bastian, grundsätzlich verschieden. Es gebe keine Beziehung der inneren Anschauung zum Raum und somit keine Rückführung auf die Mathematik. Daher könne Fechners Anwendung keine Bedeutung für die Wissenschaft erlangen.[393]

Die Entwicklung von Erkenntnis verläuft bei Schleiden, wie bei Bastian und vielen anderen Autoren ihrer Zeit, von einem zunächst ungeordneten Zustand der Vorstellungen, über einen so genannten niedrigen Gedankenverlauf bis zur komplexen Verknüpfung der Assoziationen. Schleiden bezog seine Hierarchie nur auf das Individuum. Die erste gedankliche Tätigkeit oder der Beginn der *productiven Einbildungskraft* sei bei allen Menschen gleich. Der Mensch besitze eine angeborene Erkenntnisfähigkeit, die solange unbewusst bleibe, bis sie durch Anregungen von außen stärker belebt werde. Die Einübung dieser Fähigkeit verlaufe im Kindesalter unbewusst. Sie verfestige sich und der Mensch werde sich ihrer und somit seiner Fähigkeiten erst bewusst, wenn er durch gesteigerte Analyse und Synthese wissenschaftlich zu denken beginne. Im Gegensatz dazu entstünden Delirien und religiöse Schwärmereien, wenn diesen Inhalten eine objektive Bedeutung zugesprochen werde.[394]

Bastian und Schleiden grenzten sich auf unterschiedliche Weise vom populären Materialismus in der Mitte des 19. Jahrhunderts ab. Für Bastian war die Naturforschung ein bedeutendes Hilfsmittel, die Theorie der erkennenden Vernunft im Glauben an ein panentheistisches Weltgeschehen nicht nur zu denken, sondern auch empirisch zu erforschen. Schleiden dagegen sah eine unüberwindliche Grenze zwischen Natur- und Geisteswissenschaft. Er trat für eine gleichberechtigte Gegenposition des Immateriellen zum Materiellen ein, beide, Bastian und Schleiden, waren gegen die Schlussfolgerungen des provokativen Reduktionismus ihrer Zeit.

Der Zoologe Carl Vogt (1817–1895) hatte 1845 behauptet, dass *die Gedanken im selben Verhältnis zum Gehirn stünden, wie die Galle zur Leber.* Seine Reduzierung des Denkens auf eine ausschließlich materielle Ursache war auch eine

---

393 Schleiden 1861: 104–106

394 Schleiden 1861: 73 f., 87

politische Provokation. Er zielte mit seinen Äußerungen gegen die bestehende Gesellschaftsordnung und deren moralische Grundlagen aus Theologie und Philosophie. Mit dem Revolutionsgeschehen 1848 und dem gescheiterten Versuch einer politischen Neuordnung verschärfte sich die Gegnerschaft restaurativer und demokratischer Kräfte; beide Seiten reklamierten nun einerseits vermehrt Argumente aus der Naturforschung für sich und nahmen andererseits mit ihren weltanschaulich-politischen Überzeugungen Einfluss auf die Ergebnisse der Physiologie, besonders auf die der Hirnforschung. Die Aussagen der Naturforscher um 1850 waren gleichzeitig *wissenschaftliche, politische und weltanschauliche Visitenkarten.* Der Demokrat Vogt oder die ebenso politisch agitierenden Mediziner Ludwig Büchner (1824–1899) und Jakob Moleschott (1822–1893) waren beispielsweise weltanschauliche Gegner des konservativen, protestantischen Physiologen Rudolf Wagner (1805–1864) in Göttingen. Wagner sah im Materialismus eine Irrlehre und den Ruin der europäischen, kulturellen Werte. Die Ergebnisse hirnanatomischer Untersuchungen aber, die rassische, intellektuelle und geschlechtsspezifische Vorurteile als durch das Gehirn bedingt darstellten, wurden von jeder der streitenden Parteien ohne Widerspruch als Tatsachenbelege angesehen.[395]

Die Einheit des Menschengeschlechts war zwar von vielen Zeitgenossen als Lippenbekenntnis wiederholt worden, den so genannten „Naturvölkern" aber wurde weiterhin jede kulturelle und intellektuelle Fähigkeit abgesprochen. Die naturwissenschaftliche Anthropologie hatte ab den 60er Jahren eine *Mitbegründungsrolle*, in der durch die Wissenschaft eugenetische und rassenhygienische Konzepte entstanden. Die Autoren waren in der Mehrheit von einer angeborenen Unterlegenheit der schwarzen Rasse überzeugt. Bis Ende des 19. Jahrhunderts beherrschte diese Disziplin das, was man einen *menschenfeindlichen Materialismus*[396] nennt, dem sich Bastian wie vor ihm Blumenbach, Prichard und Latham nicht anschlossen.

Eine rassistische Ausführung lernte Bastian in den Anatomie-Vorlesungen des Jenaer Mediziners Emil Huschke kennen. Dieser verortete den Sitz der Geistestätigkeit in den Gehirnwindungen. Er erstellte anhand zahlreicher Untersuchungen ein System ihrer Formen und dokumentierte sie in Tabellen und Abbildungen. Sein Ziel war, alle Furchen zu ordnen und zu einer *geographischen Karte der Schädel* zusammenzustellen. Er erfüllte damit zwar die damaligen Anforderungen an eine exakt messende und darstellende Hirnanatomie, zog

395 Hagner 2007: 204–207, 209

396 Mocek 2007: 196

jedoch Rückschlüsse daraus, die nicht in den Ergebnissen enthalten waren. In einer Art *Furchensatzleserei* gewann er aus den Vergleichen von Windungen und Verzweigungen u. a. Klassifikationen der Menschenrassen, die eine weit verbreitete Überzeugung jener Zeit, nämlich die der Inferiorität der Neger, bestätigten. Huschke sah eine Ähnlichkeit zwischen dem Gehirn der Afrikaner und dem der Schimpansen und folgerte daraus, dass sie zur Entwicklung einer eigenständigen Kultur nicht fähig seien.[397]

Damit stand dieser Anatom in weltanschaulicher und politischer Gegnerschaft zu Friedrich Tiedemann, der als Menschen-Freund in der Sklaverei-Debatte Position bezog. Er bekam 1837 den Auftrag, die allgemein akzeptierte Ansicht der Philosophen und Naturhistoriker, dass das Hirn der Afrikaner in der Entwicklung dem des Orang-Utans näher sei als dem der Europäer, anatomisch zu untersuchen. Auf der Grundlage seiner Vergleiche kam er zu dem Schluss, dass derartige Behauptungen und die Schlussfolgerung ihrer Unterlegenheit voreilig seien und häufig zur Stützung der kolonialen Interessen erfolgten. Er ließ, unter Berufung auf Blumenbachs Aussage von 1806, keinen Zweifel daran, dass Afrikaner bei gleichen Bedingungen zu den gleichen intellektuellen Leistungen fähig seien.[398]

Bastian hielt ebenfalls die Schlussfolgerungen aus manchen zeitgenössischen Hirnforschungen für problematisch. Das *Schachtelsystem der Phrenologie* parzelliere ein immer noch fast unbekanntes Geschehen. Die Aufteilung des Denkorgans in Empfindungsareale lasse das komplexe Geschehen des Denkens und Empfindens zwar leichter handhaben, gleiche aber der Untersuchung einer Blume, die von der Wurzel und ihrem Standort abgeschnitten worden sei.[399] Die komplizierten Verhältnisse beim Denken und Empfinden könne vom Menschen in seinen inneren Wechselbeziehungen, die dazu noch in einem Zusammenhang mit dem Naturganzen stünden, nicht verfolgt werden. Dies gelänge dem Menschen ebenso wenig, wie er das Wachstum auch nicht fühlen könne.[400] Der *Strom der Gedanken* setze sich aus vielen Begriffen zusammen, die nebeneinander wirkten und das *bewegte Meer der Gedanken* bildeten. Es bleibe, trotz der messbaren physikalischen Bewegungen der Empfindungen, nichts anderes übrig, als sich über abstrakte Begriffe weiterhin Vorstellungen zu machen. Bastian verstand die Zerlegung der Vorstellungen in Elemente als eine Vertiefung der Philologie, die allerdings nicht direkt auf die ethnographischen Betrachtungen übertragen werden könnten.[401]

---

397 Hagner 2007: 205, 209, 214 f.
398 Tiedemann 1837: V, 67, 79
399 Bastian 1968 [1860], Bd. 1: 136
400 Bastian 1968 [1860], Bd. 1: 134, 136
401 Bastian 1968 [1860], Bd. 1: 135, 139

Dazu müsse man sich in der *Kunst des richtigen Denkens* üben. Der Forscher müsse sich den unbekannten Kulturen mit Zeit und Geduld nähern. Diese Kunst brauche eine gute Vorbereitung durch ein Literaturstudium und eine mentale Einstimmung auf das Kommende, um dann in Ruhe und mit Muße nachdenken zu können. Dadurch wachse die Bereitschaft, alte Denktraditionen über die Kulturen aufzugeben.[402]

Die sich an das Studium anschließende Weltreise gibt ihm die Möglichkeit der eigenen Anschauung, Daten vor Ort zu erfassen und Belege für seine *psychologische Weltanschauung* zu sammeln. Er betreibt damit nach seiner Auffassung eine naturwissenschaftliche Psychologie, weil er die erbrachten Beweise der physikalisch messbaren Reizempfindung in sein Konzept aufnimmt und weil er seine Vorstellungen zum Denken auf naturwissenschaftliche Modelle stützt.

402 Bastian 1968 [1860], Bd. 1: 131

4. Weltreisender und erste Publikationen, 1851–1860

4.1 Die Weltreise von 1851 bis 1858

4.1.1 Adolf Bastian als Mediziner auf Australien-Fahrt

Am 8. Dezember 1851 verließ Bastian dann auf der Bark *San Francisco* den Hamburger Hafen in Richtung Australien.[403] Das Segelschiff unter Kapitän C. S. Kramer, mit 19 Crewmitgliedern und 136 Passagieren an Bord, erreichte am 31. März 1852 Port Jackson.[404] Der *Sydney Morning Harold* gab bekannt, dass sich unter den Passagieren der *San Francisco* aus Hamburg der Mediziner (Philipp) W. (Wilhelm) (Adolf) Bastian befinde.[405]

Die Krankenversorgung auf Handels- oder Auswandererschiffen wurde verbindlich erst am Ende des 19. Jahrhunderts geregelt. Ab 1898 musste auf jedem Auswandererschiff ein approbierter Arzt angestellt sein, dessen Rang dem der Offiziere gleichgestellt war. Zu seinen Aufgaben gehörten – neben der medizinischen Versorgung der Menschen an Bord – die gesundheitliche Kontrolle aller Passagiere und die Epidemie-Vorsorge in Abstimmung mit den Einreisebestimmungen der aufnehmenden Länder.[406]

In den früheren Jahren war jedoch selten ein ausgebildeter Mediziner bereit, das Amt eines Schiffsarztes zu übernehmen. Die lange Aufenthalt auf den Segelschiffen, die schlechte Verpflegung und die Ausschreitungen an Bord machten diese Tätigkeit nicht erstrebenswert. Durch die Dampfschifffahrt nach 1860 verbesserten sich die Bedingungen, so dass nun die Vorteile einer Seefahrt auf ihnen angepriesen wurden. Sie verschaffe Ruhe und Erholung gegen die Folgen *unserer Übercultur*. Durch diese und andere Aussichten sollten die Barbiere und Heilgehilfen allmählich durch Ärzte ersetzt werden.[407] Zum Reisezeitpunkt Bastians kam es zum Ausbruch von Epidemien durch mangelnde Hygiene in den schlecht gelüfteten und überbesetzten Schiffsräumen, so dass 1850 unter den Reisenden mit einer Mortalitätsrate um 3 % zu rechnen

403 Auswandererlisten 1851, s. StA HH VIII A1 Bd. 2

404 Warner 2008

405 The State Records 1852

406 Zahn 1909: 11, 32 f.

407 Jaenicke 1894: 7–9, 26 f.

war. Nach Cholera- und Typhusausbrüchen erging erst 1868 auch für Segelschiffe die Order, abgetrennte Hospitalbereiche im Zwischendeck einzurichten. Eine Verpflichtung zur Anstellung von Schiffsärzten scheiterte jedoch an der Kostenfrage. Eine Medizinkiste befand sich in Obhut jedes Steuermannes, der im günstigen Fall einen medizinischen Kursus besucht hatte und im Ernstfall folgendermaßen verfuhr:

> „Wi moken denn die Medizinskiste apen un de Ogen dicht un sän: Gott segne den Griff! Un wat wi denn to faten kreegen, hulp ok meist heel good. Gefährlige Saken weern da nich in.[408]

Die Sorge um einen zeitgemäßen Standard in der medizinischen Betreuung hatte 1856 den Bremer Arzt Heinrich Rohlfs (1827–1898) veranlasst, eine *Gemeinfassliche Heilkunde fuer Schiffsoffiziere* zu verfassen. Im Gegensatz zu Behandlungsbüchern, die mit Hilfe der Phantasie und auf Kosten der Wahrheit obskure Vorschläge machten, gebe er den Seeleuten einen Wegweiser an die Hand, damit sie Kenntnisse über den menschlichen Körper, die Wundarzneikunde und Geburtshilfe erlangten. Im Vorwort unterstützte dies Kapitän Arthur Breusing, der mit dem Umbau der Navigations- zu einer Steuermannsschule auch die Vermittlung *chirurgischer Hülfsleistungen* aufnehmen wollte. Er betonte, wer die Verhältnisse auf den Segelschiffen kenne, werde für die Auswandererschiffe keinen angeheuerten Schiffsarzt fordern. Zu diesen Bedingungen bekäme man nur leichtsinnige, junge Leute. Außerdem seien der beste Arzt an Bord ein hoher Hygienestandard und gute Lebensmittel.[409]

Rund vier Jahre nach seinen ersten beiden Reisen argumentierte Bastian um 1868 ebenfalls in diesem Sinne, nämlich für eine Verbesserung der medizinischen Versorgung auf den Handels- und Auswandererschiffen. Durch die Konkurrenz der Dampfschiffe sei die frühere Gepflogenheit, wenigstens auf großen Fahrten einen Arzt an Bord zu haben, aus ökonomischen Gründen aufgegeben worden. Seine Kritik richtete sich zunächst gegen eine medizinische Praxis, bei der noch tradierte Mythensysteme mit ihren Arzneikräften und dubiosen Kuren vorherrschten und für mehr Todesfälle sorgten als eine Nichtbehandlung. Bastian trat für eine rationale, naturwissenschaftlich ausgerichtete Medizin ein. Die neueste Tendenz[410] sei dabei, auf die Heilkräfte der

---

408 Engelsing 1961: 165 f.

409 Rohlfs 1856: V–VIII

410 Bastian [1868]c: 8–10, 24
Als Belege sind der Preußische Stabs- und Marine-Arzt Walbach und weitere Mediziner aufgeführt, etwa Christian Wilhelm Hufeland (1762–1836), der Leipziger

Natur zu setzen und mit einfachen Mitteln alles Heroische aus der Behandlung und dem medizinischen Halbwissen zu verdrängen. Das Medizinalwesen auf den Handels- und Auswandererschiffen im Besonderen sei jedoch immer noch irgendwo zwischen Ergebenheit gegenüber den Erkrankungen oder Pfuscherei beim Kurieren ausgerichtet. Bastian warb für eine fundierte Schulung der Steuerleute, damit Hygienestandards überwacht und Unpässlichkeiten, Wunden und Knochenbrüche adäquat versorgt werden könnten. Er riet Schwangeren grundsätzlich von einer Überfahrt auf den Auswandererschiffen ab. Ein weitaus schwierigeres Feld war für ihn die Diagnose und die Behandlung von Tropenkrankheiten. Zu ihrer Prophylaxe sollten Informationsschriften in allen betreffenden Häfen der Welt bereitliegen, damit das bisherige Wissen die Menschen aufkläre. Ausbrüche von Epidemien an Bord könnten durch Kontrollen der Reisenden an Land verhindert werden. Die größte medizinische Herausforderung jedoch bestehe immer noch in der Bekämpfung der Syphilis, die für eine hohe Sterblichkeitsrate unter den Seeleuten sorge und zur Entvölkerung fast ganzer Inseln, wie den *Marquesas*, führe. Die Umstände auf den Schiffen zerrütte die Moral der Seeleute und die Bekämpfung der Krankheit sei nur erfolgreich, so Bastian 1868, wenn etwas gegen die psychischen Belastungen der Männer durch das Zusammenleben auf engstem Raum und durch die Monotonie der Überfahrt getan werde.[411]

Der Segler *San Francisco,* auf dem Bastian 1851/52 fuhr, blieb bis 1857 im Besitz der Firma Godeffroy, zu der Gustav Hartlaub gute Kontakte hatte. Die Bark unternahm zwischen 1851 und 1854 mehrere Passagen nach Sydney, jeweils mit einem Zwischenaufenthalt in Antwerpen.[412] Das Handelshaus Godeffroy & Sohn engagierte sich am Ende der 40er Jahre verstärkt im Auswanderer-Geschäft, zunächst in den Osten der USA und nach Kalifornien. Sie erweiterten ihre Ziele ab 1851 um die australischen Häfen, da nach den Goldfunden im Süden des Kontinents Auswanderer vermehrt dort die beste Zukunft für sich sahen. Godeffroy & Sohn eröffneten einen regelmäßigen Liniendienst und unterhielten dazu 19 eigene Schiffe. Das Passagieraufkommen nach Australien verdreifachte sich innerhalb von zwei Jahren und erreichte für das Jahr 1852 eine Personenzahl von annähernd 24.000, die allein durch

---

Karl Reinhold Wunderlich (1815–1877), der Hygieniker Friedrich Oesterlen (1812–1877), Samuel Moritz Pappenheim (1811–1882) und Friedrich Wilhelm Ritter (1759–1819). Die Statistiken sind der *Deutschen Schiffahrts-Zeitschrift Hansa*, 1867, Nr. 94, entnommen. Bastians Schrift ist daher frühestens 1868 erschienen.

411 Bastian [1868]c: 3–26

412 Kresse 1969: 166

diese Reederei transportiert worden waren.[413] Ihre Schiffe galten für manche als vorbildlich:

> „Wir können nicht umhin, vorzugsweise die Benutzung der Schiffe der Herren Johann Cesar Godeffroy & Sohn zur Überfahrt nach Australien anzurathen. [...] Ein so anerkannt gutes Haus, das in der Handelswelt eine der hervorragendsten Stellungen einnimmt, braucht an der Hamburger Börse nur genannt zu werden, um empfohlen zu sein."[414]

Ein unbekannter Passagier der *Cesar Godeffroy* im Jahr 1852 beschrieb das strenge, militärische Reglement der täglichen Abläufe, etwa die Lebensmittelausgabe für die Selbstversorgung der in Gruppen aufgeteilten Passagiere. Die 123 Tage währende Überfahrt nach Sydney schilderte er als anstrengende Reise, die durch Enge und Eintönigkeit geprägt war und deren Begleiterscheinungen stürmische See und Seekrankheit waren, aber auch die auf Auswandererfahrten üblichen Schlägereien betrunkener und gelangweilter Passagiere. Eine willkommene Abwechslung sei die jedermann aufmunternde Äquatortaufe gewesen.[415]

Der Segler *San Francisco* brauchte für Bastians Passage 1851/52 rund zehn Tage weniger. Nach den zeitgenössischen Beschreibungen hob Bastian mit seiner Anwesenheit als promovierter Mediziner den Standard der Versorgung Kranker über den des „Griffs in die Medizinkiste", in welcher Form seine Kenntnisse auch immer benötigt wurden. Die Bedingungen für die Passagiere auf den Auswandererschiffen waren abhängig von dem Geschäft, das mit der ökonomischen und manchmal auch politischen Notsituation der Ausreisewilligen zu machen war. Australien zog um 1851 verstärkt einen Strom von Glücksrittern an. Vor diesem Hintergrund war Bastians Reise, in der zeitgenössischen Bewertung, keine Erholung von der *Übercultur* Europas, sondern ein wenig beneidenswertes und gewagtes Unternehmen. Die Reisestrapazen waren notwendiger Aufwand zur Erkundung einer Vielzahl von Ländern und Völkern, deren Studium sich Bastian verschrieben hatte. Er erreichte auf seiner Reise jeden Kontinent, die große Landmasse Russlands und Chinas allerdings bereiste er nicht.

Ein Grund für die Meidung des asiatischen Festlandes waren die kriegerischen Auseinandersetzungen zu dieser Zeit, zum einen der Krimkrieg (1853–1856) und zum anderen der Zerfall des Mandschu-Reiches. In China gab es

---

413 Schmack 1938: 83–89

414 Schmack 1938: 88°f.

415 Schmack 1938: 90–93
Zur weiteren Leistung des Hauses gehörten ab 1860 eigene anthropologische und ethnographische Forschungen in der Südsee und die Gründung eines Ozeanien-Museums, das bis 1886 bestand.

revolutionäre Erschütterungen (1850–1864) durch die christlich-taoistische Taiping-Bewegung und einen Angriff der Kolonialmächte Großbritannien und Frankreich im 2. Opiumkrieg (1856–1860).[416]

Das umfangreiche Reisepensum gelang Bastian durch die Nutzung der militärischen Präsenz der britischen Kolonialmacht und durch regionale und globale Handelsrouten. Von Tahiti nach Australien bestand zum Beispiel seit 1801 ein Handelsverkehr, da die Lebensmittelknappheit in *Neu-Südwales* durch Importe von dort behoben wurde.[417]

Die Erlebnisse und Ergebnisse seiner Reise veröffentlichte Bastian zwischen 1859 und 1860 unter verschiedenen Aspekten.

4.1.2 *Meine Reise um und durch die Welt*

Auf Anfrage des Weber-Verlags in Leipzig erschien 1860 ein Artikel in der *Illustrirten Zeitung*, der mit einem in der neuen Holzstich-Technik ausgeführten Reproduktion einer Fotografie Bastians versehen war. Der Baseler Johann Jakob Weber hatte 1843 dieses erste bebilderte Periodikum im Zeitungsformat in Deutschland gegründet, um in Fortsetzung des aufgeklärten Bildungsauftrags nun mit der neuesten Drucktechnik die *Kultur* in möglichst weite Kreise zu tragen. Die Ereignisse aus Völkerleben, Kunst und Natur sollten anschaulich und ansprechend in Wort und Bild eine breite Masse erreichen.[418] Bastian bezeichnete in diesem Artikel seine Reise als ein *Erlebnis in der Zauberwelt der Tropen* und versuchte, das Interesse seiner Leser mit ausschmückenden Schilderungen – wie: in den *Zuckerfeldern mit ihrem smaragdenden Glanz durch die Sonne* – zu wecken. Im weiteren Text stellte er sich als zukünftiger Wissenschaftler vor und erläuterte, wie er sich um einen universellen Überblick über die Menschheit bemüht habe, um die geistigen Leistungen der Erdenbewohner zum Gegenstand seiner Forschungen zu machen. Er legte dar, dass er seine Reise als den Beginn einer naturwissenschaftlichen Psychologie begreife, indem er – den Zoologen und Botanikern gleich – Belege aus der belebten Natur sammle. Eine Bestandsaufnahme der Gedanken der Völker solle später dazu führen, die Weltgeschichte, die er als lebendigen Organismus sehe, in deren bewegenden Triebfedern zu verstehen. Die Bedeutung einzelner Völker sei nur in ihren kulturellen Verhältniswerten zueinander und im Ganzen des Kulturgeschehens zu bewerten.[419]

416 Pemsel 2002, Bd. 6: 772, 796, 800

417 Pemsel 2002, Bd. 3: 885

418 Schmidt, R. 1908, Bd.°6: 1025–1028

419 Bastian 1860: 219

Bastian legte in diesem Artikel dar, welche Ansprüche er an seine Reise stellte. Er wollte nach der in Europa allgemein akzeptierten geographischen Dreiteilung in allen Teilen der Welt gewesen sein. Sein Ziel war es, auf den kontinentalen Handelsstraßen die Kulturen der alten Welt zu erreichen und mit den überseeischen Routen die neue Welt zu besuchen. In ihr bereite sich mit *Schöpferkraft eine neue Zukunft* vor. Sie sei eng verbunden mit der wirtschaftlichen Erschließung ihrer Küsten durch den Handelsgeist der dort weltweit agierenden Europäer. Bastian wählte Sydney und San Francisco als Standorte in der neuen Welt, weil in ihren Häfen die Flaggen der Kolonialmacht England und der Hansestadt Bremen wehten und nutzte sie als organisatorische Basis für die Umsetzung seiner Ziele. Zu seinen Destinationen gehöre, so Bastian, auch die Welt der *Naturvölker*, die in abgelegenen Gegenden abseits der Verkehrswege lebten und deren Kultur mit *schwachen Anfängen des Geisteslebens* ausgestattet sei. Er beschrieb, wie Behinderungen und Vorfälle verschiedenster Art die zeitliche Folge seiner Reisestationen bestimmten, zu denen auch Abstecher in die Wüste Arabiens und Expeditionen in den östlichen Anden Perus und in der Westküste Afrikas gehörten.[420]

In San Francisco traf Bastian auf den emigrierten Politiker der 1848er Revolution Julius Fröbel (1805–1893)[421], der hier Verleger des *San Francisco Journals* war und dem er seine Expeditionsberichte aus Südamerika zur Veröffentlichung übergab. Bastian gehörte zu denen, die jener Verleger in patriotischem Ton zu seinen Landsleuten zählte, die mit Weltkenntnis zahlreich in San Francisco anzutreffen seien und diesem Ort ein gebildetes und humanes Gepräge gäben. Des Weiteren beschrieb Fröbel unter anderen Ansässigen junge Bremer Kaufleute, die mit ihrem Geist, ihrer Energie und Bildung zur Ehre des deutschen Handels von hier aus mit aller Welt in Verbindung stünden. Die mit nationalem Stolz dieses Verlegers publizierten *Oceanischen Briefe* zweier Bremer Kaufleute zwischen Hongkong und San Francisco[422] sind ein Beleg für die vorherrschende Selbsteinschätzung und ein Hinweis, dass Bastian hier neben Geselligkeit auch Informationen zu politischen und militärischen Ereignissen bekam und durch die ansässigen Handelsgesellschaften seine Überseepassagen nach Hongkong und Singapur organisieren konnte. Ansonsten bediente sich Bastian lokaler Verkehrsmittel zu Wasser und zu Land. Er berichtete, wie er durch das Revolutionsgeschehen in Mexiko und den Britisch-Persischen Krieg (1856–1857) zu Routenänderungen gezwungen wurde.[423]

420 Bastian 1860: 219
421 Sander 1904: 163–172
422 Fröbel 1858, Bd. 2: 562–570
423 Bastian 1860: 220

Zum zeitlichen Ablauf der Reise machte Bastian selten konkrete Angaben. Durch die Daten seiner Passage nach Australien, die Angaben im Artikel zur Dauer der Aufenthalte in einigen Stationen und die groben Zeitangaben in seinem ersten Buch zum Besuch in Westafrika lässt sich die Chronologie der Reise rekonstruieren.[424] Vom März 1852 bis zum Jahresende waren Sydney und der Hafen die Ausgangsbasis für einen Aufenthalt im Hinterland in der Region der *Twofold Bay*. Für rund einen Monat betätigte sich Bastian in den *Braidwood-Diggins* als Arzt auf einer Krankenstation für Goldgräber, bevor er durch den Busch nach Sydney zurück ritt und eine Passage nach Manila unternahm, die ihn acht Tage lang zwischen die philippinischen Inseln hindurchführte und zur chinesischen Hafenstadt *Amoy*, dem heutigen Xiamen, brachte. Die Rückfahrt nach Sydney dauerte vier Monate, da auf dem überfüllten Schiff Typhus ausbrach, zu deren Bekämpfung keine Medikamente zur Verfügung standen und da zudem eine Meuterei kaum zu bändigen war. Im Dezember bestieg Bastian einen *condemnirten Schooner*, der trotz der von ihm angezweifelten Seetüchtigkeit mit Menschen überfüllt war und auf dem der Kapitän diesmal durch Meuterei entmachtet wurde. Nachdem sie Auckland angelaufen hatten, gelangte Bastian auf diesem Schiff nach Tahiti und von dort aus nach Valparaíso, jedoch finden sich über diese Fahrt keine näheren Angaben von ihm. Auf einem englischen Dampfschiff verließ er die chilenische Hafenstadt und könnte in Mitte des Jahres1853 den peruanischen Hafen Callao und das nahe gelegene Lima erreicht haben.[425]

Peru war für rund einundeinhalb Jahre Bastians Terrain für seine Expedition in das Hochland der Anden. Das erste Etappenziel war *Xanxa*, das heutige Jauja in der Provinz Junin. In dieser Region verbrachte er acht Monate, weil seine Erfolge als Arzt ihn bekannt machten und Patienten ihn aufsuchten. Danach setzte er seine Reise fort und erreichte die benachbarten Regionen Huancavelica und Huanca, die im Norden der heutigen Provinz Ayacucho liegen. Hier hörte er im Juni 1854 von der Ankunft kalifornischer Goldgräber in der nicht weit entfernten Bezirksstadt Ayacucho.

Bastian berichtete, wie sie durch abenteuerliche Geschichten und Versprechen im In- und Ausland angelockt worden seien und von ihrer erfolglosen Suche nach dem Edelmetall. Seine Hoffnung, alte Bekannte aus den *Braidwood-Diggins* unter den rund zweitausend Amerikanern wiederzusehen, bestätigte sich. Er schilderte 1855 in *Die Yankees im Goldlande Perus* das Zusammentreffen der

---

424 Reiseroute 1851–1858, s. Anhang, Kap. 7.5: 218 f.

425 Bastian 1860: 220

Bewohner mit den mit der politischen Situation des Landes unkundigen Glücksrittern. Seit der Unabhängigkeit Perus von der spanischen Krone 1824 würden sich fortgesetzt Generäle mit ihren Truppen in allen Winkeln des Landes Kämpfe um das Präsidentenamt liefern. Die indigene und zugewanderte Bevölkerung sei dem bewaffneten Interessenkonflikt der Militärs ausgeliefert, die gleichzeitig die Großgrundbesitzer des Landes seien. Es sei unvermeidlich gewesen, dass es zu Begegnungen zwischen den umherziehenden Garden und der Goldsucher-Gruppe komme, der Bastian sich angeschlossen hatte. Er sei ihr Dolmetscher und – wegen seiner Bekanntheit in der Region – ihr Vermittler in Passangelegenheiten mit dem Präsidenten Ramón Castilla (1797–1867) gewesen. Bastian durchquerte danach in Gesellschaft dieser zwanzig Männer ein schwer zugängiges Gebiet und gelangte nach Cusco und zu den Ruinen der Inka-Kultur.[426]

In der Provinz Cusco begegneten ihm unter anderen *Chunchus*, die er in ihrer Erscheinung näher beschrieb und mit denen es zu kämpferischen Auseinandersetzungen kam. (Bastian erwähnte dies nur in diesem Zeitungsartikel 1860, ohne diesen Kampf näher zu schildern.) Bastian wurde verwundet und versteckte sich für Wochen in den Wäldern, um zu genesen. Auf sich allein gestellt, setzte er seinen Weg fort. Er erreichte Puno am Titicacasee-See und über Arequipa die Küste. Von dort gelangte er auf einem Boot zurück nach Callao. Auf dem Seeweg erreichte er dann Panama sowie Ziele in der Karibik und schließlich New York. Auf dem Landweg durchquerte er die USA und erreichte Mexiko, wo ihn die Revolutionsarmee an der eigenen Auswahl seiner Wege hinderte. Im Hafen von Mazatlán setzte er nach San Francisco über, fuhr dann weiter zu den Handelszentren Hongkong, Kanton, Singapur, Penang und Kalkutta. In Indien befuhr Bastian für drei Monate den Ganges. Im damaligen *Benares* angelangt, mietete er nach Landessitte eine *Ochsenextrapost, die ein Bett mit sich führt*, durchquerte gebirgiges Land und erreichte Nagpur und schließlich Bombay.[427]

Im Jahr 1856 fuhr Bastian auf einem britischen Kriegsschiff von Bombay nach *Abuschehr*. Da sich zwischen beiden Ländern schon eine kriegerische Auseinandersetzung abzeichnete, wurde ihm die Einreise nach Persien verweigert. Er änderte seine Route, kam nach Bagdad und hielt sich danach im Nahen Osten und in Europa auf.[428]

Im Januar 1857 traf er in Kairo ein[429] und fuhr den Nil aufwärts. In Al Qusair, am Roten Meer, hatte er einen dreiwöchigen Aufenthalt. Bei heftigem Sturm

426 Bastian 1855: 1–3, 10–18, 21, 37

427 Bastian 1860: 220

428 Bastian 1860: 221

429 Bastian 1859: 2

setzte er auf einem *Sambak*, einem kleinen Segelschiff, gemeinsam mit sudanesischen Pilgern über das Rote Meer und gelangte nach *Dschidda*. Der weitere Seeweg führte ihn zur jemenitischen Hafenstadt (Al) *Hodeida(h)* von dort aus durchquerte er auf Kamelen die Wüste, erreichte *Mocha* (Al Muchā) und erhielt durch Vermittlung eines arabischen Kaufmanns, der seiner Familien aufgrund des Kaffeehandels bekannt war, Begleitschutz durch Beduinen und gelangte schließlich nach Aden. In diesem Hafen bekam er eine Passage über Mauritius nach Südafrika, wo er im Juni 1857[430] die Möglichkeit hatte, über St. Helena und Ascension nach Luanda zu reisen. Von Anfang November bis Ende Dezember[431] führte er eine Expedition ins Innere Angolas durch und erreichte dann auf dem Seeweg entlang der Küste Westafrikas Europa.

Im Jahr 1858 fuhr Bastian in der alten Welt zur See und auf dem Lande, schipperte auf der Wolga, bis er im September über Warschau und Breslau nach Bremen zurückkehrte.[432]

4.2 *Afrikanische Reisen: Ein Beitrag zur Mythologie und Psychologie*

4.2.1 *Ein Besuch in San Salvador ...*

Von den geplanten zwei Bänden zu den Reisen in Afrika veröffentlichte Bastian 1859 in Bremen bei dem Buchdrucker Heinrich Strack nur den ersten Band: *Ein Besuch in San Salvador, der Hauptstadt des Königreichs Congo. Ein Beitrag zur Mythologie und Psychologie*. Er beschrieb darin die Etappe seiner Weltreise, während der er eine Expedition ins Landesinnere der portugiesischen Kolonie Angola unternahm, und ergänzte diese mit persönlichen Eindrücken und der Schilderung seines Befindens. Den Reisebericht rundete er mit Hinweisen auf die Hilfestellung und Informationen durch britische Kolonialbeamte, mit Kommentaren und Datenmaterial zum inhumanen Sklavenhandel und über die allgemeinen Bedingungen des Handels in dieser Region ab. Bastian stellte seine Leistung in den Kontext der bis dato erbrachten Afrika-Kenntnis und skizzierte in diesem Reisebericht zudem den Themenbereich seiner neuen Wissenschaft vom Menschen.

Bastian hob die Stellung des britischen Gouverneurs George Edward Grey (1812–1898) in Südafrika hervor, der ihm Gelegenheit gegeben hatte, auf einem

430 Bastian 1859: 1

431 Bastian 1859: 149, 213, 247°f.

432 Bastian 1968 [1860]: 221

Schiff der *afrikanischen Flottendivision* an die Küste der portugiesischen Kolonie Angola zu gelangen. Nach mehreren Reisejahren sagte ihm die Gesellschaft der Offiziere an Bord der *Castor* sehr zu, die ihn in ihre Messe eingeladen hatten, bis sie auf ihrer Patrouillenfahrt entlang der Westküste Afrikas den Hafen von Luanda erreichten.

Dieser Hafen war von den Portugiesen seit dem 15. Jahrhundert zum Zentrum des Sklavenhandels gemacht worden. Bastian logierte an Land bei Edward Gabriel, dem Bevollmächtigten der britischen Regierung für die Unterdrückung des Sklavenhandels. Gabriel berichtete, dass die Portugiesen sich vertraglich erst 1838, nach dem Verlust ihrer Besitzungen in Brasilien, an der Bekämpfung des Menschenhandels von Afrika nach Übersee anschlossen hätten. Sie hatten damit gleichzeitig die britische Marine autorisiert, den Schiffsverkehr zu kontrollieren und Sklavenschiffe zu beschlagnahmen. Nach Bastians Auffassung waren die Briten dabei in ein Dilemma geraten: Eine Überwachung des Schiffsverkehrs sei der einzige Weg, die Menschenrechte durchzusetzen; die Kontrolle der Küste habe jedoch die Lage der Betroffenen verschlechtert. Das Unterlaufen von Abmachungen und das Operieren von Menschenhändlern in der Illegalität fordere beim Transport derzeit mehr Todesopfer als jemals zuvor. Bastian war Zeuge, dass die Sklavenhaltung und selbst das Recht auf Züchtigung auch in Angola weiterhin zum Alltag gehörten und dass Männer und Frauen in Ketten zu Arbeit gingen.[433]

Bastian kritisierte, die wirtschaftliche Entwicklung Angolas werde durch die Monopolstellung portugiesischer Händler behindert. Im Zuge der Kolonisation seien die Souveränitätsverhältnisse zwischen Portugal und der Region Kongo nicht geordnet worden, so dass kriegerische Konflikte um Handelsbefugnisse bestünden. Ein weiteres Hemmnis sei das Klima. Hier berief sich Bastian auf Aussagen des Botanikers Friedrich Welwitsch (1807–1872)[434]. Das Grasland sei für Tierzucht nicht geeignet, deshalb würden beim Transport von Waren und Reisenden Menschen als Träger eingesetzt. Die Wenigsten würden jedoch der neuen Verordnung folgen, nach der solche Dienste nicht mehr erzwungen werden könnten und entlohnt werden müssten.[435]

---

433 Bastian 1859: 5, 21, 236

434 Wunschmann 1896: 699–702
Welwitsch war Mitarbeiter des Botanischen Gartens in Lissabon und hatte lange in dieser Region geforscht und sich 1857 aus Gesundheitsgründen in Luanda aufgehalten.

435 Bastian 1859: 23

Bastian rundete seine Darstellungen mit der Hoffnung auf den baldigen Bau einer Eisenbahn ab und wendete sich der Beschreibung der Handelsbedingungen an der Küste zu. Diese entnahm er dem *Journal Of A Voyage From Boston To The West Coast Of Africa: With A Full Description Of The Manner Of Trading With The Natives On The Coast* (1852) von Joshua A. Carnes. Der Amerikaner hatte berichtet, wie er zu günstigen Konditionen Palmöl, Elfenbein und Ebenholz gegen Baumwollstoffe, Waffen, Tabak und Brandwein erworben hatte. Dabei seien die spärlich bekleideten Handelspartner von erstaunlich großem Selbstvertrauen gewesen und hätten ihre Waren in großen Quantitäten angeboten. Das meiste Vertrauen könne den jungen Kaufleuten entgegengebracht werden, da sie noch reich werden wollten. Von den bereits etablierten Händlern werde jedoch die Bezahlung der gelieferten Waren nicht so genau genommen. Der Status einflussreicher Personen im Land messe sich traditionell am Besitz von Frauen und Sklaven.[436]

In Luanda hörte Bastian vom historischen *Königreich Congo.* Sein Interesse an dem vergangenen Bantu-Reich mit der einstigen Hauptstadt *San Salvador* war geweckt. Die Erzählung erinnerte ihn an die mittelalterliche Legende des „Priester Johannes" bzw. des „Prester John"[437], der als mächtiger christlicher Herrscher inmitten des islamischen Orients geherrscht haben soll. Nun wurde Bastian von einem afrikanischen Königtum im 16. Jahrhundert berichtet, das im Zuge der Kolonisierung und Christianisierung seit 1482 in seiner Hauptstadt Gebäude im europäischen Stil errichtet haben soll. Bastian erkundigte sich nach dem Weg, um diesen Berichten nachzugehen. Er erhielt spärliche und widersprüchliche Angaben, so dass er die Route durch den Mangrovenwald selbst zusammenstellte. Er machte die Erfahrung, dass ihm nicht geglaubt wurde, dass seine Absicht, in das Krisengebiet zu reisen, unökonomischer und unpolitischer Natur sei.[438]

Der Agent eines britischen Handelshauses organisierte für Bastian zunächst eine Schiffspassage nach *Ambriz.* Der Hafen und die umliegenden Dörfer waren von den Portugiesen teilweise zerstört worden, da sie mit militärischen Mitteln gegen britische und amerikanische Händler und deren Warentransport aus dem Binnenland vorgingen. Bastian stellte Anfang November 1857 vor Ort eine Begleitmannschaft zusammen und gelangte auf dem *Logefluss* durch ein sumpfiges Gebiet bis zur Handelsstation *Quinsembo.* Hier begegnete er den ersten Manufakturen, die von Amerikanern abseits der Küste gebaut worden waren und

---

436 Bastian 1859: 24, 359–363

437 Dahm 1992: 530–533

438 Bastian 1859: V, 4 f., 33, 46, 220

deren Produkte auf dem Fluss mit Kanus transportiert wurden. Auf dem Weg zur nächsten Station, dem portugiesischen Fort *Quinballa*, sah er weitere verwüstete Dörfer, bis er das *Shemba-Shemba*-Tal erreichte.

Die Zerstörungen seien bei der Gegenwehr der regionalen Könige entstanden, die ihren Besitz schützen wollten und nun Fremden generell den Durchgang verwehrten. Bastian entschied sich daher gegen den vielbenutzten Weg über *Pembe* – dem nächsten Gouverneurssitz – nach San Salvador und nutzte den unwegsamen Busch, um sein Ziel zu erreichen. Er sei auf das örtliche Beförderungsmittel, die Hängematte, angewiesen gewesen, deren Träger er entlohnt habe. Die Durchquerung sei durch die Regenfälle erschwert worden, zudem habe er unter Fieberschüben gelitten. Die dadurch erzwungenen Ruhetage lockerten den Zusammenhalt der Begleitmannschaft. Schließlich erreichten sie den historischen Ort[439], das heutige M'banza-Congo.

Die Bewohner hätten ihn für einen *Inglesi* gehalten, der sie im Kampf gegen die Portugiesen unterstützen wolle. Er sei eine willkommene Attraktion gewesen, die viele Besucher angelockt habe. Während der lebhaften und ausgedehnten Unterhaltungen mit dem Sohn der Regentin habe er, mittels des Dolmetschers *Gouchy,* in Fragen der Kolonialpolitik einen aufgeklärten kolonialpolitischen Ansatz vertreten, wobei Afrika zukünftig zu einem Arbeits- und Anbaugebiet von Kolonialprodukten werden müsse, damit der Menschenhandel seinen Nutzen verliere. Durch einen freien Welthandel wären sie nicht nur in der Lage, ihre Waren abzusetzen, sondern auch die Kenntnisse der Weißen zu erwerben und ihre Kultur zu entwickeln. Er habe im persönlichen Gespräch die Afrikaner zur Emanzipation aufgefordert und ihnen geraten, den Menschenhändlern nicht zu erlauben, das Land zu entvölkern.[440]

In *San Salvador* erfuhr Bastian vom Ableben des Regenten und der damaligen, zwölfmonatigen Übergangsregierung durch dessen Schwester *Imbamba*. Ein Besuch der Ruinen und eine Audienz am Hof der Königin wurden ihm gewährt, so dass er Mitglieder der Familie traf. Er besichtigte mehrere Fundamente und Ruinen der einstigen Kirchen und des Klosters. Er beging die Mauerreste einer Kathedrale und die Grabhütte mit dem Sarkophag des letzten Königs. Bastian notierte den Ablauf der monatelangen Beisetzungszeremonien und der Bestimmungen zur Thronfolge, die mit den Praktiken europäischer Völker vergleichbar seien und in mancher Hinsicht an die keltischen Monarchien denken ließen.[441]

---

439 Bastian 1859: 28–30, 42, 46, 51–54, 115, 199

440 Bastian 1859: 138, 143 f.

441 Bastian 1859: 119, 121, 123–127, 138, 143–148, 165

Bei seiner Rückreise war die Region um *Pembe* weiterhin unruhig. Die Kämpfe richteten sich gegen die Beschlagnahme der Kupferbergwerke und die Ausfuhr der Erze durch die Kolonialmacht. Bastian besichtigte die Minen. Die Portugiesen rieten ihm, sich für eine sichere Weiterreise der abgehenden Kupfer-Karawane aus 350 Trägern und 30 Soldaten anzuschließen. Sie erreichten im Dezember 1857 die Küste. Bastian berichtete, dass er Luanda nur ungern verlassen habe und seine Erinnerung an diese Stadt aus angenehmen und freundlichen Bildern bestehe, obwohl ihn Fieberattacken noch Monate nach der Reise geschwächt hätten.[442]

Die nächste Station seiner Afrika-Reise war die Insel *Fernando Po*, das heutige Bioko, im Golf von Guinea, die unter wechselnder kolonialer Herrschaft stand. 1857 diente sie den Briten als Stützpunkt für den Handel mit dem heutigen Nigeria und für Kriegsschiffe, die im Kampf gegen den Sklavenhandel an der westafrikanischen Küste patrouillierten. Zu Weihnachten dieses Jahres erhielt das Schiff *Trident* die Order, von Luanda dorthin zurückzukehren, und Bastian war ihr Passagier. Auf der Insel besichtigte er die Grabstätten der Afrika-Reisenden Richard Lander (1804–1834) und Theodor Vogel (1812–1841).[443]

Bastian suchte das Siedlungsgebiet der indigenen *Boobie* auf, durchstreifte die über Tag verlassenen Dörfer dieser Ethnie und begegnete nur wenigen alten Männern.[444] Seine Schilderungen über die *Boobie* entnahm er Aufzeichnungen von Thomas Joseph Hutchinson (1820–1885)[445]. Er beschrieb die Bedeutung des Priesters bei der Krönungszeremonie, ebenso die rituelle Verwendung von Schlangenhäuten. Bastian gab weiter an, dass sie fünf Sprachen und mehrere Dialekte besäßen.[446] Er bezweifelte dies jedoch, da zwischen den Stämmen nur ein geringer Verkehr herrsche und sie in einem Urwald leben. Zu Berichten über

---

442 Bastian 1859: 208–213, 214–220, 226–229, 246

443 Bastian 1859: 311 f.

444 Bastian 1859: 317, 348 f.

445 Hutchinson 1858: V–VII
Der britische Mediziner lebte acht Jahre in Westafrika und war 1857 Konsul auf Fernando Po. Er befasste sich hauptsächlich mit Tropenkrankheiten. Seine landeskundlichen Eindrücke und politischen Einschätzungen über Westafrika gab er 1858 in den *Impressions* heraus. Nach Hutchinson sei die Bevölkerung in Afrika generell in einem hilflosen Zustand, der dem von Kindern vergleichbar sei. Er sah für sie eine Chance zur Entwicklung in der Zukunft, da die vorhandenen Rohstoffe nicht nur zum Nutzen des Empires, sondern auch zu ihrem eigenen verwendbar seien. Mit Interesse hatte er die Berichte von Heinrich Barth und David Livingstone verfolgt, die neue Einblicke in das afrikanische Staatenleben erlaubten.

446 Hutchinson 1858: 191–197 zit. n. Bastian 1859: 318 f.

ihre religiösen Tänze bemerkte er, dass es für den Zustand der Ekstase nicht ungewöhnlich sei, aufregende Tänze zu veranstalten. Sie seien Mittel um mit dem Göttlichen zu kommunizieren und bei religiösen Fanatikern aller Zeiten und Überzeugungen bekannt.[447]

Zur Hervorhebung seiner Leistung, in einem unbekannten Teil Angolas gewesen zu sein, stellte Bastian sein Tun in den Kontext des zeitgenössischen Kenntnisstandes. Er fasste die vorhandene Literatur über dieses Gebiet zusammen und resümierte einen spärlichen Bestand. Portugiesische Entdecker und Missionare des 15. Jahrhunderts hätten die ersten Kenntnisse über dieses *Congo-Reich* übermittelt, deren letzter Augenzeugenbericht in den Arbeiten des Antonio Pigafetta (1480–1534) erhalten sei. Diese Berichte bezögen sich meist auf die Küstenregion, da das Landesinnere durch Kriegszüge verfeindeter afrikanischer Herrscher unsicher gewesen und bis auf den heutigen Tag selten von einer Kolonialmacht erkundet worden sei. Von den wenigen Berichten über das Königreich Kongo habe die Nachwelt indirekt durch die Aufarbeitung der Missionsgeschichte des Kapuziners Giovanni Cavazzi da Montecuccolo (1621–1678) und des Afrika-Chronisten Olfert Dapper (1636–1689) erfahren, der wahrscheinlich die Berichte der holländischen Gesandtschaft als Quelle hatte.

Französische Missionare habe es bis Ende des 18. Jahrhunderts in diesem Gebiet nicht gegeben. Erst 1821 sei von Bertuch von einem Besuch des Marquis d'Etourville[448] berichtet worden. Ein britischer Marineoffizier, James Kingston Tuckey (1776–1816), habe im Rahmen einer Expedition den Kongo befahren. Er habe das legendäre San Salvador erwähnt, sei aber nicht dorthin gelangt. So ebenfalls der Afrika-Reisende Thomas Edward Bowdich (1791–1824), der sich ausschließlich mit den Küstenbewohnern Angolas befasst habe. Der *König von Congo* habe bei dem Missionar und Entdeckungsreisenden David Livingstone

447 Bastian 1859: 347°f.

448 Berghaus 1850: 18
Bastians Angaben decken sich mit denen des *Physikalischen Atlas*. Dieser wird eine Quelle seiner Recherche gewesen sein. Darin heißt es: „Über den Marquis d'Etourville und seine Reisen ins Innere des südlichen Afrika. (Bertuch's Neue allgemeine geographische Ephemeriden, 1821, Bd. IX, 385–404). Da man meines Wissens, von diesem Reisenden nie etwas anderes gehört hat, als was Bertuch von ihm mitteilt, so könnte man, nach dem Ton zu urtheilen, in welchem die Auszüge seines Tagebuchs abgefasst sind, einiger Massen geneigt sein, den Hrn. Marquis für einen Windbeutel zu halten; allein entkleidet man seine Schilderungen ihres hyperpoetischen, ans Wunderbare schillernden Gewandes, so tritt die nackte Wahrheit ziemlich deutlich hervor."

(1813–1873) zwar eine beiläufige Erwähnung gefunden, er habe aber dieses Gebiet nicht bereist, da seine Erkundungen in den 50er Jahren des 19. Jahrhunderts von Luanda aus auf eine andere Region und schließlich den Sambesi-Fluss konzentriert gewesen seien.[449]

Als letzter ihm bekannter Augenzeuge der Küste Angolas nannte Bastian den Arzt Georg Tams aus Hamburg.[450] 1841 war jener Mediziner Mitglied einer Spekulationsfahrt des portugiesischen Generalkonsuls Ribeiro dos Santos aus Altona, der mit sechs beladenen Seglern zum Tauschhandel zur Westküste Afrikas aufbrach. Mit an Bord waren zwei Naturforscher, die früh verstarben, und jener Mediziner, der trotz der Bedenken, in ein gefährliches Klima zu reisen, sich daran beteiligte. Tams berichtete seine Erlebnisse auf den mit aller Pracht – von heimischen Delikatessen, über Musiker bis zur Bibliothek – ausgestatteten Handelsexpeditions-Schiffen und dem ökonomischen Scheitern an den örtlichen Verhältnissen. Tams Informationen über das fast unbekannt gebliebene *Negerkönigreich Ambriz* veranlassten Carl Ritter zu einem Vorwort in der späteren Publikation. Darin lobte er die gemachten Schilderungen, besonders die Schlussfolgerungen zu den geistigen Begabungen der Bewohner. Er hoffte, dass sich darüber hinaus durch Schädeluntersuchungen eine bessere Einteilung der Menschenrassen ergebe, auch als Argument gegen den Sklavenhandel. Tams war zwei Tage in *Ambriz* und berichtete hauptsächlich über die Produkte des Landes, die nur darauf warteten, vermarktet zu werden. Der Schilderung der Annehmlichkeiten und Bequemlichkeiten der Reise gab er neben dem Unterhaltungswert, den die Afrikaner für ihn hätten, viel Raum.[451]

Bastian hielt fest, dass in den 50er Jahren des 19. Jahrhunderts der Kenntnisstand über die afrikanischen Zonen entlang des Äquators geringer gewesen sei als der über die nördlichen und südlichen Bereiche des Kontinents. Im Norden und Süden seien durch die *Royal Geographical Society* ab 1849 staatlich subventionierte Expeditionen gestartet worden, die den Entdeckern geographisch unbekannter Gebiete, wie Livingstone, und Forschungsreisenden, wie Barth, viel Beachtung eingebracht hätten. Über die Erfolge und Misserfolge dieser gleichzeitig stattfindenden Bemühungen war Bastian durch Kontakte während seiner Reise gut informiert. Im Januar 1857 traf er in Kairo ungeplant mit dem

---

449 Bastian 1859: VI f., 2 f.

450 Bastian 1859: VII

451 Tams 1845: Vorwort, VII–XVI, 88, 103–106, 121, 126, 143–154, 155
San Salvador beschrieb er als Montpellier Afrikas, erwähnte ihr günstiges Klima und verstand nicht, warum die Stadt ihre Bedeutung als Handelszentrum und Bischofssitz verloren hatte.

Universitätsfreund Richard von Neimans (1830–1858) zusammen und erfuhr von ihm die neuesten Nachrichten und von dessen Absichten.[452] Dieser ehemalige Kommilitone bereitete sich auf eine Forschungsreise nach Darfur vor, auch weil von Berlin aus dem verschollen geglaubten Eduard Vogel (1829–1856) nachgereist werden sollte.[453] Jener Geograph und Astronom war seinerseits 1853 dem Expeditionsteam des Missionars James Richardson (1809–1851) gefolgt, als bekannt geworden war, dass der Expeditionsleiter und sein Begleiter, der Geologe und Astronom Adolf Overweg (1822–1852), an Krankheiten gestorben waren. Vogel erreichte den dritten Expeditionsteilnehmer Heinrich Barth 1854 am Tschadsee, wurde aber 1856 (unter lange nicht geklärten Umständen) ermordet.[454] Von dem Tod des Freundes v. Neimans 1858 in Kairo erfuhr Bastian unmittelbar nach seiner Rückkehr.[455]

4.2.2 Adolf Bastians kulturhistorische Betrachtungen

> „Der Horizont des Reisenden kann immer nur ein relativ beschränkter bleiben und seine persönlichen Erlebnisse müssen so sehr den Stempel des Zufälligen und durch äußere Verhältnisse Bedingten tragen, dass er sich erst eine breitere Basis der Beobachtung in dem Studium der Geschichte zu schaffen hat, wenn nicht die von ihm entworfene Zeichnung gerade in ihren charakteristischen Zügen verzerrt und mangelhaft ausfallen soll."[456]

Im Südwesten Afrikas waren in den 50er Jahren des 19. Jahrhunderts 20 Reisende verschiedener Nationen unterwegs, unter ihnen zwei Deutsche, Bastian und der Botaniker Welwitsch.[457] Bastian verschaffte sich mit seiner ausschließlich wissenschaftlichen Neugier an seinem Reiseziel eine Sonderstellung. Die Reise realisierte er ohne Missions- oder Handelsauftrag und auf eigene Kosten. Er stand damit im weiteren Sinn in der Tradition der aufgeklärten Mediziner,[458] die

---

452 Bastian 1859: 2°f.

453 Ratzel 1896: 107; vgl. ferner Ratzel 1886: 407

454 Löwenberg 1875: 97; vgl. ferner Ratzel 1896: 106

455 Bastian 1859: 2 f. Fn.

456 Bastian 1859: IX f.

457 Embacher 1880: 4, 6

458 Ärztlicher Verein zu Bremen 1844: 11 f.
Das Phänomen lässt sich in Bremen anhand einer Biographie-Sammlung belegen. Seit der Reformation waren nur berühmte und gelehrte Leute als Physici der Stadt unter Eid genommen worden, damit sie über Apotheke und Medikamente, über fahrende Ärzte, Operateure, Quacksalber und Scharlatane zum Wohle aller wachten. Im Zuge der Aufklärung waren es Ärzte und Lehrer, die sich im Namen des Fortschritts den Realienfächern öffneten und aus deren Reihen ab dem

im Zeichen des Fortschritts auf vielen Gebieten Naturforschung betrieben. Das Medizinstudium vermittelte durch das geforderte *tentamen philosophicum* noch bis in die 70er Jahre des 19. Jahrhunderts die Grundlage für diese Betätigung, bevor an den Universitäten die sukzessive Separierung in naturwissenschaftliche Disziplinen einsetzte.

Die anderen, zeitgleich in Afrika, reisenden Deutschen schlossen sich einer Expedition an, die mit den Mitteln und dem Forschungsauftrag der britischen Kolonialmacht versehen war. Diese wurde durch die Tragik der Verluste an Menschenleben und im Zuge nationaler Bestrebungen medienwirksam zur ersten deutschen Expedition erklärt. Spendenaufrufe zur Rettung der Vermissten waren begleitet mit der Forderung nach einer staatlichen Unterstützung für deutsche Forschungsvorhaben; mit ihnen war ein nationales Konkurrenzdenken verknüpft. Dieses Ansinnen nach Eigenständigkeit erfüllte sich, wie in der Polarforschung, erst nach der Reichsgründung und stand für ein sich neu bildendes Beziehungsgeflecht von Politik, Forschungsreisen und universitärer Geographie am Ende des 19. Jahrhunderts.[459]

Von den Erwartungen der Geographie grenzte sich Bastian mit seinem Konzept ab und betonte die Eigenständigkeit seiner Erkundungen.[460] Die Fachwelt in Berlin bemängelte die unzureichende Länderbeschreibung in seinem afrikanischen Reisebericht. Der Rezensent in der *Zeitschrift für Allgemeine Erdkunde* gab jedoch den – allen Vorurteilen widersprechenden – Zustand San Salvadors aus Bastians Angaben weiter: Die Stadt sei ein ungewöhnlich angenehmer Aufenthaltsort in Afrika. Sie liege auf einem Plateau, das von bewaldeten Bergen umgeben sei und über frische Luft und reichlich klares Wasser verfüge. Außerhalb der Bebauung lieferten Kornfelder und Gemüsegärten eine reiche Ernte. Über der Straßenführung des historisch-europäischen Stadtgrundrisses seien mit Rizinus-Hecken umfasste Einzelgehöfte gebaut worden, in deren Innenhöfen

18. Jahrhundert berühmte Naturforscher hervorgingen. 1844 veranstalteten interessierte Mediziner die Versammlung der deutschen Naturforscher und Ärzte; zu dem Anlass erschienen auch die Biographien.

459 Essner 1985: 21–24
Bastians Rolle ab 1868 in der Afrika-Forschung (im Spiegel seiner Expedition an die Loango-Küste und anderer Publikationen) sind bisher noch nicht in vollem Umfang untersucht worden.
Siehe Ivanov 2007: 239°f.
Sammlungsaktivität und Bastians Rolle als Forschungsförderer in Afrika
Siehe auch Vita activa …, s. Anhang, Kap. 7.6: 231 f.

460 Bastian 1859: VII f.

Palmen und Laubbäume Schatten spendeten.[461] Mit seiner Reise nach San Salvador und dem Besuch der Ruinen habe Bastian eine vergessene Begebenheit der Christianisierung und Kolonialisierung in Erinnerung gebracht, die zu einer immer noch märchenhaft anmutenden Kulturentwicklung geführt habe. Sein Beitrag zur *Ethnologie* verdiene die uneingeschränkte Anerkennung der Fachwelt. Mit der Schilderung primitiver Völker, ihrer religiösen Begriffe und dem Vergleich der Bräuche gehe er von dem richtigen Gedanken aus, die Natur des Geistes zunächst bei den „naturbelassenen Völkern" zu untersuchen.[462]

Mit der Veröffentlichung seiner Reisenotizen stellte Bastian sein Konzept zur Diskussion. Er betrachtete seinen Entwurf als noch nicht abgeschlossen und führte zur Begründung an, dass das nach sieben Jahren lebhaftester Eindrücke, aber isoliert von den Wissenschaften, nicht anders sein könne. Er gab zu bedenken, dass der *Horizont des Reisenden* ein beschränkter sei und seine Skizzen von der Kultur Afrikas auf eine breitere Basis der Beobachtung gestellt werden müssten, um in ein Studium der Menschheitsgeschichte münden zu können.[463]

Zur Verdeutlichung des subjektiven Standpunkts eines Reisenden verwendet Bastian den Begriff des Horizonts, der einem astronomischen Koordinatensystem entnommen ist. Er markiert in diesem eine imaginäre Bezugsebene zum Betrachter, die zur Positionsbestimmung durch Winkelmessungen dient. Das Horizont-System geht vom Standpunkt des Beobachters auf der Erde aus und zieht zur Messung und Berechnung imaginäre, verlängerte physikalische Sichtachsen ein.

Diesen Terminus technicus hatte Kant als Metapher genutzt, um den Erkenntnisbereich des Menschen zu veranschaulichen. Kant bezeichnete im übertragenen Sinn mit dem Begriff Horizont die Grenze zwischen zwei Erkenntnisbereichen. Der eine Bereich sei wie die empirische Welt der Erdoberfläche, den der Mensch – je nach seinem Standort auf ihr – durch die Sinne erfahren könne. Der zweite Bereich sei gleich dem Modell der Erdkugel, deren Gestalt für den Menschen nicht sichtbar sei. Eine Vorstellung und Visualisierung davon könne der Mensch nur durch die Anwendung der Geometrie realisieren. Mit der Hilfe eines mathematischen Konstrukts komme der Mensch zu Erkenntnissen, die außerhalb des Sichtbaren lägen. Kant verwies auf Kopernikus, der den Standort der irdischen Beobachtung gedanklich auf diese Weise verlassen und die Gesetze der Planetenbewegungen a priori gefunden habe.[464] Für Kant war ein Modell wie

---

461 Neumann 1859: 346–348

462 Neumann 1859: 347

463 Bastian 1859: IX°f.

464 Picht 1998: 224 f.

ein *focus imaginarius*, der den Menschen über die Grenze des Sichtbaren zum Unsichtbaren trage. Mit diesem Begriff aus der Malerei nahm er eine weitere Metapher auf. Dieser gedachte Punkt vereine alle perspektivischen Linien eines Bildes in sich. Er sei nicht Gegenstand der Darstellung, sondern sein Ort liege in einem imaginären Raum.[465]

Kant übertrug die Funktion mathematischer Modelle auf abstrakte Ideen generell, mit denen die Voraussetzung gegeben seien, um an geometrisch nicht rekonstruierbaren Erscheinungen, wie an denen der Geschichte[466], eine verborgene Gesetzmäßigkeit sichtbar zu machen. In diesem Begründungszusammenhang forderte Kant über die Mathematik hinaus für eine Totalität des Imaginären, der Ideen, den Entwurf eines *Globus intellectualis*[467]. Er solle alle Gebiete der Wissenschaften zu einem System vereinen und die Grenzen und Möglichkeiten der menschlichen Erkenntnis im Allgemeinen erfassen.[468]

Kants Erkenntnistheorie ist Bastians Muster. Zum einen gibt sie ihm Orientierung bei der Formulierung und Umsetzung der Methode der Beobachtung und Auswertung der Ergebnisse. Mit diesem Verständnis des *richtigen Denkens* ist der junge Forscher um mehr Objektivität bemüht und setzt sich in seinen ersten Buchpublikationen von den Abenteuerschilderungen seiner Zeitgenossen ab. Zum anderen sind die Ausführungen in Kants Erkenntnistheorie ein Muster für seine Theorie. Er beabsichtigt jedoch die Totalität der Vorstellungen nicht als wissenschaftliches, sondern als universelles anthropologisches System zu erfassen. Sein *Globus intellectualis* sollte nicht die Grenzen und Möglichkeiten des Verstandes aufzeigen, sondern die verborgenen Gesetze des Denkens sichtbar machen, um später eine universale Entwicklungsgeschichte der Kultur erstellen zu können. Dazu entwirft Bastian zwei aufeinander bezogene Vorhaben auf der Basis des anthropogeographischen Themenkomplexes. Mit dem ersten soll die

---

465 Picht 1998: 68–72

466 Picht 1998: 221 ff.

467 Eisler 1912: PhL

Den Begriff verwendete schon Francis Bacon (1561–1626) in seinem Novum Organon der gesamten Wissenschaften und ihrer Methoden. Er gewann die Strukturierung dieses *globus intellectualis* durch psychologische Kriterien. Bacon unterschied zwischen Gedächtnis, Einbildungskraft und Verstand, wobei dem ersten die Geschichte, dem zweiten die Poesie und dem dritten die Philosophie zukomme. Unter Philosophie verstand er eine Gesamtwissenschaft, die von Gott, der Natur und dem Menschen handele. Zur Anthropologie gehöre neben der Physiognomie und Physiologie, die Psychologie, Logik und Ethik. Alle Wissenschaften hätten das gemeinsame Ziel, wahres Wissen zum Zweck des Gemeinwohls zu erlangen.

468 Picht 1998: 227 f.

Frage beantwortet werden, wie Ideen in den Kulturen wirken, das andere war ein Hilfsmittel, um zu klären, wie sich Ideen entwickeln.

Im ersten kulturanthropologischen Bereich beabsichtigt Bastian den *Focus imaginarius* bei verschiedenen Völkern zu untersuchen und dessen Wirkung auf die aktuelle Wirklichkeit der betreffenden Kultur festzustellen. Im kulturhistorischen Bereich will er langfristig im Kulturvergleich eine Entwicklungsgeschichte der intellektuellen Fähigkeiten erstellen. 1859 ist es sein erklärtes Ziel, kulturanthropologisch zu arbeiten.

> „Schon mehrfach im Laufe des Buches war Gelegenheit zu erwähnen, weshalb ich vermeiden muss, weiter auf die cultur-historische Bedeutung der Neger-Institutionen einzugehen und mich vorläufig nur mit Aufstellung der Facta zu begnügen habe. Um nicht die jetzt etwas ranzige Sauçe bedeutungsloser Phrasen immer neu aufzuwärmen, um den Kern der Dinge zu erfassen, statt beständig an der Oberfläche umhergreifend, diese desto charakterloser abzuglätten, [...]."[469]

Afrika erfährt mit Bastians Forschungsvorhaben eine veränderte Bedeutung. Im Gegensatz zur üblichen Sichtweise hat dieser Kontinent bei ihm keine isolierte Stellung. Bastian betont dessen Eingebunden-Sein in die Weltgeschichte. Die zu ermittelnden Fakten zur afrikanischen Kultur seien in ihren *natürlichen* Grundlagen darzustellen und nicht, wie in vielen Reiseberichten der Zeitgenossen geschehen, als Hintergrund subjektiver Abenteuerschilderungen zu gebrauchen.[470]

Aus heutiger Sicht scheint dieses Vorhaben im Kontrast zu Bastians Wortwahl zu stehen. Sie spiegelt die zeitgenössischen Vorurteile über den Kontinent im christlichen Europa wider. Ein Grund dafür liegt wohl in seiner Absicht, seine gefahrvollen Leistungen hervorzuheben und Interesse zu wecken. Afrika sei eine inmitten von wildem Wasser hinausgeworfene, tote Masse, ohne gastliche Buchten und nutzlos verschlammenden Flüssen mit gefährlichen Untiefen. Der Südwesten des Kontinents habe mit Beginn der Kolonisation zwar die *ewige Nacht der Barbarei* verlassen, aber er trage immer noch den Stempel jenes *Reichs der Finsternis* an der Stirn.[471]

Afrika als „dunklen Kontinent" zu sehen war schon im Mittelalter verbreitet. Quelle dieser Auffassung war u. a. die Bibel. Die Erzählung der Sintflut war darin als Entwicklungsgeschichte der Völker ausgelegt und eine in der Antike unbekannte Dreiteilung der Welt vollzogen worden. Demnach waren die drei Söhne des Noah die Stammväter der Völker Europas, Asien, und Afrikas. Nach dieser

469 Bastian 1859: 321
470 Bastian 1859: IX
471 Bastian 1859: 267°ff.

Überlieferung wurde Ham, der von seinem Vater verfluchte Sohn, Afrika zugeordnet (Gen 9, 18–27). Folglich stand der gesamte Kontinent unter negativem Einfluss, was zur Verfärbung der Haut und zur „Deformation" der Physiognomie geführt haben solle. Seine Menschen wurden in einem kontrastreichen Gegenentwurf zu denen in Europa gesehen. Sie seien zur Knechtschaft verdammt worden und wurden abwertend mit fehlender Moral, Magie und Götzendienst in Verbindung gebracht.[472]

Mit der deistischen Strömung hat in Deutschland zwar eine kritische Bibel-Interpretation (durch Reimarus, Herder und andere) eingesetzt, die Einstellung zu Afrika bleibt aber weiterhin von Unwissenheit und Fremdheit geprägt.

Die Vorurteile über Afrika waren auch in Kants Geographie-Vorlesungen zu finden, in denen er sich auf die wenigen, vorhandenen Beschreibungen Afrikas in der zeitgenössischen Literatur gestützt hatte. Er entnahm seine Informationen der *Allgemeinen Historie der Reisen zu Wasser und zu Lande*, die in 21 Bänden 1747 in Leipzig erschienen war, sowie der *Modern History, or the present state of all nations* des Briten Thomas Salmon (1679–1767), die 1724 anonym ins Deutsche übersetzt worden war. Neben der *Historia aethiopica* von 1681 stand ihm als einzige länderkundliche Arbeit die von Peter Kolb (1675–1726) verfasste *Beschreibung des Vorgebürges der Guten Hoffnung und derer darauf wohnenden Hottentotten* von 1719 zur Verfügung.[473]

Kants Interesse galt nicht der teleologischen Entwicklungsgeschichte des Menschen, weil eine göttliche Ordnung zwar gedacht, aber nicht bewiesen werden könne.

Er referierte ab 1757, in Abgrenzung zu den theologischen Interpretationen und für eine rationale Erfassung der Welt,[474] über die sichtbaren Erscheinungsformen der Gattung Mensch. Dazu listete Kant aus der Literatur die unterschiedlichen Physiognomien der Bewohner der verschiedenen Länder auf[475] und gelangte mit Bezug auf Salmon zu einer nichtmoralischen Ursache für die Hautfarbe der Menschen.[476] Er bezweifelte, dass die Ursache für die Schwarze der Haut in der Auslegung des Alten Testaments gefunden werden könne und ersetzte diese Erklärung durch eine Klima-Theorie. Demnach sorgten extrem hohe oder niedrige Temperaturen für eine Austrocknung der Gefäße, was Kant

472 Smidt, W 1999: 41–49

473 Akademie der Wissenschaften zu Göttingen 2009: XV f.

474 Akademie der Wissenschaften zu Göttingen 2009: XXVII, XXIX, XXX

475 Akademie der Wissenschaften zu Göttingen 2009: 85–87

476 Salmon 1733a: 36°f., zit. n. Kant 1757: 119, zit. n. Akademie der Wissenschaften zu Göttingen 2009: 89°f.*

als Erklärung für die Farbe der Haut und anderer Erscheinungen nahm. Auch seine Überlegungen mündeten in die These einer Überlegenheit der Völker in den gemäßigten Zonen.[477]

Das christlich tradierte Afrika-Bild hielt sich auch im Denken Herders. Dieser Weltteil habe den *schwersten Preis ihrer Väter* durch ihre Gestalt und Hautfarbe zu tragen und die Menschen seien als Produkt des Klimas benachteiligt.[478]

In seinem Völker-Konzept hob Herder aber den unüberbrückbar geglaubten Gegensatz von Zivilisierten und Wilden auf und machte alle zu Mitgliedern einer Menschheit. Herder wird zugeschrieben, den Begriff *Wilde* durch den Begriff *Naturvolk* ersetzt zu haben.[479]

Herder brachte auch zum Ausdruck, dass ein Volk auch im klimatheoretisch begründeten Naturzustand in einem Kulturzustand sei, da auch diese Menschen in Gesellschaften hineingeboren und erzogen würden. Diese natürliche Grundlage des Menschseins gehe ein in die Poesie, Märchen und Lieder der Völker. In allen Erscheinungsformen der Völker zeige sich das Schema eines einheitlichen, durch Gott gegebenen Entwicklungsgangs. Herder begründete die Humanität teleologisch und war daher gegen die Sklaverei und gegen jegliche menschenfeindliche Ausbeutung, deren Ursache er im Welthandel sah. Dieser sei nicht der Fortschritt bringende Handelsgeist kantischer Prägung, sondern ein Einbruch in die natürliche Ordnung jeder Volks-Einheit, die er auch den Afrikanern als *Negeridyll* zugestand.[480]

Bastian verfolgt eine auf Herder und Kant basierende, kombinierte Interpretation. Er ging mit Herder nicht von einer generellen Inferiorität der Afrikaner aus und gestand: „Wir mögen sie die, verfluchten Kinder Ham's' nennen und [wir] brauchen [bei ihnen] keinen Widerspruch [zum Menschsein] zu fürchten."[481]

Zu den Schilderungen über ihre fehlende Moral – über Kannibalismus und Kindsmord – gab Bastian zu bedenken, dass alle Menschen zu allen Zeiten zu Barbareien, aber auch zu Tugenden und Sittlichkeit fähig seien.[482] Die afrikanischen Sitten begründete er, in Übereinstimmung mit Kant und anderen, durch klimatheoretische Ausführungen. Sie hätten sich noch nicht den Gesetzen der aufgeklärten

---

477 Buffon 1752, Bd. 2.1: 312°ff., zit. n. Kant 1757: 120, zit. n. Akademie der Wissenschaften zu Göttingen 2009: 90°f.*

478 Smidt, W 1999: 19, 41°f.

479 Smidt, W 1999: 119

480 Smidt, w 1999: 117 ff.

481 Bastian 1859: 205°f.

482 Bastian 1859: 205°f.

Moral untergeordnet. Ihre Kultur kenne noch keine höhere Freiheit von der Natur und somit keinen Welthandel oder ein modernes Rechtssystem. Sie hätten noch eine *zerstückelte* Weltanschauung, da sie in ihrer logischen Begriffsentwicklung noch nicht bis zur Abstraktionen wie der Einheit fortgeschritten seien.[483]

Bastian sah in Afrika einen zum Aufbruch fähigen Kontinent, der aber durch Klima und andere Geofaktoren in seiner wirtschaftlichen, politischen und intellektuellen Entwicklung gehemmt sei und dem weiterhin Barbarisches und Finsteres anhafte.[484]

Bastian geht in seiner naturphilosophischen Grundlegung (nach Herder) von einer Einheit der Menschheit aus, die eine Ebenbürtigkeit der verschiedenen Kulturen voraussetzt. Nach seiner Theorie bilden sich aus den geographischen Parametern Kulturen, die jeweils einen optimalen, momentanen Zustand in der Harmonie des Kosmos erreichen. Ihre Unterschiede sind nur graduelle auf dem Weg zu einer vollkommenen Humanität in Übereinstimmung mit dem Kosmos (um nach Herder in einer Einheit mit Gott den Auftrag aus der zweiten Genesis zu erfüllen). Bastian setzt diese als ein *gegebenes* System voraus.

Er leitet daraus eine naturgegebene Ungleichheit ab, die in der Praxis in eine notwendige, für alle nützliche, Regelung überführt werden muss. Diese bestehe in einem *Dienstverhältnis*, gleich einer *Unterordnung wie in der Sklaverei* der Menschen im untersten Naturzustand oder der unteren *Kasten* in Europa, um in gegenseitiger *Union und Hilfeleistung* die Pflicht der Menschheit zur Humanität zu erfüllen. Dieses ungleiche Verhältnis habe der Mensch durch Gesetze und Verträge nach humanen Kriterien zu gestalten.[485]

Bastian knüpft den zivilisatorischen Entwicklungsauftrag der Europäer an Bedingungen. Er kritisierte die *selbstberufenen Civilisationsapostel des Erdkreises* und maß Europa an den eigenen Maßstäben. Er verurteilte die Begierde, maximale Gewinne erzielen zu wollen, mit der Europäer unter der Maske der Zivilisation die abscheulichsten Taten beim Menschenhandel begangen hätten. Für den Hanseaten Bastian war dagegen der freie Warenaustausch ein Garant für die Entwicklung und Förderung der eigenen und der anderen Kulturen. Deshalb gab er den Handelsnachrichten in seiner Reisebeschreibung seitenlang Raum. Er erstellte eine Liste von „Austauschpaketen", die den heimischen Kaufmann darüber informieren sollte, welche Waren er mitführen könne, um in Westafrika Geschäfte machen zu können.[486]

---

483 Bastian 1859: 208

484 Bastian 1859: 267, 269

485 Bastian 1968 [1860], Bd. 3: 395°f.

486 Bastian 1859: 267–270

In Bastians Idee zur Geschichte der Menschheit wird Herders Forderung nach einer lebendigen, sprechenden Naturgeschichte zum biologischen Modell ausgebaut. Der Ausgang liegt in Denkoperationen, die dem direkten Zusammenspiel von Natur und Mensch entspringen. Sie seien die *Samenkörner* der Kultur und in diesem Zustand die Voraussetzung für Weiterbildung und Wachstum. Das Auffinden dieser *Saat* sei bei Völkern im Naturzustand einfacher durchzuführen. In ihrem weiteren Reifeprozess nähmen diese *Keime* die spezifischen Merkmale ihrer Umgebung an. Bastian bemängelte die Fehlinterpretation, zu denen andere aus Unkenntnis des *genetischen Prinzips* des Geistes gelangt seien. Er verglich sie mit Botanikern, die ohne Kenntnis der Entwicklungsreihe einer Pflanze verschiedene Länder bereisten, dort zu verschiedenen Jahreszeiten Knospen, Blüten oder Früchte sammelten und – endlich zurückgekehrt – die Territorien in Knospen-, Blüten- und Früchte-Länder einteilten.[487]

Das *genetische Prinzip* übernimmt Bastian der epigenetischen Entwicklungstheorie, mit welcher der Embryologe Karl Ernst von Baer (1792–1876) seit den 30er Jahren des 19. Jahrhunderts für eine Abkehr von der bis dahin anerkannten Präformationslehre plädierte.[488] Die *Präformationslehre* war noch davon ausgegangen, dass ein Wachstum nur bereits vorgebildete, eingeschachtelte Erscheinungen hervorbringe und dass somit bei ihrer Entfaltung keine neuen Formen entstünden. Baer wies in den 40er und 50er Jahren durch Forschungen am Hühnerembryo nach, dass die Entwicklung des Organischen durch Formveränderung vor sich gehe und aus vorher noch nicht Dagewesenem bestehe. Zunächst bildeten sich im Embryo Grundzüge eines Typus aus, danach setze eine Differenzierung dieses Prototyps ein. Sein genetisches Prinzip oder Epigenese bezeichnete er als *Transformation*. Es beschrieb damit das Werden einer wachsenden Individualität. Die Annahme, dass ähnliche embryonale Entwicklungsstadien bei den Tieren auf eine gemeinsame Urform hinweisen könnten, lehnte v. Baers strikt ab. Der Mensch habe, wie alle Typen des Tierreichs, eine eigenständige Entwicklung. Baers neuer Theorie folgten Kölliker und Schleiden, sowie Thomas Henry Huxley (1825–1895) in Großbritannien. Baer stand aus heutiger Sicht an der Grenze zweier Wissenschaftsperioden: Mit seiner empirisch belegten

---

487 Bastian 1859: 334 f.

488 Brief von Adolf Bastian an Karl Ernst von Baer v. 9. 3. 1869, s. UB Gießen: Nachlass Baer, Bd. 1
In einem Begleitschreiben (zur ersten Ausgabe der *Zeitschrift für Ethnologie*) teilte Bastian dem Königsberger Embryologen, Ethnographen und Kraniologen v. Baer mit, dass er seine Arbeiten seit seiner Studienzeit kenne und ihn zu den Wegbereitern der Anthropologie und Ethnologie zähle.

Formenumwandlung wies er schon auf die Zukunft der Evolutionsbiologie durch Darwin hin, mit der ausschließlichen Individualisation von etwas Singulärem als alleinigem Entwicklungsprinzip war er noch der Präformationslehre verhaftet.[489]

Bastians Anerkennung gilt jedoch nicht nur dem Biologen, sondern auch dem Ethnographen von Baer. Im Zeitraum von 1839 bis 1871 war er diesem Forschungsinteresse ebenfalls nachgegangen. Er hatte Beiträge zum Russischen Reich und den angrenzenden Ländern Asiens herausgegeben, wobei er sich mit seinem Bemühen auf A. v. Humboldt und Ritter bezog, die anschaulich gemacht hätten, dass die Schicksale der Völker in der Erdoberfläche geschrieben ständen. In anthropogeographischer Tradition hing auch für v. Baer die Entwicklung der Kulturgeschichte, außer von den menschlichen Anlagen, auch von der Beschaffenheit des Wohngebietes ab. Er forderte (nach Herders Vorbild), dass ein vollständiges *Gemälde* der gesellschaftlichen Zustände auf allen Stufen der Entwicklung erstellt werden müsse. Es sei ein dringendes Anliegen, weil die europäische Zivilisation sich immer mehr verbreite und alle Verhältnisse gleich zu machen strebe.[490]

Ab 1824 entwarf v. Baer den Plan zu einer *Anthropographie* genannten, vergleichenden Anatomie und Physiologie und außerdem den Plan zu einer *Anthropohistorie.* Sie beschrieb die Idee eines *allgemeinen Culturganges*, dessen Ziel in einer geistigen Einheit aller Völker gesehen wurde. Den Urgrund dieses teleologischen Verlaufs trage der Mensch in sich selbst. Seine Sehnsucht und seine Hoffnung leite die Entwicklung. Die psychologische Betrachtung des geistigen Lebens aller Völker solle jedoch von der Physiognomie ausgehen. In den 30er bis Ende der 50er Jahre beschäftigte sich Baer zudem mit der Kraniologie. Die Vermessung von Menschenschädeln geschah bei ihm vor dem Hintergrund der Annahme, dass diese sich unter dem Einfluss des Gehirns entwickelten und somit Rückschlüsse über das geistige Vermögen der Völker möglich seien. Aus diesem Grund wurden in der ersten Hälfte des 19. Jahrhunderts Schädel aus allen Erdteilen gesammelt. Der auch von ihm initiierte Anthropologenkongress 1861 in Göttingen strebte einheitlichere Methoden der Vermessung an. 1865 kam es zur Gründung des *Archivs für Anthropologie,* einer Zeitschrift, die sich mit der Natur- und Urgeschichte des Menschen befasste. Zu diesem Zeitpunkt gab es eine fachliche Aufteilung in kraniologisch-medizinische, ethnographische, linguistische und archäologische Interessens- und Arbeitsfelder.[491]

---

489 Rádl 1970 (2): 52, 61 f.

490 Raikov 1968: 448 f.

491 Querner 1977: 302–308

Zur Auffächerung der empirischen Anthropologie um 1860 fügt Bastian mit seinem Konzept eine kulturtheoretische Betrachtung hinzu. Er argumentierte, dass bisher aus unvollkommen bekannten Ideenkreisen der verschiedenen Völker sporadisch Teile herausgegriffen und für Abstammungsgeschichten der Völker verwertet würden. Als Beispiel diente ihm die Rekonstruktion der Stämme Israels aus Belegen sämtlicher Erdteile, so auch aus Facetten indianischer Mythen. Die neue Aufgabe bestehe darin, das Universale der Ideen der Völker zu erfassen. Als weiteres Beispiel könne die Gottes-Idee gelten, die in allen Kulturen vertreten sei. Es stelle sich dabei die Frage, durch welche äußeren Reize und inneren Motive der Geist dazu gebracht werde, Vorstellungen zu einem höheren Wesen zu entwickeln. Die Vielfalt der Ideen sei erst dann vergleichbar, klassifizierbar und in ein System einzuordnen, wenn, wie in seinem genetischen Prinzip angelegt, im übertragenen Sinn eine Ontogenese der Ideen ermittelt worden sei. Sie müsse an einem für den Menschen nicht zugänglichen Punkt beginnen, wo die Gedanken *klein und schwach aus dem Ei* schlüpften, um dann ihre Transformation durch die Umgebungseinflüsse und durch den Ideentausch der Völker zu verfolgen. Da der natürliche Anfang nicht zu ermitteln sei, wollte Bastian mit der Übernahme des Naturvölker-Konzepts an einem möglichst naturnahen Zustand der intellektuellen Entwicklung ansetzen und eine *Embryologie* der Ideen betreiben.[492]

Bastian reiht sich mit seinen Fragen also in die an der Menschheitsgeschichte interessierte Forschung seiner Zeit ein, die ethnographische und kraniologische Studien betreibt. Er kritisiert dabei generell die vorschnelle Verwendung völkerkundlicher und physiologischer Daten zur Rekonstruktion der kulturellen Entwicklung. Seine Kritik knüpft an den Disput um natürliche oder künstliche Systeme zu Beginn des 19. Jahrhunderts an, wobei bereits A. v. Humboldt, Bertuch und Ehrmann gegen naturgeschichtliche Schlussfolgerungen auf zu geringer Faktenlage argumentierten.

Bastian siedelt die geistigen Leistungen der Kulturen in dem von Kant als empirisch erfahrbar markierten Erkenntnisbereich an. Die Gesamtheit der Ideen aller Völker und nicht die der Wissenschaften allein bilden den *globus intellectualis*, der im Gegensatz zu Kant nicht zur Untersuchung der Welt zur Verfügung stehe, sondern Gegenstand der Untersuchung ist.

Er erhebt diese Ideen der Völker zum Forschungsgegenstand, weil sie nach seiner leitenden Idee oder Weltanschauung nicht nur den Menschen über den Horizont des Sichtbaren hinausträgt, sondern in ein, den Horizont des Menschen

492 Bastian 1859: 330, 332 f., 335 f., 345

überschreitendes Geschehen eingebunden ist. An diesem nimmt der Mensch teil, indem ewige Ideen seinem Denken elementar zugrunde liegen und von ihm selbsttätig entwickelt werden. Mit der Zusammenstellung aller abstrakten Ideen will Bastian eine Voraussetzung dafür schaffen, die verborgenen Gesetze einer universalen Kulturentwicklung zu ermitteln und sichtbar zu machen. Der Entwicklungsverlauf kann aber wegen seiner Komplexität nur langfristig und annäherungsweise empirisch erfasst werden.

Zur Realisierung seines Konzepts führt Bastian eine Methode ein, die ihn von der Zielsetzung anderer Forschungsreisender abgrenzt. Der Kontakt zu außereuropäischen Kulturen und ihrem Denken wird zur Grundlage anthropologischer Forschung. Damit vollzieht er einen Paradigmenwechsel. Die Anregung, auch Naturvölker in situ zum Gegenstand der Wissenschaft zu machen und als Beleg für eine allgemeine, allen Völkern unterliegende, kulturelle Entwicklung zu sehen, ist neu. Seine Idee kommt einer *Revolution des Denkaktes* gleich, in der Kant eine Voraussetzung für die Entstehung einer Wissenschaft gesehen hatte. Sie war in Kants Erläuterung die Vorbedingung für die neue Physik und eine Leistung des Kopernikus, der gegen das Wissen und den Glauben seiner Zeit die zentrale Stellung der Erde im Kosmos gedanklich aufgab und zu neuen Forschungsfragen veranlasste. Erst danach konnte neues, gesichertes Wissen erlangt werden. Nach Kant kann der Mensch von einer Sache nichts objektiv und nur das in Erfahrung bringen, was er selbst in ihren Begriff hineingelegt hat. Durch ein schöpferisches Hineindenken und Konstruieren werde aber die Voraussetzung wissenschaftlicher Erkenntnis geschaffen. Eine Vorbedingung dabei sei, dass neue Antworten gesucht und nicht bestehende Vorurteile bestätigt werden.[493]

Zu einer Kulturtheorie, die das Denken der Afrikaner mit einbezieht, ist Bastian im Gegensatz zu seinen Zeitgenossen trotz vorhandener Fremdheit und Unkenntnis fähig. Die *Naturvölker* sind ihm kein Begriff für Kulturlosigkeit, sondern ein besonderer Kulturzustand. Seine Kulturentwicklungs-Theorie basiert auf der Idee der Einheit des Menschengeschlechts, die er im übertragenen Sinn mit dem Wachstum einer singulären Pflanze vergleicht. Die Entwicklungsreihe des Geistes erscheint ihm gleich *ein unbekanntes* Gewächs, das auf der gesamten Erde gedeiht. Die unterschiedlichen Erscheinungsweisen der Kulturen kennzeichnen verschiedene Stadien eines noch zu klärenden Entwicklungsverlaufs.

Bastians Ansatz löst jedoch keine Denkrevolution aus. Die herabsetzende und ausgrenzende Klassifizierung afrikanischer und anderer Völker als „Wilde“, auch unter dem Begriff der „Naturvölker“, bleibt im Werturteil der sich zivilisiert

---

493 Höffe 1996: 50–54

nennenden Kulturen wirkmächtig bestehen. In einem Lexikoneintrag[494] unserer Tage ist dazu vermerkt, dass erst in der zweiten Hälfte des 20. Jahrhunderts eine Teilung in Kultur- und Naturvölker aufgegeben und erst jetzt keine Gruppe mehr als kulturlos betrachtet werde, obwohl heute einige Ethnologen immer noch daran festhielten.

4.2.3 Die Begegnung mit dem *Grossfetisch von Dembu*

> „Wir befanden uns hier an der Grenze zu Bamba, wo der Grossfetisch von Dembu die Mysterien seines Dienstes gewöhnlich in den abgelegensten Klüften verbirgt, aber doch einige Plätze in der Nähe der Straße reserviert, um seine Macht und Gewalt in dem Gedächtnis der erschreckten Reisenden, wenn sie seine Zeichen aufgepflanzt sehen, lebendig zu erhalten.“[495]

Während der Angola-Reise ist Bastian bemüht, den religiösen Ideen in ihren Erscheinungsweisen nachzuspüren und deshalb sakrale Orte zu besichtigen. Für ihn waren sie in Angola meist im Verborgenen angelegt und ihr Versteck korrelierte mit dem Glauben der Dorfbewohner an ihre geheimen Kräfte. Bastian beschrieb eines der wenigen *Fetischhäuser*, das zum Zeichen seiner Macht und seines Einflusses vom Wegrand aus sichtbar war. Um einen Erdhügel herum war ein hölzernes Gestell errichtet und mit Strohmatten abgedeckt worden. In der aufgehäuften Erde steckten drei rot und weiß gestreifte Gabeln. Die Eingangspfosten zu diesem sakralen Gebäude waren mit halb schwarzen und halb grünen Figuren bemalt.[496]

Im weiteren Verlauf der Reise unternimmt Bastian einen zweiten Versuch, einen (diesmal abgelegenen) sakralen Ort zu besichtigen. Er provozierte damit einen heftigen Protest bei seinen Trägern, die sich weigerten, in die befohlene Richtung zu gehen. Die Bewohner eines ganzen Dorfes wurden darauf aufmerksam und beteiligten sich an den Warnungen vor seiner Unheil bringenden Tat. Sie versuchten ihn mit Geschrei und Körpereinsatz daran zu hindern. Bastian setzte sich zunächst, ohne Rücksicht auf ihren Glauben, über alle Warnungen hinweg und wollte sein Anliegen mit Befehlen durchsetzen. Der Ärger, der Lärm und die Hitze hätten bei ihm jedoch einen Schwächeanfall und den Beginn einer fieberhaften Erkrankung verursacht, die ihn zwangen, seine Absichten aufzugeben.[497]

---

494 Müller 1999: 269
495 Bastian 1859: 50
496 Bastian 1859: 50
497 Bastian 1859: 192 f.

Der allein reisende Bastian berichtet nicht, ob seine afrikanischen Begleiter sein befremdliches Verhalten als Ursache und die mehrtägige Erkrankung als Strafe des *Dembu* ansahen.

Im Umgang mit der Gruppe von 22 Afrikanern, die er in Ambriz zusammengestellt hatte, habe er gute Erfahrungen gemacht. Er habe ihnen Vertrauen schenken können und ihnen zudem die Einsicht zu vermitteln versucht, dass Ehrlichkeit für alle von Vorteil sei. Bastian glaubte von sich, ihnen gegenüber nur selten die Überlegenheit des Weißen gezeigt und ihre Gefühle geschont zu haben. Er berichtete, dass die Naturvölker, die an der Küste häufig mit Europäern in Berührung kämen, unter einer würdelosen Behandlung litten. Neben den vielfachen und neuen Verführungen, denen sie ausgesetzt seien, werde mit ihnen ungerecht und grob umgegangen. Seefahrer und ortsansässige Händler würden sich kaum die Mühe machen, die Einwohner kennen zu lernen, sondern sie sogar ihre Verachtung spüren lassen. Es sei daher nicht verwunderlich, wenn die in ihren Gefühlen verletzten Afrikaner sich an keine Verpflichtung hielten.[498]

Aufgrund seiner Erfahrungen mit peruanischen Indianern riet er dazu, nur mit Vorkenntnissen ins Innere eines Kontinents zu gehen und mit Rücksichtnahme und zum eigenen Schutz nicht gleich beim ersten Mal den vollständigen *Apparatus der Civilisation* vor dem *Wilden* zu entfalten. In Afrika habe er bewusst falsche Auskünfte erhalten. Der Grund war der, dass er an Sklavenhändler geraten war, die in ihm einen Spion der Briten vermuteten. Er empfahl, erst nach längerer Bekanntschaft und Unterhaltung Auskünfte und Hilfestellungen zu erfragen.[499] Die Kommunikation sei generell erschwert und Bastian meinte: „Der Wilde ist überall ein weit grösserer Meister in der Verstellungskunst, als der durch ihn getäuschte Europäer gewöhnlich ahnt, [...].“[500]

Bastian begegnet in rund zwei Monaten Menschen, die im allgemeinen Konsens der Europäer jener Zeit als Wilde oder Naturvölker gelten. Auf der Grundlage seiner Einstellung gewinnt er Einblick in deren Kultur und stellt eigene Vergleiche an, obwohl er von Physiologen in den Hörsälen gehört hatte, dass Afrikaner generell kulturunfähig seien. Seine Notizen über Standesunterschiede, über Behausungen, Ackerbau, Kleidung und Frisuren erwähnte er im Text verstreut und stellte berichtigend fest, dass der Negertypus, wie er in den ethnographischen Werken als charakteristisch beschrieben werde, äußerst selten anzutreffen sei.[501]

498 Bastian 1859: 42 f.

499 Bastian 1859: 130°f., 185 f.

500 Bastian 1859: 185

501 Bastian 1859: 67–83, 139, 194

Um seine Betrachtung der afrikanischen Religion auf eine breitere Basis zu stellen, gab Bastian in seinem Buch die Beschreibungen ihrer Gebote und Verbote aus Dappers Afrika-Werk wieder. Er bezeichnete den darin beschriebenen *Fetisch*, den *Mokisso*[502], als Verkörperungen subjektiver Gefühlsanschauungen. Er sei Bestandteil eines ausschließlich individuell-religiösen Systems. Nach der Geburt eines Kindes werde durch einen Priester, dem *Ganga*, und dessen Eingebung das Schicksal des Kindes mit einem ihm persönlich zugedachten *Mokisso* verknüpft. An diese errichtete Macht sei das Individuum durch Gelübde gebunden und unter dieser finde es sein Lebensziel. Träten Unglücksfälle ein, gebe es in diesem System keine Vergebung oder Erlösung, sondern nur die Schuldzuweisung des persönlichen Versagens und deren Bestrafung. In diesem individualisierten Weltsystem konkurrierten alle miteinander und der Schwache oder Glücklose habe sein Leben verwirkt. Mit ihm sterbe aber nicht nur das Individuum, sondern auch sein Gott. Der menschliche Geist bewege sich nach dieser Weltanschauung innerhalb einer auf die irdische Existenz gerichteten Spanne. Bastian attestierte den Menschen aber auch schon ein erstes Bestreben nach einem, das eigene Leben überdauernden System. Die Funktion des *Ganga* sei neben der spirituellen auch eine politische, weil er durch seine Kenntnisse über Heilmittel[503], als Trance-Kundiger und Deuter von Orakeln Einfluss auf die Auswahl der Fürsten nehme. Darüber hinaus wirke er einheitsstiftend auf die Gesellschaft und gestalte tonangebend das soziale und kulturelle Leben.[504]

Das Beispiel des *Mokisso* macht deutlich, wie Bastian afrikanisches Denken durch seine humanistische Kulturtheorie bewertet. Die alles vernetzende und Ewigkeit generierende Idee der Einheit ist bei ihm der Maßstab seiner Interpretation, und er erkennt sie bei den Afrikanern in einer schwachen Ausprägung. In Afrika gibt es nach ihm eine auf das Individuum zentrierte und auf dessen Lebensdauer beschränkte Weltanschauung, die Bastian in einer allmählichen

---

502 Afrikanische Bezeichnungen und ihre Schreibweise aus dem Text übernommen

503 Hannemann 2007: vii f.
Bastian verwies an dieser Stelle darauf, dass der Heilende sich des Magnetismus und auch des Somnambulismus bediene, obwohl, wie er sagte, mit weniger delikaten Mitteln *als man unseren hysterischen Damen vorschlagen dürfte*. Er erinnerte damit an die Heilkonzepte des Arztes Franz Anton Mesmer (1734–1815), die in Bremen 1786 durch den Pfarrer Johann Casper Lavater (1741–1801) populär geworden waren. Bremen war für Jahrzehnte ein Zentrum dieser, von den Gegnern als Okkultismus, Somnambulismus oder Mesmerismus bezeichneten Methoden des tierischen Magnetismus.

504 Bastian 1859: 253–260

Entwicklung zu einer überindividuellen Kontinuität sieht. Er differenziert jedoch, indem er ihren Glaubensvorstellungen eine funktionale Bedeutung innerhalb der Gesellschaft und Kultur zuschreibt. Er setzt sich damit von seinen Zeitgenossen ab, die im *Fetischismus*[505] ausgrenzend eine Form der Irrationalität oder pauschal eine Vorform von Religion sehen.

Zur Geschichte und Kultur der Ethnien im Kongo-Gebiet sind Arbeiten ab 1880 bekannt, die zu jener Zeit den kulturfördernden Einfluss überlegener Eroberer historisch herausarbeiteten.[506] Sie legitimieren auf diese Weise den europäischen Kolonialismus, wohingegen Bastian sich in der zweiten Hälfte des 19. Jahrhunderts gegen einen derartigen Auftrag der Ethnologie aussprach.[507]

Der heutige Diskurs in der kulturhistorischen Bearbeitung der Region ist auch davon geprägt, inwieweit überformende Begriffe aus dem westlichen Denken dazu benutzt werden. Es wird herausgestellt, dass zentralafrikanische Vorstellungen originär – und da ähnelt sich der Befund mit dem von Bastian – keine Aufteilungen in Subjekt und Objekt oder Realität und Magie kennen, sodass politische, ökonomische und spirituelle Macht nicht getrennt voneinander gesehen werden könne. Macht werde nach ihrer Vorstellung durch Kräfte hervorgerufen und geleitet, die in und durch ihre *embodiments* in Akteuren und Kultfiguren gleichsam wirke und einzig auf eine pragmatische Wirksamkeit in Politik und Gesellschaft ziele.[508]

In einer aktuellen Arbeit über deutsche Forscher in Angola ist betont, dass Bastian ein besonderes Interesse an den Glaubensvorstellungen gehabt habe, ohne jedoch tiefer in diese einzudringen. Er habe die afrikanische Religion als „Fetischdienst" und somit als niedrige Entwicklungsstufe klassifiziert und er sei deshalb in seinen Annahmen den simplizistischen, evolutionistischen Theorien des 19. Jahrhunderts zuzuordnen.[509]

Wie aber gezeigt werden konnte, differenziert der zwar vom Eurozentrismus seiner Zeit geprägte Bastian die Analyse der religiösen Vorstellung, wie er sich auch zunehmend durch seine *Weltanschauung* und seine Reiseerfahrung von den Vorurteilen und Lehrmeinungen zu Afrika distanziert. Es ist hervorzuheben, dass sein dem linearen Evolutionismus widersprechendes und zu seiner Zeit provokantes Konzept die Vorstellungen der Afrikaner in die, im kantischen

505 Schmidt, B. 1999: 125
506 MacGaffey 2008: 221
507 Vita activa …, s. Anhang, Kap. 7.6: 232
508 MacGaffey 2008: 237, 239
509 Heintze 2007: 111

Sinn, *intelligiblen Welt*[510] einbindet und deren *Verkörperung* in deren Kultur sucht. Er isoliert in groben Zügen ihren *focus imaginarius*, beschreibt vor diesem Hintergrund ihre Religion und dessen Wirkung auf die Verfasstheit der Gesellschaft. Er gelangt deshalb früh zu – heute noch aktuellen – ersten Erklärungen der sozialen und politischen Funktionen ihrer religiösen Vorstellungen. Bastian wendet sich von dem Konsens der moralischen Verurteilung des afrikanischen Kontinents ab und sieht in ihrer Kultur keinen Widerspruch zum Menschsein. Die Differenz zur eigenen Kultur erklärt er durch die damals weitverbreitete Klimatheorie, die in ihren Schlussfolgerungen aus heutiger Sicht obsolet ist.

---

510 Kant 1783: § 34 (Anm. 11)
„ Nicht (wie man sich gemeinlich ausdrückt) intellektuellen Welt. Denn intellektuell sind die **Erkenntnisse** durch den Verstand, und dergleichen gehen auch auf unsere Sinnenwelt; intelligibel aber heißen **Gegenstände**, sofern sie bloß durch den Verstand vorgestellt werden können und auf keine sinnliche Anschauung gehen kann."

5. *Der Mensch in der Geschichte*, 1860

5.1 Der kulturphilosophische Entwurf

> „Fern von Europa und lange Zeit beschränkt im sprachlichen Verkehr, keimten die hier niedergelegten Ideen unter Anschauung der mannigfaltigen Verhältnisse, in welcher die Völker auf dem Erdball zusammenleben. In der Stille der Wüsten, auf einsamen Bergen, in Zügen über das Meer, in der erhabenen Natur des Südens reiften sie im Laufe der Jahre empor und schlossen sich zusammen in ein harmonisches Bild."[511]

Die Veröffentlichung des Entwurfs erfolgte 1860 unter dem Titel *Der Mensch in der Geschichte*. In einem Brief an den jungen Hermann Costenoble (1826–1901)[512], damals Verleger von Romanliteratur in Leipzig, begründete Bastian seinen Vertragsabschluss mit einem anderen Verlagshaus damit, dass er diesmal dem Wunsch nach einer populären Darstellung nicht nachkommen wolle.[513] Die drei Bände erschienen bei Otto Wigand (1795–1870), der seit 1832 ebenfalls in der Buchmesse-Stadt ein Verlagsgeschäft betrieb. Wigand verlegte neben Jahrbüchern und Konversationslexika auch die Autoren Feuerbach und C. Ritter.[514]

Bastian entscheidet sich gegen eine populäre Darstellung seiner Reise und für eine kulturphilosophische Abhandlung. Im Katalog der Büchersammlung der Bremer Gesellschaft *Museum* von 1861 wurde diese unter der Rubrik „Philosophie" und in der zusätzlichen Kategorie „Philosophie der Geschichte und Kulturgeschichte" aufgenommen.[515] Bastian versieht seinen Titel mit dem Zusatz *Zur Begründung einer psychologischen Weltanschauung*. Sein Thema ist durch die Präposition *in* im Titel missverständlich angedeutet. Er schreibt keine Entwicklungsgeschichte des Menschen, er skizziert darin vielmehr die Idee zu einer Kulturtheorie.

Seine Idee einer *psychologischen Weltanschauung* präsentiert Bastian im ersten Band unter dem Titel *Psychologie als Naturwissenschaft,* die er durch

---

511 Bastian 1968 [1860], Bd. 1: XVI

512 Schmidt, R. 1902 Bd.°1: 145 f.

513 Brief von Bastian an Hermann Costenoble v. 9. 2. 1860, s. SUUB Aut. VIII, 35, Nr. 2

514 Schmidt, R. 1902 Bd.°6: 1043 f.

515 Katalog der Büchersammlung der Gesellschaft Museum, Bremen 1861, s. HAB Bb 4° 116: 25, 200

Ausführungen zum Kosmos, Naturorganismus und zum Nervensystem, zum Denken, zur Logik und zur Rolle der Ethik erläutert. Den zweiten Band überschreibt Bastian mit *Psychologie und Mythologie* und betont darin die Bedeutung mythologischer Vorstellungen für seine Untersuchungen, die er als Ergebnis einer Wechselwirkung von Natur und Mensch oder *Knotenpunkt des Oben und Unten* versteht. Im dritten Band geht Bastian auf die mentalen Bedürfnisse des Menschen ein. Sie sind, so Bastian, die Basis für die Entwicklung der Gesellschaft. Er betitelt dieses Buch mit *Politische Psychologie.*

Der Schreibstil in den drei Bänden ist in Bd. 1 von erzählerischer Breite, mit der Bastian wortgewandt in ein komplexes Thema einführt. Der Band spiegelt Bastians Überzeugung und sein Engagement, damit eine dringliche Aufgabe der Forschung anzustoßen. Im Verlauf des zweiten und endgültig im dritten Band sind die Ausführungen zur Theorie knapper und die Dichte an Verweisen und Belegen nimmt zu. In den Kapiteln sind theoretische und methodische Darstellungen und der von ihm hergestellte Kontext zur Wissenschaftsgeschichte nicht systematisch dargelegt. Seine Kernaussagen variiert er häufig und unterlegt sie mit den ersten Materialsammlungen. Er trennt die Erläuterungen seiner Idee, deren Begründung, Stellenwert und Anwendung als wissenschaftliche Theorie nicht von der Beispielsammlung und möglichen Belegen. Eine Rekonstruktion seiner Idee wird versucht, indem Aussagen von den zahlreichen Anmerkungen isoliert und zu Themenkomplexen zusammengestellt werden. Diese sind in Kap. 3 im Kontext des Studiums, hauptsächlich aus Band 1 und 3 entnommen, und unter „Naturrecht", „Naturwissenschaft" und „Physis der Seele" dargestellt und dienen hier einmal als Grundlage für Bastians Verständnis von „Kultur" und „Psychologie" und ebenso unter Verwendung des 2. Bandes zu einer abschließende Darlegung seines weltanschaulichen Ansatzes, der in seiner neuen Wissenschaft vom Menschen einfließt.

Es ist beim ersten Lesen der Bände oft unklar, ob die Anmerkungen und Verweise positive oder negative Beispiele zur Stützung seiner Thesen oder schon eine neutrale Auflistung von Ideen aller Zeiten und Kulturen und somit sein Forschungsmaterial sind. Bastian verteidigt die verstreute Darbietung seines Materials mit seinem Verständnis von wissenschaftlicher Redlichkeit. Da er mit der Analyse der Elemente der Gedanken erst beginnen wolle, sei er gegen eine voreilige Systematisierung der Gedanken der Völker. Er habe die Sorge, sonst seinen Lesern einen Entwicklungsgang zu suggerieren. Er biete sein *rohes* Material an, um es mit anderen Forschern zusammen reifen zu lassen. Seine Absicht bestehe allein darin, das Fachpublikum mit den Gedankengängen der verschiedenen

Kulturen bekannt zu machen.[516] Er riskiert dabei die Verständlichkeit seines Konzeptes.

Die Auswertung seiner Auswahl an Autoren lässt Rückschlüsse nicht nur auf Bastians *Weltanschauung* und die Diskurse der Zeit zu, sondern auch auf sein methodisches Vorgehen bei der Abfassung des *Der Mensch in der Geschichte*. Er sagte, er sei sich bewusst, dass seine *Gedanken-Statistik* nicht vollständig sei und die Mithilfe der gesamten *Gelehrten- Republik* benötige. Er habe zunächst mit den Belegen die Eigentümlichkeiten fremder Gedankengänge zeigen wollen und alle ethnographischen, chronologischen und historischen Kriterien außer Acht gelassen. Mit dem Fortschreiten der neuen Wissenschaft könne die scheinbare und für manchen Leser irritierende Ordnungslosigkeit beseitigt werden.[517]

Bastian strebt im *Der Mensch in der Geschichte* auch ein Panorama der historischen und zeitgenössischen Gelehrten zu diversen Themen an, wenn er zum Beispiel zur Seele neben den in dieser Arbeit einbezogenen Philosophen Spinoza[518] und Kant[519], auf zahlreiche Publikation verweist. Bastian nennt Autoren wie Julius Schaller (1810–1868), der sich zwischen 1850 und 1860 zu Humboldts *Kosmos*, der Phrenologie und Psychologie in der naturwissenschaftliche Zeitschrift *Weltall* geäußert hatte, den aus der Erweckungsbewegung stammenden Gotthilf Heinrich von Schubert (1780–1860) und dessen *Geschichte der Seele* und Carl Christian Erhard Schmid (1761–1812) und seine frühen Publikationen zur empirischen Psychologie und zum Naturrecht. Bastian listet ferner kontroverse Anschauungen auf, wie die des philosophischen Schriftstellers Friedrich Theodor Vischer (1807–1887) über die gefühlte Abhängigkeit zum Universum und die physiologischen Ausführungen zum Nervensystem von Alfred Wilhelm Volkmann (1800–1877), einem Schwager Fechners.[520]

Bastians Entwurf der *psychologischen Weltanschauung* ist eine Fortführung dessen, was als kulturhistorische Fragestellung bei A. v. Humboldt zu finden ist. 1829 hatte Humboldt einen Aufsatz über die Zahlwörter und ihre Graphen als Produkte der menschlichen Intelligenz veröffentlicht, in dem er sich auf Vorarbeiten seines Bruders und des Franzosen Antoine de Silvestre de Sacy (1758–1838) berief. Die Fortschritte in der Mathematik zeigten die Entwicklung des menschlichen Geistes. Er hob den Verdienst der indischen Arithmetik hervor

516 Bastian 1968 [1860], Bd. 1: XVI°f.
517 Bastian 1968 [1860], Bd. 1: XVII f.
518 Bastian 1968 [1860], Bd. 1: 80, 112, 257, 275, 278
519 Bastian 1968 [1860], Bd. 1: 79, 128, 243 ff., 260, 349, 350, 373
520 Bastian 1968 [1860], Bd. 1: 64, 71, 99, 109, 221; Bastian 1968 [1860], Bd. 2: 516, 524, 582, 600

und würdigte ihren Gedanken, alle Qualitäten durch neun Zeichen auszudrücken. Die Einfachheit dieses Zahlensystems sei für ihn von aufschlussreichem Wert, dessen Entstehung und Verbreitung aber noch ungeklärt seien. Den Versuch, eine Gliederung in die Vielfalt der Zahlzeichen zu bringen, hatte er unvollendet abgebrochen[521] und A. v. Humboldt erklärte:

> „So fühlt sich das einige Menschengeschlecht durch Wechselwirkung der inneren und äußeren Welt (eine Wechselwirkung, deren erste bestimmenden Gründe in dem mystischen Dunkel der Vorwelt verhüllt bleiben) in die verschiedensten Richtungen gestoßen; meist unaufhaltsam, die alte Natur bewahrend, auch wenn große Welt-Erschütterungen die heterogensten Sprachstämme einander geographisch näher bringen; aber Ähnlichkeiten der durch die fernsten Erdstriche wiederhallenden Anklänge, in grammatischen Sprachformen und graphischen Versuchen große Zahlen auszudrücken, bezeugen die Einheit des alten Geschlechts, das Übergewicht dessen, was aus der inneren Intelligenz, aus der gemeinsamen Organisation der Menschheit entspringt."[522]

Die Ähnlichkeiten, betonte A. v. Humboldt, die er in entferntesten Erdstrichen und in der Literatur gefunden habe, belegten die Einheit des Menschengeschlechts und das, was der inneren Intelligenz entspringe. Eine Entwicklungsgeschichte der Zahlsysteme könne er mit dem vorhandenen Material noch nicht schreiben. Er rege deshalb eine erste Analyse an, die ohne ethnographische oder historische Systematisierung den Geist der Methode herausfinden solle, mit dem es dem Menschen geglückt sei, mit Hilfe von Werkzeugen – wie Händen, Steinen, Zahlenschnüren oder Rechenbrettern – abstrakte Größen zu erfassen und diese Vorstellungen in eine Zahlengraphik zu übertragen.[523]

Rund 30 Jahre später wirbt Bastian im *Der Mensch in der Geschichte* mit einem vergleichbaren Ansatz für die Gründung einer neuen anthropologischen Wissenschaft. Wie eingangs zitiert, stellt er seine Idee dazu als Ergebnis seiner Reiseeindrücke dar und beschreibt ihre Entstehung mit ähnlichen Worten, wie er sie für A. v. Humboldts Forschungsleistung findet (s. Kap. 3.2.2). Bastian beruft sich auf das, was Humboldt im *Kosmos* als größte Frucht der europäischen Kultur bezeichnet: die denkende Betrachtung (s. Kap. 3.2.3).

Für sich selbst führt er dazu aus: Er habe Distanz zur eigenen Kultur gewonnen und sich von den Dogmen seiner Erziehung entfernt, um neue Ideen zuzulassen. Er verstand seinen Entwurf als ein Ergebnis der *Kunst des richtigen Denkens*, zu der sich der Mensch als Individuum selbst erziehen könne. Die Kunst bestehe darin, die im Gehirn gebildeten Gedankenreihen *abzuschwingen*

---

521 Humboldt, A.°von 1829: 206°f.

522 Humboldt, A.°von 1829: 208°f.

523 Humboldt, A. von 1829: 205, 208°f., 213, 216 f.

und neu zu kombinieren. Analog der Elektrizität bewegten sie sich im Raum, worauf der Mensch Einfluss nehmen könne. Durch Erziehung, Neigungen und Temperament verfestigten sich die Gedanken zu einem starren System. Durch Lockerung und Auflösung der Gedankenreihen stünden dem Menschen dann dessen elementare Bestandteile zur Verfügung, die er in uneingeschränkter Freiheit von der Natur wieder verknüpfen könne. Die neuen Assoziationen sollten sich im Akt des Entstehens aber an der Vorstellung des Vollkommensten – an der kosmischen Harmonie – ausrichten. Unschlüssige Menschen hätten keine rationalen Gedankenreihen, die dominierten. Sie würden vom schwankenden Gefühl regiert.[524]

Bastian sucht nicht mehr wie A. v. Humboldt nach dem *Geist der Methode des Denkens*, sondern er geht von einer Gesetzmäßigkeit des Denkens aus. Im Vorwort des ersten Bandes hebt Bastian das Neue seines Entwurfs hervor. Er betrachte den Geist als Naturprodukt und die Psychologie als eine Disziplin innerhalb der Naturwissenschaften. Mit diesem Ansatz wolle er die *zerrissene Weltanschauung* der Gegenwart, ihre Aufspaltung in Glauben und Wissen, überwinden. Er sehe sich als Kind seiner Zeit und sein Anliegen entspräche dem Zeitgeist: mit der Natur auch sich selbst zu verstehen. Er kritisierte, dass die psychologische Forschung bislang nur auf das Individuum beschränkt sei. Der Mensch sei aber handlungsorientiert und lebe vom Austausch der Ideen. Die Kulturgeschichtsschreibung habe bislang die Entwicklung einzelner, hochentwickelter *Kasten* dargestellt, das *Werden im Sein* aber könne nur am Durchschnittsmenschen und in den Anfängen der Kultur ermittelt werden.[525]

Bastian begründet die naturwissenschaftlichen Erforschbarkeit des Denkens damit, dass das geistige Leben physikalische Bewegungen seien. Ihre Eigenschaften verdeutlicht er mit Modellen aus der Chemie und Botanik. Er übernimmt den Begriff Element aus den Naturwissenschaften für seine Vorstellungen von der Zusammensetzung der Gedanken. Ein Element stände für das, was ein relativ ruhiges Bestehen in den ständigen Veränderungen bewahre. Analog der Funktion der Atome in der Chemie oder der Zelle in der Botanik, wachse und zerfalle auch das Geistige. Das Elementare stehe für die Funktion des Auf- und Abbaus in der Zeit, aber auch für ein ewig währendes Sein.[526]

In der Begründung heißt es weiter, der Mensch nehme durch seinen Geist *Momente* der ewigen Existenz des Kosmos auf und führe dann in den Kulturen

524 Bastian 1968 [1860], Bd. 1: XVI, 8 f.
525 Bastian 1968 [1860], Bd. 1: IX, XI, XIV
526 Bastian 1968 [1860], Bd. 1: 5

ein vom organischen Wachstumsprozess gekennzeichnetes, irdisches Leben. Durch diese Aufnahme bestehe ein *unzerreißbares Band* zum Kosmos.[527]

Bastian legt sein *Der Mensch in der Geschichte* A. v. Humboldt nicht nur als Ergebnis seines Reise– Experiments vor, sondern auch um zu anzuzeigen, dass er ein Konzept der naturwissenschaftlichen Erforschung des Denkens in Anlehnung an die Hauptaussage des *Kosmos* konzipiert hat. Diese besagt nach Knobloch, dass unter dem universalen Gravitationsgesetz jedes Abweichen und jede Ungleichmäßige in den Bewegungen der Himmelskörper zu einem einheitlichen Geschehen gehört.[528]

Nach Bastian besteht durch ein besonderes Verhältnis des menschlichen Geistes zum Kosmos eine Einheit. Für diese Sonderstellung des Menschen im Tierreich nutzt er den Begriff der *exzentrischen Stellung*. Dieser Terminus scheint originär von Bastian zu stammen (A. v. Humboldt gebraucht ihn im *Kosmos* nicht) und er führt darunter aus, worin er die Verbindung zwischen kosmischem Geschehen und dem Geist sieht. Die exzentrische Stellung erläuterte Bastian damit, dass unter allen Naturkörpern – Steine, Pflanzen, Tiere, Menschen – nur der letztere sie einzeln und auch in Beziehung zueinander durch die Sinne und den Verstand erfassen könne. Deswegen hätten alle Gegenstände neben ihrer körperlichen Existenz ein durch den menschlichen Geist produziertes Dasein. Der Mensch rage durch seine Gedankengebäude aus den ihn umgebenen Gegenständen der Natur hervor, die wiederum das Substrat seiner Vorstellungen seien. Das lasse ihn gestaltend, ordnend und zerstörend auf die Natur einwirken, da er mit seiner geistigen Leistung den unabänderlichen Zyklus der naturnotwendigen Bedingungen seiner Existenz im Gegensatz zu den Tieren und Pflanzen durchbrochen habe.[529]

Bastian gibt der Natur des Menschen eine kosmische Erweiterung, indem er analog der ungleichmäßigen, exzentrischen Bewegung der Erdumlaufbahn um die Sonne, den Menschen durch seine geistigen Fähigkeiten von den anderen Lebewesen abweichen sieht, die für ihn unter direktem, zentrischem Einfluss[530] der Natur stehen.

527 Bastian 1968 [1860], Bd. 1: 6

528 Knobloch 2004: 39

529 Bastian 1968 [1860], Bd. 1: 24, 26

530 Bastian 1871 b: XXIX°f.
„Unser Begriff vom Menschen kann sich indess nur nach den terrestrischen Verhältnissen, unter welchen es für uns entstanden ist, verstehen lassen, und die excentrische Stellung der Erde negirt von vornherein die Möglichkeit, den harmonischen Zusammenhang eines einheitlichen Planes im All durch directe Rechnungsoperationen zu bestimmen. Eine kosmische Erweiterung in den Proportionsverhältnissen

Für den Menschen gelte eine Entgrenzung, die in den allgemeinsten Bedingungen des harmonischen Kosmos ende. Innerhalb dieses, in seinem Zweck unbekannten, Gewölbes, erfasse der Mensch seine Welt. Der Mensch müsse durch seinen freien Willen, durch künstliche Assoziationen ein Gleichgewicht zur Harmonie des Kosmos beständig suchen, was im Gegensatz zum Leben der Pflanze aus einem einfachen Kausalnexus im Einklang mit der Natur oder beim Tier durch seine physische Beweglichkeit komplexer gegeben sei. Als zweiten Einfluss auf die Kultur des Menschen kommt nach Bastian zum kosmischen ein terrestrischer hinzu. Die Umgebung des Menschen sei ebenfalls ein Getriebe komplizierter Bewegungen, die in den selbst bewegten Lebensprozessen zusätzlich für Umwandlungen sorge. Das Veränderte trete dabei als ein neuer Typus in Erscheinung. Das Neue befinde sich wiederum in einer Wechselwirkung mit der Umgebung und lasse keine Verbindung zu seinen konstituierenden Teilen erkennen und könnten nicht nach ihrer äußeren Erscheinungsform kategorisiert werden.[531]

Bastian wertete seinen Forschungsansatz als Fortschritt, denn im zeitgenössischen Idealismus sei dem selbstbewussten Menschen der Zusammenhang mit der ihn bedingenden materiellen Voraussetzung verloren gegangen. Der Mensch habe sich als unabhängiges Kulturwesen gesehen, dessen Geist eine dem Wechsel der Materie enthobene Existenz habe. Weil die Materialisten dagegen nur das, was durch die Sinne des Menschen erfassbar sei, als existent ansähen, gebe es keine Ideen mehr. Der Geist höre auf zu existieren, sobald er an das endliche, materielle Substrat der Erfassung gekoppelt sei. Der Geist sei aber eingebunden in eine unendliche Kette von Ursachen und Wirkungen, die letztlich auf dem Zusammenhang mit dem übergeordneten Ursache-Wirkungs-Prinzip des Makrokosmos basiere. Die geistige Welt sei durch ihre Reaktionsfähigkeit auf die Außenwelt einer fortwährenden Umwandlung unterworfen, und somit auch Wachstum und Verfall. Es entspreche dem Wesen der geistigen Tätigkeit, als individuelle Einheit innerhalb eines Ganzen, als Einheit bestehen zu bleiben. Das Reich des Geistes bilde sich um, ohne sich zu zerstören. Die Umbildung geschehe durch *empfundene Ideen*. Sie seien eine Steigerung der durch Sinneseindrücke

---

der Menschennatur [...] anzunehmen, so dass, was sich für uns planetarisch als Plan zusammenordnet, auf der Gesamtbasis des Seins gleiche Geltung hätte, würde nur auf ein central Geistiges anwendbar sein, und da, was wir als Geistiges auffassen, aus einer Wesenheit excentrischer Bildung abgeleitet ist, so verbietet sich die unmittelbare Auslehnung der Grössenverhältnisse, [...] um die in's Unendliche verlaufenden Functionen zu bemeistern."

531 Bastian 1968 [1860], Bd. 2: 432–435

entstandenen Gedanken, die zu einer reflexiven Weltanschauung und zu Selbstbewusstsein führten.[532]

In seinem Forschungsansatz erkannte Bastian keinen sich ausschließenden Gegensatz von Glauben und Wissen an. Auf der Grundlage der kantischen Erkenntnistheorie, nach der sich Ideen und Empirie bedingen und ein relatives Wissen über die Welt ermöglichen, folgerte Bastian (in Übereinstimmung mit Herders Einheit der Menschheit), dass sich mit der Kulturentwicklung nichts an dieser Bedingung, sondern nur die *künstlerische Zusammenstellung* ihrer Erklärungen ändern werde. Ein Fortschritt bestehe darin, dass die Menschen an übernatürlichen Kräften nicht mehr abergläubisch festhielten, sondern sich durch empirische Forschungen von der Richtigkeit ihres Glaubens überzeugen könnten. Er beabsichtige, mit seiner vergleichenden Methode an die Wurzel des rationalen Denkens zu gelangen, denn das Denken der Wilden und das eines Astronomen seien nur graduell verschieden. Bastian erklärte, dass für den ersten die Sonne vor einem Verfolger fliehe und für den zweiten die Bahnen sich berechnen ließen. In beiden Fällen seien es jedoch gedankliche Assoziationen zu den Erscheinungen der Himmelskörper. Jeder glaube den Astronomen, obwohl kaum jemand ihr System verstehe oder nachprüfen könne. So wie in unserer Kultur der Wissenschaft geglaubt werde, so hätten seit Jahrhunderten die Menschen den Magiern geglaubt.[533]

Wie bisher gezeigt werden konnte, konstituiert sich für Bastian das Denken in einer kosmologisch begründeten und immer in allen Kulturen vorhandenen Initiation durch die Natur und durch eine wandelnde Prägung in und durch die Kultur. Völker entwickeln sich durch Ortswechsel oder in Kontakt mit anderen ihr moralisches, politisches und soziales Leben. Im Austausch mit anderen Kulturen kommt es infolge dieses dynamischen Geschehens zu Übertragungen von Leistungen. Nach Bastians Theorie ist die physische Anlage bei allen Menschen zu allen Zeiten und in jedem Raum her gleich. Die Entfaltung werde durch die Umweltbedingungen gehemmt oder gefördert, wodurch Bastian auch die Varietäten der Völker erklärt. Die „Naturvölker" und die „Kulturvölker" sieht er nicht als Entwicklungsstufen, sondern als verschiedene Entwicklungsstadien, deren Anfang oder Ende noch unbekannt ist.

Auf der Grundlage der *psychologischen Weltanschauung* (kulturphilosophischen Ansatzes) könne, so Bastian zusammenfassend, eine Typologie der wachsenden, rationalen Gedankenreihen in der Gesellschaft erstellt werden. Die

532 Bastian 1968 [1860], Bd. 1: 1°f., 20°f., 24

533 Bastian 1968 [1860], Bd. 1: 16°f.

Physiologie werde möglicherweise die Schwingungen des materiellen Denkaktes in Zukunft in kleinste Teilchen auflösen. Diese ließen sich dann mathematisch berechnen. Durch die herausgehobene geistige, *excentrische Stellung*[534] des Menschen als Kulturwesen innerhalb der harmonischen Natur sei das Denken genuin nichts Eigenständiges oder etwas mit der Natur Identisches. Es sei ein Produkt des menschlichen Körpers im Austausch mit der Umwelt. Das Ergebnis von dem, was durch die Natur initiiert werde - *was in uns denkt* - sei etwas Immaterielles. Dies könne der Verstand ebenso gegenständlich projizieren, wie die materiellen Gegenstände der Natur,[535] und es in seine Kulturleistung einfließen lassen.

5.2 Adolf Bastians *weltanschauliche* Betrachtungen

> „Der Grieche schmückte das Firmament mit dem glänzenden Olymp, der contemplative Orientale erhob jenseits desselben die Stufenfolge seiner Himmel, in denen er einst in passiver Ruhe zu verschwimmen hoffte. Für uns sind die Fäden zerrissen, die der Grieche an das Firmament knüpfte und seitdem dieses sich in blaue Luft auflöste, giebt es keinen festen Boden mehr, wohin wir die Götter stellen könnten. Aber auch die Ruhe des Nirwana ist uns versagt, denn in ewiger Bewegung wirken die Kräfte des unendlichen Kosmos zusammen zur ausgleichenden Harmonie, und nur in harmonisch allseitiger Erfüllung seiner Geisteskräfte kann der Mensch sich selbst genügen.“[536]

Bastian erläuterte, dass die vergangenen religiösen Verbindungen zum Götterhimmel oder der Glaube an die Ruhe des Nichts nun durch die Vorstellung der ewigen Bewegungen ersetzt würden, in denen es Momente der Ruhe gebe. Danach sorge die kosmische Harmonie durch die Gesetze der Gravitation für ein übergeordnetes Gleichgewicht, während die Elemente der Erde in ständiger Bewegung aufeinander reagierten und sich in ständiger Wechselwirkung in einem Auf- und Abbau befänden. Diese Dynamik zeichne alle Lebensprozesse der Erde

---

534 Dieser Teilaspekt ist noch nicht im Vergleich mit Helmuth Plessners (1892–1985) Denken untersucht worden, von dem es heißt:
Helmuth-Plessner-Gesellschaft o.N.: Zum Denken Helmuth Plessners.
„Von [der] Philosophie des Organischen ausgehend bestimmt Plessners Grundlegung der philosophischen Anthropologie , über Pflanze und Tier als Stufen des Organischen (1928), den Menschen als ein Lebewesen, das eingelassen in die Leibgrenzen und eine entsprechende Umwelt-„positioniert“-und zugleich außer ihr geraten und weltgeöffnet-exzentrisch-ist, und vom „exzentrischen“ Punkt seiner Position aus „künstliche“ Grenzen zieht und diese „verkörpern“ muß.“

535 Bastian 1968 [1860], Bd. 1: 13, 24

536 Bastian 1968 [1860], Bd. 2: 491

aus, die erst, wenn sie einen gewissen Zustand erreicht hätten, in eine Beziehung zur Gravitation des Kosmos treten könnten. Dann wären auch sie für einen Moment bewegungslos und nähmen einen ruhenden, harmonischen Zustand an. Analog zu diesem Mechanismus agiere der Mensch durch seinen freien Willen darin losgelöst vom starren System der Materie und suche Zeit seines Lebens durch künstliche Assoziationen ein Gleichgewicht oder Momente der Ruhe zum harmonischen Kosmos herzustellen. Diese *Weltanschauung* sei vollkommen, so Bastian, da sie alles Geschehen vereine und sich der Mensch im Einklang mit der Welt fühlen könne. Diese durch Reflexion hergestellte Einheit erreiche er erst in der höheren Stufe der Bildung als Bürger, wenn er sich nicht mehr in direkter, sondern in relativer Stellung zu einem höheren Ganzen sehe. Bastian bezeichnete die gesuchte Kongruenz oder den empfundenen Einklang mit der kosmischen Harmonie als „Knotenpunkt".[537]

Adolf Bastian verstand seine Publikation auch als Darstellung von „künstlichen" Assoziationen jeglicher Art, die für die psychologische Untersuchung gleichbedeutsame Weltanschauungen seien. Es ging ihm bei der Sammlung der in den Völkern existierenden Vorstellungen um ihre Rückführung auf die so genannten Knotenpunkte, das ihnen Gemeinsame. An ihnen könne das natürliche Prinzip des Denkens verfolgt werden. Diese Suche benötige eine Fülle an Material. Seine Anhäufung erscheine nur dem als Unordnung, der an diesen Gesichtspunkt der Forschung nicht gewöhnt sei.[538]

In dem Kapitel *Knotenpunkte des Oben und Unten* des zweiten Bandes zählt er Beispiele auf. Vergleichbar mit A.v. Humboldts Versuch, die Methode hinter den Zahlzeichen zu ergründen, beabsichtigt Bastian, die deckungsgleichen Erklärungsmuster in den Texten zu isolieren. In nicht chronologisch sortierter Folge deckte er dabei die historischen Epochen der Antike, des Mittelalters, der Frühen Neuzeit bis zu seinen Zeitgenossen ab und erwähnte die Sokratiker, Kirchenväter, Mystiker, Kaiser, Bischöfe, Philosophen, Mediziner und Natur-Forscher jener Zeiten. Die Aufzählung nannte Beispiele aus Christentum, Buddhismus, Judentum, Daoismus, Konfuzianismus, Fetisch-Glauben, Beispiele aus Europa, China, Indien, Japan, Tahiti und Westafrika, und Beispiele der Indianer.[539]

Seine Auswahl illustriere das Übereinstimmende der *Weltanschauungen* in der Idee des Dualismus. Das *Elementare* in all diesen von Göttlichkeit und Gottmenschen durchdrungenen Ideen sei die Vorstellung einer Rivalität von Gut und

537 Bastian 1968 [1860], Bd. 2: 432–435
538 Bastian 1968 [1860], Bd. 1: XVIII f.
539 Bastian 1968 [1860], Bd. 2: 439–456

Böse. Bastian erklärte, dass in diesem konstruierten Kräftespiel die existierende Moralvorstellung zur Lehre einer Mechanik des Weltgebäudes und zur Lehre vom kosmischen Gleichgewicht werde. Durch die Sünde des Menschen werde die kosmische Ordnung gestört – oder durch ihre Tugend erhalten. Nach diesem Grundmuster erfolgten dann Belohnung und Ansehen oder Bestrafung und Erniedrigung von Individuen, aber auch ganzer Völker. Durch die von dieser Sichtweise ausgehende Festlegung würden Vertreter des Göttlichen auf Erden ernannt und sogar mit der Legitimation ausgestattet, über Menschen zu richten. Dieser Begründungszusammenhang sei in das Denken der Völker eingegangen und bestimme nicht nur die Religion, sondern auch die Sitten und die Politik. Und Bastian erinnerte daran, dass 1852 in Berlin – in einem als wissenschaftlich bezeichneten Vortrag – die Erkaltung der Erdrinde mit der Überhandnahme der Sünden begründet worden sei.[540]

Die *Weltanschauungen* als psychologisches Merkmal des Menschen gebe es seit dem nicht zu datierenden *Erwachen des Menschen* im Tierreich. Sie seien eine naturnotwendige Reaktion des Geistes, mit der der Mensch sich seine Umwelt erkläre. Dieses Verstehen-Wollen sei ein natürliches Bedürfnis und habe zu mystischen, religiösen und wissenschaftlichen Denksystemen geführt. Die wahre emotionale Erfüllung des natürlichen Bedürfnisses nach Erklärung sei aber erst durch eine, den Dualismus nivellierende, Vorstellung möglich. Dabei werde der Gegensatz von Glauben und Wissen aufgehoben, was Erkenntnisse durch die Wissenschaften ermögliche und zu dem Gefühl führe, in einem harmonischen Ganzen aufzugehen. Dieses Denken erfülle das Grundmotiv des Menschen in großer Vollkommenheit, weil nur das ungehinderte Ausströmen der Gedanken zur Erhellung führe. Die anderen Wege zur Erfüllung dieser Sehnsucht endeten entweder in der Finsternis, wie beim subjektiven Versenken, oder die strömenden Gedanken verflögen sich, wie im Nirwana des Buddhismus, hefteten sich im Sufismus pantheistisch an die Natur, hemmten die freie Entfaltung in den deistischen Sekten Indiens durch tradierte religiöse Vorstellungen und fesselten christliche Mystiker durch ihre Verflechtung des psychischen Lebens mit „sündhaften", somatischen Grundlagen. Bastian war sich sicher, dass das Individuum nur durch die frei strömenden Gedanken seiner psychologischen Weltanschauung zum beseelten Gefühl der mystisch erfahrbaren Freiheit geführt werde.[541]

Bastian übt Kritik an den tradierten Glaubensvorstellungen und untermauert seine mit dem neuesten wissenschaftlichen Wissen, wobei die Vorurteile des

540 Bastian 1968 [1860], Bd. 2: 438 f.
541 Bastian 1968 [1860], Bd. 2: 491°f.

19. Jahrhunderts einfließen. Mit dem Beweis der steigerbaren Reizbarkeit der Nerven sei eine physiologische Grundlage erkannt worden, auf der sich bei ungehinderter Bewegungsfreiheit der Gedanken ein Gefühl zeitlicher und räumlicher Schrankenlosigkeit einstellen könne, das wiederum den Geist zu Ideen und den Körper zu Taten beschwinge. Diese natürliche Bewegtheit führe aber zu einem pathologischen Zustand, wenn sie nicht in rationale *Gedankengänge von männlicher Reife* münde. Die Steigerung der Reizbarkeit wirke wie Gift auf manche Nervensysteme, wie sie bei hysterischen Frauen und denkungewohnten Wilden zu finden seien.[542]

Bastian erläuterte im Vorwort zu *Der Mensch in der Geschichte* den Vorteil des neuen Standpunktes für die Wissenschaft: Er hob dabei die Bedeutung der Umgestaltung der Glauben und Wissen vereinenden *Weltanschauung* hervor, weil nur sie eine Brücke vom engen Kreis der Physis in das Reich der Ideen oder Psyche baue. Der Nutzen, der aus einer Zusammenführung von Natur- und Geisteswissenschaft entstehe, sei eine doppelte Kontrolle der wissenschaftlichen Ergebnisse durch zwei verschiedene Betrachtungsweisen.[543]

In realistischer Einschätzung gab Bastian dem neuen Ansatz wenige Chancen, viele Anhänger zu finden. Er sei etwas für Neugierige – und all jene, die ihn nicht verstünden oder sich ihm aus Ängstlichkeit verweigerten, würden ihn ablehnen. Dabei sei das Neue nur eine vorläufige Setzung von Hypothesen, die das Potenzial in sich trügen, mehr Wissen als bisher zu erlangen. Es sei nun an der Zeit, nachdem die Psychophysik ihre Vorarbeit geleistet habe, eine darauf aufbauende *psychologische Völkerkunde* als neues Mitglied der wahren Wissenschaften aufzunehmen.[544]

Er ordnete seinen Ansatz dem *planetarischen Tellurismus* zu, der im Gegensatz zu den zersplitterten Ideen, eine *vollkommene Weltanschauung* sei. Sie erkenne als einzige die schöpferische Tat des Geistes als sekundäres Gleichgewicht von Mensch und Kosmos an.[545]

Die Theorie des Tellurismus oder des tierischen Magnetismus etablierte sich im 18. Jahrhundert durch den schon erwähnten Mediziner Franz Anton Mesmer[546], der besondere Kräfte in zwei gegensätzlichen Sphären des Lebens wirken

---

542 Bastian 1968 [1860], Bd. 2: 493

543 Bastian 1968 [1860], Bd. 1: XIII

544 Bastian 1968 [1860], Bd. 1: XIV

545 Bastian 1968 [1860], Bd. 1: 434 f.

546 Prinz 1994: 209–211
Der junge Mesmer hatte über die Wechselwirkung von Planeten und menschlichem Körper promoviert. Er baute die Idee der Bezüglichkeit von Mikro- und

sah. In Analogie zum Einfluss der Bewegungen der Himmelskörper auf den Tag- und Nachtwechsel, teilte er das Leben des Menschen in eine Nacht- und eine Tagseite auf. Dabei sei der Schlaf die tellurische und das Wachen die solare Sphäre des Menschen. Das Nachtleben sei das niedrige, vegetative, animalische und von außen nach innen Empfangene, des Weiteren die Gefühlsseite des Menschen, als Offenbarung der Innenwelt, und seine psychische Tätigkeit die des Träumens und dessen Bildersprache. Im Gegensatz dazu gehöre zum Tagesleben das höhere, sensitive, intelligible und das Agieren des Menschen von innen nach außen. Dabei entstünden Vernunfterkenntnisse und Selbstbewusstsein.[547]

Diese Theorie des Tellurismus wirkte nach Georg Dietrich Kieser (1779–1862) in Frankreich und Deutschland gleichsam auf Theosophien und medizinische Therapien. Sie initiierte physiologische Untersuchungen und förderte, insbesondere in Frankreich die positivistische und in Deutschland die naturphilosophische Theoriebildung.[548]

Der Jenaer Mediziner Kieser[549], der zu Bastians Studienzeit Leiter der psychiatrischen Klinik war, beschrieb neben der Faszination dieses naturphilosophischen Denkens für die Medizin ihren Einfluss auf die Philosophie der Geschichte in der ersten Hälfte des 19. Jahrhunderts. Der philosophische Tellurismus sah, nach der Idee Herders, analog das ganze Menschengeschlecht als einen lebendigen Organismus, dessen Lebensprozess auf eine höhere Ausbildung des

---

Makrokosmos der Gnostiker der Spätantike zu einem medizinischen Konzept aus, das nach heutiger Beurteilung eine ganzheitlich orientierte, auf Suggestion beruhende Psychotherapie war. Hierin besteht Mesmers medizingeschichtliche Bedeutung. Er stellte sich die Heilerfolge durch Suggestion aber als eine Übertragung heilender Energien vom Arzt auf den Patienten durch ein in und um den Körper vorhandenes Fluidum mit magnetischen Eigenschaften vor. Sein naturphilosophisches Konzept fand bis ins 19. Jahrhundert bei Ärzten Anklang, seine Fluidum- oder Äther-Theorie wird bis heute von Esoterikern propagiert. Seine Einordnung als Wegbereiter der Psychoanalyse oder der Gestaltpsychologie wird kontrovers diskutiert.

547 Kieser 1822, Bd. 2: 3–6, 12–17

548 Kieser 1822, Bd. 2: 524–529

549 Sohni 1977: 595 f.
Kieser gilt als der führende naturphilosophische Mediziner bis zur Mitte des 19. Jahrhunderts. Er wirkte im Umkreis von Blumenbach, Goethe, Schelling und Oken und versuchte, empirische Beobachtungen einer philosophischen Deutung zu unterziehen. Er gründete 1817 das *Archiv für den thierischen Magnetismus*. Seine publizistische und politische Tätigkeit war sozial wirksam. Als Psychiater trat er für die Therapierung und gegen eine Isolierung psychisch Kranker ein.

Göttlichen im Menschen ziele. Dabei sei das psychische Leben die höchste Form der menschlichen Existenz. Mit der Lehre des Tellurismus wurde die Psyche in eine Gefühls- und eine Erkenntnisseite differenziert. Diese Unterscheidung wurde auch auf den Verlauf der Weltgeschichte übertragen, die demnach in zwei Zyklen verlaufen sei. Die alte, orientalische Welt vor Christi Geburt entspreche der Nachtseite des psychischen Lebens und die neue, okzidentalische Welt der Tagseite. Der als universaler Lebenszyklus dargestellte Zusammenhang sei zur wahren Historie geworden, deren Ziel die intellektuelle Vereinigung mit Gott sei und die Interpretation der biblischen Geschichte endgültig ablöse. Kieser sah sich selbst und seine Zeitgenossen in einem Zustand höchster Mündigkeit und Selbstbewusstheit. Er war der Auffassung, dass die Entwicklung der Menschheitsgeschichte, vom schlafenden zum wachenden Zustand, durch die Wissenschaften bald geklärt sei. Kieser verband damit die politische Hoffnung, dass in Zukunft im Leben der Völker die Tagseite des psychischen Lebens zum vorherrschenden Prinzip werde.[550]

Mit dem Tellurismus[551] setzte sich auch Fechner auseinander, der ihn Lebensmagnetismus nannte und zur Grundlage seiner Forschungen machte.[552] Er erläuterte,

---

550 Kieser 1822, Bd. 2: 530–538

551 Siehe auch Andreas Baranowski 2010: Fechner und der animalische Magnetismus, In: Anneros Meischner–Metge (Hrsg.): Gustav Theodor Fechener - Leben und Wirkung. Leipzig: Leipziger Universitätsverlag

552 Fischer 1922: VI, XIII
„Eines der damals bekanntesten Bücher des Physikers ist das dreibändige *Zend Avesta oder über die Dinge des Himmels und des Jenseits* von 1851, bevor er 1860 mit seiner *Elemente der Psychophysik* nach 17 Jahren Pause zur experimentellen Forschung zurückkehrt und sich der Psychologie zuwendet. [...] Ein Hindernis ist Fechners Darstellungsform, sie machte das Buch nicht populär oder erfolgreich. [... Es] ist ein Edelstein, der aus dem anhaftenden Nebengestein erst herausgebrochen und geschliffen werden muß. Ich fasse meine Aufgabe als Herausgeber der für einen weiteren Leserkreis berechneten volkstümlichen Bearbeitung des Zend-Avesta auf als die eines Diamantschleifers; es ist ein Wagnis damit, an das ich nicht leichten Herzens herangetreten bin, sondern erst unter dem Druck der Erfahrung, daß es ohne Eingriff unmöglich gelingen kann. Vor dem höheren Zweck mußten philologische Bedenken schweigen. Um die zeitlosen großen Gedanken des Zend-Avesta ins rechte Licht treten zu lassen, mußte ich alles Kleine, Zufällige ausscheiden, vor allem alle polemischen Auseinandersetzungen mit zeitgenössischen Philosophen und Theologen, die einen breiten Raum darin einnehmen, preisgeben, so bezeichnend sie für den fromm-religiösen Standpunkt des Verfassers auch sein mögen; auch sonst mußte ich manche für den Grundgedanken entbehrliche Ausführungen opfern, die vor der fortschreitenden Wissenschaft nicht mehr bestehen können,

dass fast alle, die sich mit der Erscheinung des Somnambulismus beschäftigt hätten, auf den Gedanken gekommen seien, dass jene Schlafwandler in einer Beziehung zum Jenseits stünden. Fechner versuchte in seiner Naturbetrachtung im *Zend Avesta*, die religiösen Vorstellung vom Jenseits und eines Tag- und Nachtlebens der Psyche mit der naturphilosophischen Verhältnis-Bestimmung von Erde und Physis sowie mit dem Geist des Menschen in Beziehung zu bringen.[553] Er stellte dazu eine Naturreligion-Variante vor, um auf der Basis des Christentums dem alten Glauben an eine Allbeseelung der Welt durch Theorien der Naturphilosophie zu neuer Wirksamkeit zu verhelfen und mit ihr – unter Anerkennung der Prinzipien der Transzendentalphilosophie Kants – zu wahrer Erkenntnis zu gelangen.[554]

Fechner verband in seiner Glaubensvorstellung das christliche Motiv der Auferstehung, so genannte animistische Vorstellungen der Naturvölker, die antiken und jüdischen Unsterblichkeits-Ideen, Ideen der theosophischen Lehre Emanuel Svedenborgs (1688–1772) und philosophisch-telluristischen Ansichten miteinander. Das Ergebnis sei eine vollständige Zusammenführung der ansonsten in den Religionen und Philosophien nur bruchstückhaft vorhandenen Aspekte seelischer Zustände und darüber hinaus eine neue Unsterblichkeits-Idee.[555]

Es lag in Fechners Interesse, die Verstandes- und die Gefühlsseite des Menschen in Zusammenhang mit A. v. Humboldts Modell des Kosmos zu bringen. Dazu band er die telluristische Tag- und Nachtseite der Psyche in ein Kreislaufgeschehen ein und setzte diese in Beziehung zu dem durch ein höchstes Wesen belebten Kosmos. Der Himmel des Alten Testaments sei dadurch kein totes, nächtliches Dunkel mehr. Die Seele lebe nach dem Tod durch den Wirkmechanismus des Kosmos weiter und wirke permanent in die Gegenwart hinein.

Unter Verweis auf den Astronomen und Mystiker Keppler behauptete Fechner, der Erdkörper sei ein vermittelndes *Wesen*, das durch die einwirkende Bewegung der Sonne schlafe oder wache. Zu ihrer inneren Bewegung gehöre neben den Kreislaufvorgängen des Wassers und der Luft, ihre Belebung durch Vulkane und Erdbeben. Der Planet sei somit kein toter Himmelskörper mehr, sondern ein lebendiger Wohnplatz des Menschen.[556]

---

und endlich da, wo Unebenheiten der Form den Fluß der Gedanken hemmen wollten, behutsam feilen und glätten. Mein Sichtungswerk habe ich ausgeführt mit der Freiheit, die ihre Grenze hat allein in dem angestrebten Zweck und in der Pietät gegen den Geist und Sinn des Verfassers."

553 Fechner 1851, Bd. 3: 352

554 Fechner 1851, Bd. 1: IV f.

555 Fechner 1851, Bd. 3: 332–339, 342–345

556 Fischer 1922: 21, 30, 37

Nach seiner Auffassung sei die Erde etwas Höheres im System des höchsten Geistes und gleiche einem Haus, in dem die Seelen der Lebewesen wohnten. Für den Menschen sei sie der Ort der objektiven Wahrnehmung und gleichzeitig der Träger jenes Geistes, durch dessen Kräfte Luft, Wasser- und Landmassen bewegt würden. Die Gesetze des höchsten Geistes oder dessen *Psychologie* enthielten u. a. die moralische Bestimmung des Menschen, deren Umsetzung im Kontinuum der Zeit verfolgt werden könne. An das Wirken der göttlichen Bestimmung könne der Menschen mit seiner Psyche anknüpfen, indem er zum lebendigen Wort[557] Gottes werde. Fechner verwendete zur Illustration dieses Gedankens eine Anlehnung an die antike Metapher vom *Lebensfaden*[558]: Der Mensch nehme die Fäden auf, verknote sie und webe sie in sein irdisches Leben ein.[559]

Jeder Mensch sei ein Schauplatz des Wirkens und des Verkehrs des göttlichen Geistes und der Seelen der Toten. Durch sie erfolge keine direkte Lenkung. Die Ideen der Verstorbenen wirkten aber, wie die Kupferplatten im Buchdruck auf Papier, beliebig oft auf die Lebenden ein. Sie würden aber von jedem Menschen mit neuen Gesichtspunkten individualisiert und nach dessen Ableben in das ewige Seelenleben aufgenommen, von wo aus sie wiederum auf das temporäre, irdische Leben einwirken könnten. Das von außen kommende Seelenleben sei die Basis der Kultur und bilde die unfreie Seite des menschlichen Lebens. Seine Freiheit bestehe in der selbsttätigen, auf eigener Anstrengung und eigenem Willen beruhenden Bearbeitung des Überkommenen. Das sei das einigende geistige Band zwischen den Menschen.

Alle hätten an den Ideen des Weltgeistes Anteil, fügten jedoch individuell viele Auffassungen hinzu.[560]

Fechner verglich das Zustandekommen der unterschiedlichen Auffassungen mit zwei sich kreuzende Zahlenreihen:

---

557 Fischer 1922: V
„Fechners Zend-Avesta ist nicht, wie man glauben könnte, ein Fund aus alter Zeit, den Fechner zu neuem Leben erweckt hätte, sondern er ist das eigenste Geisteswerk Fechners, das Weltbild eines Naturforschers und Denkers unserer Zeit, der ähnlich wie der Verfasser jenes alten Zend-Avesta die ganze Welt erfüllt sieht von göttlichem Geist. Das Wort Zend-Avesta soll, lebendiges Wort' bedeuten; […].“

558 Weizäcker 1897: 3087
Die Göttin Moira habe nach der griechischen Mythologie die Macht, das Schicksal der Menschen von der Geburt bis zum Tod zu leiten. Die Vorstellung wurde in der Antike mit dem Bild des Spinnens eines Lebensfadens verbunden. Daher rührt der gängige Vergleich des Ablebens mit dem Reißen eines Fadens.

559 Fischer 1922: 9 f., 57, 81–87

560 Fechner 1851 Bd.°3: 72–75

				1			
				3			
1	2	3	4	5	6	7	8
				7			
				9			

Diese Zahlenreihen seien wie zwei Anschauungen, die jeweils für sich durch besondere Gesetze verknüpft wären. Der Kreuzungspunkt bei Ziffer 5 könne nur durch den Einfluss der göttlichen Ideen entstehen; sie erzeugten Übereinstimmungen in den Vorstellungen. Dies sei das Verbindende und Gemeinsame im Denken aller Menschen, die ansonsten verschiedene individuelle und kulturelle Beziehungen und Bewertungen vornähmen.[561]

Fechner bezeichnete die Kultur als Leib, um zu verdeutlichen, dass im Materiellen das aufgenommen und fortgesetzt werde, was durch Bewegungen verursacht sei. Die Kultur sei eine Transformationsleistung, die darin bestehe, dass in einem ewigen Kreislauf Ideen im Diesseits aufgenommen, modifiziert und dann ans Jenseits abgegeben würden. Wie bei Herder sei auch bei ihm die beobachtbare Kultur Träger des Geisteslebens. Ihr äußerer Ausdruck in Schrift, Lebensweise und anderem sei ein Spiegelbild des inneren Lebens. Fechner glaubte an eine Vorsehung und daran, dass die Menschen mit ihrer geistigen Freiheit die göttlichen Gesetze erkennen und im irdischen Leben umsetzen könnten. Die beobachtbaren Zustände der Völker könnten, in der Diktion, ähnlich wie Herder, wie Kunstwerke betrachtet werden. Es sei auch wünschenswert, so Fechner, einen Überblick wie in einer Galerie dieser Kunstwerke zu bekommen, um den lebendigen Geist Gottes hervortreten zu lassen. Diese Aufgabe halte er aber für undurchführbar.[562]

Beim Individuum bestehe, so Fechner, die Transformationsleistung darin, dass im Körper verborgene Schwingungen aufgenommen und an das Gehirn weitergegeben würden. Die Ideen würden von diesen Schwingungen ausgelöst, getragen und flössen in die Kultur ein. Die verborgenen Schwingungen seien für die Erklärung des Seelenlebens bedeutender als ihre äußere Gestalt.[563]

Um die Bedeutung von Bewegungen in diesem Zusammenhang zu unterstreichen, erinnerte Fechner an die Legende von Pythagoras in der Schmiede: Es erscheine nur so, dass die Bewegungen der Hammerschläge nach dem Verklingen zu Ende seien. Sie würden aber nicht für immer erlöschen, sondern sich

561 Fechner 1851, Bd. 3: 76 ff.
562 Fechner 1851, Bd. 3: 124–127
563 Fechner 1851, Bd. 3: 154, 160°f.

in die Schwingungen des Ambosses auflösen und in die Form des gehämmerten Eisens übergehen.[564]

Fechners *Zend Avesta* steht in der Tradition des Deismus und fügt ihr eine neue Idee der natürlichen Religion hinzu. Mit den Impulsen aus Humboldts Kosmos und Herders Kulturtheorie variiert Fechner die Idee der Seelenwanderung zu einer neuen Unsterblichkeitslehre. In der Tradition des bürgerlichen Rationalismus des 17. Jahrhunderts, mit dem eine Offenbarung durch rationale Erkenntnis angestrebt wurde und die zu pantheistischen Weltanschauungen führte, ist die Unsterblichkeitslehre bei ihm durch einen Spinozismus[565] abgewandelt und durch Kants Transzendental-Philosophie ergänzt. Die Tradition des Freidenkertums, die gegen den Glauben an Wunder, Mysterien und Geheimlehren zu Felde zog, setzt Fechner fort.

Er verwies zur Begründung seiner Position auf Kants Schrift *Träume eines Geistersehers, erläutert durch Träume der Metaphysik* (1766).[566] Darin bewertete Kant den Somnambulismus als ungeklärte Erscheinung, solange er durch empirische Forschung nicht erklärt werden könne. Es sei der Zeit überlassen, über den Magnetismus in der Heilkunde zu urteilen. Solange die Gesetze der Empfindungen nicht ermittelt worden seien, seien die Demonstrationen der Geistererzähler aus Mangel an Beweisen untauglich. Die Gesetze der Empfindungen könnten ein Fundament für den Verstand sein, wenn es durch ihre Erforschung zu einem Erkenntnisgewinn gekommen sei. Bis dahin sei das Thema für vorurteilsfreie Gemüter unnötig und entbehrlich. Die Ausschmückungen zur Unsterblichkeit der Seele und zur Existenz des Jenseits, lehnte Kant als Eitelkeit in der Philosophie und in der Religion ab. Mit den Mitteln der Ideen, den *Träumen der Metaphysik*, sei eine Einsicht in diese Fragen unmöglich. Sie führten, wenn sie als Wahrheit geglaubt würden, zu unnützer Neugier. Dies zeige sich bei den

---

564 Fechner 1851, Bd. 3: 165 f.

565 Fischer 1922: 271–280
Fischer attestierte Fechner eine große Nähe zu Spinoza, dessen Lehre er aber zu den Identitätslehren zähle und dem er einen Parallelismus im Ablauf des Körperlichen und Geistigen zuschreibe. Diese Annahme widerspreche den Ergebnissen der heutigen Spinoza-Forschung. Eine eingehende Untersuchung stehe noch aus. Eine aktuellere, vergleichende Einordnung von Fechner und Spinoza als die von Sprink liege nicht vor.
Zum genannten Werk siehe Sprink, Walter (1912): Spinoza und Fechner. Ein Beitrag zu einer vergleichenden Untersuchung der Lehren Spinozas und Fechners. Breslau: Korn

566 Fischer 1922: 78

Somnambulen und ihrer Behauptung, spirituelle Erfahrungen mit dem Jenseits gemacht zu haben.[567]

Fechner macht mit seinen physikalischen Versuchen in den 50er Jahren die Reiz-Empfindungen (im kantischen Verständnis) zum Fundament für den Verstand. Er ist zuvor zu der Überzeugung gelangt, dass der Mensch in Abhängigkeit zu einer (spinozistisch interpretierten) *potentia* steht. Diese Idee führt er, wieder im Sinne Kants, als Hypothese der Naturforschung zu.

Er nahm damit aus seiner Sicht einen doppelten Standpunkt ein; beide Aspekte bezog er aufeinander. Die Zusammenhänge im Glauben würden zu Ideen, die die rationale Erkenntnis leiteten, aber nur die Methoden der empirischen Forschung verschafften eine wahre Einsicht in die konstruierten Zusammenhänge. Die Vorstellungen von der Psyche des Menschen beabsichtige er zu einer auf Empirie gestützten Welt-Anschauung zu machen.[568]

Adolf Bastian gehört zu dem Kreis der, von ihm so bezeichneten, *Neugierigen*, die mit dem doppelten Standpunkt eine Position vertreten, wobei der Glaube die Wissenschaft inspiriert und die Wissenschaft den Glauben korrigiert. In diesem Kontext gelingt es Fechner durch physikalische Messungen, die Bezüglichkeit von Materiellem und Immateriellen zu beweisen. Bastian sieht sich bestätigt, dass Natur- und Geisteswissenschaften mit der Psyche ein und denselben unteilbaren Gegenstand behandeln, dem sie sich auf verschiedene Weise nähern.

Schon als Schüler hat Bastian mit einer den Dualismus überwindenden Naturphilosophie des *Deutschen Idealismus* sympathisiert. Sie ist soweit spinozistisch aufgebaut, dass sie keinen personalisierten Gott annimmt, sondern ihm eine ewige Funktion zuweist. Der Mensch und seine Fähigkeiten erschienen als notwendige Folge dieser Macht und seine Ratio gilt als ein Modus innerhalb der immanent wirkenden Kausalität.

Als Student ist die weiterführende Konstruktion eines kosmisch-tellurischen Modells für ihn die richtige, weil mit dem fortschreitenden Wissensstand der orthodoxe Glaube an eine direkt gelenkte Welt verworfen wird. Seine Weltanschauung nennt er deshalb eine vollkommene, weil sie den Menschen in die Abhängigkeit des komplexen Weltgeschehens stellt und ihn als denkenden und handelnden Bürger relativ selbstbestimmt sein Leben gestaltend lässt. Dieser Zusammenhang verbindet sein religiöses Bedürfnis mit den Forderungen der Aufklärung. Er erklärt diese Konstruktion zu einem natürlichen System, mit dem er sich in die Tradition des Deismus stellt, der als Emanzipationsbewegung

567 Kant 1766: 124 f., 128

568 Fechner 1851, Bd. 1: IV

von der kirchlichen Lehrmeinung den rationalen und selbstbestimmten Menschen im Glauben positioniert.

Diese *Weltanschauung* erfüllt Bastians emotionale und intellektuelle Bedürfnisse. Er will sich im Einklang mit dem Kosmos fühlen, jegliche Emotionalität aber durch Rationalität kontrolliert wissen und umgekehrt die *ratio* durch Empfindungen und ungehindertes Denken zu neuen Überlegungen und Forschungen in der Wissenschaft anregen.

In seiner Kernaussage versteht er unter *psychologischer Weltanschauung*, dass der Mensch durch seine psychischen Bedürfnisse etwas Absolutes, die *ewigen Ideen*, aufnimmt. Sie sind der elementare Bestandteil seiner *intelligiblen Welt*. Mit dieser gestaltet er zusammen mit rationalen Überlegungen seine moralischen Prinzipien, seine Kultur. Mit dieser Annahme weicht er zum einen von Spinozas System ab, der *Gott* als wirkende Ursache, jedoch ohne Willen und Absicht sieht. Bei Spinoza gibt es keine Vorstellung eines göttlichen Wesens, das sich ins Materielle oder Spirituelle übertragen lässt. In seinem philosophischen System gibt es keine Identität von göttlichem und menschlichem Denken (wie im Pantheismus) und auch keine einwohnende Wirkung durch eine Macht (wie im Panentheismus K. Chr. F. Krauses). Diese Varianten entstehen durch die *deistischen stillen Revolutionen des Glaubens*, wie es sie im 19. Jahrhundert bei Krause und Fechner gibt und bei Bastian wiederzufinden sind. Diese Varianten gehen zum anderen über Kant hinaus, für den es keine *unmittelbare Anschauung intelligibler Dinge* gäbe und somit auch keine Verstandesbegriffe.[569] Für Bastian manifestieren sie sich in der Kultur und sind somit erforschbare Gegenstände.

Bastian wiederholt die theosophischen Ausführungen der beiden Autoren nicht. Er macht den beschriebenen Mechanismus – wie in Fechners *Zend Avesta* – zu einem natürlichen Prinzip, auf dem seine neue Wissenschaft vom Menschen beruht.

Der Panentheismus ist Bastians idealistischer Maßstab, den er an alle und nicht nur an afrikanische Kulturen anlegt. Den Vergleich mit anderen Kulturen nutzt Bastian um die Einzigartigkeit der eigenen zu unterstreichen. In einer Stellungnahme setzt er 1860 aber auch seinen Idealismus als Maßstab an die eigene, als unvollkommen empfundene, Gesellschaft an und betont seine Hoffnungen:

> „Wäre unsere Generation in der Schule psychologischer Grundsätze erzogen worden, wir würden die alberne Periode des Weltschmerzes erspart haben. Zu seiner [rationalen] Vollkraft ausgewachsen, muss der Mann in sich die genügendste Befriedigung fühlen. Wohl sehen wir rings um uns nur das Walten in ihrer letzten Ursache unverständlicher

569 Kant 1783: § 34 (Anm. 11)

Gesetze, aber wir sehen sie zusammenwirken im harmonischen Einklang; wir haben kein festes Ziel, dem wir entgegenstreben, aber wir haben auch die Lügen entlarvt, die uns durch Luftspiegelungen täuschen wollten, wir haben nicht die tyrannischen Launen eines eifersüchtigen Gottes zu tragen, wir fürchten nicht mehr, wenn ein mächtiger Feind unsern Schützer aus dem Himmel treibt, mit ihm in den Abgrund der Vernichtung zu versinken, [...]. Wir trauen auf keine fremde Hülfe [...]. Das Joch ist zerbrochen und wir sind frei. [...] Und was ist es, was das Menschenherz begehrt? Das Ganze zu kennen, von dem es nur ein integrirender Theil ist. Kann es hoffen, es jemals anders zu verstehen, als in dem Moment seines Mitwirkens in dem allgemeinen Zusammenhange? Kann ihm ein sichererer und erhabenerer Trost geboten werden, als sich selbst ein Atom in der Unendlichkeit und Ewigkeit zu wissen, unendlich und ewig wie diese? [...] Der künstliche Horizont der Mährchen und Mythologien ist durch die Naturwissenschaft zerrissen. Unser Auge blickt hinaus in die Unendlichkeit, warum sie leugnen? Suche selbst unendlich zu werden, wenn dich die Unendlichkeit umgibt. Bald wirst du die Gedanken, die Ideen ausströmen fühlen in die Ewigkeit des Alls, du wirst sie Wurzeln schlagen fühlen überall in den Gesetzen des harmonischen Kosmos, du wirst mit ihm verwachsen unauflöslich, ewig, unendlich wie er und dich selbst erfüllen in bewusster Harmonie. Nicht nur jeder Blick, der uns mit den Sternen verknüpft, jeder Atemzug, der die stets verjüngte Atmosphäre assimiliert, sichert das ewige Fortbestehen, sondern mehr noch, frei von allen planetarischen und kosmischen Schranken, die göttlichen Ideen, wodurch wir die Gesetze des Alles in uns reproduzieren."[570]

5.3 Die *Gedankenstatistik*

„[...], aber welch' wunderbare Enthüllungen müsste nicht eine Gedankenstatistik geben, die dieselbe mathematische Zahl psychologischer Urelemente durch die Köpfe aller Völker, aller Zeiten und Geschichten kreisen, in einförmig regelmäßigen Umlauf kreisen zeigte? Sie ist um so nöthiger, als all unser Denken nur auf relativen Schätzungen der Gegenseitigkeit beruht, wir also einem Gedanken erst dann die ihm zukommende Stellung im Weltganzen, das es jetzt möglich geworden ist, geographisch und historisch, als Einheit zu überschauen und auch astronomisch zu ahnen, anweisen können, wenn wir ihn in seinem Verhältniswerthe zu der Umgebung erkannt haben."[571]

Adolf Bastian kündet die Methode der Statistik an, damit dieselben Grundgedanken in den Vorstellungen der Kulturen – in Anlehnung an Fechners Analogie die Ziffer 5 der sich kreuzenden Zahlenreihen – als sich beständig im Umlauf befindliche Elemente der Denkbewegungen isolieren zu können. Dies werde am gesammelten Material der Völker geschehen, um auch gleichzeitig ihre Gebundenheit oder Freiheit von den durch die geographische Umgebung variierten

570 Bastian 1968 [1860], Bd. 1: 30 f.
571 Bastian 1968 [1860], Bd. 1: 9

Anschauungen festzustellen. Er stellte eine entsprechende Auswahl an Weltanschauungen aus der Literatur zusammen, die er in den Bibliotheken in Bremen, Hamburg, Göttingen und Leipzig fand.[572]

Seine Auflistung gibt die Quellen und die Grundausrichtung seiner Recherche wieder. Es waren zum einen religionshistorische Werke, wie die *Christliche Kirchengeschichte* in 45 Bänden des Historikers Johannes Matthias Schröckh (1733–1808) und die *Geschichte des katholischen Glaubens* des Franzosen Richard Simon (1638–1712), denen er für seinen Zweck Geeignetes aus der Reformationsgeschichte und der katholischen Gegenbewegung entnahm. Seine Zusammenstellung enthielt (nach Hinzufügung weiterer Quellen) Notizen über christliche Strömungen, vom Freidenkertum über die natürliche Theologie, und humanistische Bewegungen, über die Kirchenväter, Mystiker, Inquisitoren und Orden, etwa den der Jesuiten. Er nutzt erste religionsvergleichende Arbeiten, wie die des St. Petersburgers Mikhail Koyalovich (1828–1891).[573]

Zum anderen stehen Bastian Zeitschriften als Quelle zur Verfügung, allen voran die der *Deutschen Morgenländischen Gesellschaft*. In dem Organ der 1845 gegründeten Vereinigung deutscher und ausländischer Orientalisten erschienen die neuesten Erkenntnisse auf dem Gebiet der Philologie aus Asien und Nordafrika. Der Begriff ‚Morgenland' und sein Synonym ‚Orient' waren im 18. Jahrhundert noch auf Vorderasien und Nordafrika beschränkt, und als ‚Orientalisten' bezeichnete man damals ausschließlich Bibelforscher, die hebräische, aramäische und arabische Sprachstudien betrieben. In der ersten Hälfte des 19. Jahrhunderts setzte eine Loslösung von den Bibelwissenschaften ein und die Umorientierung auf ein größeres Untersuchungsgebiet, nach dem Vorbild englischer und französischer Gesellschaften. In den Hauptstädten der Kolonialmächte hatten sich in London 1784 die *Asiatic Society of Bengal* (mit Zweitsitz in Kalkutta) und in Paris 1822 die *Société asiatique* gegründet. An deren Forschungsziele knüpfte die Gelehrten-Gesellschaft in Halle an, wo um 1860 (ebenso wie in Berlin, Leipzig, Göttingen und Bonn) das Fach Orientalistik studiert werden konnte.[574]

Bastians Zusammenstellung listet namhafte Orientalisten auf, aus deren Werken er Material zur jüdischen und islamischen Religion, aber auch zu asiatischen und nordafrikanischen Kulturen entnimmt. Es waren u. a. die Sinologen Jean-Pierre Abel-Rémusat (1788–1832) und Julius Klaproth (1783–1835), der Arabist Silvestre de Sacy (1758–1838), die Ägyptologen

572 Bastian 1968 [1860], Bd. 1: XX

573 Literaturstudium, s. Anhang, Kap. 7.4: 214 ff.

574 Preissler 1997: 253–265

Jean François Champollion (1790–1832), John Wilkinson (1797–1875) und Gustav Seyffarth (1796–1886), der Sanskritforscher Horace Hayman Wilson (1786–1860) und der Indologe Christian Lassen (1800–1876), der Philologe Sir William Ouseley (1769–1842) mit seinen Studien zur persischen und Henry George Raverty (1825–1906) mit seinen zur afghanischen Sprache. Auch die Pioniere der Orientalistik im deutschsprachigen Raum, der Göttinger Heinrich Ewald (1803–1875) und der Wiener Josef von Hammer-Purgstall (1774–1856), fehlten nicht.[575]

Um Beispiele aus Afrika zu bekommen, stützt sich Bastian auf die Literatur zeitgenössischer Reisender und Sprachforscher, darunter die Missionare Sigismund Kölle (1820–1902), der eine in Basel erscheinende vergleichende Studie *Polyglotta Africana* herausgegeben hatte, dann der in Ostafrika forschende Ludwig Krapf (1810–1881) und der Herrnhuter Christian Georg Oldendorp (1721–1787), der rund 20 Wortverzeichnisse afrikanischer Sprachen angelegt hatte. Der in Berlin und Kapstadt arbeitende Wilhelm Heinrich Bleek (1827–1875) hatte eine vergleichende Grammatik südafrikanischer Sprachen erstellt. Ansonsten stehen Bastian Berichte französischer Reisender im Senegal zur Verfügung; für das Gebiet Angola kann er neben seinen eigenen Aufzeichnungen einzig auf die des Kapitäns und Entdeckers Lásló Magyar (1817–1864) zurückgreifen. Ein von Bastian verwendeter ethnographischer Bericht ist der 1820 im *Ethnographischen Archiv* erschienene und vom Reiseschriftsteller G. H. Robertson verfasste *Die Republik der Fantees, an der Westküste von Afrika*.[576]

Bastian interpretierte den Heidelberger Staatswissenschaftler Robert von Mohl (1799–1875) dahingehend, dass die Statistik um 1860 viel Aufmerksamkeit erfahre und dass die Ergebnisse dieser Methode jener Auffassung widersprächen, die den Mensch direkt an einen Weltgeist gekettet sehe.[577]

Bastian zeigt damit seinen persönlichen Standpunkt zur neuen Methode. Mohl erläuterte dagegen in seiner *Geschichte der Staatswissenschaften* 1858, wie Adolphe Quetelet (1796–1874) durch Beobachtungen und mathematische Genauigkeit seiner Darstellungen zum ersten Mal die Determiniertheit des Menschen mit Statistiken bewiesen habe. Quetelet habe mit großer Klarheit eine Methode zur Auffindung von unsichtbaren Gesetzen gefunden. Auf der Grundlage großer Mengen von Daten und der Wahrscheinlichkeitsrechnung habe der Verfasser des 1835 erschienenen *Sur l'homme et le développement de ses facultés,*

575 Literaturstudium, s. Anhang, Kap. 7.4: 214 ff.

576 Literaturstudium, s. Anhang, Kap. 7.4: 214 ff.

577 Bastian 1968 [1860], Bd. 1: 9

ou Essai de physique sociale Gesetze innerhalb der Gesellschaft gefunden, denen Geburtenrate, Fertilität, Heirat und Sterblichkeit unterlägen.[578]

Der Disput um die statistische Methode setzte sich bis in die 80er Jahre des 19. Jahrhunderts fort. Der Statistiker Vincenz John erklärte 1884, dass Adolphe Quetelets methodische Behandlung der sozialen Erscheinungen bei den Sozialwissenschaftlern positive Erwähnung gefunden habe. Sein kosmologisches Modell der Bewegung als Ursache des menschlichen Verhaltens werde jedoch abgelehnt. Der belgische Astronom habe in einer weiteren Interpretation die kosmischen Bewegungen als Ursache gesellschaftlichen Handelns vorausgesetzt, aber die konsequenteste Schlussfolgerung aus diesem Ansatz, wonach der Mensch unabänderlich Naturgesetzen ausgeliefert sei und für sein Handeln weder Entscheidungen treffen noch Verantwortung übernehmen könne, nicht daraus gezogen. Er habe die *Naturgesetztheorie der Gesellschaft* dahingehend interpretiert, dass das gesellschaftliche Handeln je nach Geschlecht, Alter, Rasse oder Jahreszeit andere Bewegungen aufweise. Er sei zu dem Schluss gekommen (wie Bastian ihn auch verstanden hatte), dass die Gesetze der menschlichen Natur aufgrund verschiedener natürlicher Ursachen variierten.[579]

Zu Beginn des 20. Jahrhunderts hielt Max Fischer den kosmologischen Standpunkt in Fechners Unsterblichkeitsmodell für entbehrlich und würdigte dagegen seine Ausführungen der Tag- und Nachtseite des Psychischen. Sie seien bemerkenswert, weil Fechner damit die Begriffe des neu aufgekommenen Strukturalismus vorgeprägt habe. Es folgte in seiner Arbeit über Fechner eine Erklärung der neuesten Methode, bei der kulturelle Erscheinungen nun analog von Symbolen behandelt würden. Nach dem Grundprinzip des Tellurismus gebe es eine Tagseite – die sichtbare Form des Zeichens – und eine Nachtseite – der darin verborgene Sinn. Fischer erläuterte, wie sich nach dieser Hypothese der Auftrag ergebe, in den Wörtern und Texten der Kulturen lesen zu lernen.[580]

Bastian unterstreicht 1901, dass er mit seiner Wissenschaft vom Menschen humanistische Studien mit den Methoden der exakten Naturwissenschaft betrieben habe. Er gehe davon aus, dass es eine *prästabilisierte Korrespondenz* der physikalischen Kräfte der Natur und des Menschen gebe. Bastian verdeutlichte dies in Anlehnung an die Pythagoras-Legende, nach der eine angeschlagene Bronzeglocke durch ihre chemische Zusammensetzung ihren besonderen Klang erhalte und vom Menschen als Abfolge von Tönen wahrgenommen werden könne.[581]

578 Mohl, von 1858, Bd. 3: 451 f.
579 John 1884: 344, 352–357
580 Fischer 1922: 255 ff.
581 Bastian 1901: 164

1901 folgt eine ergänzende Erklärung, wie sie bis 1860 nicht nachgewiesen werden kann: Bastian führte aus, dass in den Kulturen die Abfolge von Tönen gleich wahrgenommen, aber unterschiedlich interpretiert würden. Sie könnten dort entweder zum Kampf, aber auch zum Tanz aufrufen. Der Klang habe einen durch die Kultur geprägten „Münzwert" erhalten und nehme eine spezifische Bedeutung an. Die „Symbolik" hinter der materiellen Erscheinung, ihr allegorisch geschriebener Text, müsse aus den Stücken der ethnologischen Sammlung entziffert werden.[582]

Bis zum Ende seines Lebens wendet Bastian, entgegen seiner Ankündigung, keine statistischen Methoden an. Er ist 1901 überzeugt, den Beweis für die natürliche Moral des Menschen durch seine Untersuchungen erbracht zu haben. Unter natürlicher Moral versteht er, dass der Mensch in jeder untersuchten Kultur aufgrund seines Selbsterhaltungstriebs nach selbstgesetzten Grundsätzen in seiner Religion und in der Philosophie das Wahre und Gute für das Zusammenleben suche.[583]

Zu Beginn des 20. Jahrhunderts forderte Bastian seine Landsleute auf, die Gefühlsempfindungen weiter zu veredeln und in Übereinstimmung mit der Harmonie des Kosmos zu bringen. Das würdigste Ziel der selbsttätig zu entwickelnden Kultur sei die Humanität. Dazu gehöre (ganz im Sinne Kants) der gute Wille, der dann gut zu nennen sei, wenn in rationaler Entscheidung der freie Wille und der Wille zu sittlichen Gesetzen in eins zusammenzufalle.[584]

Im Anhang ging er auf die aktuellen politischen Probleme ein. Er machte die vorherrschende *Gefühlspolitik* in den Verhandlungen der Staatsmänner dafür verantwortlich, dass die Völkerkunde noch keine Gelegenheit erhalten habe, mit sachlichen Beiträgen die Probleme im Völkerverkehr zu lösen.[585] Und er warnte 1901 vor der Begeisterungsfähigkeit der Agitatoren und rief zur Vorsorge auf, um nicht *einen Weltkrieg zu entzünden, durch das gestörte Conzert der Grossmächte.*[586]

582 Bastian 1901: 68, 164
583 Bastian 1901: 23°f., 27°f., 34, 91, 185, 213
584 Bastian 1901: 212–215
585 Bastian 1901: 256
586 Bastian 1901: 257

6. Schlussbetrachtung

Der junge Adolf Bastian, 1826 bis 1860. Auf dem Weg zu einer neuen Wissenschaft vom Menschen ist ein biographischer Ansatz, der mit der Aufarbeitung seines Lebensweges im Spiegel der Familien-, Stadt- und Sozialgeschichte in Bremen und deren Ausprägungen in Religion und Kultur beginnt. Sie zeigt, wie der Schüler aus dem Selbstverständnis protestantischen Bürgertums und dem Kulturverständnis des Deutschen Idealismus eine *Weltanschauung* gewinnt, an der er sich in seinem Lebensentwurf orientiert und die er auch zur Grundlage seines theoretischen Denkens in seiner Wissenschaft vom Menschen macht.

Die erfolgreiche Umsetzung ökonomischer Prinzipien erfährt Adolf Bastian in der eigenen Familie (s. Kap. 2.1). Das Selbstverständnis der freien Bürger Bremens stützte sich auf die *Handelsfreiheit*, die wie bei Bastians zugezogenem Großvater durch die vereidigte Aufnahme in die Bürgerschaft verliehen wurde und ihm in der ständisch gegliederten Gesellschaft politische Partizipation ermöglichte, aber auch zu gemeinnützigem Handeln verpflichtete. Die Überseekaufleute setzten durch den Welthandel das fort, was sie in den vergangenen Jahrhunderten in der *Unio hanseatica* mit ihren ökonomischen Netzwerken erreicht hatten: Ihre Stadtrepublik war trotz der Machtansprüche von Fürstbischöfen und Adel souverän geblieben.

Unter dem in der Aufklärung geprägten Begriff des *nationalen Handelsgeistes* wurde in Bremen der *freie* – durch die Monopole der Kolonialmächte nicht behinderte – weltweite Handel um 1800 zu einem Garanten für die Aufrechterhaltung ihrer staatlichen Souveränität. Es entstanden global agierende, in ihren Entscheidungen autonome Handelshäuser, wie die der weitverzweigten Familie Bastian. Die ökonomische „Behauptung in der Welt“ hatte in und über Bremen hinaus eine kulturelle Bedeutung: Sie wurde zum Garanten eines zivilisatorischen Fortschritts, der in der europäischen Kolonialpolitik des 19. Jahrhunderts die Welt zu einem nur an den eigenen Bedürfnissen orientierten „Gestaltungsraum“ machte.

Vor dem Hintergrund der globalen Beweglichkeit der Familie durch den Direkthandel ist es Bastian möglich, das weitverzweigte geographische Netzwerk der Verwandten in ihren Handelsniederlassungen und Pflanzungen für seine Forschungszwecke zu nutzen und so während seiner – in der Mitte des

19. Jahrhunderts ansonsten kaum zu realisierenden - Reisen mit der Welt in Kontakt zu treten.

Der jugendliche Bastian erfährt die unterschiedlichen, protestantischen Glaubensinhalte als Argumente in der Auseinandersetzung um die *rechte Lebensführung* (s. Kap.°2.2). Zur Schulzeit Bastians kämpften in Glaubensfragen auf der einen Seite orthodoxe Calvinisten mit ihrer Auslegung der Bibel (und zusätzlich in dieser Richtung eine neue Erweckungsbewegung) gegen eine aufgeklärte Glaubensrichtung des Calvinismus. Sein für die frühen Liberalen politisch aktiver Vater und die unterschiedlichen, religiös begründeten Lebensentwürfe der Familienmitglieder zeugen davon. Im Testament der verwitweten Großmutter wird deutlich, wie sie als Erblasserin die vorhandenen Mittel unter anderem danach aufteilte, damit eine soziale Absicherung bestand. In ihren Verfügungen stärkte sie in christlich-altruistischer Haltung den Familienzusammenhalt.

Die religiöse Auseinandersetzung über den *rechten Glauben* bestimmt während Bastians Jugend auch das öffentliche Leben. Der Primaner erlebte, wie die Erkenntnisse der Naturforschung dabei zum Streitpunkt wurden. Ein Disput zwischen konservativen und fortschrittlichen Protestanten, die eine Reform der kirchlichen Lehrmeinung auf den Grundlagen der Naturerkenntnis anstrebten, erregte die Gemüter. Die Befürworter der Forschung organisierten im September 1844 die 22. Naturforscher-Versammlung in Bremen. Die Organisatoren demonstrierten, wie nach ihrer Vorstellung eine Handelsstadt den wissenschaftlichen Fortschritt fördern könne, indem sie die Beziehungen ihre Handelshäuser bei der Sammlung von Forschungsgegenständen einsetze.

Bei den Fortschrittsbestrebungen des Bürgertums hat die Bildung einen hohen Stellenwert. Dabei ist zwischen den schulpolitischen und pädagogischen Reformen in der Praxis und einem Bildungsideal zu unterscheiden (s. Kap. 2.3). Aus Nützlichkeitserwägungen entstanden in Bremen zwei staatliche Schulen, zum einen eine Handelsschule und zum anderen ein Gymnasium, welches Bastian besuchte. Die geringe Aufnahme von Schülern in diese *Gelehrtenschule* orientierte sich am zukünftigen Bedarf an Theologen, Juristen und Medizinern, die hier auf ihr Studium vorbereitet werden sollten. Der Schwerpunkt im Unterricht bestand in der Vermittlung der althumanistischen Sprachen und ihrer Literatur; naturwissenschaftliche Fächer fehlten im Unterrichtsplan, und über Geographie oder Ethnographie konnte Bastian sich nur durch Bücher und Zeitschriften informieren. Zu diesen hatte er als Sohn einer bürgerlichen Familie, in Folge der seit der „Leserevolution" des späten 18. Jahrhunderts vermehrt erscheinenden Publikationen, einen Zugang, auch weil im aufgeklärten Bürgertum des 19. Jahrhunderts das Lesen als pädagogisch nützlich anerkannt war.

Adolf Bastian orientiert sich an dem Bildungsideal W. v. Humboldts, als er im privaten Bildungszirkel die intellektuelle Auseinandersetzung mit Gleichaltrigen und mit naturphilosophischen Themen sucht. Das Bildungs-Konzept hatte zum Ziel, den Menschen durch die Entwicklung seiner geistig-schöpferischen Kraft zur Eigenständigkeit zu führen, damit er mit den anderen Individuen im Sinne der griechischen *humanitas* eine geistig-kulturelle Einheit im Staat bildet. Bastian sieht darin den Auftakt zu einem Leben, das der Wissenschaft gewidmet ist.

In diesem Zirkel verfasste Bastian 1844 zwei Aufsätze, die hier zum ersten Mal veröffentlicht werden (s. Kap. 6.2 u. 6.3). *Über das Verhältnis der Welt* zeigt im Vergleich zu den dargelegten protestantischen Glaubensrichtungen, dass Bastian über eine hiermit nicht konforme Ansicht referiert. Bastian stellt im Kern eine Theorie vor, bei der der menschliche Geist eine erkenntnisfähige, aber auch eine in ein übergeordnetes Geschehen eingebundene und auf ein übergeordnetes Ziel ausgerichtete Kraft ist. Seine Ausführungen umschreiben einen Spinozismus, den Karl Christian Friedrich Krause unter dem Begriff Panentheismus zu einem philosophischen System elaborierte und in dem er die Idee des Humanismus in ein teleologisch ontologisches Geschehen einband. (s. Kap.°2.2.3) Der Panentheismus löst den Glauben an einen personifizierten Gott ab und setzt die Vorstellung eines funktionalen Geschehens, in dem das Göttliche und das Menschliche auf geistiger Ebene eine Einheit bilden, dagegen.

In dem Aufsatz *Die Bildung der Völker* kommt bei Bastian eine kulturgeschichtliche Hypothese zum Tragen, mit den Aussagen, dass die Kulturentwicklung durch die Umgebung gehemmt oder gefördert wird und dass die *Wiege der Menschheit* in Asien liegt (s. Kap.°2.3.3). Kulturgeschichtliche Konzepte entstanden im 18. Jahrhundert durch die Kritik am historischen Wert der biblischen Erzählung und galten als *lebendige Geschichtsauffassung*, deren bekanntester Vertreter Johann Gottfried Herder ist. In Herders *Ideen zu einer Philosophie der Geschichte* setzte der Beginn der Menschheit nach der Sintflut ein, den Ort des Überlebens suchte er aber in der Erdregion mit den höchsten Gebirgen, und so bestimmte er Asien dazu. Er entwickelte darin Vorstellungen einer *zweiten Genesis* des Menschen, einer von Gott initiierten Bildungsfähigkeit, die durch die Umwelt beeinflusst wird, aber auch vom Menschen für das ihm gegebene Ziel der Humanität zu nutzen ist. Die Völker sind verschiedene Stadien auf ihrem Weg zur Vollkommenheit und er vergleicht sie mit unterschiedlichen *Schattierungen eines göttlichen Kunstgemäldes*.

Diese Idee wurde rege rezipiert und unterlag, in abgewandelter Form, vielen naturgeschichtlichen Konzepten des späten 18. und frühen 19. Jahrhunderts. So war es auch bei Chistoph Meiners *Grundriss der Geschichte der Menschheit*

(1786), in dem er die Völker in einem „künstlichen" ethnographischen System nach dem Grad ihrer Humanität unterschied. Wie in der Einleitung beschrieben, reagieren Bertuch, A. v. Humboldt und Ehrmann mit ihrem Aufruf im *Allgemeinen Archiv für Ethnographie und Linguistik* darauf. Sie beabsichtigten erst einmal den bisherigen Kenntnisstand zu bündeln, auszubauen, damit ein auf Empirie basierendes, *natürliches System* zu erstellen.

Durch die Freundschaft mit Gustav Hartlaub kommt Bastian vor seinem Abitur in Kontakt zu diesem Denken, weil der Sohn der geschäftlich mit den Bastians verbundenen Familie Hartlaub als Ornithologe in wissenschaftlichen Austausch mit A. v. Humboldt und Carl Ritter stand. Hartlaub beginnt zu dieser Zeit auch den naturkundlichen Bestand des Bremer Vereins *Museum* zu systematisieren (s. Kap.°2.3.1).

Der „humanistische Gedanke", der bei Adolf Bastian nach Fiedermutz–Laun vorhanden ist (s. Kap. 1), ist zu seiner Jugendzeit der alles Bestimmende. Er zeigt sich im Schulsystem, im Bildungsideal, in der Naturphilosophie und in der Kunst. Er beeinflusst die bürgerliche Weltanschauung, die Bastian im familiären Umfeld, im Freundeskreis, aber auch durch die Schule erreicht. Er erlebt, wie der Humanismus zur Richtschnur in den kulturellen Erneuerungen, wie dem Bremer Theater, nach dem Vorbild des Weimarer Musenhofes wird.

Zur weiteren Verfolgung seines biographischen Weges können die Studienfächer Bastians in Heidelberg, Berlin, Jena und Würzburg belegt werden (s. Kap. 3.1, 3.2, 3.3). Mit der Auflistung der Lehrenden und der Titel der Vorlesungen wird das Spektrum seiner Ausbildung sichtbar. Bastian gehört zu den Medizinern, die in der ersten Hälfte des 19. Jahrhunderts neben dem hohen Anteil naturphilosophischer Bildung eine breite naturwissenschaftliche Ausbildung erhalten und die vermehrte fächerspezifische Aufgliederung und disziplinären Neugründungen in der Medizin miterlebt. Aus Bastians Fächerwahl wurden schwerpunktmäßig die Themen Naturrecht, Naturwissenschaften und Forschungen zur Seele vorgestellt. Eine Vorreiterrolle in der Rechtsphilosophie hatte K. Ch. F. Krause, in den Naturwissenschaften A. v. Humboldt und im Bereich des Psyche G. Th. Fechner. Die Reflexionen Bastians zu diesen Themen sind aus den drei Bänden *Der Mensch in der Geschichte* entnommen worden.

Das rechtsphilosophische System Krauses wurde in den 40er Jahren hauptsächlich in Heidelberg gelehrt und verbreitet. (s. Kap. 3.1.2) Bastian vertritt einen Krausismus insoweit, dass das göttliche Geschehen ein spinozistisch-unendlicher Prozess von Ursache und Wirkung ist, in dessen Ablauf aber Psychisches – die Triebe und der rationale Wille – die Grundlage der Gemeinschaft bilden. Das soll die Basis bei der Ausgestaltung eines Rechtssystems sein, damit der Selbsterhaltungstrieb als natürliches Recht des Menschen einen Schutz durch das politische System einer Gesellschaft bekommt.

In Bastians naturrechtlichen Betrachtungen (s. Kap. 3.1.3) ist das dargelegte Kulturverständnis des Bürgertums als Modell enthalten. Für ihn ist das so definierte *Naturrecht* keine Utopie, sondern ein in der bürgerlichen Elite verwirklichtes Prinzip. Der autonome Bürger lebt in selbstbestimmter und von rationalen Entscheidungen getragener gegenseitiger Abhängigkeit und erzeugt eine emotionale, patriotische Verbundenheit. In seiner konservativen Haltung ist es Bastian nicht möglich, von dem Ideal auf eine allgemeine Anwendung für alle Stände zu schließen. Er sieht vielmehr den idealisierten, „harmonischen" Zustand durch die politischen Revolutionsbestrebungen gefährdet. In seinem Lebensentwurf verfolgt Bastian keine bürgerliche Verankerung in Bremen. In panentheistischer Vorstellung sucht er Zuflucht in ein metaphysisch bestimmtes *Weltbürgertum*, was ihn emotional in eine Harmonie zum Kosmos bringt.

Die Lehrenden der naturwissenschaftlichen Fächer (s. Kap. 3.2.), die Bastian in Berlin belegt, stehen fast ausnahmslos mit dem damaligen *Heros der gelehrten Welt* in Kontakt. A. v. Humboldt ist der einflussreichste Förderer der Zeit und auch für Bastian durch seine Forschungen ein Vorbild für die naturwissenschaftliche Methodik.

Bastian stellt als Vorsitzender der *Gesellschaft für Erdkunde* 1868 die Pioniertaten A. v. Humboldts heraus (s. Kap. 3.2.2), die er in seiner Rede auf die Geographie bezieht. Für Bastian sind Humboldts astronomische Kenntnisse der Auslöser für dessen Denken in Harmonien im *Kosmos*. Bastian interpretiert dieses Denken als eines, das die Unvereinbarkeit von Glauben und Wissen aufhebt. Wie es sich zeigt, ist im *Kosmos* von Humboldt diese Schlussfolgerung nicht gemacht worden.

A. v. Humboldt entwickelt im Kosmos eine kulturgeschichtliche Ableitung (s. Kap. 3.2.3), in der Kants Erkenntnistheorie zum Grundmuster der europäischen Wissenschaft wird. Dabei ist die Idee der Einheit die leitende Idee der *denkenden Betrachtung* in der Naturforschung. Durch ihre Tradierung aus der Antike, zusammen mit den technischen Erfindungen und den Entdeckungen, wird die Welt intellektuell in Besitz genommen. A. v. Humboldt selbst benennt im *Kosmos* Bernhardus Varenius mit seiner *Geographia Generalis* von 1650 als sein Vorbild für die Annahme eines harmonischen Kosmos. Varenius hat als Erster eine wechselseitige Einflussnahme von Kosmos, Erde und Bewohnern hergestellt. Humboldts Angaben bestätigen sich, denn Varenius hatte eine anthropozentrische Erdwissenschaft formuliert, wobei er die Erde als *Wohnstätte des Menschen* betrachtete und in einen durch terrestrische Gegebenheiten, einen durch kosmische Einflüsse und einen durch den Menschen gestalteten Forschungsbereich aufteilte.

Es zeigt sich durch die Bearbeitung der Geographie-Vorlesungen Kants durch Werner Stark (s. Kap. 3.2.3), dass A. v. Humboldt, aber auch Herder, den Inhalt von Kants Geographie-Vorlesungen kannten. Der Königsberger Philosoph hatte ab 1757 in ihnen Varens Hypothesen aus dem 17. Jahrhundert bekannt gemacht. Sie waren Teil seine Ausführungen zur *Mechanik des Himmels*.

A. v. Humboldt und Herder entwickelten danach unterschiedliche Konzepte: die Idee des harmonischen Kosmos und die Idee zur Geschichte.

An seinem dritten Studienort in Jena (s. Kap. 3.3.1) lernt Bastian die frühe Psychiatrie, aber auch die Behandlung der Seele durch die Naturphilosophie und die frühe Gehirnforschung kennen. Dabei treffen zwei konträre Auffassungen aufeinander (s. Kap. 3.3.3). Der Hirnforscher Huschke erklärt die Geistestätigkeit allein durch die Windungen des Gehirns. Die Geistestätigkeit einzig durch die Naturwissenschaften zu erklären, hält Schleiden in seinen anthropologischen Vorlesungen für abwegig. Er integriert physiologische Forschungsergebnisse in seine nachkantischen Theorie der Erkenntnis.

Eine Bastiansche Theorie des Denkens wurde von Wilhelm Seidensticker schon früher vermutet, von dasGupta als eine kantische spezifiziert und von Fiedermutz–Laun mit dem Hinweis aus dem Nachlass gestützt, bei dem er in einem Brief von 1904 aus Montego Bay seine Absicht verdeutlichte einen Überblick auf den *globus intellectualis* angestrebt zu haben. (s. Kap. 1). Die Grundzüge seiner Theorie des Denkens ergeben sich aus der Kompilation seiner im *Der Mensch in der Geschichte* (s. Kap. 3.3.2) verstreut dargelegten Betrachtungen. Sie fußen auf Kants Erkenntnistheorie, dessen Prinzip er aber auf die Kulturen anwendet. Bastian verwendet auch physiologische Erklärungsmuster des Sehens (wie sie bei Schleiden zu finden sind) und erweitert sie zu einer Hypothese des Denkens in den Kulturen. Diese Prozesse stellt Bastian als physikalisches Geschehen dar: Die Wahrnehmung des Menschen durch seine Sinne ist ein Erfassen der Dinge als ein Nebeneinander im Raum. Mit dem Denken vollzieht er eine Transformationsleistung. Er abstrahiert das Wahrgenommene zu begrifflichen Einheiten. Diese Vorstellungen finden eine Verbreitung und Veränderung in den Kulturen, wiederum durch schöpferische, geistige Prozesse. Durch den Austausch der Gedanken analog physikalisch messbarer Ströme sind sie Bewegungen in der Zeit.

Dem kulturellen, schöpferischen Prozess unterliegt nach Bastian der individuelle, den er ebenfalls panentheistisch interpretiert und als physikalische Bewegung darstellt. Der individuelle Prozess ist das Produkt einer Kraft und gleichzeitig trägt er die Kraft einer schöpferischen Entwicklung in sich. Diese schaffende Kraft des Menschen kommt bei Bastian ursprünglich nicht aus dem Intellekt, sondern durch ein *Gottesgefühl*, dass, weil es als Gefühlsschwingung unmittelbar in das kosmische Geschehen eingebunden ist, wahrhaftiger ist. (s. Kap.°3.3.2).

Die Hypothese des Psychischen als physikalische Bewegung hat durch die Experimente Fechners im Laufe 50er Jahren eine Bestätigung erfahren. Von den Ergebnissen der Versuche kann Bastian erst nach seiner Reise ab 1859 durch einen Aufenthalt in Leipzig Kenntnis gehabt haben. Wie von Rainer Mausfeld dargestellt, stützte Fechner seine Hypothesen zur Seele auf eine Mathematisierung des Psychischen. Der Naturforscher vertrat mit der *mathesis universalis* einen naturphilosophischen Ansatz, der sich auf Pythagoras berief. Nach Fechner bedeutete dieser Ansatz, dass alle Empfindungen ihre Ursache in physikalischen Bewegungen haben müssten. Auf dieser Grundlage führte Fechner Experimente durch, mit denen es ihm gelang, das Empfinden von Reizunterschieden beim Menschen quantitativ zu beweisen. Fechner hat aber seit 1851 mit *Zend Avesta* Bekanntheit erlangt. Das Buch hat somit Bastian schon vor seiner Reise bekannt gewesen sein können, im Gegensatz zur von Fechner 1860 veröffentlichten *Psychophysik*. Bastian zitiert, ohne Quellen anzugeben, G. Th. Fechner am häufigsten und in Bezug auf die zu definierenden Begrifflichkeiten wie Kraft, Bewegung, Wille, Denken, Raum oder Zeit. Den Terminus Psychophysik[587] verwendet er noch nicht.

An der Universität Würzburg hält sich Bastian im Sommersemester 1850 auf und beendet dort sein Studium mit der Promotion. Seit 1849 hatte er mit den Vorbereitungen zu seiner Reise begonnen, die er ab Dezember 1851 in die Tat umsetzt.

Seine siebenjährige Reise (s. Kap. 4.1 u. 4.2) ist aus den Passagierlisten der Hafenstädte Hamburg und Sydney und einer Zeitungsmeldung im *Sydney Morning Herold,* sowie anhand von Bastians Publikationen von 1855 bis 1860 rekonstruiert und im Anhang tabellarisch festgehalten. Bastians Angaben stammen aus *Die Yankees im Goldlande Perus* (1855), *Afrikanische Reisen* (1859) und *Meine Reisen um und durch die Welt* (1860). Demnach dauerte die Reise vom 8. Dezember 1851 bis September 1858, während als Reisejahre bei Schwarz 1850 als Beginn der Vorbereitungen und 1858 als Jahr der Rückkehr[588] angegeben wird,

---

587 Siehe DasGupta 1990: 147, 153, 195, 200
Bastian nimmt erst in seinen späteren Werken Stellung zur Psychophysik im Zusammenhang mit der Begründung einer naturwissenschaftlichen Psychologie.

588 Schwarz 1909: 4, 6

bei Ferdinand von Richthofen 1851–1859[589] und von Bastian selbst an anderer Stelle 1850–1857[590].

Bastian nutzt auf der Hinreise ein Auswandererschiff. Die hygienischen Zustände auf diesen Seglern waren mangelhaft; es kam zu Epidemien und eine Überfahrt forderte nicht selten Todesopfer. Es gab keine geregelte medizinische Versorgung – und da Bastian als Passagier und nicht als Besatzungsmitglied eingetragen war, war er auf dieser Reise nach heutigem Verständnis *kein* Schiffsarzt, wie dies in biografischen Angaben häufig zu lesen ist (s. Kap.°1). (Eine vertragliche Anheuerung hätte ihn auch in seiner Bewegungsfreiheit zu stark beschränkt.) Seine, vermutlich erst 1868 verfasste, Schrift über Erkrankungen und Epidemien auf Handelsschiffen und in den Häfen enthält auch keinen Hinweis, dass er auf einem Schiff praktizierte. Er schlägt in dieser Schrift einen Katalog von Verbesserungen vor, die zeigen, dass rund zehn Jahre nach seiner ersten Reise ein unveränderter Zustand herrscht. (Diese Schrift kann nun ergänzend in Bastians Publikationsliste[591] aufgenommen werden.)

Die Etappen seiner Reise (s. Kap. 4.1.2) sind von seinem selbst ausgesprochenen Anspruch bestimmt, auf den alten und neuen Handelswegen in alle „drei Weltteile“ zu gelangen. Die Ausführung des Plans war von der politischen Situation in den Ländern abhängig. So wurde er zum Beispiel in Mexiko zu einer Wegänderung gezwungen und durfte in Persien nicht einreisen. Zu längeren Aufenthalten kam es in Australien und Peru, weil er u. a. als Arzt praktizierte. Längere, das Land und die Leute erkundende Phasen hatte er auch in Angola. Bastian nutzte alle verfügbaren Beförderungsmittel sowie Kontakte und Hilfestellungen von zumeist britischen Kolonialbeamten und Kaufleuten jeder Nationalität. Diese ermöglichten Passagen in Gegenden, zu denen es keine oder nur eingeschränkte Verkehrsverbindungen gab, etwa zu Inselgruppen der Südsee, nach Afrika oder in arabische Länder.

Ein Besuch in San Salvador, der Hauptstadt des Königreichs Congo erschien als einziger Band von zwei geplanten in der Reihe *Afrikanische Reisen*. Bastian ist ein Reisender des 19. Jahrhunderts (s. Kap. 4.2.2), so dass sein Afrika-Bild von der allgemein in Europa akzeptierten Verurteilung geprägt ist. Afrika ist demnach kulturhistorisch der *dunkle Kontinent*, dessen Bewohner sich im Zustand der *Barbarei* befinden.

589 Richthofen, von 1905: 249°f.

590 Bastian 1881: 32

591 Fischer 2007: 301–322

Bastian, der sich als „Besucher“ bezeichnet, trifft in Angola auf eine Wirklichkeit aus privatwirtschaftlichen oder kolonialpolitischen Interessen agierender Amerikaner und Europäer und einer sich zur Wehr setzenden lokalen Bevölkerung. Seine Schilderungen zeigen, dass er sein Forschungsanliegen nur mit Schwierigkeiten durchsetzen kann, und sie lassen erkennen, zu welchen Missverständnissen und Fehleinschätzungen es kommt. Er ist Zeuge von kolonialer Plünderung der Rohstoffe, von kriegerischen Auseinandersetzungen mit und unter den lokalen Königreichen und er hat Kontakt zu einer britischen Militärpatrouille zur Durchsetzung des Verbots des Sklavenhandels nach Übersee. Er urteilt im Selbstverständnis als Bürger, dessen Verwandte selbst eine Plantage besitzen, aus pragmatisch-ökonomischer Sicht und sieht es als „gegeben an“, dass Menschen oder Völker zeitweise „im Dienst“ stehen. Diese Praxis rechtfertigt für ihn jedoch keine inhumane Behandlung und er verurteilt das Verhalten der Europäer, wenn sie aus Habgier Sklaven schlecht behandeln. Seine Schilderungen schließen den sozialen Status, den die Sklavenhaltung in Afrika selbst hat, mit ein.

Sein Bericht über diese Region in Angola enthält Beschreibungen zur Geschichte und der aktuellen politischen, wirtschaftlichen und klimatischen Verhältnisse. Als Augenzeuge teilt er mit, dass er die Ruinen des legendären *San Salvador* selbst gesehen und begangen hat. Diese Tatsachenschilderung nehmen Zeitgenossen, wie Karl Neumann, Herausgeber der *Zeitschrift für Allgemeine Erdkunde,* 1859 zurückhaltend auf, weil dies dem Vorurteil über das „geschichtslose Afrika“ widerspricht. Herausgestellt wird dagegen, dass Bastian auch etwas anderes über den für Europäer ansonsten „gefahrvollen“ Kontinent berichtet: Er schildert die Schönheit der Landschaft und betont das angenehme und fruchtbare Klima in der Region.

Für die Ethnologie-Geschichte hat Bastians Erklärungen zur afrikanischen Religion Relevanz, da Bastian sie einer ersten funktionalen Analyse unterzieht (s. Kap. 4.2.3). Er macht eine Grundaussage, die vergleichbar ist mit Wyatt MacGaffeys Erklärung durch den Begriff *embodyment*: Die Afrikaner haben in ihrer Religion Vorstellungen von wirksamen *Kräften*, die in Gegenständen und Personen einverleibt sind und das Leben bestimmen. Bastian hält im Verständnis der Zeit den *Fetischismus* für ein einfaches System, weil er darin keine Idee zu einer abstrakten Einheit – einem Ideal – erkennen kann. Ebenso relevant ist Bastians Bemerkung, dass die Klassifizierung der Afrikaner, wie er sie aus den Büchern kannte, nach seinem Aufenthalt nicht zutreffend findet.

Paola Ivanov bemerkt für die Afrikaforschung, dass Bastians einzige Sorge der Sammlung von sinnlich erfahrbaren Objekten gegolten habe. Seine Fixierung auf die *Dinge* erscheine aus heutiger Sicht einerseits *antiquiert*, weil es eine strikte

Trennung von kulturellem Leben und materieller Kultur vollziehe. Er habe Zeit seines Lebens keine Richtlinien der wissenschaftlichen Erfassung erarbeitet, bei denen eine Kontextualisierung der Ethnographia gefordert wurde. Andererseits bescheinigt die Autorin Bastian eine *erstaunliche Aktualität*, wenn bedacht wird, dass heute nach strukturalistischer oder strukturfunktionalistischer Interpretation in der Vergangenheit, die materielle Kultur wieder eine größere Bedeutung habe. Dabei sei man heute der Überzeugung, dass die kulturelle Identität, ihre Interaktionen, ihr Wissen und ihre Perzeptionsleistung nicht einfach durch sie repräsentiert seien, sondern es sich an ihnen zeige, wie sie vielmehr aktiv reproduziert und umgestaltet würden.[592]

In einer Fußnote wird der Hoffnung Ausdruck gegeben, dass durch die Bearbeitung des unveröffentlichten Bastianschen Nachlasses wie Fiedermutz- Laun es im Symposiums–Band forderte, die bestehende Widersprüchlichkeit in der Beurteilung Bastians vielleicht zu klären sei.[593] Es war das Ziel dieser Arbeit, nach dem Versuch ihrer historischen Einordnung in die Philosophiegeschichte, Bastians in der Frühphase ausgebildetes Konzept als ein in sich geschlossenes Gedankengebäude darzustellen zu können. Was heute als widersprüchlich erscheint, bedeutet nicht, dass Bastian widersprüchlich gedacht hat. Seine Sammlungstätigkeit ist nicht als Fixierung auf die materielle Kultur zu werten, sondern im Kontext seines monistisch begründeten Kulturverständnisses zu sehen. Diese Kulturdefinition ist heute antiquiert. Seine daraus abgeleiteten kulturellen Prozesse und Funktionen besitzen für die Fachgeschichte Aktualität, weil sie eine Grundlage der nachfolgenden Ausgestaltung der Disziplin darstellen.

Bastians zweite Publikation *Der Mensch in der Geschichte* enthält rund 950 Hinweise und Bezüge auf Gelehrte, die Bastian in den drei Bänden gibt und die als positive oder negative Beispiele sein Konzept stützen sollen. Zudem sind es Forschungsergebnisse von namhaften Orientalisten, die er als zusätzliches Forschungsmaterial aufführt und neben seinen eigenen in eine *Gedankenstatistik* einbringen will, was er aber zu keiner Zeit tatsächlich ausführt (s. Kap. 5.3). Bastian nimmt die Methode der Statistik hinzu, weil sie neu und vielversprechend scheint. Sie hat durch den belgischen Astronom Adolphe Quételet Bekanntheit erlangt. Dessen *Naturgesetztheorie der Gesellschaft* basiert, in der zeitgenössischen Rezeption ebenfalls auf einer kosmologischen Theorie, nach der die Bewegungen des Himmels eine Ursache für das gesellschaftliche Handeln sind. In der vorgenommenen Auswahl der Verweise zeigt sich, die damals weitverbreitete

592 Ivanov 2007: 238°f.
593 Ivanov 2007: 243

Vorstellung von einem bewegten Geschehen im Kosmos, das in Verbindung zu dem menschlichen Leben gebracht wurde. Die wissenschaftsgeschichtlichen Hinweise im *Der Mensch in der Geschichte* sind damit noch nicht ausgeschöpft.

Ein Schlüssel zum Verständnis der Bastianschen Theorie ist der Mesmerismus oder Tellurismus. Im ersten Band des *Der Mensch in der Geschichte* gibt Bastian den Hinweis, dass der *planetarische Tellurismus* die für ihn vollkommenste Weltanschauung ist. Eine Begriffserklärung oder Einordnung der Bedeutung des „Tellurismus" für die Naturphilosophie des 19. Jahrhunderts gibt der Jenaer Psychiater Kieser (Kap. 5.2). Er beschrieb 1822 die Faszination, die der Grundgedanke des Mesmerismus, der eben auch Tellurismus genannt wurde, nicht nur auf die Medizin, sondern auch auf die Philosophie hatte. Im Tellurismus wurde die Psyche des Menschen in eine Nachtseite, die im Traum oder im Tod mit dem Jenseits in Verbindung steht, und in eine durch den Verstand geprägte Tagseite aufgeteilt.

Dieser Mesmerismus ist in Fechners *Zend Avesta* zu finden, in dem er eine Idee zur Seelenwanderung entwickelt. In einem äußeren Kreislaufgeschehen sind bei ihm der göttliche Geist und die Seelen der Toten vereint. Von dieser Sphäre der Ewigkeit aus wirken die Ideen gleich einer Matrize auf das Tagesleben der Psyche. In einem inneren Geschehen werden somit die Ideen der Ahnen von den Lebenden aufgenommen, nach eigenem Willen umgeformt und nach dessen Ableben wieder in der Seele der Toten mit dem göttlichen Geist vereint. Diesen „Mechanismus" überträgt Fechner auch auf die Kulturen und folgert daraus, dass in jeder Kultur dieselben, ewigen Ideen zu finden sind. Er nennt sie die „Kreuzungspunkte" oder das Gemeinsame in ihren Vorstellungen. Auf diese Weise hat jede Kultur Anteil an den Ideen des „Weltgeistes". Eine empirische Ermittlung dieser Hypothese hält er für undurchführbar. Da er sich die „Seelenwanderung" als ein physisches Geschehen vorstellt, wobei das Gehirn verborgene Schwingungen empfängt, wendet er sich physikalischen Versuchen zu. Den kantischen Ansatz, wobei sich Idee und Anschauung gegenseitig bedingen, nennt Fechner einen doppelten Standpunkt und interpretiert ihn auch als eine Absicherung des Glaubens (s. Kap. 5.2).

Es liegt nahe, dass Bastian vom Grundgedanken Fechners zur Ewigkeit der Ideen in den Kulturen inspiriert wurde. Bastian formuliert seine Theorie des Denkens ohne theosophische Begründung. Er bezeichnet das, was Fechner *Kreuzungspunkte* nennt als *Knotenpunkte* und meint damit all jenes, was als ewiger Momente des Kosmos allen *Weltanschauungen* gemeinsam ist. Ein weiterer Hinweis auf Fechners Einfluss auf Bastian besteht nicht in der im Kern nicht neuen Variation des kantischen Ansatzes, sondern in ihrer Deutung als *doppelte Kontrolle* von Glauben und Wissen. In diesem Kontext nimmt Bastian das in

Angriff, was nach A. v. Humboldt als Sphäre der Intelligenz und nach Fechner als kulturelles „Kunstgemälde" nicht erforschbar ist.

Durch die chronologische Aufarbeitung seines Weges und durch die Gegenüberstellung einflussreicher Theorien mit Bastians Betrachtungen in seinen Publikationen ergibt sich ein Grundmuster. Es ist die Idee der Einheit zwischen Mensch und Kosmos. Diese findet sich in den unterschiedlichen Modellen bei Krause, A. v. Humboldt, Fechner, aber auch bei Herder (ohne auf deren gegenseitige Einflussnahme eingehen zu können). Sie ist die Grundlage für politische, naturwissenschaftliche, spirituelle oder humanistische Ziele. Bei Humboldt und Fechner findet Bastian naturwissenschaftliche Konzepte, die indirekte oder direkt ausgesprochene Verbindungen zu Kants Erkenntnistheorie haben. In Humboldts *denkender Betrachtung* liegt der Hauptakzent auf der Anschauung der Natur und dem daraus resultierenden Wissen, wohingegen Fechner in der doppelten Kontrolle durch Denken (Idee und Analyse) und Sehen die einzige Möglichkeit sah, Gewissheit zu erlangen. Bastian schließt sich diesem Wissenschaftsverständnis an. Er richtet seinen Forschungsansatz der *psychologischen Weltanschauung* auf die sichtbaren Ergebnisse des Denkens in allen Erscheinungen der Kulturen. Bastian begibt sich nach seinem Wissenschaftsverständnis im kantischen Sinn zwecks Anschauung der Welt auf Reisen, auch, weil er annimmt, dass bei den „naturnahen" Völkern das Elementare des Denkens leichter zu finden ist. Er begründet die Ethnologie nach dem Schema:

Abb. 2: Adolf Bastians Theorie des Ewigen im Denken.

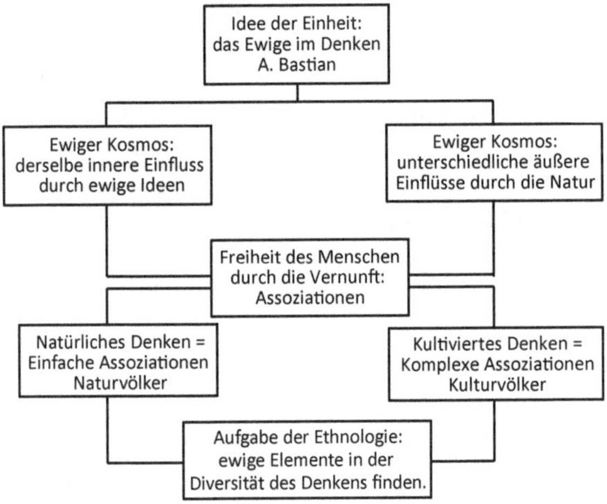

Quelle: Darstellung der Verfasserin

Der Mensch in der Geschichte zeigt Bastians epistemisch begründete *Weltanschauung*, die in der ersten Hälfte des 19. Jahrhunderts diskutiert, in der zweiten Hälfte mehrheitlich abgelehnt wurde und später rätselhaft erscheint. Bastian verteidigt sich ein Forscherleben lang gegen eine falsche Zuordnung.

Das Charakteristische dieser *psychologischen Weltanschauung* ist der Monismus, die Aufhebung des Gegensatzes von Körper und Geist. Das ist das Kriterium, weshalb Bastian in der von ihm im Rückblick 1881 verfassten *Vorgeschichte der Ethnologie* den Anfang einer Wissenschaft vom Menschen mit dem Leipziger Theologen und Mediziner Magnus Hundt und dem Gelehrten Otto Casmann in Steinfurt beginnen ließ. Hundt hatte in seiner *Anthropologia* nicht nur die Seele behandelt, sondern auch die Anatomie des Körpers mit einbezogen. Casmann hatte eine *Psychologia* entworfen, in der Körper und der Geist in einer vereinenden Abhängigkeit zur Natur standen. (s. Kap. 1)

Die von anderen mehrheitlich anerkannte Aufteilung der Anthropologie in ein naturphilosophisches Kulturverständnis und eine naturgeschichtliche Abstammungstheorie lehnte Bastian deshalb ab. Sie lieferten nach seinem Urteil nur *zerstückelte* Aussagen.

Die Prämissen seiner Weltanschauung entstammen dem *Deismus* und dem *Pietismus*. In Deutschland löst der Deismus eine kritische Bibelinterpretation aus, auf der Herder seine Ideen zur Philosophie der Geschichte der Menschheit aufbaute. Die Reformation, die Aufklärung und der Deutsche Idealismus bringt eine Vielzahl an Paradigmenwechseln hervor, die in gegenseitiger Abhängigkeit das Selbstbild des Menschen im 18. und 19. Jahrhundert in Europa bestimmten. In dem emanzipatorischen Bemühen, sich von der Bibelinterpretation zu lösen, und durch ein religiöses Bedürfnis, die Menschheit in ein göttliches Geschehen einzubinden, definiert Herder am wirkmächtigsten einen neuen Volksbegriff und kam zu einer teleologischen Deutung von Kultur und Geschichte. Der Blick der Zeitgenossen im 18. Jahrhundert richtet sich daher zunächst auf das eigene und nur gelegentlich auf fremde Völker. Erst mit Beginn des 19. Jahrhunderts werden diese gezielter beschrieben. Nach Han Vermeulen lassen sich seit dem 18. Jahrhundert die Volk- oder Ethnos-Komposita in deutschsprachigen Publikationen verfolgen (s. Kap.°1). Der Einfluss des religiösen in Interaktion mit dem philosophischen Denken auf die Herausbildung einer *Cultural Anthropology* zeigt sich am Beispiel Bastians als bedeutender und vielschichtiger als bisher vom Autor angenommen.

Der Pietismus betont die emotionale Anteilnahme in der Ausübung der Religion. Der sich aus seiner protestantischen Religiosität zeitkritisch entfernende Bastian glaubt als junger Mensch an die Einheit und die Harmonie des Kosmos.

Das Denken ist für Bastian deswegen zentral, weil für ihn der Mensch durch diese Fähigkeit während seiner irdischen Existenz an Selbstständigkeit gewinnt und an der *Ewigkeit* teilhat. (Die Ewigkeit ist physikalisch keine messbare Größe, sie ist eine Vorstellung des religiösen Empfindens.) Nach seinem Ideal lenkt ein Gottesgefühl die Rationalität, die wiederum die Emotionalität reguliert und eine ausgleichende Harmonie herstellt. Bastian erklärt sich zum *Weltbürger* (s. Kap. 3.1.2). Er sieht sich damit in eine auf die gesamte Menschheit erweiterten Verbundenheit und er gelangt zu einem neuen Gefühl von einer Einheit mit dem Kosmos.

Thomas Achelis bezeichnete Bastians Reisen als *Pilgerfahrten über den Globus*[594] - und auch der Titel der biographischen Darstellung im Anhang als *Vita activa* soll auf den spirituellen Bezug seines Konzepts, aber auch auf seine Lebensführung verweisen. Bastian war schon als junger Mensch bereit, sein Leben der Wissenschaft zu „opfern". Diese Bereitschaft lässt sich auch in seinem weiteren Lebensweg erkennen. (Eine Zusammenstellung nach den Schwerpunkten seines Wirkens enthält der Anhang, s. Kap.°7.6).

Diese Einordnung wird gestützt, wenn Bastian im Alter von 75 Jahren die Ethnologie als ein *Gottesgeschenk* bezeichnet, da sie ihm eine *culturelle Naturforschung* ermöglichte. Die Ergebnisse seien ein Vorbild für die normativen Fragen der Zeit. Bei den „Wilden" habe er eine natürliche Sittlichkeit kennengelernt. Er habe herausgefunden, dass sie ihre Sitten viel mehr nach den zehn Geboten gestalten, als es in der gegenwärtigen Gesellschaft in Europa der Fall sei. Die gesunden sittlichen Prinzipien, die Bastian im *Der Mensch in der Geschichte* idealiter entwickelte (s. Kap.°3.1.2) und aus denen eine nützliche Gegenseitigkeit erwächst, sieht er bestätigt, weil sie bei „den Wilden" praktiziert würden.[595]

Bastian hat nach eigener Aussage sein Ziel erreicht. Er habe das Gesuchte gefunden, weil er seine natürlichen Bedürfnisse eingeschränkt habe und der Maxime gefolgt sei, in geistigen Gütern das ihn befriedigende *Gut* zu finden.[596]

Bastian unternimmt in seinem Verständnis mit dem Versuch *eines Hinblicks auf, die Andern*' das, was er in metaphysischen Konzepten oder in der Theologie vermisse.' Ihre Urteile seien ohne sinnliche Anschauung lebensfern und würden nur ihre, auf die Askese ausgerichteten, Adepten befriedigen. Es müsse ein Ersatz geschaffen werden, damit die sittliche Ordnung nicht weiter aus *Gefühlswallungen* abgeleitet, sondern auf ihre gesicherten Wurzeln zurückgeführt werde.[597]

594 Achelis 1891: 8
595 Bastian 1901: 252°ff.
596 Bastian 1901: 249°f.
597 Bastian 1901: 255°f., 259

Bastian war am Ende seines Lebens davon überzeugt, diesen Beweis erbracht zu haben. Er fügte seine Erfahrungen zu einem Gesamtbild zusammen, das jedoch ausschließlich zur Befriedigung seiner intellektuellen Bedürfnisse diente und kein „objektiver" Beleg durch die Naturforschung ist.

Der biographische Ansatz zeigt, dass die Person und das Konzept bei Bastian nicht zu trennen sind. Er macht sein intellektuelles Verlangen zur Grundlage seines ethnologischen Ansatzes - trotz aller Veränderungen in der Zeit etwas Beständiges zu definieren. Die Teilnahme am *Ewigen* wird zu der die Völker verbindende Grundlage, die aus denselben Anteilen der durch die Natur und ihre kosmische Ordnung aufgenommenen Ideen besteht. Bastian bewertet das elementare Denken nicht entwicklungsgeschichtlich, sondern funktional. Es verbindet den Menschen in seiner Vorstellung emotional mit dem (als unbegrenzt vorgestellten) Kosmos und macht ihn zum integrierten Teil eines ewigen Geschehens.

Seine Überzeugung, dass die Völker nur umweltbedingte Zustandserscheinungen eines singulären Entwicklungsganges des Menschen seien, machte ihn zum Gegner rassischer Hierarchien. Dies brachte ihn in der zweiten Hälfte des 19. Jahrhunderts auch in den Konflikt mit dem Abstammungstheorien des Darwinismus. Mit dessen Hauptvertreter in Deutschland, Ernst Haeckel, führte Bastian in aller Öffentlichkeit harte Auseinandersetzung.[598]

Der planetarische Tellurismus lieferte in der ersten Hälfte des 19. Jahrhunderts das Modell, mit dem das Mentale in zwei Bereiche aufgeteilt- dem Bewussten und dem Unbewussten – interpretiert wurde. Auf dieser Grundlage haben sich verschiedene Theorien entwickelt. Bastians idealistische *Weltanschauung* unterscheidet sich vom der französischen Positivismus und deswegen kann der später entstandene Begriff des *kollektiven Bewusstseins* auf sein Denken nicht angewendet werden. Bastian legte den Völkern in ihrem Denken zwar etwas Elementares zugrunde, was sie mit der Ewigkeit verbindet oder eine ewige Wirkung hat. Er suchte nach den gemeinsamen Elementen jeglichen Denkens und nicht, wie in der soziologischen Schule[599], bei der das Elementare des Denkens in den sozialen Strukturen der Gesellschaft zu finden ist und ihre Verfasstheit bewirkt.

---

598 Fiedermutz–Laun 1970: 21, 46, 50, 52°ff., 260°f.; siehe auch 1970: Aus der Wissenschaftsgeschichte. Adolf Bastian und die Deszendenztheorie. In: *Paideuma* XVI: 1–26

599 Für eine nähere Untersuchung siehe Franz Schultheis; Andreas Gipper (Hrsg.) 1995: Über Deutschland: Texte aus den Jahren 1887–1915. Émile Durkheim. Konstanz: Universitäts–Verlag

Klaus Peter Köpping führt aus, dass Bastian und Claude Lévi–Strauss im Denken, der „Wilden“ wie in der Wissenschaft, den Gebrauch der Vernunft sähen. Beide Autoren lägen dicht beieinander mit der Einschätzung, dass das „primitive“ Denken sich im Gegensatz zum Realitätsbezug der Wissenschaft aber auf Imaginäres beziehe.[600] Für Bastian besteht aber generell jedes Denken aus Ideen und Rationalität. Er analysiert Ideen in allen Kulturen und bemisst alle am Vollkommenheitsideal der europäischen Idee der Einheit. Er bewertet konsequent jede Vorstellung als „primitiv“, die ihre Inhalte nicht als Verstandes–Idee, sondern als Wahrheit betrachten.

Für die disziplinäre Wertung in der heutigen Ethnologie ist Adolf Bastians *Der Mensch in der Geschichte* ein kulturphilosophischer Entwurf, der den Autor auf den Weg zur empirischen Forschung brachte. Während seiner ersten Reise können die Aufenthalte in Peru und Angola mit einer explorativen Phase, wie sie auch in der Feldforschung ab dem frühen 20. Jahrhundert vorgesehen ist, verglichen werden. Mit seiner Hypothese postuliert er kognitive Grundkonstanten für alle Kulturen. Damit legt er die Basis für einen neuen Forschungszweig.

Die Rezeption der Bastianschen Theorie setzte mit den ethnologischen Arbeiten Karl von den Steinens ein, der 1889 zum Thema *Entwicklungsgeschichte des Völkergedankens* bei Bastian habilitierte.[601] In seinem Nachruf auf Bastian thematisierte er *Missverständnisse*, denen der Verstorbene ausgesetzt gewesen sei. Eines bestand darin, dass seine allgemeinen Gesetzmäßigkeiten von den jüngeren Zeitgenossen zu einem *falschen Schematismus* gemacht worden seien. Für Bastian seien die Übereinstimmungen in den Kulturen etwas Natürliches und (durch den harmonischen Kosmos) Gegebenes gewesen. Er habe versucht, die Verschiedenheit wiederum durch die unterschiedliche Natur der Umgebung zu erklären. Wohingegen andere aus den Übereinstimmungen eine historische Entwicklung der Völker abzuleiten suchten, was Bastian abgelehnt habe. Ein zweites *Missverständnis* habe darin bestanden, dass Bastian ein allgemeines *Bild der Menschheit* zusammengestellt habe und sich von dem auf Ethnien spezialisierten Ethnographen unterschied. Er habe für eine dem Spezialwissen übergeordnete Bedeutung der Ethnologie gearbeitet, indem er auf die neuesten politischen und wirtschaftlichen Konstellationen immer mit einem Buch reagiert habe, das ethnologische Kenntnisse für Diplomaten und Kaufleute bereitstellte.[602]

---

600 Köpping 2007: 30

601 Hermannstädter 2004: 77

602 Steinen, von den 1905: 244–246, 248

Das man von den Steinen in seiner Ausrichtung heute eher, dem von Bastian in Berlin geförderten und 1887 in die USA ausgewanderten, Franz Boas und dessen Kulturanthropologie zurechnet, hatte zunächst einen, in mehrfacher Hinsicht, „politischen" Hintergrund:

Karl von den Steinen schilderte die günstigen Forschungsbedingungen in den USA, wo aus politischem Interesse des Staates große Mittel zur Erforschung der Indianer bereitgestellt würden.[603]

Sigrid Westphal-Hellbusch wies 1969 darauf hin, dass von den Steinen als Mitarbeiter am Museum und an der Universität ab 1900 einem starken Widerstand der Kollegen ausgesetzt war. Er war 1904 aus ungeklärten Gründen von seinen Ämtern zurückgetreten, so dass es keinen Nachfolger für Bastians psychologische Richtung in Berlin gab. Am Museum vollzog sich eine *weltanschauliche* Richtungsänderung und die Nachfolger am Museum bewahrten *Stillschweigen über [Bastians] Lehre.*[604]

Karl von den Steinen arbeitete außerhalb der Universität und des Museums als Privatgelehrter weiterhin an ethnologischen Themen. Er wurde nach dem Ersten Weltkrieg von New York aus durch Boas, der auch Vorsitzender der *Emergency Society for German and Austrian Science* war, darin unterstützt.[605] Außerhalb Berlins wurden Bastians Leistungen anders bewertet, aufgenommen und weiterentwickelt. Boas erklärte 1908, dass die *permanence of forms of thought* originär von Bastian stamme und dass man nun von dieser ausgehend die Entstehung der Elementargedanken zu erklären suche.[606] In der Kontinuität dieses Ansatzes schrieb Boas 1916 noch einmal, und bewertete damit Bastians eigentliche Leistung, dass er die generellen Formen ethnischer Phänomene isoliert habe und er der wichtigste Repräsentant dieser Forschungsrichtung sei. Er habe jedoch daran festgehalten, dass diese unerklärbar seien, wohingegen Wilhelm Wundt (1832–1920) und seine Völkerpsychologie und die Soziologie dies heute zu erklären suchten.[607]

Adolf Bastians Weg zu einer Wissenschaft vom Menschen hat aufgrund seiner *Weltanschauung* zu ethnologischen Studien geführt, die die Ebenbürtigkeit aller Menschen fest- und einen ewigen Bestand an Ideen in den Kulturen zugrunde legt.

---

603 Steinen, von den 1905: 247

604 Westphal-Hellbusch 1969: 158°f.

605 Steinen, von den 1925, Bd. 1: II

606 Boas 1908: 20, 23°f.

607 Boas 1916: 159, 173

Ein jüngerer Kollege Bastians am Berliner Museum dagegen sah die Ablehnung von Bastians *psychologischer Richtung* darin, dass sie *über das weltanschauliche und politisch Gewollte in dieser Zeit weit hinausgegangen* sei.[608]

608 Graebner 1924: 132

7. Anhang: Materialien zu dem Einfluss von Bildung und Reise auf den Lebensweg Adolf Bastians

7.1 Aufsatz Nr. 35: *Über das Verhältnis der Welt*, 16. 2. 1844

Abb. 1: Auszug aus Aufsatzhefte des Wissenschaftlichen Vereins der Primaner, *Heft 20, 1842–1844.*

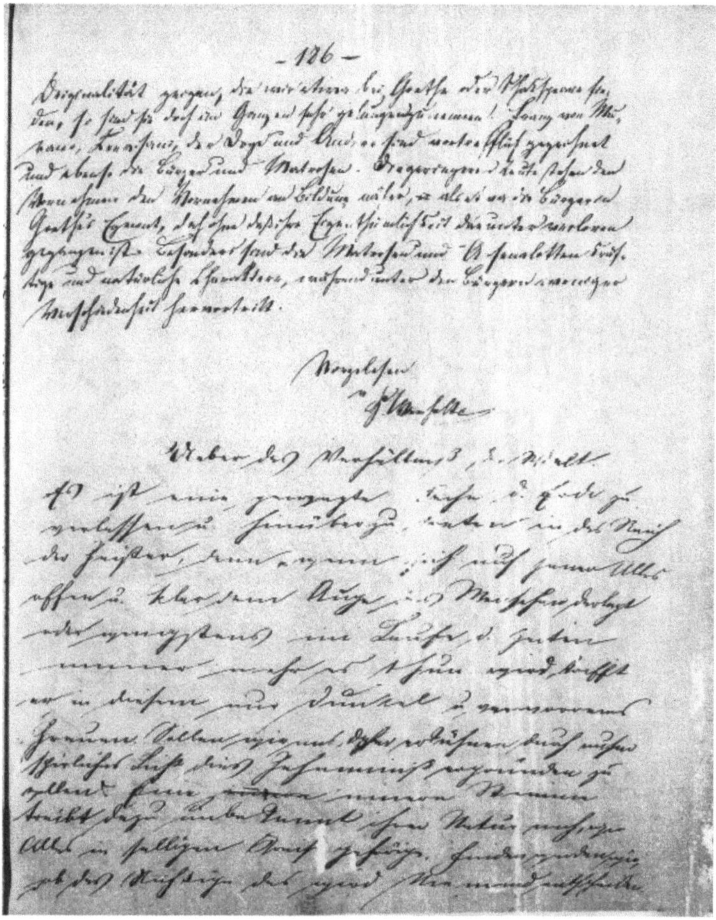

Quelle: StA Brem 7, 1038

– 186 –

[...]

Über das Verhältniß der Welt
Es ist eine gewagte Sache d. Erde zu
verlassen u. hinüber zu treten in das Reich
der Geister, denn wenn sich au[ch] genau Alles
offen u. klar dem Auge des Menschen darlegt
oder wenigstens im Laufe d. Zeiten
immer mehr es thun wird, trifft
er in diesem nur dunkel u. verworrenes
Gewirr. Sollen wir uns daher erkühnen durch unser
spärliches Licht dies Geheimniß ergründen zu
wollen [.] Eine [durchgestrichenes Wort] innere Stimme
treibt dazu unbekannt ihrer Natur nach, wie
Alles in selbigen Zenit gehörige. Finden werden wir,
ob das Richtige das wird Niemand entscheiden.

– 187 –

Freilich [...] oder Weniger, als auf
bis jetzt von d. Menschen auf diesem
trügerischen Gebiete erreicht ist, werden
auch wir nicht erreichen, denn d. Summe
im Innern, wenn nun Alles wohl
erwägt, zusammen[ge]stellt u. vereinigt,
ist: [Irlicht]!
Alles, was ist, ist. Innigste Einheit in der
mannigfaltigsten Mannigfaltigkeit,
das ist das Grundgesetz des Seins, welches
daher gar keine Eigenschaften oder,
was dasselbe sagt, alle besitzt. So wenig
sich daher Unterschiede in demselben befin
den, so wenig gibt es dort Stufen.
Was ist, ist vollkommen, weil es ist,
wie das Ganze, so jedes Einzelne
gemäß der allgemeinen Einheit,
und Gleichem kommt nur Gleiches,
doch findet nicht ein Stillstand
statt, sondern ein stetes Werden, die
Bedingung des Lebens. Dieses Werden
aber bestehet nicht in dem Fortschrei
ten vom Unvollkommenen zum
Vollkommenen, sondern es
bestehet in der Ausdehnung und
Erweiterung der Vollkommenheit.

In der allgemeinen Vollkommenheit
ist jeder Punkt an sich vollkommen,
aber er verbindet sich statt mit andern,
gleichfalls wieder vollkommenen Punkten,
bis er sich mit [Allem] verbunden hat, also
wieder d. allgemeine Vollkommenheit wird,

– 188 –

in dieser aufgeht. Bis diese erreicht
ist, wirkt das Streben, nachdem es die
einfache Vollkommenheit verlassen hat,
unablässig. Eins oder Ganz. Die gebundenen
Vollkommenheiten heben aber
dadurch, daß sie [durchgestrichenes Wort] vollkommen
sind, d. Unvollkommenheit hervor,
welche sich erst in der vollständigen
Verbindung Aller wieder auflösen
kann. Gleichwohl bilden zwei oder
mehrere verbundene Vollkommenheiten
als bald wieder für sich eine Vollkommenheit
aber eine solche, zu deren Vollkommenheit
d. Unvollkommenheit eigen
thümlich ist, bis zur gesammten
Vollkommenheit dann Voll
kommenheit die Vollkommenheit
eigenthümlich ist. Als gehe d. Strebun
gen der einfachen Vollkommenheit
durch unvollkommene Vollkommen
heiten, zur vollkommenen Vollkommen
heit, ein Kreislauf wie in allen Gesche[he]n
der Natur. [vier Wörter durchgestrichen]
Die Einheit des Seins gibt sich in
jedem Einzelnen, wie im Ganzen
kund, was auch immer dawider
sprechen möchte, wie z. B. d. Trennung
in Geist- und Körper=Gestalt ist nur
scheinbar. Dieser Unterschied besteht
einzig in d. Ansicht der Menschen,
er ist, einzig für diesen, als solchen
vorhanden. Er ist ein Theil des Ganzen, [zwei Wörter durchgestrichen]

– 189 –

wie alles Übrige, aber dieses Ganze ist
nur in seiner vollkommenen Voll
kommenheit sich seiner Einheit und

und unmittelbar bewusst, in seinen einzelnen Theilen herrscht Mannig faltigkeit, welche erst in der Vollendung unmittelbar ineinander übergehen. Zur Vermittelung nun unter den [Verschiedene,] nun waren [Mischungen] nöthig u. so entstand für d. Menschen z. B. d. [körperliche] Welt. Was man sieht ist nur im Auge vorhanden, was man fühlt, nur indem man es fühlt, nach Schließung der Sinne ist es für den Menschen gleichsam nicht vor handen, freilich ist die körperliche Welt allerdings wirklich vorhanden, aber nie in denselben Sinne, als auch die geistige dieser ist. Beide Welten sind dasselbe, sie sind d. Welt. Ueberall im Alle herrscht Einheit, nur indem sich der Theil des Weltganzen, welcher den Geist bildet, mit den Theilen, der die äußere Welt uns macht, sich in Verbindung setzen will, entstehen, da es unmittelbar nicht geschehen kann, [jene] Gestaltungen. Der Mensch hat sich als Einzelwesen von den allgemeinen Naturgesetzen losgesagt u. bedarf so eines Mittelweges, um mit ihnen wieder in Verkehr zu treten, sowohl hinsichtlich der seiner Ansicht nach geistigen wie körperlichen Welt, nur jede auf ihre besondere Art[.] In der

– 190 –

allgemeinen Vollkommenheit hebt sich alles dieses von selbst auf, jedes steht dann in unmittelbarer Verbindung mit Anderen, oder vielmehr Jeder ist Jeder. Alles ist Eins. Das Leben u. Sinn des Menschen, als solchem besteht im Selbstbewusstsein, es hat Theil, oder vielmehr an ihm, in seinem Wesen hat Theil, die Welt in ihrer Gesammtheit, also sowohl die sogenannte körperliche, wie geistige; besondere Verhältnisse nun, die aber, als auf der unbedeutenden Erde statt findend, kein Maß für das Weltall sein [ein Wort durchgestrichen] können, bewirken, dass ihm d. Eine ungleich von der Andern erscheint[.] Beide sind auf gleiche Weise Theile des Seins. Beide darinn ihm un-

bewußt auf gleiche Weise, denn die Gesetze des Geistes nicht weniger, als die des Körpers sind dem Menschen, als solchem fremd u. er bedient sich beider, als in der Hinsicht bewußtlos.
Die Statur der Welt giebt sich noch deutlicher kund, bei einem weiteren Ein dringen. Eins ist, das Sein, in ihm lebt der Wille. Er [giebt] u. offenbart sich in dem Sein, daraus entsteht die Welt. Jedes kann nur sich Gleiches schaffen, Schaffer und Geschaffene stehen stets in einer beständigen Wechselbeziehung, der Wille besteht in dem Wallen u. in der Ausführung.

– 191 –

Das Sein ist u. der, wie das Sein überhaupt, so also auch das Sein des Sein in der Sthetigkeit beruht, so ist es indem es ist, stetig. Aus dieser Sthetigkeit, und dem Sein des Sein entspringt das Wallen, welches, indem es im Sein hervortritt sich, zur Ausführung gestaltet. Hierin zeigt sich der Wille gleichsam bewusstlos, indem nur das Wallen sich läutert, sich von der Ausführung lostrennt, wird es zum reinen Willen, der nicht mehr an das Sein gebunden ist, sondern daher gleichsam in vollendeter Form in sich von Neuem aufgenommen hat. Da zeigt er sich im Menschen, wo er freilich noch nicht über jede fremde Einwirkung erhaben ist. Indem der Wille sich im Sein regt, ruft er d. Welt hervor, indem er sich von ihm loslöst wirken die Gebilde der körperlichen Welt, in Prägung auf den Menschen betrachtet, als festbestimmte Vorbilder des allgemeinen Naturgesetzes auf das unbestimmte Wirken in der geistigen Welt, besonders des zum Einzel wesen gewordenen Menschen, welch dieser sich erhält u. gestaltet. In jener wirken die ewigen Gesetze des Seins, welche sich dadurch auch dem Einzelwesen, Geist einflößen. Sie ist der geistigen Welt nicht fremd, sondern ihr angemessen, der diese aber ihre Hervorrufung bewirkte. Indem der entwickelnde Wille sich dunkel im Sein regte, entstanden jene Gebilde, jetzt hat sich der Wille

– 192 –

vom Sein getrennt, er ist durchaus frei, frei, als ein zweites Sein, das, obwohl vom Sein getrennt, doch immer Eins mit demselben ist, aber er ist noch nicht vollständig, er ist das Wallen, die Ausführung hat sich eben in der körperlichen Welt offenbart durch die Eindrücke dieser letzteren nun, sieht er die Ausführung in ihrer Reinheit werden um sich, des durch die Ausführung Hervorgerufenen, als dem Sein Angehörige, lässt er zuerst u. bildet sich so erst selbst zu seiner ganzen Vollkommenheit im vollkommenen Maße, als die körperliche Welt. Zur Verdeutlichung diene folgendes: Die Sinne nehmen nicht die Gegen stände selbst auf, sie nehmen aus der Form den Inhalt, der in ihnen liegt auf, u. zwar thun sie so, indem sie sich gegenseitig leidend verhalten; von selbst drückt sich gemäß der Nothwendigkeit das Äußere der Gegen stücke, ihr zweites Ich, ihre Gestaltung, sei es sehend, hörend, fühlend u. [sonst] in den Sinnen auf verschiedene Weise ab, dazu tritt dann thätig der Geist u. nimmt das ihm Verwandte in sich auf u. gestaltet sich dergestalt. So werden die in der äußeren Welt unvollkommenen Urbilder in ihm durch Einwirkung zu ihrer Vollkommenheit zurückge führt u. vollkommene Vollkommenheit [ist] nun das Wallen u. d. Ausführung zugleich mit einander vereinigt, so bleibt der Wille nicht mehr Wille er wird zur Alles umschlingenden Allmacht u.

– 193 –

zieht das Sein immermehr völlig in sein Wesen über, wo dann Beide ganz u. gar wieder, wie es im Grunde immer statt fand, eine einzige Einheit bilden.

Die ganze Besonderheit der Erscheinung des Menschen, in seiner äußeren Gestaltung ein Product des einen Willens, der das zu seiner Thätigkeit nöthige sich hervorrief, welcher Mensch, als solcher im Selbstbewußtein lebt, besteht darin, daß der allgemeine Naturwille in ihm zum Einzelwillen wurde u. sich nun in diesem besonderen Theile wider nach dem Ganzen bildet. Der in ihm zum Ein zelwesen entwickelte Wille ist an u. für sich als […] unthätig, […], erst durch die Eindrücke der äußeren Welt kommt er in Bewegung, welche, anfangs unklar u. verworren nach den Gesetzen genau sich ordnet. Das Streben im All geht dahin, daß jeder Einzelne, jeder Theil für sich selbst die Vollkommenheit des Ganzen erreiche, daher kommt dieses Trennen des Einzel wesen im Menschen, welchem zu dem genannten Zwecke jenes als leitendes Urbild dient.

So lange der Wille nur noch im Sein wirken mußte war er unklar u. vorbestimmt, obwohl sich seine ihm einwohnende Vollkommenheit danach in Allem, was noch nicht als Vollkommenheit offenbaren mußte, vom Sein sich lostrennend, wurde er durch die Eindrücke der geschaffenen Welt zu gleicher, fernerer Thätigkeit angeregt, welche aber, vom Sein unabhängig, vollkommen sein musste. Zugleich nun auf sich beschränkt, bildete sich in ihm das Bewusstsein, anfangs nur in Einzelheiten, später in seiner Vollendung u. Ganzheit, wo er sich dann zur vollkommensten Vollkommen heit bildet, wo er zur Allmacht, was Sein und Wille gleich mäßig in ihrer Einheit in sich fasst, wird.

Obwohl noch Vieles hinzuzufügen, schon zu verändern u. zu erläutern wäre, schließen wir für jetzt hiermit.

Vorgelesen
im Verein
d. 16. Februar 1844 A. Bastian

7.2 Aufsatz Nr. 41: *Worte, gesprochen bei der Einführung eines neuen Mitgliedes*, 7. 7. 1844

Abb. 2: Auszug aus Aufsatzhefte des Wissenschaftlichen Vereins der Primaner, *Heft 20, 1842–1844.*

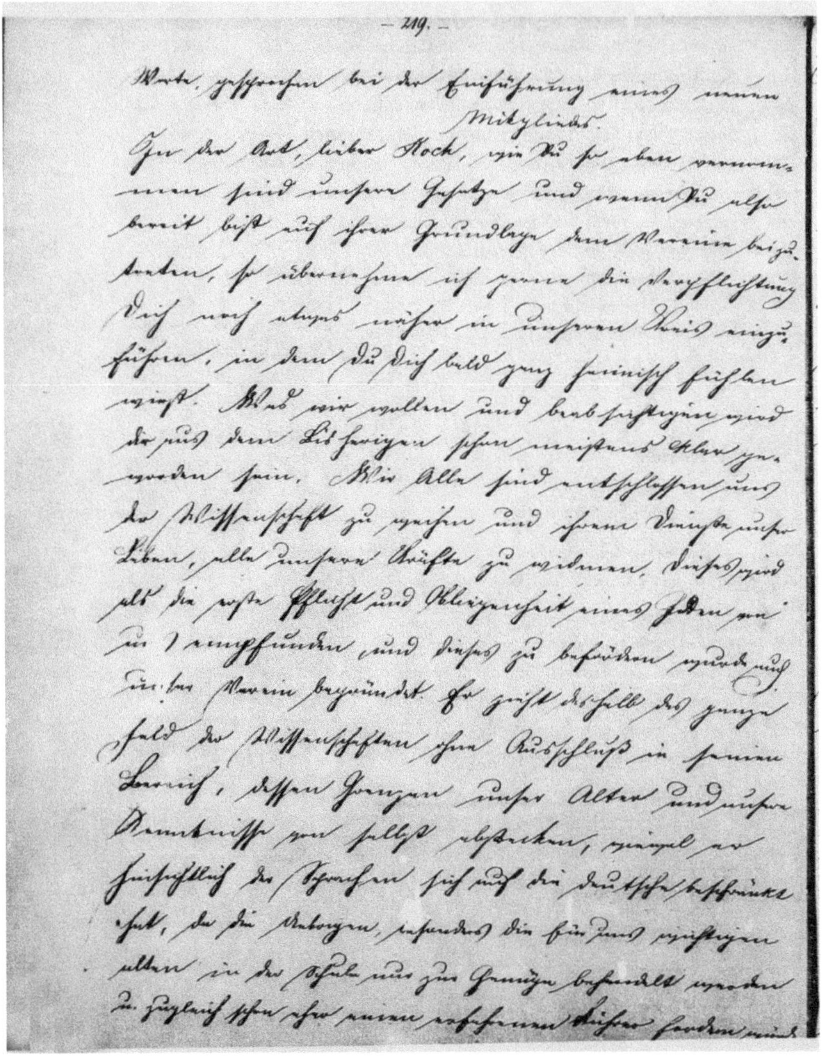

– 219. –

Worte, gesprochen bei der Einführung eines neuen Mitgliedes.

[illegible] der Art, lieber Koch, wie Du sie eben vernommen, sind unsere Gesetze und wenn Du also bereit bist auf ihrer Grundlage dem Vereine beizutreten, so übernehme ich gerne die Verpflichtung Dich noch etwas näher in unseren Kreis einzuführen, in dem Du Dich bald ganz heimisch fühlen wirst. Was wir wollen und beabsichtigen wird dir [illegible] schon meistens klar geworden sein. Wir Alle sind entschlossen uns der Wissenschaft zu weihen und ihrem Dienste unser Leben, alle unsere Kräfte zu widmen. Dies wird als die erste Pflicht und Obliegenheit eines Jeden [illegible] und dieses zu befördern wurde auch der Verein begründet. Er zieht deshalb das ganze Feld der Wissenschaften ohne Ausschluß in seinen Bereich, dessen Grenzen unser Alter und unsere Kenntnisse von selbst abstecken, wenn er hinsichtlich der Sprachen sich auf die deutsche beschränkt hat, da die übrigen, besonders die für uns wichtigen alten in der Schule [illegible] zur Genüge behandelt werden u. zugleich schon eher einen erfahrenen Lehrer fordern, [illegible]

Quelle: StA Brem 7, 1038

- 219 -

Worte, gesprochen bei der Einführung eines neuen Mitgliedes Zu der Art, lieber Koch, wie Du so eben vernom men sind unsere Gesetze und wenn Du also bereit bist auf ihrer Grundlage dem Vereine beizu= treten, so übernehme ich gerne die Verpflichtung Dich noch etwas näher in unseren Kreis einzu= führen, in dem Du Dich bald ganz heimisch fühlen wirst. Was wir wollen und beabsichtigen wird Dir aus dem bisherigen schon meistens klar ge= worden sein. Wir alle sind entschlossen uns der Wissenschaft zu weihen und ihrem Dienste unser Leben, alle unsere Kräfte zu widmen. Dieses wird als die erste Pflicht und Obliegenheit eines Jeden von uns empfunden und dieses zu befördern wurde auch unser Verein begründet. Er zieht deshalb das ganze Feld der Wissenschaft ohne Ausschluß in seinen Bereich, dessen Grenzen unser Alter und unsere Kenntnisse von selbst abstecken, wiewol er hinsichtlich der Sprachen sich auf die deutsche beschränkt hat, da die Uebrigen, besonders die für uns wichtigen alten in der Schule nur zur Genüge behandelt werden u. zugleich schon eher einen erfahrnen Führer [finden] [würden]

- 220 -

als diese rein verstandesmäßigen und auf die Natur der Sache begründeten Erörterungen. Hinsichtlich ihrer sind die Befürchtungen, welche Etwelche hegen möchten über die schlimmen Folgen der Verirrung einer Gesellschaft sich selbst überlassener, junger Leute, wie sie es nennen, völlig unbegründet. Denn dieses Selbst überlassensein, diese Unabhängigkeit stählt den Geist. Daß wir uns irren können u. uns irren gebe ich gerne zu; aber was tut es? Schon das Forschen u. Streben allein ist nicht sich genug anzuschlagen und sind wir auch einmal in den einen oder anderen Irrthum befangen, wir können gewiß sein d. Wahrheit wird uns nicht lange in demselben lassen, und eine solche Aufklärung ist doppelt fruchtbringend. Derartiges kann doch die Schule u. selbst nur durch eine gewisse Oberleitung nie erreicht werden. Der Lehrer kann unmöglich den Schüler stets so ganz und gar völlig kennen, er missversteht ihn, der Geist fühlt sich zugleich durch ihn, wenn auch nur scheinbaren Zuspruch, gedrückt und in seinem schönsten wirken nicht selten gehemmt, nur ein soeins, ungehindertes Schaffen einer gegenseitigen Erörterung unter sich gleichgestellter und eng verbundener Freunde, nur solches kann Früchte tragen, die unseres hohen Bedarfes, für den zu wirken wir nie zu jung sind, würdig sein.

– 221 –

Dieses sind unsere Grundsätze, lieber Koch, nach denen wir stets gewirkt haben und ferner noch zu wirken gedenken, wir sind überzeugt sie werden auch Deinen Beifall haben, nach dem, wie wir bis jetzt Gelegenheit hatten, dich kennen zu lernen. Seither werden wir uns allerdings, aber eigentlich nur weil es äußere Verhältnisse mit sich brachten, etwas fremder, laß uns jetzt nur um so inniger an einander schließen und in Betracht des großen Zieles nach dem wir gemeinsam ringen, durch unsere Kenntnisse und unsere Freundschaft gegenseitig helfen und fördern.

7. Juni 1844 A. Bastian

7.3 Aufsatz Nr. 42: *Die Bildung der Völker*, 21. 6. 1844

Abb. 3: Auszug aus Aufsatzhefte des Wissenschaftlichen Vereins der Primaner, *Heft 20, 1842–1844.*

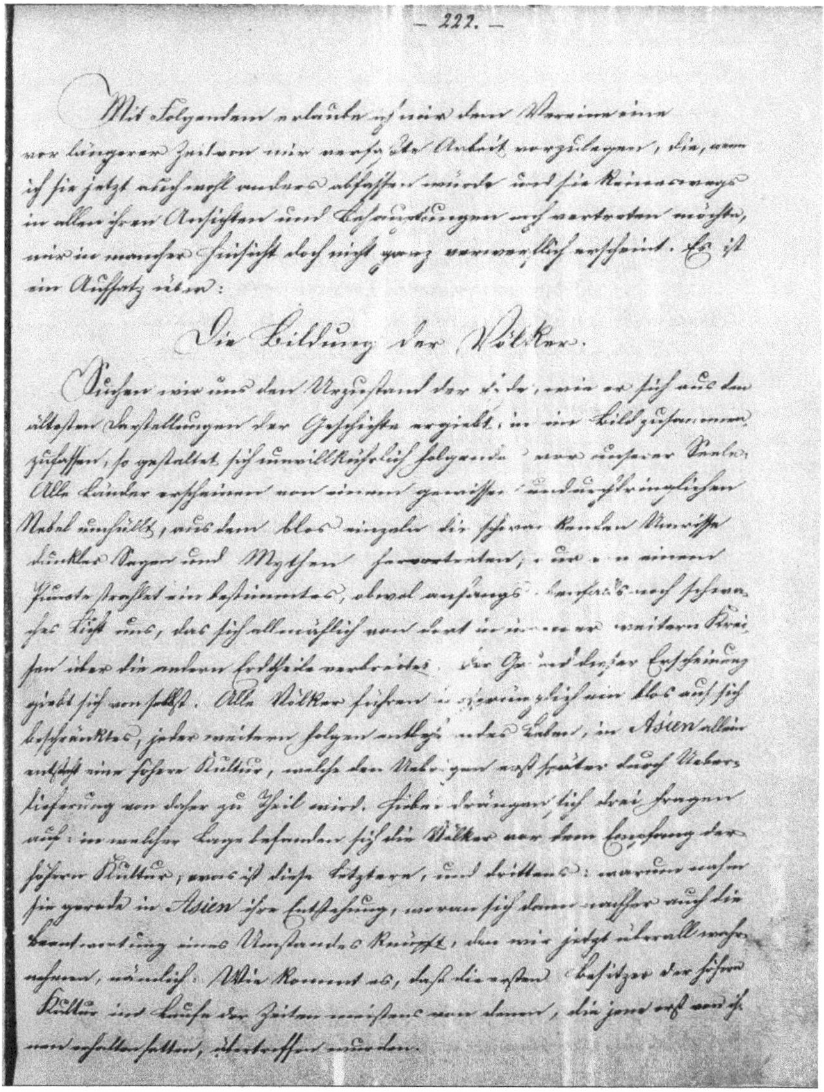

– 222. –

Mit Folgendem erlaube ich mir dem Vereine eine vor längerer Zeit von mir verfaßte Arbeit vorzulegen, die, wenn ich sie jetzt auch noch anders abfassen würde und sie keineswegs in allen ihren Ansichten und Behauptungen noch vertreten möchte, mir in mancher Hinsicht doch nicht ganz verwerflich erscheint. Es ist ein Aufsatz über:

Die Bildung der Völker.

Quelle: StA Brem 7, 1038

– 222 –

Mit Folgendem erlaube ich nur dem Vereine eine vor längerer Zeit von mir verfasste Arbeit vorzulegen, die, wenn ich sie jetzt auch wohl anders abfassen würde und sie keineswegs in allen ihren Ansichten und Behauptungen noch vertreten möchte, mir in mancher Hinsicht doch nicht ganz verwerflich erscheint. Es ist ein Aufsatz über:

Die Bildung der Völker.

Suchen wir uns den Urzustand der Erde, wie er sich aus den ältesten Darstellungen der Geschichte ergiebt, in ein Bild zusammen=zufassen, so gestaltet sich unwillkührlich folgendes vor unserer Seele: Alle Länder erscheinen von einem gewissen undurchdringlichen Nebel umhüllt, aus dem blos einzeln die schwankenden Umrisse dunkler Sagen und Mythen hervortreten, nur von einem Puncte strahlet ein bestimmtes , obwol anfangs [eben]falls noch schwa=ches Licht uns, das sich allmählich von dort in immer weiteren Krei=sen über die andern Erdtheile verbreitet. Der Grund dieser Erscheinung giebt sich von selbst. Alle Völker führen ursprünglich ein blos auf sich beschränktes, jeder weitern folgen entbehrendes Leben, in Asien allein entsteht eine höhere Kultur, welche den Uebrigen erst später durch Über=lieferung von daher zu Teil wird. Hirbei drängen sich drei Fragen auf: in welcher Lage befanden sich die Völker vor dem Empfang der höheren Kultur; was ist diese Letztere, und drittens: warum nahm sie gerade in Asien ihre Entstehung, woran sich dann nachher auch die Beantwortung eines Umstandes knüpft , den wir jetzt überall wahr=nehmen, nämlich: Wie kommt es, daß die ersten Besitzer der höhren Kultur im Laufe der Zeiten meistens von denen, die jene erst von ih=nen erhalten hatten, übertroffen wurden.

– 223 –

Zum weiteren Verständnisse des Folgenden, wollen wir erst einige allgemeine Sätze voranschicken, von deren Wahrheit wir überzeugt zu sein glauben.

Jedes organisch-bewußte Wesen ist von der Natur mit einer Eigenthümlichkeit versehen, in der die Besonderheit seiner Gat tung beruht, dies ist der Instinct bei den einzelnen Thieren, bei dem Menschen die Vernunft, in gewisser Hinsicht der In begriff aller verschiedenen Thieren eigenthümlichen Instincte mit einer Abschwächung der Vollkommenheit des Einzelnen zum Besten der Vollkommenheit des Ganzen, so dass jene in diese auf gehen, in welcher unbestimmten Allgemeinheit zugleich der Keim und die Möglichkeit zum höhern Selbstbewusstsein und höheren Entwi kelung liegt, was bei den Thieren wegen der Schroffheit und der starren Einseitigkeit des Instincs nie eintreten kann.

Jeder Instinct besteht nur im Verhältnis zur Außenwelt, d.h. an und für sich ist er nichts Wirkliches, sondern es zeigt sich nur, wenn es durch irgend eine und zwar feindliche Einwirkung hervorgerufen wird; dasselbe findet auch bei der Vernunft Statt, ein Mensch der von seiner frühesten Kindheit an von jedem Conflict mit der Außenwelt fern gehalten wäre, würde nie zum Gebrauche seiner Vernunft kommen; diese muß angeregt werden, ihr ursprüngliches Verhalten ist leidend, sie vernimmt, aber wenn sie vernommen und in sich auf genommen hat, so gelangt sie unter gewissen, nachher zu erörtern den Bedingungen wegen ihren höhern Begabtheit zur Selbstständigkeit ein Fortschritt, der dem unvollkommeneren minderen Instinct immer versagt bleibt.

Hieran schließt sich: dass der Instinct, der einseitig, nur im Verhältniß zudem, was ihn hervorgerufen in Thätigkeit und, so bald die bewegende Ursache aufgehört hat, wieder zurücktritt, die

– 224 –

Vernunft dagegen, einmal erregt, zugleich stets in Thätigkeit bleibt indem sie, ach wenn die eigentliche Ursache zu wirken aufgehört hat, bei ihrer Allseitigkeit überall zur Aeußerung ihrer Thätigkeit Stoff findet.

Endlich ist noch der Unterschied zu beachten, dass während das Thier für sich allein lebt, der Mensch zur Geselligkeit geschaffen und dann auch nur in Gesellschaft wahrhaft Mensch ist, so dass also Alles, was von dem Menschen als solchen gesagt wird, nur im Betracht der Menschlichkeit im Allgemeinen seine Anwendung findet. Der Mensch als Einzelwesen ist ein Unding, er steht dann selbst tiefer als das Thier, von dem bei einigen Arten, z. B. bei den heerdenweise umherschleichenden Affen, sich schon Anklänge von jenen Zustand findet, seine ganze Natur, seine Beschaffenheit und Lebens[art], [aber] ist auf Geselligkeit berechnet, weshalb er auch in dieser allein das zu werden vermag, wozu er bestimmt ist.

Aus diesen Sätzen, welche sich bei einer einfacher Erwägung der fraglichen Puncte ergeben, geht deutlich hervor, dass der Mensch von der Natur unmittelbar zu nichts Anderem, als einem Erdenwesen gebildet sei. Mal steht er unter diesen, sowohl seinen innern wie äu ßern Eigenschaften noch, auf der obersten Sprosse der Leiter, aber doch immer noch auf derselben Leiter, mal vereinigt er alle bei jenen vereinzelten Vorzüge im vollkommensten Maaße in sich, demnach bleibt er immer noch derselben Gesetzen gebildet, [wie jene] und von derselben Beschaffenheit, aber eben durch diese seine reicheren Bega ungen und seine besonderen Vorzüge liegt die Fähigkeit in ihm, ein höheres Leben aus sich zu entwickeln, in welchem Umstand erst das zu finden ist, was ihm seine hohe und so sehr über alles Andere erhabene

Würde als Mensch verleiht. Deshalb sehen wir noch heute die Pflanze blühen und verwelken, den Baum seine Früchte tragen und Sprossen treiben,

– 225 –

das Thier ohne weiteren Zweck, als die Erhaltung, sein Leben hinbringen. Alle noch heute in demselben Zustande, wie sie aus der Hand der Schöpfung hervorgingen, und in dem selben Zustand werden sie sich noch finden nach Tausenden von Jahren, denn ihnen ist der Wirkungskreis ihrer fähigkeiten in bestimmter Umgrenzung von der Natur zuertheilt, aber was der Mensch geworden seit seinen Stammvätern, u. was wird er noch machen im Lauf der Zeiten! Die Geschichte lehrt, und bei neuentdeckten Inseln zeigt es sich jetzt noch, dass jedes Volk ursprünglich von sich selbst einen gewissen Grad von Bildung besitzt. Eine einfache Betrachtung der Verhältnisse wird dieses als Nothwendigkeit herausstellen. Die Erde war geschaffen, auf ihr der Mensch, in Gesellschaften vereinigt, (welches Zustandes wir als eines unumgänglichen Erfordernisses und als eng mit dem Wesen seiner Gattung verknüpft vermuheten). Die Außenwelt, roh und un geordnet, müsste natürlich feindlich auf ihn wirken, durch welche Einwir kungen also sie die Thätigkeit der Vernunft hervorrief[.] diese trat ins Leben und constituierte sich, und jene unschädlich zu machen, zu einem Gegensatz gegen dieselben. Hierbei unterscheidet sich der Mensch noch in Näh.. von den übrigen Erdenwesen; wie das Thier den Instinct, so schützt auch ihn der Seine, nämlich die Vernunft gegen äußere Eindrücke, nur daß jener bei jedem einzelnen falle eine neue Anregung bedarf, während die letztern, einmal hervorgerufen, für immer han delnd verharrt was ebenfalls aber schon angedeutet wurde. Die Thä tigkeit nun, worin sich diese, gleichsam bewußtlos und nur durch durch die nothwendige folge von Naturgesetzen hervorgerufene Ver nunft offenbart, ist das, nur sich als die ursprüngliche Bildung bei allen Völkern findet. Keiner wird ohne sie sein, Keiner wird aber auch ohne gewisse Bedingungen über sie hinausgehen. Nicht haben die Völ ker sich diese Bildung selbst mit Bewusstsein gegeben, sondern der Natur

– 226 –

trieb schuf sie ihm, daher die große Aehnlichkeit in derselben den Hauptpunk ten nach, bei den verschiedenen Stämmen, indem die nämlichen festen Gesetze hier wie dort ihre Urheber waren. Wir haben sie schon erklärt Als den hervorgerufenen und ins Leben getretenen Gegensatz der Ver nunft zur Außenwelt, gleichsam die verkörperte Vernunft, und aus die ser Erklärung geht zugleich von selbst hervor, daß je nachdem die Einwir kungen der letzteren sie mehr oder minder feindlich berühren, sie sich auch im Einzelnen mehrfach verändert zeigen werde. Die Gegenden der Erde sind sehr verschieden ihrer Beschaffenheit auch in der am glücklich sten gelegenen brauchte der Widerstand gegen die Außenwelt nur ein sehr geringer zu sein, ja die Feindseligkeit derselben ließ sich allmählig so gar völlig besiegen und vernichten. Hiermit war eine bedeutende Verwand lung geschehen, die Vernunft war zur Thätigkeit erweckt, jetzt wurde ihr der Gegenstand genommen, womit sie dieselbe bisher bethätigt hatte, indem sie ohne weitere trennende Schranken der Außenwelt gegenüberstand.

Nach dem durchgehenden Naturgesetze, daß nur in der Bewegung Leben, in der Ruhe aber Tod ist, musste auch sie die letzten mit aller Aufregung zu machen suchen und [blieb] deßhalb noch ferner mit der Außenwelt in Verbin dung, wodurch eine befreundete Wechselwirkung entstand.

Der Geist des Menschen ist eine Welt im Kleinen, er ist, gleich dieser Ein Theil des Universums, in ihm liegen die Keime zu allen sich in der Schö pfung verwirklicht zeigenden Ideen, welche [nur] als unbeschränkter und un abhängiger Eigenwille, selbst zu einer höheren Vollendung, als ein sie sich in jener zeigen, zu führen vermag, obwohl er diese wieder an Umfassenheit u. Ausführung der Einzelheiten nie wird erreichen können.

War der Mensch[nun] in jenes Verhältniß zur Außenwelt getre ten, dessen wir oben erwähnten, so regte das Vorbild der Natur die in ihr schlummernden Fähigkeiten zu selbsthätiger Entfaltung an, und jetzt erst war der Mensch zu höherem Bewusstsein erwacht, in dieser befreundeten

– 227 –

Stellung der Natur zum Geiste lag der Anfang der höheren Bildung, der Bildung, welche eigentlich allein in Wahrheit so genannt werden kann. Diese höhere Bildung könnte, wenn man sie erklären wollte, gewis sermaßen die vergeißtigte Natur genannt werden, der Geist nimmt diese letztere in ihrer Gesamtheit, ihrer Fülle und Tiefe in sich auf und idealisirt sie gleichsam (was also keine bloße Nachahmung sein darf) nach den in ihm lie genden Fähigkeiten. Hierin besteht das eigentliche Wesen jener Bildung; will sie wieder in das äußere Leben hinaustreten, so gestaltet sie sich, da es sich unmittelbar, sondern nur durch das Medium der Sinne geschehen kann, auf verschiedene Art, bald als Dichtkunst für das Ohr, bald für das Auge als Plastik oder sonst, aber alle diese sogenannten schönen Künste, welchen Namen sie auch führen mögen, sie dem Anscheine nach auch noch so sehr von einander abweichen. Alle haben sie denselben Ursprung, bei Al len ist die eigentliche Grundlage ein und dasselbe. Auf diese Weise nun, wie aber ausgeführt, rief die befreundete Stellung der Natur zum Geiste die höhere Bildung hervor, zu welcher also nun diejenigen Völker aus eigener Kraft sich aufzuschwingen vermochten, bei denen jene Stellung möglich war, d.h. die Bewohner der schöneren und glücklicheren Klimata die andern konnten ihrer nur durch Überlieferung theilhaft werden, aber eben darin lag wieder ein Vortheil für sich. Gerade der Umstand, daß jenen das Vorbild der Natur augenscheinlich gegeben war, wurde, obwohl für diese erste Anregung zu dieser Bildung unumgänglich nothwendig, für den fortgang in derselben hinderlich. Natur und Geist *sind [nun] verschiedene Offenbarungen desselben Urwesens, daher gehen die Schöpfungen beider von dem selben Grunde aus, sie laufen in demsel ben Ziele zusammen, aber ihre Wege dahin sind getrennte. Jene Völ ker denen die Natur stets vor Augen stand und sich bei jeder Gelegen heit aufdrängte, wurden bald verleitet, das, was ihnen das Mittel zur Anregung sein sollte, zum Maßstab ihres Handelns selbst zu nehmen,*

– 228 –

oder kurz gesagt: sie ahmten die Natur nach. Bei solchem Beginnen aber war es nicht möglich, daß etwas Genügendes erreicht wurde, denn der Zweck des geistigen Strebens ist ein anderer, so geriethen sie auf verkehrte Irrwege. Noch jetzt liegen uns die Resultate dieses verfehl ten Mühens vor, denn was sind die Riesen-Pagoden der Juden, die Py ramiden der Aegypter anders, als Beweise eines vergeblichen Stre bens nach der Großartigkeit der Natur in ihren Bauwerken? Woher ist die bilderüberladene Sprache des Orients zu erklären, wenn nicht aus dem Wunsche, der Natur gleich zu kommen in der Man nigfaltigkeit und dem Reichthum ihres inneren Lebens? Hierin mußte der Mensch stets zurückbleiben, er ist ein anderes Feld, auf dem er seine Meisterschaft bewähren soll, und so war es natürlich, daß jene Völker in ihrem fruchtlosen Handeln mit der Zeit er matteten. Je mehr die Absichten ihres Strebens mißlangen, um so äußerlicher und nur gedankenlos nachahmend wurde dies; im mer mehr und mehr klammerte er sich einzig an das ihm sinnlich gegebene, so daß bei der überwiegenden [Fülle] und den mächtigen Eindrücken der äußeren Natur in jenen Gegebenden der Geist end lich vor dem Körper zurücktrat. Bisher rastlos einem innern Drange, dem Jeden innewohnenden Wissensdurste gefolgt, lern te der Mensch jetzt, wo er durch die [....]figkeit ermüdet anhielt, an dero Genüssse kennen, der lockende Reiz der Augenblicke überwog die ruhige Ueberlegung, er verließ den eingeschlagenen Weg zu edlerer Glückseligkeit und verlor sich im Labyrinthe der Sinnlichkeit. Die Hieroglyphen der Aegypter, die tiefen Allegorien und My thologien der Juden zeugen noch heute von einer einstigen höheren Stellung dieser Völker, deren Nachkommen jetzt die Weisheit ihrer eigenen Vorfahren in unverstandenen Bildern und Zeichen verschlossen ist. Ein anderer Entwicklungsgang fand bei den Völkern

– 229 –

statt, welche die frühere Bildung nur durch Ueberlieferung von Andern empfingen. Bei ihnen vermachte wegen der allzugroßen Rau heit der Natur die ins Leben getretene Vernunft nicht, den Gegen satz derselben völlig zu vernichten und aufzuheben, sie konnte ihn höchstens besiegen und in seinen feindseligen Einwirkungen auf den Menschen hemmen; da er im Grunde also stets fortbestand, wur de auch ihre Thätigkeit natürlich beständig gegen ihn in Anspruch ge nommen, so daß es ihr nicht möglich war, sich aus eigener Kraft zu der höheren Bildung zu entwickeln. Erst von andern Gegenden her wurde sie diesen Völkern zu Theil, welche sie dann aber, als mühsam erlernt, und so sorgfältigen bewachten, und um so ei friger ergriffen, der ihr geistiges Leben für die Widerwärtigkeiten des Körperlichen Ersatz bot. Ihnen fehlte mit der befreundeten Stellung der Natur das augenscheinliche Vorbild, was zwar wie es einen selbstthätigen Aufschwung gehindert, so im Einzelnen zu man nigfachen Fehlern Anlaß gab, im Ganzen aber nur segens reich ausfallen konnte, denn nun folgte der Mensch einzig der Weisung und der Lehrung seines eigenen, innern Wesens, welcher ihnen selbst zu dem richtigen Wege leiten und vor solchen [Verirrungen], wie eine bloße Nachahmung, schützen musste. Deß halb blieb er nicht in den Grenzen stehen, wie jene Anderen, er erkannte seine wahre Bestimmung nebst dem richtigen Wege, auf dem dieselbe zu erreichen sei, und das unbegrenzte Gebiet des Gei stes betretend, strebt er noch heute, wie damals, und wird fortstre ben in aller Ewigkeit.

Um schließlich einige Worte über den Ort hinzuzufügen, so ha ben wir gesehen, daß die mindere Bildung über die ganze Erde verbreitet gewesen und noch verbreitet sei; die Gegend, wo die höhere ihren ersten Ursprung genommen, kann nur muthmaßlich bestimmt werden.

– 230 –

Es musste nothwendig eine solche sein, wo sich am leichtesten die Hin dernisse der Natur ganz und gar beseitigen ließen, und als die voll kommensten der Art finden sich auf der Erde: Hoch-Asien und Mittel-Amerika, in welchen das Kaschmir-Thal und die Ebene von Quito sprichwörtlich geworden sind. Hirhin gehen in der That auch alle Andeutungen. Die ältesten Sagen der Völker, die Geschichte selbst berichtet, daß von Asien aus die Bildung sich über die Länder ver breitet habe; Amerika mag es sich hinsichtlich seiner etwaig späten Entstehung und seiner Bevölkerung verhalten wie es will, kon te, als getrennt, nur in seinem besonderen Kreise wirken, und daß es das gethan, zeigte sich bei seiner Entwicklung. Die schönste Blüthe der Bildung muß sich, wie in Obigem [hergethan] wurde, in den gemäßigten Zonen entfalten, während in allzubegün sigten Gegenden die Annehmlichkeiten des bürgerlichen Lebens den Schwung des Geistes hindern, und in allzu rauhen, die Wider wärtigkeiten der äußeren Natur den letztern zu sehr in Anspruch nehmen, als daß er sich weiter und höher entwickeln könnte.

[ ]
A. Bastian
21 Juni 1844

7.4 Literaturstudium: Auswahl an Gelehrten

Der Mensch in der Geschichte, Bd. 1–3

Abel-Rémusat, [Jean Pierre]	1788–1832	Sinologe, Bibliothekar Paris Bd. 1: 421
Bleek, [Wilhelm Heinrich Immanuel]	1827–1875	Sprachwissenschaftler, vergleichende Grammatik der südafrikanischen Sprachen Berlin, Kapstadt Bd. 2: 403
Champollion, [Jean François]	1790–1832	Ägyptologe Frankreich Bd. 2: 346
De Sary, [Silvestre de Sacy]	1758–1838	Philologe, Begründer der neuen Arabistik Paris Bd. 2: 49 Bd. 3: 172
Ewald, [Heinrich Georg August]	1803–1875	Orientalist Göttingen Bd. 1: 284, 386 Bd. 2: 112, 436, 487, 488
Hammer[-Purgstall, Joseph von]	1774–1856	Orientalist Wien Bd. 1: 201 Bd. 2: 413, 467, 469 Bd. 3: 29, 30, 32, 75, 81, 198, 328
Klapproth, [Julius]	1783–1835	Sinologe, Reisender Berlin, Paris Bd. 1: 427 Bd. 3: 25, 27, 72, 153, 207
Kojalowitz [Koyalovich, Mikhail]	1828–1891	Historiker, Religionswissenschaften, St. Petersburg Bd. 3: 387
Kölle, [Sigismund Wilhelm]	1820–1902	Missionar, „Polyglotta Africana", vergleichende Sprachforschung Basel, London Bd. 2: 296

Krapf, [Johann Ludwig]	1810–1881	Missionar, Sprachforscher, Entdecker Ostafrika I: 195
Lassen, [Christian]	1800–1876	Indologe, Pali-Philologe Bonn Bd. 2: 351
Magyar, [Láslò]	1817–1864	Kapitän, Entdecker „Reisen in Südafrika“, 1848–1857 Ungarn, Angola Bd. 1: 279 Bd. 2: 121, 303, 329, 408 Bd. 3: 26, 72, 128, 198
Oldendorp, [Christian Georg Andreas]	1721–1787	Herrnhuter Prediger Verfasser von rund 20 Wortverzeichnissen afrikanischer Sprachen, Beschreibung afrikanischer Kultur Hildesheim, St. Thomas, St. Croix, St. Jean Bd. 1: 117, 428, 446 Bd. 2: 44, 91, 93, 123, 174, 300, 326, 339, 341, 342, 346, 361, 362, 471, 473, 489 Bd. 3: 86, 91, 106, 127, 138, 211, 333, 338, 344, 352
Ouseley, [Sir William]	1769–1842	Orientalist, persische Literatur und Geschichte Großbritannien Bd. 1: 413
Raverty, [Henry George]	1825–1906	Linguist, „British Indian Armee“, Afghanistan Bd. 1: 305, 445 Bd. 3: 94, 375
Robertson, [G. H.] [tatsächlich George A. Robertson]	o. N.	Reiseschriftsteller, „Die Republik der Fantees, an der Westküste von Afrika“. In: Ethnographisches Archiv 1820, Bd. 10. Jena Bd. 2: 5, 114 Bd. 3: 303

Schröckh, [Johannes Matthias]	1733–1808	Historiker, „Christliche Kirchengeschichte", 45 Bde., 1768–1812. Wien, Wittenberg Bd. 2: 477, 577
Seyffarth, [Gustav]	1796–1886	Ägyptologe Leipzig Bd. 1: 416
Simon, [Richard]	1638–1712	Theologe, Philosoph, „Geschichte des katholischen Glaubens" Frankreich Bd. 2: 412 Bd. 3: 146, 155, 156
Wilkinson, [John Gardner]	1797–1875	Begründer der britischen Ägyptologie Großbritannien Bd. 3: 419
Wilson, [Horace Hayman]	1786–1860	Orientalist, East India Company, Asiatic Society of Bengal, "Sanskrit-English-Dictionary", 1819 London Bd. 2: 263, 430, 448

7.5 Stationen der Reiseroute von Dezember 1851 bis September 1858

Angaben aus:	
Adolf Bastian	1860: *Meine Reise um und durch die Welt* 1859: *Afrikanische Reisen. Ein Besuch in San Salvador …* 1855: *Die Yankees im Goldlande Peru's*
Recherche	Passagierlisten
Historischer Hintergrund:	Krimkrieg, 1853–56: GB/F/Ty gegen RUSS China hat revolutionäre Erschütterungen zwischen 1850 und 1864 1. Opiumkrieg, 1840 er Jahre 2. Opiumkrieg, 1856–60: GB/F gegen China Britisch-Persischer Krieg, 1856–1857, Frieden von Paris

Stationen der Reiseroute von Dezember 1851 bis September 1858

1851	**1852**	**1854**	**1857**
08. Dezember (Passagierliste)	**31. März (Passagierliste)**	**Juni (Bastian 1855)**	**Januar (Bastian 1859)**
1. Hamburg	2. Sydney 3. Twofold Bay 4. Sydney 5. Manila 6. Amoy 7. Sydney 8. Auckland 9. Tahiti 10. Valparaíso 11. Callao, Lima 12.*Xauxa* [Jauja] 13. Huancavelica	14. Huanca [Region] 15. Ayacucho [Stadt] 16. Cuzco [Stadt] 17. Cuzco [Region] 18. Titicacasee 19. Puno 20. Arequipa [Stadt und Region] 21. Callao 22. Panama 23. St. Thomas 24. Cuba 25. New York, u. a. Orte 26. Jalapa [Xalopa] 27. Mazatlan 28. San Francisco 29. Hongkong, Kanton, Singapur 30. Penang, Kalkutta 31. Patna, Benares, Nagpoor, Bombay 32. *Abuschehr* [Buschehr] 33. *Bassora* [Basra], Bagdad 34. Mossul, Tyrus, Jerusalem 35. Smyrna, Athen, *Konstantinopel*,u.a. 36. Triest, Venedig, Florenz, Rom, u.a. 37. Tunis, Karthago	38. Kairo 39. *Kosseir* [Al Qusair] 40. Dschidda 41. *Hodeida* [Al Hydaydat] 42. *Bete I Fakir* [Bay- al-Fagih], 43.Mocha 44. Aden
	Australien Philippinen China Australien Tahiti Peru	**Peru , Panama, Karibik USA, Mexiko, China, Indien, Persischer Golf, Irak, Naher Osten Europa, Nordafrika**	**Ägypten Saudi Arabien Jemen**

			1858	
Juni **(Bastian 1859)**	**November** **(Bastian 1859)**	**24. Dezember** **(Bastian 1859)**	**September** **(Bastian 1860)**	
45. Mauritius 46. *Cap*	47. Luanda 48. *San Salvador*	49. Luanda 50. *Fernando Po* 51 Cape Coast Castle 52. Liberia 53. Sierra Leone 54. *Bathurst* [Banjul]	55. Teneriffa 56. Madeira 57. Lissabon 58. Cadis 59. Malaga 60. Granada 61. Burgos 62. Bayonne 63. Le Havre 64. Southampton 65. Dublin 66. Glasgow 67. Inverness 68. Edinburg 69. Hull 70. Christiania 71. Tromsö 72. Drontheim 73. Stockholm 74. Upsala 75. St. Petersburg 76. Moskau 77. Nowgorod 78. Warschau 79. Breslau 80. Bremen	
Südafrika	**Angola**	**Angola** **Ghana** **Liberia** **Sierra Leone** **Gambia**	**Europa** **Russland**	

7.5.1 Die nummerierten Stationen der Reiseroute, Dezember 1851 bis September 1858, auf eine zeitgenössische Erdkarte übertragen

Kiepert, Heinrich 1856: Erdkarte in Mercators Projektion. In: Geographisches Institut (Hrsg.): Allgemeiner Hand–Atlas der Erde und des Himmels nach den besten astronomischen Bestimmungen,

neuesten Entdeckungen und kritischen Untersuchungen entworfen, S. 2. Weimar: Verlag des Geographischen Instituts

7.6 Die Vita activa Adolf Bastians: erste Berliner Ethnologen, 1861–1905

Der Einfluss seines Werdeganges in jungen Jahren durch seinen Bildungsweg, die Aneignung einer Wissenschaftstheorie und deren Umsetzung als Konzept und durch die erste Reise, lässt sich im weiteren Leben nachverfolgen. Zur Illustration dieser Einflussgrößen auf den etablierten Forscher in späteren Jahren ist dieser daher nicht chronologisch[609], sondern thematisch geordnet, kurz beschrieben.

1861–1865 Selbststudium

Bastian aktualisierte nach seiner Rückkehr seinen Kenntnisstand auf dem Gebiet der Anthropologie. Er erfuhr 1859 vom Streit zwischen Idealisten und Materialisten auf der Göttinger Naturforscher-Tagung von 1854, vom Disput um Kraft und Stoff, von der im selben Jahr erschienenen Publikation *Anthropologie der Naturvölker* des Theodor Waitz[610] und im Kontakt mit Moritz Lazarus von den Vorbereitungen für eine *Zeitschrift für Völkerpsychologie*. Bastian informierte sich über die Forschungen des Entwicklungsphysiologen und Kraniologen Karl Ernst von Baer. Nach Aufenthalten bei Lazarus und anderen in Leipzig verließ Bastian Ende 1860 den neu gewonnenen Freundeskreis und brach zu einer zweiten Reise auf, um den Spuren der, nach seiner Einschätzung, ältesten *Weltanschauung* auf der Erde, des Buddhismus, zu folgen.[611]

Der 35-jährige Bastian fuhr 1861 von seiner Geburtsstadt Bremen aus über London nach Madras, wo er die Pagoden im Hinterland der Ostküste Südindiens besichtigte, und weiter per Schiff zunächst zum Gangesdelta und dann nach Rangun, wo er in einem Ruderboot auf dem Irrawaddy nach Mandalay und Ava gelangte. In Burma regierte von 1853 bis 1878 König Mindon aus der Konboung-Dynastie über einen Rest des Reiches, der dann 1885 annektiert und der britischen Kolonialregierung in Indien unterstellt wurde.[612] Bastian widersetzte

609 Chronologischer, bebilderter Lebenslauf siehe Peter Bolz 2007: Adolf Bastian: Life and Work. In: Fischer, Manuela 2007: 297–300.

610 Untersuchungen der Bastianschen im Vergleich mit der Arbeit des 1864 verstorbenen Philosophen stehen noch aus.

Siehe Waitz, Theodor 1859: Anthropologie der Naturvölker, Theil 1. Über die Einheit des Menschengeschlechts und den Naturzustand des Menschen. Leipzig: Friedrich Fleischer.

611 Bastian 1881: 31–33

612 Harvey 1929: 430–432

sich Anfang 1862 der Anordnung dieses Königs und versuchte, durch die östliche Gebirgsregion nach China zu gelangen. Er wurde am Hof festgehalten, doch war es ihm in den folgenden sechs Monaten erlaubt, kleine Reisen im Land zu unternehmen und sich mit buddhistischen Gelehrten auszutauschen. Bastian lernte in kurzer Zeit die Sprache und sammelte Kenntnisse über das Land, seine Menschen und vor allem über den Buddhismus. Mit veränderten Reiseplänen verließ Bastian Ava und gelangte über Pegu nach Moulmein, dann den Menam entlang nach Bangkok und Angkor. Weiter in Kambodscha, bestimmte der Mekong seine Reiseroute, bis er im Frühjahr 1864 Saigon erreichte. Von dort segelte er nach Java, zu den Philippinen und nach Japan, um letztlich über Shanghai, Peking, die Mongolei zum Baikalsee zu kommen. Von Irkutsk aus nutzte er die sibirische Handelsstraße per Schlittengespann nach Jekaterinburg, reiste weiter durch das Wolgagebiet nach Astrachan am Kaspischen Meer und durch den Kaukasus und Südrussland schließlich zurück nach Bremen, wo er im Mai 1865 ankam.[613] In der Folge erschien bis 1871 das sechsbändige *Die Völker des östlichen Asien. Studien und Reisen.*

1866 Habilitation

Noch im selben Jahr entschloss sich Bastian für eine akademische Laufbahn in Berlin und reichte im Juli 1866 einen Habilitationsantrag im Fach Ethnographie an der Philosophischen Fakultät unter dem Dekanat des Philologen Moritz Haupt (1808–1874) ein. Sein Anliegen wurde wegen seiner erbrachten Forschungsleistungen wohlwollend geprüft, die philosophische Doktorwürde wurde ihm *honoris causa* verliehen. Nach der Antrittsvorlesung[614] am 8. Dezember 1866[615] und nach Abschluss aller Formalitäten war er Privatdozent an der Friedrich-Wilhelms-Universität.[616]

1867 Institutionen und Personen

Als jemand, der in kurzer Zeit mehr Länder der Erde bereist hatte als seine Zeitgenossen in Berlin, erregte Bastian bei seinem Eintritt in die *Gesellschaft für Erdkunde* 1867, Aufmerksamkeit und

---

613 Schwarz 1909: 6 f. Die Städte- und Ländernamen aus dem Text wurden beibehalten.

614 Originaldokument und Übersetzung der Einladung zur Antrittsrede siehe Fiedermutz-Laun 2007: 60°f.

615 Ankündigung: Habilitationsvortrag v. 4. 12. 1866, s. HU Berlin Phil. Fak. 1207, Bl. 259

616 Anschreiben des Dekans an das Königliche Ministerium v. 12. 12. 1866, s. HU Berlin Phil. Fak. 1207, Bl. 258

„[i]n begeisterter Rede gab Bastian der Art Ausdruck, wie die zahllosen Bilder sich in seinem Geist spiegelten, und suchte die großen Probleme darzulegen, welche er daraus ableitete. Schon im folgenden Jahr, 1868, wählte ihn die Gesellschaft für Erdkunde zu ihrem Vorsitzenden […].“[617]

Unter den an der Geographie interessierten 314 ortsansässigen Mitgliedern, bestehend aus Naturforschern, Medizinern, Verwaltungsbeamten, Lehrern und Buchhändlern, bildeten diejenigen, die zu Forschungszwecken reisten, eine kleine Gruppe. In der Mitgliederliste aus dem Jahr 1868 waren acht junge und in Berlin lebende Forschungsreisende aufgeführt.[618] Mit Fedor Jagor (1817–1900) traf Bastian einen Indien- und Südostasienreisenden[619], der bereits seit 1856 Mitglied war und später zu seinen ständigen Mitarbeitern wurde. In der *Gesellschaft für Erdkunde* begegnete er dem Kustos des zoologischen Museums, Eduard von Martens (1831–1904)[620], der zwischen 1860 und 1862 Ostasien bereist hatte. Der Zoologe und Physiologe Robert Hartmann (1832–1893)[621] hielt sich um 1860 im Nordosten Afrikas auf und der Geograph Ferdinand von Richthofen (1833–1905)[622] war Teilnehmer der preußischen Expedition nach Ostasien; beide betätigten sich seit 1861 in der Gesellschaft. Im Jahr 1867 kam gleichzeitig mit Bastian der vielgereiste, spätere Direktor der Kriegsakademie Friedrich von Etzel (1808–1888) hinzu; ebenfalls Mitglied war dessen Neffe Anton von Etzel (1821–1870)[623], der Reisender und Übersetzer skandinavischer Grönlandbeschreibungen war. Ein Jahr später folgten der Nordafrika-Reisende und Direktor des Aquariums Alfred Brehm (1829–1884)[624] und der angehende Ägyptologe Johann Dümichen (1833–1894)[625].

Die Gesellschaft war 1828 von Carl Ritter sowie von dem Zoologen Christian Gottfried Ehrenberg (1795–1876), dem Geodäten Johann Jakob Baeyer (1794–1855), dem Historiker Leopold von Ledebur (1799–1877) und dem Generaldirektor der Königlichen Museen Ignaz Maria von Olfers (1793–1871) als eine Sektion in der *Gesellschaft Deutscher Naturforscher und Ärzte* gegründet

617 Richthofen 1905: 250 f.
618 Bastian 1868b: 53
619 Grünwedel 1914: I
620 Hoppe 1990: 268
621 MKL 1908 (8): 842
622 MKL 1907 (16): 910
623 MKL 1904 (6): 147
624 Heß 1899: 214–216
625 MKL 1904 (5): 266

worden.[626] Dieser Dachverband deutscher Gelehrter – nach dem Vorbild der *Helvetischen Gesellschaft der Naturforschung* entstanden – war 1822 vom Physiologen und Naturphilosophen Lorenz Oken (1779–1851) initiiert worden. 1828 hatte A. v. Humboldt auf der sechsten Jahresversammlung in Berlin den Vorsitz übernommen.[627]

Ein Anliegen der Sektion *Gesellschaft für Erdkunde* war es, die fachliche Kompetenz verschiedener Gelehrter in Berlin zu bündeln und darüber hinaus den Kontakt und Austausch zu den wissenschaftlichen Vereinigungen in London, Paris, St. Petersburg, Wien, Kalkutta, Madras, New York und Washington zu intensivieren.[628] Ein weiteres Anliegen der Gesellschaft war es, möglichst viele Forschungsvorhaben zu unterstützen, das von Ludwig Leichhardt (1813–1848) und seine Unternehmungen in Australien, und die Expeditionen in Indien und Zentralasien von Adolf von Schlagintweit (1828–1857) und dessen Bruder Hermann (1826–1882), auch die Reisen von Johann Ludwig Krapf (1810–1881) in Ostafrika.[629] Im Gegensatz zu den europäischen Kolonialmächten gab es im preußischen Königreich wenig finanzielle staatliche Unterstützung für die Berliner Gesellschaft, und ihr eher privater Charakter beschränkte den Aktionsradius.[630]

1868 Forschungsförderung

In seiner Eigenschaft als Vorsitzender führte Bastian das Anliegen der Stifter weiter. In seiner Rede zum vierzigsten Jubiläum berichtete Bastian über die verbesserten Forschungsbedingungen durch den damals aktuellen technologischen Stand: Eisenbahnlinien, Telegraphenleitungen und Dampfschifffahrt sorgten dafür, dass schneller gereist und Nachrichten rascher vermittelt werden könnten. Bastian war sich sicher, dass seine Generation erstmals an den Gegebenheiten von *Raum und Zeit zu rütteln wagte* und dass der Geist jetzt auch *mit Dampfkraft* arbeite.[631]

In diesem Sinne unterrichtete Bastian die Öffentlichkeit von den Unternehmungen der *Geographischen Gesellschaft* in Australien, Polynesien, Neuseeland, Amerika, Asien, Afrika und Europa. Dem Nordpolargebiete galt besonderes Interesse, da es in diesem Teil der Welt auch noch unerforschte Gebiete gab

---

626 Gesellschaft für Erdkunde Berlin 1858: 31
627 Degen 1966: 350–352
628 Ritter, C. 1858: 4
629 Ratzel 1888: 690
630 Ratzel 1888: 4
631 Bastian 1868b: 20 f.

und *die Erforschung des Nordpols […] in Folge der unermüdlichen Betreibung unseres Gothaer Geographen eine internationale Angelegenheit werden zu wollen* schien,[632] wenn aus deutscher Sicht neben französischen, britischen und russischen auch ein deutsches Vorhaben durchgeführt werde. Der Agitator der deutschen Polarforschung, jener *Gothaer Geograph*, war August Petermann (1822–1878), der nach seinem langjährigen Aufenthalt in London 1855 Herausgeber der *Mitheilungen aus Justus Perthes Geographischer Anstalten über wichtige neue Erforschungen aus dem Gesamtgebiet der Geographie* wurde. Es war eine Zeitschrift, die zum Thema Entdeckungen aus allen Erdteilen mit neuesten Karten und Originalbeiträgen der Forscher Anerkennung und Absatz fand.[633] In dieser Zeitschrift warb er im deutschsprachigen Raum für ein wissenschaftliches und nationales Interesse an einer Polarexpedition.[634]

Bastian unterstützte die Expedition von Berlin aus und war durch seine Kontakte in Bremen mit ihr verbunden. Von dort kam das Angebot, ein mit Dampf getriebenes Walfangschiff für die erste Expedition 1868 zu nutzen. Der Direktor der Steuermannsschule Arthur Breusing (1818–1892) verstärkte das Planungsgremium,[635] und Bastians dortigen Freunde, Lindeman und Hartlaub, engagierten sich im *Bremer Comité für die zweite deutsche Nordpolarfahrt* 1869. Ein Ziel der ersten Expedition war unter vielen anderen, ethnographische Gegenstände mitzubringen. Petermann wies auf noch wenig bekannte Berichte hin, die von zahlreichen Bewohnern an der Ostküste Grönlands zeugten.[636] Diese Annahme konnte durch die Reise nicht bestätigt werden; das Ergebnis dieser Unternehmung entsprach insgesamt nicht den hochgesteckten Zielen. Die Fahrt hatte für Petermann einen

> „vorwiegend nautischen und pionirenden Charakter […]. Die Expedition hat verdienstliche Aufnahmen von Küsten und Inseln ausgeführt, und es ist das erste Mal in der Geschichte der Geographie, dass [in dieser Region] deutsche Namen auf der Landkarte verstatten, und zwar in der hohen Breite zwischen 79° und 80°."[637]

Als Danksagung an die Unterstützer der Expedition werden unter anderen die Namen wie *König Wilhelm* und *Königin Auguste* an Orte vergeben.[638] Im

---

632 Bastian 1868b: 22
633 Wichmann 1887: 796–798
634 Koldewey 1979: 4–8, 19
635 Petermann 1868: 208, 218
636 Petermann 1868: 218–224
637 Abel 1954: 15
638 Petermann 1868: 217

Expeditionsbericht ist für den 2. September 1868 die Landaufnahme der *Bastian-Inseln*[639] beschrieben.[640]

1869 Gesellschaft für Anthropologie, Ethnologie und Urgeschichte

Neben der Förderung geographischer und ethnographischer Kenntnisse verfolgte Bastian die Schaffung einer ethnologischen Gesellschaft. Er nahm den Gedanken Carl Ritters auf, innerhalb der Geographie eine ethnologische Sektion zu gründen. Zunächst entstand eine vorläufige Vereinigung von Freunden ethnologischer Studien und 1869 erschien die erste Ausgabe der *Zeitschrift für Ethnologie und ihre Hülfswissenschaften als Lehre vom Menschen in seiner Beziehung zur Natur und zur Geschichte* unter Mitwirkung des Mediziners und Forschungsreisenden Robert Hartmann. Zur Methode einer möglichen, neuen Disziplin erschien zunächst sein Artikel *Das natürliche System in der Ethnologie* – und beide Initiatoren erfuhren mit ihren programmatischen Darlegungen eine positive Aufnahme. Die vorläufige ethnologische Vereinigung folgte im Dezember 1869 einem Aufruf der anthropologischen Sektion der *Gesellschaft Deutscher Naturforscher und Ärzte* und gründete eine regionale *Berliner Gesellschaft für Anthropologie, Ethnologie und Urgeschichte.*[641]

Zur ersten konstituierenden Sitzung fanden sich unter dem Vorsitz des Pathologen Rudolf Virchow und seiner Stellvertreter, Bastian und der Botaniker Alexander Braun (1805–1877), sechs Mitglieder der *Gesellschaft für Erdkunde* zusammen: der Physiologe Emil Du Bois-Reymond (1818–1896), der Geologe Ernst Beyrich (1815–1896), der Kartograph Heinrich Kiepert (1818–1899), der Philologe Wilhelm Koner (1817–1887, der Historiker Leopold von Ledebur und der Zoologen Alfred Brehm (1829–1884). Als Nicht-Mitglieder waren anwesend der Botaniker Nathanael Pringsheim (1823–1894) und der Sprachwissenschaftler Moritz Lazarus.[642]

---

639 Siehe The Norwegian Polar Institute 2011: Place names in Norwegian polar areas. Genaue Lage der nach Bastian benannten Inselgruppe im Spitzbergen–Archipel

640 Koldewey 1979 [1871]: 162 f.

641 Lissauer 1905: 234 f.
Siehe auch Annette Lewerenz 2007: Adolf Bastian and Rudopf Virchow in the Berlin Society of Anthropology, Ethnology and Prehistory. Changes in Chairmen and Scientific Discourse. In: Fischer, Manuela 2007: 83–91; und 2004: Les premières années de la Société berlinoise d'anthropologie, d'ethnologie et de préhistoire. In: Céline Traumann–Waller: Quand Berlin pensait les peuples. Anthropologie, ethnologie et psychologie (1850–1890), p. 41–57. Paris: CNRS Éditions

642 Bastian 1869a: 480

Virchow[643] übernahm 1858 die Nachfolge A. v. Humboldts in der *Gesellschaft Deutscher Naturforscher- und Ärzte* und wurde in der zweiten Hälfte des 19. Jahrhunderts zu einem prägenden Vertreter neuer wissenschaftlicher Anschauungen.[644] Im September 1869 bildete er zusammen mit dem Geologen Carl Vogt (1817–1895) aus Genf, dem Zoologen Karl Semper (1832–1893) aus Würzburg, dem Geologen Adolf Pichler von Rautenkar (1819–1900) aus Innsbruck[645] und dem Mediziner Romeo Seligmann (1808–1892) aus Wien[646] den Gründungsausschuss der *Anthropologischen Gesellschaft*. Im Aufruf zum Beitritt wurde als Begründung für die Autonomie von den Tagungen der *Gesellschaft Deutscher Naturforscher und Ärzte* in Innsbruck angeführt, dass die *Urgeschichte* des Menschen, die Kenntnisse seiner körperlichen Beschaffenheit und ihrer Übergänge und seiner *Culturzustände*, Sitten und Gebräuche in den verschiedenen Völkern die Forschungsgegenstände sein werden.[647] Schon auf der Tagung 1868 in Dresden wurde die Separation von der Medizin vorformuliert.

> „Die Forschung über Leib und Seele des Menschen, über Ursprung und Einheit oder Stammesverschiedenheit des Menschengeschlechts, über Race und Charakter der verschiedenen Völker sind in neuerer Zeit so lebhaft betrieben worden [...], daß es an der Zeit erscheint, für die Wissenschaft der vergleichenden Anthropologie und Ethnologie eine eigene Section zu gründen, da dieselbe in die bestehenden Sectionen Zoologie, für vergleichende Anatomie und vergleichende Pathologie und für Anatomie und Physiologie sich kaum mehr einordnen lassen."[648]

Die Neuausrichtung geschah vor dem Hintergrund einer langjährigen Debatte über die Herkunft des Menschen und seine Abstammung und Verwandtschaft im Tierreich. Dabei galt die Unveränderlichkeit der Arten und somit die deutliche Abgrenzung des Menschen im Tierreich für eine unumstößliches Fundament. Charles Darwin hatte 1859 in *On The Origin of Species by means of natural Selection or, the preservation of favoured races in the struggle for life* die Selektionstheorie formuliert, die das Denken der Folgezeit revolutionierte. Bastian gestand Darwin zu, dass er durch seine Materialiensammlung der Forschung

---

643 Siehe Annemarie Fiedermutz–Laun 2004: Adolf Bastian et Rudolf Virchow: figures berlinoises des science de l'homme. In: Céline Trautmann –Waller: Quand Berlin pensait les peuples. Anthropologie, ethnologie et psychologie (1850–1890), p. 78–92. Paris: CNRS Éditions

644 Bochalli 1948: 276

645 Brenner-Archiv der Universität Innsbruck [26.09.2006]

646 Wurzbach, von 1932: 50

647 Degen 1968: 410 f.

648 Degen 1968: 408

eine vielversprechende Aussicht eröffnet hatte, *aber dennoch finden sich unter seinen Anhängern noch immer crass-mechanische Ansichten ausgesprochen*[649]. Sieben Jahre später schrieb er:

> „Gegenüber den masslos ungestümen Theorien [...] lag es vor Allem der Ethnologie ob, sich abwehrend zu verhalten, denn sie musste sich am Schwersten und am Directesten bedroht fühlen. Gerade in ihren neu angesammelten Materialien schwellen überall und ringsum die Keime zu verlockenden Hypothesen, die in populärer Verflachung weiter wuchern und, wenn frühreif dem Publikum überliefert, bethörende Epidemien hervorrufen würden."[650]

1868 Ethnologische Sammlungen

Adolf Bastian hielt fest, dass es – bezogen auf den Kenntnisstand am Ende der 60er und zu Beginn der 70er Jahre des 19. Jahrhunderts – besonders für die Ethnologie noch zu früh für evolutionistische Schlussfolgerungen sei. Demnach könne erst durch genügend ethnographisches Anschauungsmaterial ein ethnologisches System errichtet werden. Bastian unterstrich *mit dem wissenschaftlichen Bürgerrecht der exacten Naturstudien* die Selbstständigkeit für seine Disziplin und begründete damit die Forderung nach einem Museum. Seiner Vorstellung nach sollten hier die Gegenstände der *heimkehrenden* Reisenden für die *Gelehrtenrepublik* aufbewahrt und verfügbar gehalten werden. Nicht in den *Musensitzen heiterer Künste*, sondern auf dem *Altar trockener und ernster Scholastik* sollten sie wissenschaftlich ausgewertet werden.[651]

In Berlin[652] hatte Ignaz von Olfers, seit 1839 als Generaldirektor der *Königlichen Museen*, nach vorhandenen Plänen die *Spreeinsel* zu einer *Freistatt* für die Kunst und die Wissenschaften umgestaltet. Durch sein und A. v. Humboldts Engagement konnte von 1842 bis 1845 eine gut ausgestattete Expedition – unter der Leitung von Lepsius – nach Ägypten geschickt werden, die u. a. neue Gegenstände für die ethnographische Abteilung erbrachte. Zur Entlastung der sich ausweitenden Museumstätigkeit bekam Olfers ab 1868 eine Kommission

649 Bastian 1871a: 14

650 Bastian 1878a: 43; siehe auch Fiedermutz–Laun 1970 zu Fragen nach „Ursprung und Abstammung", zu Darwin, Haeckel und Deszendenztheorie 1970: Aus der Wissenschaftsgeschichte. In: *Paideuma* XVI: 45–51; 52–57

651 Bastian 1881: 43–45

652 Museums–Sammlungen in der Zeit nach Bastian siehe Viola König 2007: Adolf Bastian and the Sequel: Five Com-panions and Successors as Collectors for Berlin's Royal Museum of Ethnology. In: Fischer, Manuela 2007: 127–139; siehe auch Angelika Tunis 2007: "I concider it My Duty to Make Our Museum the Largest and Most Beautiful in the World". In: Fischer, Manuela 2007: 166–170

von Sachverständigen zur Seite.[653] Für den Ausbau und für die Verwaltung der ethnographischen Abteilung im *Neuen Museum* auf der Spreeinsel war Bastian vorgesehen. Im Januar 1869 erfolgte seine Wahl zum Mitglied der naturwissenschaftlich-medizinischen Gelehrtengesellschaft *Deutsche Akademie der Naturforscher Leopoldina.*[654]

1871 Universität

Nach der Gründung des *Deutschen Kaiserreichs* 1871 verlegte Bastian seinen Schwerpunkt auf die Etablierung der Ethnologie als Universitätsfach[655]. Am 01.03.1871 verfasste er ein persönliches Dankschreiben an die Philosophische Fakultät und betonte darin:

> „Mein Dank für dieses freundliche Entgegenkommen war umso aufrichtiger, weil ich darin den Beweis sehen durfte, dass die Fakultät die Gewichtigkeit der Gründe anerkannte, die eine Aufnahme der Ethnologie unter den gegenwärtigen Zeitverhältnissen empfahlen, und dass an derjenigen Universität, in deren Hörsälen der große Reformator unserer neuen Geographie so lange Jahre hindurch erfolgreich gewirkt hatte, die von ihm erweckten und vertretenen Anschauungen lebendig geblieben waren."[656]

Des Weiteren unterstrich er die Nützlichkeit – unausgesprochen für das politisch veränderte Deutschland – einer Ethnologie für Diplomatie, Wirtschaft und Handel, ebenso für die Medizin, das Rechtswesen, die Philologie und Philosophie. Unter den Universitäten war Berlin der erste Standort, an dem dieses Fach vertreten sein würde, dessen Inhalte zurzeit einer oberflächlichen Popularisierung preisgegeben seien. Die Schwierigkeit, ein neues Fach – zumal die hier vertretenen Ansichten von den geläufigen Vorstellungen abwichen – in die Universität einzufügen, werde erleichtert, wenn der akademische Lehrer den Titel eines außerordentlichen Professors besäße. Zu seiner eigenen Befähigung gab er zu bedenken, dass es in Europa nur wenige Gebildete gebe, die ethnologische Fragestellungen zum Gegenstand ihres Studiums und Selbststudiums gemacht

---

653 Donop, von 1886: 290 f.

654 Aufnahme in die *Deutsche Akademie der Naturforscher Leopoldina* am 1. 1. 1869, Matrikel-Nr. 2093. Ich danke Archivarin Susanne Horn für diese Auskunft per E-Mail v. 23. 3. 2009.

655 Zur Geschichte der Ethnologie in Berlin siehe Georg Pfeffer 2007: The History of Ethnology in Berlin. Berlin Liberalism from Virchow to the Present. In: Fischer, Manuela 2007: 77–82

656 Anschreiben Bastians an die Philosophische Fakultät v. 1. 3. 1871, s. HU Berlin Phil. Fak. 1434, Bl. 219

hätten.[657] Am 27. Dezember 1871 teilte der Minister der geistlichen, Unterrichts- und Medicinal-Angelegenheiten der Philosophischen Fakultät Bastians Ernennung zum außerordentlichen Professor mit.[658]

1873 Afrika-Forschung

Im Kreis der *Gesellschaft für Erdkunde* entstand zu dieser Zeit der Plan, sich auch den unbekannten Gebieten in Afrika zuzuwenden. Nach der nationalen Einigung bestehe die Aussicht, dass Expeditionen der *Deutschen Gesellschaft zur Erforschung Äquatorial-Afrikas* großzügiger gefördert würden. 1873 initiierte Bastian als deren Vorsitzender eine Erkundungsfahrt in das Mündungsgebiet des Kongo,[659] an der er zeitweise teilnahm. Das geographisch und ethnologisch ausgerichtete Unternehmen scheiterte und kam über ein Basislager an der Küste nicht hinaus, weil Epidemien, Missgeschicke und Unglücksfälle die Durchführung behinderten und der Kontakt nach Berlin unterbrochen war.[660]

Aufgrund seiner weiteren Reisen und seiner Museumstätigkeit war Bastian in der Afrika-Forschung nicht mehr aktiv. Seine Stelle im Vorstand in der – inzwischen in *Deutsche Afrikanische Gesellschaft* umbenannten – Gesellschaft übernahm Paul Güßfeldt (1840–1920). Der Mehrheit der Mitglieder genügten seit 1876 die rein wissenschaftlich bestimmten Aufgaben nicht mehr. Sie wollten (wie andere, europäische *Culturvölker*) ihre *intellektuelle Macht* nutzen, die unzivilisierten Völker auf eine neue Stufe zu heben, ihren *barbarischen Gebräuchen* ein Ende zu machen und den allgemeinen Menschenrechten zur Geltung verhelfen. Sie sahen sich der *Culturaufgabe* verpflichtet, Ansiedlungen, Ackerbau und Industrie zu fördern und das Christentum anstelle des Heidentums zu setzen.[661]

Diese Umorientierung geschah unter dem Vorsitz von Gustav Nachtigal (1834–1885) und stand im Zusammenhang mit der Gründung einer deutschen Sektion innerhalb der *Association internationale* des belgischen Königs Leopold II. Diese Ausrichtung wurde als *Belebung* verstanden und sollte die Spendenbereitschaft aus Kaufmannschaft und Industrie fördern. Die finanzielle

---

657 Anschreiben Bastians an die Philosophische Fakultät v. 1. 3. 1871, s. HU Berlin Phil. Fak. 1434, Bl. 219–220R

658 Anschreiben des Ministers an die Philosophische Fakultät v. 27. 12. 1871, s. HU Berlin Phil. Fak. 1499, Bl.°349

659 Lindeman 1905: 3

660 Bastian 1875, Bd. 2: XI f.

661 Erman 1879: 1 f.

Situation blieb angespannt und änderte sich erst mit der aktiven, deutschen Kolonialpolitik. Mit dieser Neuausrichtung wurde von einer wissenschaftlichen Körperschaft ein *volles Programm deutscher Kultivation* für Afrika aufgestellt und sie erhielt staatliche Mittel.[662] 1883 stellte Bastian sich gegen diese Zeitströmung und argumentierte mit Berufung auf die Nationalökonomen Wilhelm Roscher (1817–1894) und Friedrich List (1789–1846) gegen den anachronistischen, deutschen Kolonialismus im Zeitalter des Freihandels. Danach sollte eine afrikanische Gesellschaft nur wissenschaftliche Ziele verfolgen, von denen die Kaufleute dann indirekt profitieren würden. In Deutschland begann man aber nun, *manch sonderbar Allerlei* zu verlangen, und dazu wurde *Afrika in jeder Form der Redewendung vorgeführt, und bald ein Schaustück, im Kranz der allmählich gemehrten Zahl „berühmter“ Afrika-Reisender.*[663]

1875-1903 Museum

Im Auftrag des königlichen Museums[664] reiste Adolf Bastian 1875 zum vierten Mal, diesmal nach Ecuador, Kolumbien, Peru, Guatemala, quer durch Nordamerika und zu den Antillen, um 1876 mit einer neuen Sammlung zurückzukehren und sie dem Bestand hinzuzufügen. Bereits 1878 verließ er erneut Berlin und bereiste auf seiner fünften Reise Vorder- und Hinterindien.[665] Er befuhr den Indus, gelangte über Ceylon *nach der bunt zusammen gewürfelten Völkertafel des Indischen Archipels*, den er von Batavia aus bereiste. Über Australien, Neuseeland, die Viti- und Sandwichinseln kehrte er, nach einem kurzen Aufenthalt in Kalifornien und New York, nach Europa zurück.[666]

> „Bei damaligem Besuch fand sich die Bataviaasch Genootschap, unter Herrn Der Kinderen´s verdienstvollem Vorsitz in voller Tätigkeit, […], und in der Bibliothek lagen die reichsten Schätze aufbewahrt […]. Weite Theile des Archipel lagen indess völlig brach, […].“[667]

662 Essner 1985: 24–28

663 Bastian 1883: 7, 9, 18 f.

664 Das Museum von den Anfängen bis zur Ära Bastian, mit Bildmaterial zum Museumsbau siehe Peter Bolz 2007:
From Ethnographic Curiosities to the Royal Museum of Ethnology. Early Ethnological Collections in Berlin. In: Fischer, Manuela 2007: 173–190

665 Siehe Hans Berg 2007: Adolf Bastian and his Relationship with Southeast Asia. In: Fischer, Manuela 2007: 173–190

666 Embacher 1961: 27. Ländernamen wurden aus dem Text übernommen.

667 Bastian 1987 [1893]: V

Adolf Bastian veröffentlichte seine Forschungen aus diesem Teil des niederländischen Kolonialgebiets[668] 1884 in fünf Bänden unter dem Titel *Indonesien oder die Inseln des malayischen Archipels,* mit dem die Länderbezeichnung zu einem neuen Begriff in der Ethnologie und in der Linguistik wurde.[669]

Als Leiter der *Ethnographischen Abteilung* bedauerte Bastian, dass ein systematischer Katalog der übernommenen und bis 1877 erweiterten Sammlung mit 3.389 Objekten noch nicht erstellt werden konnte. Raumnot und Lichtmangel in den zugeteilten Räumen des *Neuen Museums* erlaubten nur eine magazinähnliche Verwahrung der Gegenstände und waren nach seinen Kriterien für eine Ausstellung nicht geeignet. Der beabsichtigte und genehmigte Bau eines eigenen Museums müsse daher jetzt mit Eifer in die Tat umgesetzt werden, auch weil die Ethnologie in ihrer Ausgestaltung auf wissenschaftliches Material angewiesen sei, „*[…] da es jetzt die letzte und höchste Zeit dafür ist, und so manche günstige Gelegenheit leider schon für immer durch das Verschwinden der ursprünglichen Volksstämme […] unwiederbringlich verloren gegangen ist*“[670]. Im Museumsführer war der Bestand nach geographischer Einteilung aufgeführt, der durch neueste Erwerbungen der Expedition mit *S. M. Schiff Gazelle* zu den Inseln Ozeaniens ergänzt wurde.

In den Jahren 1880 bis 1886 blieb Bastian in Berlin, da mit dem Bau des *Museums für Völkerkunde* begonnen wurde. An der Ecke Königgrätzer und Prinz-Albrecht-Straße[671] entstand ein vierstöckiger Bau im Stil der italienischen Hochrenaissance mit offener Vorhalle, einem mit Säulen umgebenen Lichthof für große Ausstellungsobjekte, einer Bibliothek, Arbeitszimmern und einem Hörsaal für

---

668 Siehe auch Nicole Manon Lehmann 2007: Indonesia Contra Insulinde – Islands behind India. In: Fischer, Manuela 2007: 233–237

669 Kötter 1979: IX°f.
„Das Wort <Indonesien> erscheint jedoch schon in der 1850 veröffentlichten Abhandlung des britischen Ethnologen J. R. Logan: <The Ethnology of the Indian Archipelago and Eastern Asia>. Entsprechend nannte Logans Landsmann G. N. Earl die Bewohner des Malaiischen Archipels Indu-nesier und Malayu-nesier. Logan benutzte das Wort im Geographischen Sinne, während Earl ihm eine ethnologische Bedeutung gab. […] Die aus dem damaligen Niederländisch-Ost-Indien stammenden Studenten gaben ihrer Vereinigung schon im Jahr 1922 den Namen: Perhimpunan Indonesia. Dahinter stand ein politisches Programm für den weiten Archipel in Südostasien beiderseits des Äquators.“

670 Bastian 1877: 3 f.

671 Architekten-Verein zu Berlin 1896: Stadtplan von Berlin. (Die Königgrätzer Straße ist die heutige Stresemannstraße; der damalige Standort des Museums für Völkerkunde entspricht heute dem Parkplatz am Martin-Gropius-Bau.)

200 Personen. Eine Warmwasser-Heizung, ein Ventilationssystem im gesamten Haus und elektrisches Licht im Hörsaal ermöglichen eine Nutzung nach neuestem Stand der Technik. Die Ausstellungsräume waren um einen offenen Hof gruppiert, eine gleichmäßige Helligkeit wurde durch weite Fenster erreicht, die Sammlungsschränke waren ohne Zierrat aus Eisen gefertigt und in den Räumen in einem Fischgrätensystem aufgestellt, die nach der Selbstbeschreibung *die bedeutendste und am besten geordnete* ethnologische Sammlung *der Welt* aufnahmen.[672]

Unter den verbesserten Bedingungen der Unterbringung wuchs die Sammlung im letzten Jahrzehnt des Jahrhunderts weiter an. Bastians wissenschaftlich begründete Dringlichkeit des Sammelns motivierte ihn in seiner eigenen Reisetätigkeit, aber auch zur *systematischen Aussendung wissenschaftlicher Reisender* und dem Aufruf an Privatleute, *die ephemeren Gebilde der Naturvölker* und *Zeugnisreste aller Völkerstämme vor der Nacht toter Vergessenheit* zu bewahren und in der noch verbleibenden *kurzen Erntezeit eifrigst Ethnographica* ins Museum zu bringen.[673]

Drei Reisen unternahm Bastian zwischen 1889 und 1903. Erwerbungen aus Indien und Ozeanien brachte er 1891 zurück und empfahl die Einrichtung eines Ankauffonds, weil die Preise beständig stiegen, *da mit der Entfaltung der ethnologischen Wissenschaft* das Interesse an ihnen ständig zunehme und das echte und zuverlässige Angebot sich vermindere.[674] Mit 70 Jahren, unter Umgehung der Feierlichkeiten in Berlin, befand sich Bastian 1896 auf Java und Bali, in den Jahren 1901 bis 1903 in Indien und Ceylon.

1868–1905 Publikationen

> „Wie kein zweiter hat er dem Abendland den ganzen Reichtum der alten Kultur dieser Inseln erschlossen. Er erforschte als erster in exakter Zeitfolge die Geschichte der einzelnen Inseln und der auf den Inseln gebildeten Staaten. Der Geschichte folgen die Berichte über örtliche Sagen, über Sitten und Gebräuche. Eine Fülle von Anmerkungen bringt Analogien, vergleichbare Vorgänge aus aller Welt. Die Arbeit umfasst besonders auch vergleichende Studien der zahlreichen malayischen Dialekte.“[675]

Die Chronik des Verlages hob Bastians Indonesien-Werk aus der Fülle seiner Publikationen hervor, aus deren Haus die meisten seiner Publikationen seit 1868 stammen. Bastian stand für das Unternehmen als Forscherpersönlichkeit

672 Architekten-Verein Berlin 1896: 228–230

673 Bastian 1881: 92, 94

674 Bastian 1881: 74

675 Brauer 1958: 102

exemplarisch für dessen Übergang von ihrer Hauptsparte, nämlich Archäologie und Linguistik, zu einer zweiten, den Naturwissenschaften. Mit seiner Bearbeitung allgemein-psychologischer Probleme betrat Bastian für den Verlagsautor wissenschaftliches Neuland.[676]

Der Zwang der Dinge, der sich für Bastian in seinem langen Forscherleben ergeben hatte, veranlasste ihn – noch während seines Aufenthalts in Ceylon – sein letztes, in Eile und auf Deutsch abgefasstes, Manuskript *Die Lehre vom Denken, zur Ergänzung der wissenschaftlichen Psychologie, Für Überleitung auf die Geisteswissenschaften* in einer Druckerei in Colombo drucken zu lassen. Für die fehlerhafte Ausführung entschuldigte sich Bastian im Vorwort, nahm sie aber in Kauf[677]:

> „In dieser heute an uns, ebenso unerwartet fast, wie gebieterisch, herangetretenen Aufgabe einer wissenschaftlichen Vorbegründung der Ethnologie kommen indessen so weite und bedeutsame Interessen in Frage, dass derjenige, der sich ganz und voll von ihnen durchdrungen fühlt, zu jedem Opfer persönlicher Befriedigung bereit sein muss, um der gestellten Aufgabe in vollem Masse zu genügen. Er wird sich nicht scheuen dürfen, seine Bücher harten Verdammungsurtheilen auszusetzen, […]“[678]

1905 Nachruf

Die Nachricht von seinem Tod während einer Sammlungsreise am 5. Februar 1905 in Port of Spain erreichte Berlin mit dreiwöchiger Verspätung.

Trinidad gehörte seit 1802 zur britischen Krone und hatte zusammen mit Tobago 1889 eine relative Eigenständigkeit innerhalb der Kolonialverwaltung erlangt. Um die Jahrhundertwende überwand die Hauptstadt allmählich die *nineteenth-centuary malaise*, zu der fehlende öffentliche Einrichtungen (wie Kanalisation und Straßen), aber auch zu wenig Schulen, Krankenhäuser und Friedhöfe beigetragen hatten. Seit 1840 gab es ein privates *Colonial Hospital*, in dem von zwei Ärzten rund hundert Patienten – zumeist Europäer und Amerikaner – behandelt wurden.[679] Die letztlich ungeklärten Umstände von Bastians Tod und seiner Bestattung[680] verursachten eine missliche Lage. Es galt einen Adolf Bastian

676 Brauer 1958: 102

677 Brauer 1958: 103

678 Bastian 1878, Bd. 2: XXV

679 Ottley 1970: 72, 107

680 Der Direktor des Unitätsarchivs der Herrnhuter Brüdergemeine, Rüdiger Kröger, konnte die Schilderung einer gebührenden Bestattung durch einen ihrer Prediger nicht bestätigen. Im Jahresbericht der Station, im Schriftwechsel der Missionsdirektion, in Zeitschriften der Brüdergemeinde und in den personenbezogenen Akten

offiziell gebührend zu Ehren, dem die Fachwelt in Berlin zwar viel zu verdanken hatte, dem man aber in seiner fachlichen Ausrichtung mehrheitlich die Gefolgschaft verweigerte.

Karl von den Steinen übernahm die Aufgabe, vor den ehemaligen Kollegen Bastians und seinen persönlichen Kontrahenten unter den Trauergästen, die richtigen Worte zu finden. Er beschrieb Bastian als eine in der Wissenschaft einzigartige Persönlichkeit, die in ihrer Widersprüchlichkeit schwer zu erfassen sei. Bastian stelle einerseits für Außenstehende mit seinem unangepassten Lebensstil und seinen Angewohnheiten aus einem asketischen und zurückgezogenen Leben eine starke Abweichung von den Konventionen im Berlin um 1900 dar.[681]

Auf der ersten Forschungsreise habe Adolf Bastian seine Lebensaufgabe erkannt und rund 45 Jahre verfolgt. In Verbindung mit seiner selbstgesetzten Aufgabe wäre er ein Seelenfischer, der Mitstreiter für seine Sache mit suggestiver Kraft und durch seinen integren Charakter gewinnen und halten konnte.

Für von den Steinen hatte der Forscher Bastian eine Vision, auf die er konzentriert, mit reinem, selbstlosen Streben folgte.[682]

---

des Predigers Marc Richard um 1905 befanden sich keine derartigen Hinweise. Es ist auch kein Beleg zu finden, der einen fachlichen Kontakt Adolf Bastians mit einem der Missionare im damaligen Westindien-Ost bestätigt. Ich danke Rüdiger Krüger für die Recherche und die freundliche Auskunft in dieser Frage.

681 Steinen, von den 1905: 237, 240 ff.

682 Steinen, von den 1905: 241, 249

8. Quellenverzeichnis

8.1 Abkürzungsverzeichnis

ADB	Historische Kommission der Bayerischen Akademie der Wissenschaften (Hrsg.) 2003 [1875–1912]: Allgemeine Deutsche Biographie, 56 Bde. Leipzig, München, Berlin: Dunker & Humblodt. URL: http://www.deutsche-biographie.de/index.html
BB19	Historische Gesellschaft des Künstlervereins (Hrsg.) 1912: Bremische Biographien des 19. Jahrhunderts. Bremen: Gustav Winter
BBKL	Bautz, Traugott (Hrsg.) 1996–: Biographisch-Bibliographisches Kirchenlexikon, 33 Bde. Herzberg, Nordhausen: Traugott Bautz. URL: http://www.bbkl.de
BEdN	Engelhardt, Dietrich von (Hrsg.) 2003: Biographische Enzyklopädie deutschsprachiger Naturwissenschaftler, 2 Bde. München: K. G. Saur
BioLex	Pagel, Julius (Hrsg.) 1901: Biographisches Lexikon hervorragender Ärzte des 19. Jahrhunderts. Berlin, Wien: Urban & Schwarzenberg Fortsetzung: Hirsch, August (Hrsg.) 1929–1934: Biographisches Lexikon der hervorragenden Ärzte aller Zeiten und Völker, 5 Bde. Berlin: Urban & Schwarzenberg
BJb	Historische Gesellschaft Bremen (Hrsg.) 1847–: *Bremisches Jahrbuch*. Bremen: Carl Schünemann
BJDN	Bettelheim, Anton (Hrsg.) 1905: Biographisches Jahrbuch und Deutscher Nekrolog. Berlin: Reimer
DFA	Geßner, Gerhard (Hrsg.) 1988: Deutsches Familienarchiv. Ein genealogisches Sammelwerk. Neustadt: Degener
DgB	Geographische Gesellschaft (Hrsg.) 1877–1969: *Deutsche Geographische Blätter*. Bremen: Trüjen

DNP	Landfester, Manfred u. a. (Hrsg.): Der neue Pauly. Enzyklopädie der Antike, 15 Bde. Stuttgart, Weimar: J. B. Metzler
DUDEN	Klosa, Annette; Stolze- Stubenrecht, Werner; Wermke, Matthias (Hrsg.) 1997: Duden, 12 Bde. 2. Aufl., Mannheim, Leipzig, Wien, Zürich: Dudenverlag
EB	Garvin, J. L.; Hooper, Franklin (Eds.) 1929: The Encyclopaedia Britannica, 14th Edition, 24 Vols. London, New York: The Encyclopaedia Britannica Company
GG	Brunner, Otto; Conze, Werner; Koselleck, Reinhart (Hrsg.) 1997: Geschichtliche Grundbegriffe. Historisches Lexikon zur politisch-sozialen Sprache in Deutschland. 7 Bde, unveränderter Nachdruck, 1. Aufl. Stuttgart: Klett-Cotta
GJb	Zentralstelle für Personen- und Familiengeschichte (Hrsg.) 1961–2008: Genealogisches Jahrbuch. Neustadt: Degener
Globus	1862–1910: *Globus*. Illustrierte Zeitschrift für Länder- und Völkerkunde. Vereinigt mit den Zeitschriften *Das Ausland* und *Aus allen Weltteilen*. Braunschweig: Friedrich Vieweg & Sohn
HiN	Ette, Ottmar; Knobloch, Eberhard (Hrsg.) 1999: *Humboldt im Netz*. Internationale Zeitschrift für Humboldt-Studien. Universität Potsdam u. Alexander-von-Humboldt-Forschungsstelle der Berlin-Brandenburgischen Akademie der Wissenschaften. Potsdam, Berlin: Selbstverlag. URL: http://www.hin-online.de
HWPh	Ritter, Joachim; Gründer, Karlfried; Gabriel, gottfried (Hrsg.) 2010: Historisches Wörterbuch der Philosophie, 13 Bde. Basel: Schwabe. URL: http://www.ulb-muenster.de/dbis-cd/7314.ica
MKL	Bibliographisches Institut (Hrsg.) 1903–1913: Meyers Großes Konversationslexikon, 24 Bde. 6. Aufl., Leipzig, Wien: Bibliographisches Institut
NwR	Rotta, Hans (Hrsg.) 1948–: *Naturwissenschaftliche Rundschau*. Stuttgart: Wissenschaftliche Verlagsgesellschaft
NDB	Historische Kommission der Bayerischen Akademie der Wissenschaften (Hrsg.) 2007 [1953–]: Neue Deutsche Biographie, 23 Bde. Leipzig, München, Berlin: Dunker & Humblodt. URL: http://www.deutsche-biographie.de

PGM Petermann, August (Hrsg.) 1855–1878: *Mittheilungen aus Justus Perthes Geographischer Anstalt über wichtige neue Erforschungen auf dem Gesamtgebiet der Geographie*, 24 Bde. Gotha: Justus Perthes. Fortsetzung 1938–2004: *Petermanns Geographische Mitteilungen*. Gotha: Klett-Perthes

PhL Eisler, Rudolf 1912: Philosophen Lexikon. Leben, Werke, Lehren. Berlin: Mittler. URL: http://www.archive.org/details/philosophemlexik00eisl

PhW Schischkoff, Georgi 1991: Philosophisches Wörterbuch, 22. Aufl., Stuttgart: Alfred Kröner

PROP Mann, Golo; Nitschke, August (Hrsg.) 1991: Propyläen Weltgeschichte, 10 Bde. Berlin: Propyläen

U-Lex Pierer, Heinrich August 1857–65: Universal-Lexikon der Gegenwart und Vergangenheit oder neuestes Enzyklopädisches Wörterbuch der Wissenschaft, Künste und Gewerbe, 19 Bde. Altenburg: Pierer. URL: http//:www.zeno.org/nid/2009885587

WdV Hirschberg, Walter 1999: Wörterbuch der Völkerkunde. Berlin: Reimer

WPh Mauthner, Fritz 1923–1924: Wörterbuch der Philosophie. Beiträge zu einer Kritik der Sprache, 3 Bde. Leipzig: Meiner. URL: http://www.zeno.org/Mauthner-1923

ZfE Bastian, Adolf; Hartmann, Robert (Hrsg.) 1869–1908: *Zeitschrift für Ethnologie*. Organ der Berliner Gesellschaft für Anthropologie, Ethnologie und Urgeschichte. Berlin: Wiegand & Hempel

8.2 Literaturverzeichnis

Abel, Herbert; Jessen, Hans (1954): Kein Weg durch das Packeis. Anfänge der deutschen Polarforschung (1868–1889). Schriften der Wittheit zu Bremen, D, 21–1: 15. Bremen: Carl Schünemann.

Achelis, Thomas (1891): Adolf Bastian. In: Virchow, Rudolf; Wattenbach, Wilhelm (Hrsg.): Sammlung gemeinverständlicher wissenschaftlicher Vorträge, VI (128) [Hamburg: Verlagsanstalten], 263–300.

Ackerknecht, Erwin (1964): Gall, Franz Josef. NDB 6: 42.

Adressbuch der Universität Heidelberg (1845): Sommer-Halbjahr. URL: http://digi.ub.uni-heidelberg.de/diglit/UA1840WSbis1845SS/0237?sid=a64e6ed8d7db6817b5aad9b3fb5bbac [02.11.2009].

Akademie der Wissenschaften zu Göttingen (Hrsg.) (2009): Kant's Vorlesungen. Vorlesungen über physische Geographie, Bd. III, 1. Bearbeitet von Werner Stark u. Reinhard Brandt. Berlin, New York: Walter de Gruyter. [Kant's gesammelte Schriften, Bd. 26, Abt. 4, Vorlesungen, 3. Bd., erster Teil.

Angenendt, Arnold (1997): Geschichte der Religiosität im Mittelalter. Darmstadt: Primus.

Anschütz, Richard (1899): Rose, Heinrich. In: ADB 29: 177-181.

Anzeige der Vorlesungen, (1845): welche [...] auf der Grossherzoglich Badischen Ruprecht-Carolinischen Universitaet zu Heidelberg gehalten werden sollen. Heidelberg: Karl Winter. URL: http://digi.ub.uni-heidelberg.de/diglit/VV1840WSbis1845SS/0220?sid=a414eda15ca6b55b6337f53afc97f837 [02.11.2009] URL: http://digi.ub.uni-heidelberg.de/diglit/VV1840WSbis1845SS/02 21?sid=a414eda15ca6b55b6337f53afc97f837[02.11.2009] URL: http://digi.ub.uni-heidelberg.de/diglit/VV1840WSbis1845SS/02 2"?sid=a414eda15ca6b55b6337f53afc97f837 [02.11.2009].

—(1845–1846): URL: http://digi.ub.uni-heidelberg.de/diglit/VV1845WSbis1850SS/0004?sid=93751d0ee84dccbeeab3c77d26d65398[02.11.2009]URL: http://digi.ub.uni-heidelberg.de/diglit/VV1845WSbis1850SS/0005?sid=93751d0ee84dccbeeab3c77d26d65398[02.11.2009] URL: http://digi.ub.uni-heidelberg.de/diglit/VV1845WSbis1850SS/0006?sid=93751d0ee84dccbeeab3c77d26d65398 [02.11.2009] URL: http://digi.ub.uni-heidelberg.de/diglit/VV1845WSbis1850SS/00 07?sid=93751d0ee84dccbeeab3c77d26d65398 [02.11.2009].

—(1846): URL: http://digi.ub.uni-heidelberg.de/diglit/VV1845WSbis1850SS/00 27?sid=93751d0ee84dccbeeab3c77d26d65398 [02.11.2009] URL: http://digi.

ub.uni-heidelberg.de/diglit/VV1845WSbis1850SS/00 28?sid=93751d0ee84dccbeeab3c77d26d65398 [02.11.2009]URL: http://digi.ub.uni-heidelberg.de/diglit/VV1845WSbis1850SS/00 29?sid=93751d0ee84dccbeeab3c77d26d65398 [02.11.2009] URL: http://digi.ub.uni-heidelberg.de/diglit/VV1845WSbis1850SS/00 30?sid=93751d0ee84dccbeeab3c77d26d65398 [02.11.2009].

Architekten-Verein zu Berlin (Hrsg.) (1896): Berlin und seine Bauten. Öffentliche Bauten, Bd. II. Berlin: Wilhelm Ernst & Sohn.

Ärztlicher Verein zu Bremen (1844): Biographische Skizzen verstorbener Bremischer Ärzte und Naturforscher. Bremen: Georg Heyse.

Bandorf, Melchior Josef (1881): Jessen, Peter Willers. In: ADB 13: 786 f.

Bartuschat, Wolfgang (2006): Baruch de Spinoza. München: C. H. Beck.

Bastian, Adolf (1855): Die Yankees im Goldlande Peru's. Eine Episode. [für das *San Francisco Journal* geschrieben]. Bremen: G. Hunckel.

—(1859): Afrikanische Reisen. Ein Besuch in San Salvador der Hauptstadt des Congo. Ein Beitrag zur Mythologie und Psychologie. Bremen: Heinrich Strack.

—(1860): Meine Reise um und durch die Welt. In: *Illustrirte Zeitung*, H. 35, 219–222.

—(1868a): Beiträge zur vergleichenden Psychologie. Die Seele und ihre Erscheinungsformen in der Ethnographie. Berlin: Dümmler.

—(1868b): Zur Erinnerung an die Feier des vierzigjährigen Stiftungsfests der Gesellschaft für Erdkunde. In: Direktor der Nikolai-Sternwarte (Hrsg.): Jahresbericht vom 24. Mai 1868. St. Petersburg: Kaiserliche Akademie der Wissenschaften, 1- 44.

—(1868c): Über die ärztlichen Befügnisse des Capitains auf Kauffahrttheischiffen. Berlin: Bernstein.

—(1869a): Sitzungsbericht der Gesellschaft für Anthropologie, Ethnologie und Urgeschichte in Berlin. In: *ZfE* 1: 480.

—(1869b): Reisen im indischen Archipel. Singapore, Batavia, Manilla und Japan. Die Völker des östlichen Asien, Bd. 5. Jena: Costenoble.

—(1869c): Alexander von Humboldt. Festrede bei der von den naturwissenschaftlichen Vereinen Berlins veranstalteten Humboldt-Feier. Berlin: Wiegandt & Hempel.

—(1869d): Das natürliche System in der Ethnologie. In: *ZfE* 1: 1–23.

—(1871a): Ueber ethnologische Eintheilungen. In: *ZfE* 3: 14.

—(1871b): Reisen in China von Peking zur mongolischen Grenze und Rückkehr nach Europa. Die Völker des östlichen Asien. Studien und Reisen, Bd. 6. Jena: Costenoble.

—(1875): Die deutsche Expedition an der Loango-Küste, nebst älteren Nachrichten über die zu erforschenden Länder, 2 Bde. Jena: Costenoble.

—(1877): Führer durch die Ethnographische Abteilung. Berlin: Berg & von Holten.

—(1878): Beiträge zu Geschichtlichen Vorarbeiten auf westlicher Hemisphäre. Die Culturländer des Alten America, 2 Bde. Berlin: Weidmannsche Buchhandlung.

—(1881): Die Vorgeschichte der Ethnologie. Deutschland's Denkfreunden gewidmet für eine Mussestunde. Berlin: Ferdinand Dümmler.

—(1883): Zwei Worte über Colonial-Weisheit von jemandem, dem dieselbe versagt ist. Berlin: Ferdinand Dümmler.

—(1888): Allerlei aus Volks–und Menschenkunde, 2 Bde. Berlin: Mittler & Sohn*.

—(1900): Die Völkerkunde und der Völkerverkehr mit seiner Rückwirkung auf die Vorgeschichte. Berlin: Weidmann*.

—(1901): Die Probleme humanistischer Fragestellungen und deren Beantwortungsweisen unter den Zeichen der Zeit. Berlin: Dietrich Reimer.

—(1968) [1860]: Der Mensch in der Geschichte. Zur Begründung einer psychologischen Weltanschauung, 3 Bde. Osnabrück: Biblio.

—(1987) [1893]: Indonesien oder die Inseln des Malayischen Archipels. V. Lieferung. Java und Schluss. Osnabrück: Biblio.

Baur, Gustav (1876): Campe, Joachim Heinrich. In: *ADB* 3: 733–737.

Becher, Wolf (1905): Geschichte des ärztlichen Standes. In: Neuburger, Max; Pagel, Julius (Hrsg.): Handbuch der Geschichte der Medizin, Bd. 3, Jena: Gustav Fischer, 1001–1023.

Bechtloff, Dagmar (2001): Bremer Kaufleute im Asienhandel während des 19. Jahrhunderts. In: Bremen - Ostasien. Eine Beziehung im Wandel. 100 Jahre Ostasiatischer Verein Bremen. Bremen: Hauschild, 44–54.

Bellers, Jutta (2007): Adolf Bastian and Bremen. Hansiatic youth, 1826 to 1845. In: Fischer, Manuela; Bolz, Peter; kamel, Susan (eds.): Adolf Bastian's "Universal Archive of Humanity". The Origins of German Anthropology. Hildesheim: Olms, 11–21.

Benedict, Philip (2002): Christ's Church purely reformed. New Haven, London: Yale University Press.

Berghaus, Heinrich (1850): Physikalischer Atlas. Geographisches Jahrbuch zur Mittheilung aller wichtigen neuen Erforschungen. Gotha: Justus Perthes.

Bernoulli, August (1808): Iselin, Isaak. In: *ADB* 23: 772–776.

Bertuch, Friedrich Justin; Vater, Johann Severin (Hrsg.) 1808 Plan und Ankündigung des Archivs für Ethnographie und Linguistik. In: Bertuch, Friedrich Justin; Vater, Johann Severin (Hrsg.). Allgemeines Archiv für Ethnographie und Linguistik. Weimar: Verlag des Landes-Industrie-Comptoirs. URL: http://zs.thulb.uni-jena.de/receive/jportal_jportal_00000043 [16.12.2008].

Bloch, Alexandra (2005): Chavannes, Alexandre César. In: Historisches Lexikon der Schweiz, No 1 (12.01.2005). URL: http://www.hls-dhs-dss.ch/textes/d/D28145.php [24.01.2011].

Boas, Franz (1908): Anthropology. New York: Columbia University Press.

—(1916): The mind of primitive man. New York: The Macmillan Company.

Bochalli, Richard (1948): Die Gesellschaft Deutscher Naturforscher und Ärzte als Spiegelbild der Entwicklung der Naturwissenschaften und Medizin. In: *NwR* 1 (5): 276–278.

Brauer, Adalbert (1958): Dümmler-Chronik. Aus anderthalb Jahrhundert Verlagsgeschichte. Bonn: Ferdinand Dümmler.

Braun, Hermann (1997): Welt. In: GG 7: 490.

Brenner-Archiv Adolf Pichler von Rautenkar. URL: http://www.uibk.ac.at/brenner-archiv/archiv/pichler.html [26.09.2006].

Brierley, Michael W. (2004): Naming a Quiet Revolution. The Panentheistic Turn in Modern Theology. In: Clayton, Philipp; Peacocke, Arthur (Eds.): In Whom We Live and Move and Have our Being. Reflections on God's Presence in a Scientific World. Grand Rapids: Eerdmans Publishing, 1–15.

Brückner, Wolfgang (2009): Lebensstile calvinistisch-reformierten Kirchenvolks. Überlegungen und Beispiele zur kulturprägenden Kraft von Konfessionen. In: Reiß, Ansgar; Witt, Sabine (Hrsg.): Calvinismus. Die Reformierten in Deutschland und Europa. Dresden: Sandstein, 357–363.

Buffon, George-Louis Leclerc de Comte de (1752): Allgemeine Historie der Natur nach allen ihren besonderen Theilen abgehandelt. Hamburg, Leipzig: Grund & Holle*.

Club zu Bremen (Hrsg.) (1933): 150 Jahre Bremer Clubleben. Ein Beitrag zur Kulturgeschichte Bremens. Bremen: Stalling.

Dahm, Christof (1992): Johannes der Priesterkönig. In: *BBKL*: 530–533.

Das Gupta, Tapan Kumar (1990): Von Kant zu Bastian. Ein Beitrag zum Verständnis des wissenschaftlichen Konzeptes Adolf Bastians mit vier kleinen Schriften von demselben. Hamburg: Selbstverlag.

Degen, Heinz (1966): Die Gesellschaft Deutscher Naturforscher und Ärzte als Keimzelle naturwissenschaftlicher und medizinischer Vereinigungen. In: *NwR* 19 (9): 350–357.

—(1968): Rudolf Virchow und die Entstehung der Deutschen Gesellschaft für Anthropologie. In: *NwR* 21 (10): 410–414.

Dierksmeier, Claus (1999): Karl Friedrich Christian Krause und das „gute Recht". In: *Archiv für Rechts- und Sozialphilosophie* 85: 75–94.

Dieterici, Friedrich Wilhelm (1858): Anrede und Trinkspruch an die Ehren-Mitglieder der Gesellschaft und deren gegenwärtigen Repräsentanten, Wirklichen Geheimen Rath, Herrn Alexander von Humboldt Exzellenz. In: Gesellschaft für Erdkunde Berlin (Hrsg.) (1858): Zur Erinnerung an die Feier des dreißigjährigen Stiftungsfestes der Gesellschaft für Erdkunde. Berlin: R. Decker, 3–10.

Donop, Georg von (1886): Ignaz Franz Werner Maria von Olfers. In: *ADB* 24: 290–291.

Dove, Alfred (1899): Dove, Heinrich Wilhelm. In: *ADB* 48: 51–69.

Duden, Bd. 7: Herkunftswörterbuch (1997) Mannheim: Dudenverlag, S. 79–80, [Begriffe: *bewußt, Bewusstsein*].

Ehrmann, Theophil Friedrich (1786): Beytrag zu einer redenden Naturlehre und Physiognomik der Menschheit, Bd. 1. Nürnberg: Christoph Weigel u. Adam Gottlieb Schneider. URL: http://www.archive.org/details/beytragzueinerr00ehrmgoog#page/n19/mode/2up [07.01.2009]. Oclc-id 37844945.

—(1791): Beytrag zu einer redenden Naturlehre und Physiognomik der Menschheit, Bd. 2. Nürnberg: Christoph Weigel u. Adam Gottlieb Schneider. URL: http://www.archive.org/details/beytragzueinerr00ehrmgoog#page/n435/mode/2up [07.01.2009]. Oclc-id 37844945.

—(1808): Umriss der allgemeinen und besonderen Völkerkunde. In: Bertuch, Friedrich Justin; Vater, Johann severin (Hrsg.): Allgemeines Archiv für Ethnographie und Linguistik. Weimar: Verl. des Landes-Industrie-Comptoirs,

9–25 URL: http://www.zs.thulb.uni-jena.de/receive/jportal_jportal_000000 43 [16.12.2008].

Eisler, Rudolf (1912): Bacon, Francis (Baco von Verulam). In: PhL: 41–43.

Elsmann, Thomas (1994): Neuhumanismus im höheren bremischen Bildungswesen (1800–1850). In: Wittheit zu Bremen (Hrsg.): Klassizismus in Bremen. Formen bürgerlicher Kultur. Bremen: Hauschild, 223–228.

Embacher, Friedrich (1880): Die wichtigsten Forschungsreisen des neunzehnten Jahrhunderts. Braunschweig: Friedrich Vieweg & Sohn.

—(1961) [1882]: Lexikon der Reisen und Entdeckungen. Amsterdam: Meridian Publishing Co.

Emminghaus, Hermann (1878): Allgemeine Psychopathologie zur Einführung in das Studium der Geistesstörungen. Leipzig: F. W. C. Vogel.

Engelsing, Rolf (1958): Bremisches Unternehmertum. Sozialgeschichte 1780/1870. In: *BJb*, Bd. II: 7.

—(1961): Bremen als Auswanderungshafen 1683–1880. Bremen: Carl Schünemann [*Veröffentlichungen aus dem Staatsarchiv der Freien Hansestadt Bremen*, H. 29].

Engermann, Stanley; Higman, B. W. (1997): The demographic Structure of the Caribbean slave society in the eighteenth and nineteenth centuries. In: Knight, Franklin (Ed.): General History of the Caribbean, Bd. III. London, Basingstoke: Unesco Publishing, 49–52.

Entholt, Hermann (1909): Das bremische Gymnasium von 1765 bis 1817. In: BJb 22: 9–120.

—(1932): Geistige Bewegungen und Zustände Bremens in der ersten Hälfte des 19. Jahrhunderts. Bremen: Winter.

Erman, Wilhelm (Hrsg.) (1879): Mitteilungen der Afrikanischen Gesellschaft in Deutschland, Bd. 1. Berlin: Selbstverlag.

Essner, Cornelia (1985): Deutsche Afrikareisende im 19. Jahrhundert. Zur Sozialgeschichte des Reisens. Wiesbaden: Franz Steiner.

Ewers, Hans-Heino; Völpel, Annegret (1999): Kinder- und Jugendzeitschriften. In: Fischer, Ernst; Haefs, Wilhelm; Mix, York Gothart (Hrsg.): Von Almanach bis Zeitung. Ein Handbuch der Medien in Deutschland 1700–1800. München: Ch. Beck, 137–156.

Fechner, Gustav Theodor (1851): Zend Avesta. Über die Dinge des Himmels und des Jenseits vom Standpunkt der Naturbetrachtung, 3 Bde. Leipzig: Leopold

Voß. URL: http://archive.org/details/zendavestaoderb00lassgoog[24.01.2012]. Oclc-id03915694.

Fiedermutz-Laun, Annemarie (1970): Der kulturhistorische Gedanke bei Adolf Bastian. Systematisierung und Darstellung der Theorie und Methode mit dem Versuch einer Bewertung des kulturhistorischen Gehaltes auf dieser Grundlage. Wiesbaden: Franz Steiner.

—(2007): The Scientific Legacy of Adolf Bastian (1826–1905). Compilation, Evaluation and Signifiance of Knowledge about Life and Work of the Scholar. In: Fischer, Manuela; Bolz, Peter; Kamel, Susan (Eds.): Adolf Bastian's "Universal Archive of Humanity". The Origins of German Anthropology. Hildesheim: Olms, 55–74.

Fischer, Max (1922): Gustav Theodor Fechners Zend-Avesta. Gedanken über die Dinge des Himmels und des Jenseits vom Standpunkt der Naturbetrachtung. Leipzig: Insel.

Fischer, Manuela; Bolz, Peter; Kamel, Susan (eds.) (2007): Adolf Bastian's "Universal Archive of Humanity". The Origins of German Anthropology. Hildesheim: Olms.

Fleischer, Dirk (2010): Lebendige Geschichte. Hermann Samuel Reimarus und Johann Salomo Semler auf der Suche nach der biblischen Wahrheit. In: Beutel, Albrecht; Leppin, Volker; Sträter, Udo; Wriedt, Markus (Hrsg.): Aufgeklärtes Christentum. Beiträge zur Kirchen- und Theologiegeschichte des 18. Jahrhunderts. Leipzig: Evangelische Verlagsanstalt, 75–92.

Focke, Wilhelm Olbers (1912)a: Hartlaub, Carl Johann Gustav. In: BB19: 202–206.

—(1912b): Bastian, Adolf. In: BB19: 25.

Fränkle, Ludwig (1900): Zeune, August. In: *ADB* 45: 123.

Frenzel, Herbert; Frenzel, Elisabeth (1993): Daten deutscher Dichtung. Chronologischer Abriß der deutschen Literaturgeschichte, 2 Bde, 27. Aufl. München: Deutscher Taschenbuch Verl.

Fröbel, Julius (1857–58): Aus Amerika. Erfahrungen, Reisen und Studien, 2. Bd. Leipzig: Dyk'sche Buchhandlung. URL: http://archive.org/details/ausamerikerfahru02frrich [10.11.2006].Identifier-bib GLAD-84136509.

Garin, Eugenio (1991): Die Kultur der Renaissance. In: PROP 6: 432–533.

Gesellschaft für Erdkunde Berlin (1858): Zur Erinnerung an die Feier des dreißigjährigen Stiftungsfestes der Gesellschaft für Erdkunde. Berlin: R. Decker.

Glade, Dieter (1965): Bremer im Fernen Osten. Auswanderungen und Reisen, festgestellt aus den Bürgerrechtsakten des Bremischen Staatsarchivs. In: Prüser, Jürgen (Hrsg.): 1000 Jahre Bremer Kaufmann. Aufsätze zur Geschichte bremischen Kaufmanntums, des Bremer Handels und der Bremer Schiffahrt aus Anlaß des tausendjährigen Gedenkens der Marktgründung durch Erzbischof Adaldag 965. Bremen: Carl Schünemann, 295–302.

—(1966): Bremen und der Ferne Osten. Bremen: Carl Schünemann [Veröffentlichungen aus dem Staatsarchiv der Freien Hansestadt Bremen, Bd. 34].

Graebner, Fritz (1924): Das Weltbild der Primitiven. Eine Untersuchung der Urform weltanschaulichen Denkens bei Naturvölkern. München: Ernst Reinhardt.

Greene, Brian (2004): Der Stoff, aus dem der Kosmos ist. Raum, Zeit und Beschaffenheit der Wirklichkeit. München: Siedler.

Gregersen, Niels Henrik (2004): Three Varieties of Panentheism. In: Clayton, Philip; Peacocke, Arthur (Hrsg.): In Whom We Live and Move and Have Our Being. Panentheistic Reflections on God's Presence in a Scientific World. Grand Rapids: Eerdmans Publishing, 19–35.

Groothoff, Hans-Hermann (1982): Immanuel Kant. Ausgewählte Schriften zur Pädagogik und ihre Begründung. Paderborn: Ferdinand Schöningh.

Grünwedel, Albert (1914): Aus Fedor Jagor's Nachlass. Mit Unterstützung der Jagor-Stiftung hrsg. v. d. Berliner Gesellschaft für Anthropologie, Ethnologie und Urgeschichte unter Leitung v. A. Grünwedel. I. Bd.: Südindische Volksstämme. Berlin: Dietrich Reimer.

Gümbel, Wilhelm von (1889): Rose, Gustav. In: *ADB* 29: 175–177.

—(1896): Weiss, Christian Samuel. In: *ADB* 41: 559.

Gundlach, Horst (2010): Was hat Fechner gemessen? In: Meischner-Metge, Anneros (Hrsg.): Gustav Theodor Fechner - Werk und Wirkung. Leipzig: Leipziger Universitätsverl, 49–56.

Gustav–Theodor–Fechner–Gesellschaft (2012): Gustav Theodor Fechner (1801–1887). Leipzig: Grafikantiquariat Koenitz. [CD–ROM].

Hagner, Michael (2007): Hirnforschung und Materialismus. In: Bayertz, Kurt; Gerhard, Myriam; Jaeschke, Walter (Hrsg.): Weltanschauung, Philosophie und Naturwissenschaft im 19. Jahrhundert, Bd. 1. Hamburg: Felix Meiner, 204–222.

Hamel, Jürgen ; Knobloch, Eberhard; Pieper, Herbert (Hrsg.) (2003): Alexander von Humboldt in Berlin. Sein Einfluß auf die Entwicklung der Wissenschaften.

Augsburg: Dr. Erwin Rauner [Algorismus, Studien zur Geschichte der Mathematik und der Naturwissenschaften, H. 41].

Hannemann, Tilman (2007): Die Bremer Magnetiseure. Ein Traum der Aufklärung. Bremen: Kleio Humanities.

Hantzsch, Viktor (1899): Berghaus, Heinrich. In: *ADB* 46: 374–379.

—(1907): Bastian, Philipp Wilhelm Adolf. In: BJDN, Bd. 10: 148.

Harvey, Godfrey Eric (1929): Burma. History. In: EB 4: 430–432.

Heintze, Beatrix (2007): Deutsche Forschungsreisende in Angola. Frankfurt: Otto Lembeck.

Heinz, Jutta (2000): „Über die Mittel Naturgeschichte gemeinnütziger zu machen" (1799). Bertuchs Entwurf eines populärwissenschaftlichen Forschungs- und Verlagsprogramms. In: Kaiser, Gerhard; Seifert, Siegfried: Friedrich Justin Bertuch (1747–1822). Verleger, Schriftsteller und Unternehmer im klassischen Weimar. Tübingen: Max Niemeyer, 659–665.

Henke, Oskar (1905) [1999]: Zur Geschichte der Reifeprüfung am Gymnasium in Bremen. In: Warns, Helgard; Schneider, Ralf (Hrsg.): Die Geschichte einer Penne. Das Alte Gymnasium zu Bremen. Bremen: Hauschild, 297.

Henschen, Jörg; Richter, Dieter; Vietor, Reinhold (Hrsg.) (1985): 200 Jahre Kinder- und Jugendlektüre in Bremen. Eine Ausstellung. Bibliographie, Geschichte, Dokumentation. Bremen: Klaus Gasseleder.

Herder, Johann Gottfried (1785): Ideen zur Philosophie der Geschichte der Menschheit, Bd. 2. Riga, Leipzig: Johann Friedrich Hartknoch. URL: http://db.saur.de/DLO/advancedFullCitationView.jsf [08.06.2012]. doi: BDLO2514_0321.

—(1820): Ideen zur Philosophie der Geschichte der Menschheit, Bd. 2. *Johann Gottfried Herders Sämtliche Werke*, 6 Bde, herausgegeben von Johannes von Müller. Carlsruhe: Bureau der deutschen Classiker*.

Hermannstädter, Anita (2002): Abenteuer Ethnologie. Karl von den Steinen und die Xingú-Expedition. In: Staatliche Museen zu Berlin (Hrsg.): Deutsche am Amazonas. Forscher oder Abenteurer? Expeditionen in Brasilien 1800 bis 1914. Münster, Hamburg, Berlin, London: Lit.

Helmuth-Plessner-Gesellschaft o.N. Zum Denken Hellmuth Plessners. URL: https://www.helmuth-plessner.de/seiten/seite.php?layout=bild1&inhalt=denken [15.02.2014].

Heß, Wilhelm (1899): Brehm Alfred. In: *ADB* 47: 214–216.

Hinske, Norbert (1977): Immanuel Kant. In: *NDB* 11: 110–125.

Hintzelmann, Paul (1916): Die Matrikel der Universität Heidelberg. Heidelberg: Carl Winter's Universitätsbuchhandlung. URL: http://digi.ub.uni-heidelberg.de/diglit/matrikelregister2/0027[02.11.2009].

Hirsch, August (1885): Mitscherlich, Eilhard. In: *ADB* 22: 15–22.

Höffe, Otfried (1996): Immanuel Kant. München: Beck, 4. Aufl. [Beck'sche Reihe 506].

Hofmann, August Wilhelm von (1884): Magnus, Heinrich Gustav von. In: *ADB* 20: 77–90.

Hoheisel, Karl (1979): Immanuel Kant und die Konzeption der Geographie am Ende des 18. Jahrhunderts. In: Büttner, Manfred (Hrsg.): Wandlungen im geographischen Denken von Aristoteles bis Kant. Paderborn u. a.: Ferdinand Schöningh, 263–276.

Hoppe, Brigitte (1990): Eduard von Martens. In: *NDB* 16: 268–269.

Huizing, Klaas (2008): Calvin. ... und was vom Reformer übrig bleibt. Frankfurt: Hansisches Druck- u. Verlagshaus.

Humboldt, Alexander von (1829): Über die bei verschiedenen Völkern üblichen Systeme von Zahlzeichen und über den Ursprung des Stellenwerthes in den indischen Zahlen. In: Crelle, A. L. (Hrsg.): *Journal für die reine und angewandte Mathematik*, Bd. IV, H. 4, 205–231 [Berlin: Reimer].

—(2004) [1845-1862]: [1845 Kosmos. Entwurf einer physischen Weltbeschreibung. Ediert und mit einem Nachwort versehen von Ottmar Ette u. Oliver Lubrich. Frankfurt a. M.: Eichborn.

Humboldt, Wilhelm von (1836): Über die Kawi-Sprache auf der Insel Java, nebst einer Einleitung über die Verschiedenheit des menschlichen Sprachbaues und ihren Einfluss auf die geistige Entwicklung des Menschengeschlechts. 3 Bde. Berlin: F. Dümmler.

Hutchinson, Thomas (1858): Impressions of Western Africa. With Remarks on the Diseases of the Climate and a Report on the Peculiarities of Trade up the Rivers in the Bight of Biafra, Preface. London: Longman. URL: http://www.archive.org/details/impressionswest01hutcgoog [19.11.2007] Oclo-id 05119969.

Ihle, Alexander (1931): Christoph Meiners und die Völkerkunde. Vorarbeiten zur Geschichte der Göttinger Universität und Bibliothek, Bd. 9. Göttingen: Vandenhoeck & Ruprecht.

Ivanov, Paola (2007): „…to observe fresh life and save ethnic imprints of it." Bastian and Collecting Activities in Africa During the 19th and early 20th Centuaries. In: Fischer, Manuela; Bolz, Peter; Kamel, Susan (eds.): Adolf Bastian's "Universal Archive of Humanity". The Origins of German Anthropology, p. 238–250. Hildesheim: Olms.

Jaenicke, [Carl] (1894): Der Dienst als Schiffsarzt bei der Deutschen Handelsmarine. Leipzig: Max Hoffmann.

Jahn, Ilse (2004): „Vater einer großen Nachkommenschaft von Forschungsreisenden …". Ehrungen Alexander von Humboldts im Jahre 1869. In: *HiN* V, 8: 4.

—(2007): Schleiden, Matthias Jacob. In: *NDB* 23: 52–54.

John, Vincenz (1884): Geschichte der Statistik. Ein quellenmäßiges Handbuch für den akademischen wie für den Selbstunterricht. Erster Teil: Vom Ursprung der Statistik bis auf Quetelet (1835). Stuttgart: Ferdinand Enke.

Kaiser, Gerhard; Seifert, Siegfried (2000): Friedrich Justin Bertuch (1747–1822). Verleger, Schriftsteller und Unternehmer im klassischen Weimar. Tübingen: Max Niemeyer.

Kamp, Jan van de (2011): Die Einführung der christlichen Disziplinierung des Alltags in die deutsche evangelische Erbauungsliteratur durch Lewis Baylys „Praxis Pietatis". In: Udo Sträter (Hrsg.): Pietismus und Neuzeit. Ein Jahrbuch zur Geschichte des neuen Pietismus, Bd. 37. Göttingen: Vandenhoeck & Ruprecht, 11–19.

Kant, Immanuel (1766): Träume eines Geistersehers, erläutert durch Träume der Metaphysik. In: Deutsche Literatur des 18. Jahrhunderts Online. Erstausgaben und Werkausgaben von der Frühaufklärung bis zur Spätaufklärung. Online-Datenbank. De Gruyter. URL: http://saur.de/DLO/saveUrl.jsf?type=document&documentId=BDLO1895_0001&volumeId=BDLO1895_0001 [08.02.2012].

—(1783): Prolegomena zu einer jeden künftigen Metaphysik der als Wissenschaft wird auftreten können. Riga : Johann Freidrich Hartknoch. URL : http://www.uni-potsdam.de/u/philosophie/texte/prolegom/!start.htm [28.07.2012].

Karsten, Gustav (1887): Osann, Gottfried Wilhelm. In : ADB 24 : 461.

Keil, Gundolf (1995): Franz von Rinecker (1811–1883). Mediziner. In: Baumgartner, Peter (Hrsg.): Lebensbilder bedeutender Würzburger Professoren. Neustadt a. d. Aisch: Degener, 21–59.

Kerst, Georg (1965): Die Bedeutung Bremens für die frühen deutsch-japanischen Beziehungen. In: Prüser, Jürgen (Hrsg.): 1000 Jahre Bremer Kaufmann. Aufsätze zur Geschichte bremischen Kaufmanntums, des Bremer Handels und der Bremer Schiffahrt aus Anlaß des tausendjährigen Gedenkens der Marktgründung durch Erzbischof Adaldag. Bremen: Carl Schünemann, 303–323.

Kiepert, Heinrich (1856): Erdkarte in Mercators Projection. In: Geographisches Institut (Hrsg.): Allgemeiner Hand–Atlas der Erde und des Himmels nach den besten astronomischen Bestimmungen, neuesten Entdeckungen und kritischen Untersuchungen entworfen, S. 2. Weimar: Verlag des Geographischen Instituts. URL http://www.davidrumsey.com/luna/servlet/detail/RUMSEY~8~1~24733~940066:erdkarte.-Mercators-Proj [21.05.2011].

Kieser, Dietrich Georg (1822): Das System des Tellurismus. Ein Handbuch für Naturforscher und Ärzte, 2 Bde. Leipzig: Herbig URL: http://archive.org/details/systemdestellur00kiesgoog [07.05.2012]. Oclc-id 265995.

Kipnis, Alexander (2007): Osann, Alfred (1859–1923), Mineraloge, Petrograph. (23.06.2007) URL: http://www.kipnis.de/index.php?option=com_content&task=view&id=49&Itemid=26 [25.02.2013].

Klewitz, Friedrich Wilhelm (1975): Geschichte des Corps Saxonia zu Jena bis 1921. Bonn: o. N.

Knobloch, Eberhard (2004): Naturgenuss und Weltgemälde. Gedanken zu Humboldts Kosmos. Berlin: HiN V, 9: 34–47.

Köhler, Arthur (1905): Der Philosoph Carl Christian Friedrich Krause als Geograph. Leipzig: Dieterich'sche Verlagsbuchhandlung.

Koldewey, Karl (1979) [1871]: Jacht Grönland im Eismeer. Bericht der ersten deutschen Polarexpedition 1868. *Petermann's geographische Mitteilungen*, Ergänzungsheft 28. Oldenburg, München: Stalling.

Köpping, Klaus Peter (2007): Bastian and Lévi–Strauss: From 'Entelechy' to 'Entropy' as 'Scientific' Metaphors for Cultural Teleologies. In: Fischer, Manuela; Bolz, Peter; Kamel, Susan (eds.): Adolf Bastian's "Universal Archive of Humanity". The Origins of German Anthropology, p. 22–31. Hildesheim: Olms.

Kötter, Herbert (Hrsg.) (1979): Indonesien. Tübingen, Basel: Erdmann.

Krause, Karl Christian Friedrich (1803) [2003]: Grundlage des Naturrechts oder philosophischer Grundriss des Ideals des Rechts – Erste Abtheilung, herausgegeben und mit einem Anhang versehen von Siegfried Wollgast. Freiburg, Berlin, München u.a.: Haufe Mediengruppe.

—(1828) [1981]: Vorlesungen über das System der Philosophie. Unveränderter Nachdruck, Vorwort und Anmerkungen von Siegfried Pflegerl. Breitenfurt: Selbstverlag.

—(1848) [1905]: Vorlesungen über psychische Anthropologie. Aus dem handschriftlichen Nachlass des Verfassers, herausgegeben von Paul Hohlfeld und august Wünsche. Leipzig: Dieterichsche Verlagsbuchhandlung. URL http://www.archive.org/details/vorlesungenberp00kraugoog (26.08.2008).

Kresse, Walter (1969): Seeschiffsverzeichnis der Hamburger Reedereien. 1824–1888. Hamburg: Museum für hamburgische Geschichte.

Lampe, Hanna; Martens, Jürgen (1982): Stammfolge Dwerhagen. GJb: 23.

Landau, Peter (2003): Röder, Karl David August. In: *NDB* 21: 709.

Landfester, Manfred (1988): Humanismus und Gesellschaft im 19. Jahrhundert. Untersuchungen zur politischen und gesellschaftlichen Bedeutung der humanistischen Bildung in Deutschland. Darmstadt: Wissenschaftliche Buchgesellschaft.

—(2001): Neuhumanismus. In: DNP 15, 1: 918–925.

Lange, Gottfried (1961): Varenius über die Grundfragen der Geographie. In: *PGM* 105: 274–283.

Leisewitz, Carl (1893): Steeb, Johann Gottlieb. In: *ADB* 35: 542–543.

Leverkühn, Paul (2005): [1901] Zur Erinnerung an Dr. Gustav Hartlaub. In: *Journal für Ornithologie*, 49 (3): 337–359.

Liebmann, Otto (1893): Steffens, Henrich. In: *ADB* 35: 555–558.

Lindeman, Moritz (1905): Adolf Bastian. In: *DgB* XXVIII (1): 1–9.

Lissauer, Abraham (1905): Ansprache des Vorsitzenden der Berliner Anthropologischen Gesellschaft. In: *ZfE* 37 (2/3): 234–236.

Lommel, Eugen (1877): Ermann, Adolphe Georg. In: *ADB* 6: 486.

Löwenberg, [Jakob] (1875): Barth, Heinrich. In: *ADB* 2: 96–99.

Ludwig, Ralph (2009): Der Herrnhuter. Wie Nikolaus von Zinzendorf die Losungen fand. Berlin: Wichern.

MacGaffey, Wyatt (2008): Crossing the River: Myth and Movement in Central Africa. In: Heintze, Beatrix; Oppen, Achim von (Eds.): Angola on the move: transport routes, communications and history=Angola em movimento, 221–242. Frankfurt: Lembeck. URL http://publikationen.ub.uni-frankfurt.de/frontdoor/index/index/docId/11039 [10.03.2011].

Martens, Jürgen (1988): Stammfolgen der Familie Bastian. In: DFA, Bd. 97. Neustadt: Degener.

Martino, Alberto (1990): Die Deutsche Leihbibliothek. Geschichte einer literarischen Institution (1756–1914). Wiesbaden: Otto Harrassowitz [Beiträge zum Buch- und Bibliothekswesen, Bd. 29].

Mausfeld, Rainer (2010): Von der Zahlenmetapher zur Maßformel: Fechners Psychophysik in der Tradition der Mathesis universalis. In: Meischner-Metge, Anneros (Hrsg.): Gustav Theodor Fechner – Werk und Wirkung. Leipzig: Leipziger Universitätsverl., 14–26.

Meischner-Metge, Anneros (Hrsg.) (2010): Gustav Theodor Fechner – Werk und Wirkung. Leipzig: Leipziger Universitätsverl.

Mocek, Reinhard (2007): Materialismus und Anthropologie im 19. Jahrhundert. In: Bayertz, Kurt; Gerhard, Myriam; Jaeschke, Walter (Hrsg.): Weltanschauung, Philosophie und Naturwissenschaft im 19. Jahrhundert, Bd. 1. Hamburg: Felix Meiner, 177–203.

Mohl, Robert von (1858): Die Geschichte und Literatur der Staatswissenschaften. In Monographien dargestellt, 3 Bde. Erlangen: Ferdinand Enke. URL: http://www.archive.org/details/diegeschichteun02mohlgoog[06.11.2010] Oclc-id 58579802.

Motz, [Wilhelm Dethard] (1886): Nagel, Karl August Wilhelm. In: *ADB* 23: 21.

Müller, Ernst W. (1999): Naturvolk. In: WdV: 269.

Nagel, Michael (1993): Geschichte der Kinder- und Jugendlektüre in Bremen. Mit einer Bibliographie bremischer Jugendliteratur aus fünf Jahrhunderten. Bremen: Edition Temmen.

Neumann, Karl (1859): Neuere Literatur. Afrikanische Reisen. Ein Besuch in San Salvador, der Hauptstadt des Königreichs Congo. Von Dr. A. Bastian. Bremen (Heinr. Strack). In: Karl Neumann (Hrsg.): *Zeitschrift für Allgemeine Erdkunde*, Bd. 7, 346–349. URL: http://www.digizeitschriften.de/dms/gcs-wrapper [15.12.2012].

Ottley, Charlton Robert (1970): The Story of Port of Spain. Trinidad: Longman Caribbean.

Pagel, Julius (1901): Domrich, Ottomar. In: BioLex: 409–410.

Pathologisches Institut: Würzburger Universität vor Virchows Amtsantritt 1849. Würzburg: UniWü. URL: http://www.pathologie.uni-wuerzburg.de/geschichte/virchow_in_wuerzburg/wuerzburger_provinz/universitaet_vor_1848 [16.02.2013].

Franz von Rinecker: der Mann hinter dem Aufstieg Würzburgs zur medizinischen Hochburg. Würzburg: UniWü. URL: http://www. pathologie.uni-wuerzburg.de/geschichte/virchow_in_wuerzburg/arbeitsalltag/kollegen/franz_von_rinecker [16.02.2013].

Rineckers Pharmakologie-Vorlesungen um 1850, zitiert von Ernst Haeckel. Würzburg: UniWü. URL: http://www.pathologie.uni-wuerzburg.de/geschichte/virchow_in_wuerzburg/arbeitsalltag/kollegen/franz_von_rinecker/haeckel_zitiert_rinecker [16.02.2013].

Pawlik, Peter-Michael (1994): Von der Weser in die Welt. Die Geschichte der Segelschiffe von der Weser und Lesum und ihre Bauwerften 1770–1893. Hamburg: Kabel [Schriften des Deutschen Schiffahrtmuseums, Bd. 33].

Pemsel, Helmut (2002): Weltgeschichte der Seefahrt. Zeit der Segelschiffe: Die Seekriege in der ersten Hälfte des 19. Jahrhunderts, 6 Bde. Graz, Wien: Neuer wissenschaftlicher Verl.

Petermann, August (1868): Die deutsche Nordpol-Expedition. In: *PGM* 1868 (14): 207–228.

Physiologisches Institut Jena (Hrsg.) (1845): Plan des erweiterten physiologischen Instituts unter der Leitung der Prof. Schleiden, Schmid, Haeser, Domrich. Jena: o. N.

Picht, Georg (1998): Der Begriff der Natur und seine Geschichte. Vorlesungen und Schriften. Stuttgart: Klett Cotta, 4. Aufl.

Pierer, Heinrich August (1858): Ethnographie. In: U-Lex 5: 927–928.

Prantl, Carl von (1883): Leonhardi, Hermann Karl Freiherr von. In: *ADB* 18: 311–312.

—(1885): Meiners, Christoph. In: *ADB* 21: 224–226.

Preissler, Holger (1997): Die Anfänge der Deutschen Morgenländischen Gesellschaft. In: *Zeitschrift der Deutschen Morgenländischen Gesellschaft*, Bd. 145/2: 241–327.

Preuss, Konrad Theodor (1926): Adolf Bastian und die heutige Völkerkunde. Zum Gedächtnis seines hundertjährigen Geburtstages am 26. Juni 1926. *Baessler-Archiv*, Bd. 10, 3–15*.

Prinz, Armin (1994): Mesmer, Franz Anton. In: *NDB* 17: 209–211.

Prüser, Friedrich (1957): Das Bremer Gymnasium Illustre in seinen landschaftlichen und personellen Beziehungen. In: *BJb* 45: 52–78.

Querner, Hans (1970): Die Versammlung der Gesellschaft deutscher Naturforscher und Ärzte 1869 in Innsbruck. Innsbruck: o. N. [Bericht des naturwissenschaftlich-medizinischen Vereins Innsbruck, Bd. 58].

—(1977): Karl Ernst von Baer als Anthropologe. Festschrift 75 Jahre Anthropologische Staatssammlung München: o. N. [Sonderdruck].

Rabe, Uwe (1991): Der Einzelne und sein Eigentum. Individualität und Individuum bei Wilhelm von Humboldt. Bochum: Universitätsverl. Dr. N. Brockmeyer [Dortmunder Beiträge zur Pädagogik, Bd. 5].

Rádl, Emanuel (1970) [1913]: Geschichte der biologischen Theorien in der Neuzeit, 2 Bde. Hildesheim, New York: Georg Olms.

Raikov, Boris Eugenevic (1968): Karl Ernst von Baer 1792–1876. Sein Leben und sein Werk. Leipzig: Johann Ambrosias Barth [Acta Historica Leopoldina 5].

Ratzel, Friedrich (1886): Neimans, Richard. In: *ADB* 23: 407–408.

—(1888): Karl Ritter. In: *ADB* 28: 679–697.

—(1896): Vogel, Eduard. In: *ADB* 40: 100–108.

Reinke-Kunze, Christine (1992): Aufbruch in die weiße Wildnis. Die Geschichte der deutschen Polarforschung. Hamburg: Ernst Kabel.

Richthofen, Ferdinand Freiherr von (1905): Gedächtnisrede für Adolf Bastian. In: *ZfE* 37 (2/3): 249–254.

Ritter, Joachim (1984): Naturrecht. In: HWPh 6: 560–609.

Ritter, Carl (1822): Die Erdkunde im Verhältnis zur Natur und Geschichte des Menschen, oder allgemeine, vergleichende Geographie, als sichere Grundlage des Studiums und Unterrichts in physikalischen und historischen Wissenschaften. Erster Theil. Erstes Buch. Afrika. Berlin: Reimer, 2. Aufl.

—(1858): Erste Anrede an die Versammlung von dem zeitigen Direktor. In: Gesellschaft für Erdkunde Berlin (Hrsg.): Zur Erinnerung an die Feier des dreißigjährigen Stiftungsfestes der Gesellschaft für Erdkunde. Berlin: R. Decker, 3–10.

Rohlfs, Heinrich (1856): Gemeinfassliche Heilkunde fuer Schiffsoffiziere. Nebst einer Anleitung zum Gebrauch der Schiffsapotheke. Bevorwortet von Arthur Breusing. Mit 17 in den Texten gedruckten Holzschnitten. Bremen: Strack.

Rohls, Jan (2009): Calvinismus und Philosophie. In: Reiß, Ansgar; Witt, Sabine (Hrsg.): Calvinismus. Die Reformierten in Deutschland und Europa. Dresden: Sandstein, 37–42.

Röpcke, Andreas (1990): Die Stifts- und Pfarrkirche St. Willehadi-Stephani im Mittelalter. In: Röpcke, Andreas; Zobeltitz, Louis von; Kramer, Ernst; Koch, Diether; Garlipp, Wilhelm (Hrsg.): 850 Jahre St. Stephani Gemeinde. Bremen: Steintor: Bremen Verlagsgesellschaft, 11–24.

Röser, albert (1988): Porträts aus vier Jahrhunderten Arnoldinum Steinfurt. 1588–1988. Steinfurt: Stadt Steinfurt. [Steinfurter Schriften 11].

Rudloff, Martina (1993): Einleitung. In: Wittheit zu Bremen (Hrsg.): *Klassizismus in Bremen*. Formen bürgerlicher Kultur. Bremen: Hauschild, 9–15.

Salmon, Thomas (1724): Modern history, or The present state of all nations: describing their respective situations, persons, habits, 15 Bde. London: J. Roberts*.

Sander, [Ferdinand] (1904): Julius Fröbel. In: *ADB* 49: 163–172.

Savigny, Karl von (1899): Ahrens, Heinrich A. In: *ADB* 45: 714–716.

Schipperges, Heinrich (1999): Krankheit und Kranksein im Spiegel der Geschichte. Berlin, Heidelberg, New York: Springer [Schriften der Mathematischnaturwissenschaftlichen Klasse der Heidelberger Akademie der Wissenschaften 5].

Schleiden, Matthias Jacob (1861): Zur Theorie des Erkennens durch den Gesichtssinn. Leipzig: Wilhelm Engelmann.

Schmack, Kurt (1938): J. C. Godeffroy & Sohn. Kaufleute zu Hamburg. Leistungen und Schicksal eines Welthandelshauses. Hamburg: Broschek & Co.

Schmidt, Bettina (1999): Fetisch. In: WdV: 125.

Schmidt, Rudolf (1902–1908): Deutsche Buchhändler. Deutsche Buchdrucker, 7 Bde. Berlin: Weber. URL: http//:zeno.org/nid/2001138835 [14.11.2010].

Schönemann, Bernd (1997): Volk, Nation. In: GG 7: 281–380.

Schulz, Andreas (1991): „… Tage des Wohllebens, wie sie noch nie gewesen …“. Das Bremer Bürgertum in der Umbruchzeit 1789–1818. In: Gall, Lothar (Hrsg.): Vom alten zum neuen Bürgertum. Die mitteleuropäische Stadt im Umbruch 1780–1820. München: Oldenbourg, 21–63.

—(2002): Vormundschaft und Protektion. Eliten und Bürger in Bremen 1750–1880. München: Oldenbourg.

Schütt, Hans-Werner (2003): Rammelsberg, Karl-Friedrich. In: *NDB* 21: 132–133.

Schwarz, Richard (1909): Adolf Bastians Lehre vom Elementar- und Völkergedanken. Leipzig: Robert Noske.

Schwarz, Klaus (1980): Bremische Kirchhöfe von der Reformation bis zur Franzosenzeit (1813). In: *BJb* 58: 23–63.

Schwarzwälder, Herbert (1976): Geschichte der Freien Hansestadt Bremen, 2 Bde. Bremen: Friedrich Röver.

Seedorf, Heinrich (1922): Der Bremische Prima-Verein. 1822–1922. Leipzig: Insel.

Seidensticker, Wilhelm (1969): Das Konzept der Ethnologie im Werk Adolf Bastians. In: Abel, Herbert (Hrsg.): Jahrbuch der Wittheit zu Bremen, Bd. XIII. Bremen: Friedrich Röver, 25–104.

Seling-Biehusen, Petra (2001): „Coffi, Schokelati und Potasie". Kaffee-Handel und Kaffee-Genuss in Bremen. Idstein: Schulz-Kirchner.

Siebert, Karl; Klinckicht, Moritz (1912): Dreihundert berühmte Deutsche, Nr. 268. Stuttgart: Greiner & Pfeiffer.

Smidt, Wolbert (1999): Afrika im Schatten der Aufklärung. Das Afrikabild bei Immanuel Kant und Johann Gottfried Herder. Bonn: Holos.

Sohni, Hans (1977): Kieser, Dietrich Georg von. In: *NDB* 11: 595–596.

Spinoza, Baruch de (2010) [1677]: Die Ethik. Schriften und Briefe, übersetzt von Carl Vogl, 8. aktualisierte Auflage. Stuttgart: Kröner.

Spreckelsen, Heinrich von (2003): Über einst in Bremen amtlich erstellte Familienstammtafeln. Bremen: Die MAUS – Gesellschaft für Familienforschung e. V. URL: http://www.die-maus-bremen.de/Datenbanken/Stammtafeln [20.02.2013].

Steinen, Karl von den (1905): Gedächtnisrede auf Adolf Bastian. In: *ZfE* 37 (2/3): 239–244.

—(1925–1928): Die Marquesaner und ihre Kunst. Studien über die Entwicklung primitiver Südseeornamentik. Nach eigenen Reiseerlebnissen und dem Material aus Museen, 3 Bde. Berlin: Reimer.

Stollberg-Rilinger, Barbara (2000): Europa im Jahrhundert der Aufklärung. Stuttgart: Reclam.

Storck, Helmut (1998): Humanitas. In: DNP 5: 752–753.

Strasznicky [Straßnitzki], Leopold Karl von Schulz (1844): Der Kreis-Umfang für den Durchmesser 1 auf 200 Decimalstellen berechnet von Herrn Z. Dahse in Wien. In: *Journal für die reine und angewandte Mathematik* [Berlin: de Gruyter], 27: 395 URL: http//:resolver.sub.uni-goettingen.de/purl?PPN243919689_0027 [20.01.2012].

Tams, Georg (1845): Die Portugiesischen Besitzungen in Süd-West-Afrika. Ein Reisebericht. Hamburg: Robert Kittler. URL: http://archive.org/details/die portugiesisc00tamsgoog[25.01.2008] Oclc-id 235945185.

Taylor, Peter J. (2004): World City Network. A global Urban Analysis. London: Routledge.

The State Records Authority of New South Wales (Hrsg.) (2008): Index to the unassisted Arrivals NSW 1842–1855. URL: http://srwww.records.nsw.gov.au/indexes/searchform.aspx[24.03.2009].

The Norwegian Polar Institute (2011): Place names in Norwegian polar areas. URL: http://placenames.npolar.no/stadnamn/Bastianøyane?ident=785&lang=en [16.07.2013].

Tiedemann, Friedrich (1837): Das Hirn des Negers mit dem des Europäers und Orang Outang verglichen. Heidelberg: Karl Winter.

Universität Würzburg (1850): Amtliches Verzeichnis des Personals und der Studirenden an der Julius-Maximilians-Universität zu Würzburg. Für das Sommer-Semester 1850. Würzburg: Friedrich Ernst Thein.

UrMel – Universal Multimedia Electronic Library (1808): Allgemeines Archiv für Ethnographie und Linuistik. Weimar: Verlag des Landes-Industrie-Comptoirs URL: http://zs.thulb.uni-jena.de/content/main/journals/aael.xml [09.12.2008].

Vermeulen, Han F. (2006): The German Invention of Völkerkunde. Ethnological Discourse in Europe and Asia, 1740–1798. In: Eigen, Sara; Larrimore, Mark (Ed.): The German invention of race. Albany: State of New York Press, 123–145.

Vöckler, Matthias (1998): „... zum Vorteil der Kranken und zur Bildung angehender Ärzte". In: Klinikumsvorstand und Förderverein des Universitätsklinikums Jena (Hrsg.): *Klinikmagazin*, H. 4. URL: http://www.med.uni-jena.de/klinikmagazin/archiv/km498/km398/kultge1.htm [09.12.2008].

Voigt, Carl (1848): Verzeichnis der Lehrer, Behörden, Beamte und Studirenden auf der Großherzoglich Herzoglich Sächsischen Gesammt-Universität Jena. Im Sommer-Semester 1848. Jena: o. N.

Voigt, Christopher (2003): Der englische Deismus in Deutschland. Eine Studie zur Rezeption englisch-deistischer Literatur in deutschen Zeitschriften und Kompendien des 18. Jahrhunderts. Tübingen: Mohr Siebeck [Beiträge zur historischen Theologie 121].

Voigt, Karl Heinz (1999): Zauleck, Paul. In: *BBKL* XIV: 359–364.

Vorstand des Verbandes Alter Corpsstudenten (Hrsg.) 1985 Handbuch des Kösener Corpstudenten, 2 Bde. Würzburg: VAC e.V., 6. Aufl.

Warner, Mary-Anne (2008): Mariners and ships in Australian waters. March 1852 V, Nr. 51. URL: http://mariners.records.nsw.gov.au/1852/03/5203.htm[24.03.2009].

Weber, Wilhelm Ernst (1831): Freuden und Leiden des Schulmannes. Ein Vortrag bei Entlassung der zur Universität abgehenden Primaner. Bremen: Johann Georg Hense.

Wegele, Franz Xaver von (1880): Arnold Hermann Ludwig Heeren. In: *ADB* 11: 244–246.

Wegener, Alfred (1960): Die Bremer Bibliotheken. In: Faust, Alfred (Hrsg.): Geistiges Bremen. Bremen: Carl Schünemann, 73–82.

Weißbrich, Thomas (2009): England und Schottland. In: Reiß, Ansgar; Witt, Sabine (Hrsg.): Calvinismus: Die Reformierten in Deutschland und Europa. Dresden: Sandstein, 246.

Weizäcker, Paul; Drexler, Wilhelm (1897): Moira. In: Wilhelm Heinrich Roscher (Hrsg.): Ausführliches Lexikon der griechischen und römischen Mythologie, Bd. 2,2, Sp. 3084-3103. Leipzig: B. G. Teubner. URL: http://www.archive.org/stream/ausfhrlichesle0202rosc#page/n665/mode/2up/search/Moira [19.02.2013]. Identifier-bib b13158375.

Westphal-Hellbusch, Sigrid (1969): Hundert Jahre Ethnologie in Berlin, unter besonderer Berücksichtigung ihrer Entwicklung an der Universität. In: *Mitteilungen der BGAEU*, 1969–1971, Bd. 3, 157–183. Berlin: o. N.

Wichmann, Hugo (1887): August Petermann. In: *ADB* 26: 796–798.

Wolgast, Eike (1986): Die Universität Heidelberg, 1386–1986. Berlin, Heidelberg: Springer.

Wolkenhauer, Wilhelm (1882): Johann Georg Kohl. In: *ADB* 16: 426–427.

—1900: George Alexander Albrecht. In: Bettelheim, Anton (Hrsg.): Biographisches Jahrbuch und deutscher Nekrolog, Bd. III. Berlin: Reimer, 325.

Wunschmann, Ernst (1883): Kunth, Karl Sigismund. In: *ADB* 17: 394–397.

—(1896): Welwitsch, Friedrich. In: *ADB* 41: 699–702.

Wurzbach, Constantin von (1934): Romeo Seligmann. In: BioLex, Bd. 5: 50.

Zahn, Gustav von (1909): Eine Ozeanfahrt III. Der innere Dienst an Bord. Berlin: Ernst Siegfried Mittler & Sohn [Meereskunde. Sammlung volkstümlicher

Vorträge zum Verständnis der nationalen Bedeutung von Meer und Seewesen, 3. Jg., H. 10].

Zeuske, Michael (2000): Kleine Geschichte Kubas. München: Becksche Verlagsbuchhandlung.

Ziegler, Theobald (1894): Sturm, Johann St. In: *ADB* 37: 21–36.

Zobeltitz. Louis von (1990): Theologische Hauptströmungen in St. Stephani von der Reformation bis ins 19. Jahrhundert. In: Röpcke, Andreas; Zobeltitz, Louis von; Kramer, Ernst; Koch, Diether; Garlipp, Wilhelm (Hrsg.): 850 Jahre St. Stephani Gemeinde. Bremen: Steintor: Bremen Verlagsgesellschaft, 25–74.

* Sekundärzitat

8.3 Archivalien

Humboldt-Universität Berlin [HU Berlin].

Abgangszeugnis der Königlichen Friedrich-Wilhelms-Universität zu Berlin v. 31. 3. 1848, UK AZ.

Anschreiben des Dekans an das Königliche Ministerium v. 12.°12.°1866, Phil. Fak 1207, Bl. 258.

Ankündigung: Habilitationsvortrag Adolf Bastian v. 4.°12.°1866, Phil. Fak 1207, Bl. 259.

Anschreiben Adolf Bastians an die Philosophische Fakultät v. 1.°3.°1871, Phil. Fak. 1434, Bl. 219–222.

Anschreiben des Ministers an die Philosophische Fakultät v. 27.°12.°1871, Phil. Fak. 1499, Bl.°349.

Staatsbibliothek Berlin [SBB].

Promotionsschrift 1850, Sig. Jv 9566 Adolf Bastian 1850: *De methodo therapeutica quae endermatica dicitur.* Inaugural-dissertation. Mit Genehmigung der medicinischen Fakultät zu Würzburg dem Druck übergeben von Adolph Bastian, Doctor der Medicin, Chirurgie und Geburtshilfe. Würzburg: Druck der C. Beck'schen Universitäts-Buchdruckerei.

Staats- und Universitätsbibliothek Bremen [SUUB].

Archiv Primaner-Verein (Prima- und Sekunda-Verein) des Alten Gymnasiums [Originale vor 1945].

Sammlungen der Aufsätze des wissenschaftlichen Vereins. Zwanzigstes Heft. 1842–1844. Extract, 49.c.2959 Nr. 14.

Brief: Adolf Bastian an Hermann Costenoble, 9. 2. 1860, Aut. VIII, 35: 2.

Staatsarchiv Bremen [StA Brem].

Testament von Dorothea Maria Bastian, geborene Dwerhagen, v. 25. 11. 1850. 2-Qq.4.c.3.b.4.dd.Nr. 1617.

Das Catharinenstift in Bremen. Inspectoren – Administratoren. Gesellschaft für Familienforschung Bremen e. V. - *Die Maus.* Graue Mappe Bastian, XIX.d.11.b.

Auszug aus den Bürger-Registern der freien Hanse-Stadt Bremen. Bürger-Eid. Gesellschaft für Familienforschung Bremen e. V. - *Die Maus.* Graue Mappe Bastian, Bl. 21 u. 21a.

Liste der von Johann Wilhelm Bastian erworbenen und vererbten Grabstellen, 1814–1873. Gesellschaft für Familienforschung Bremen e. V. - *Die Maus.* Graue Mappe Bastian, Bl. 23.

Prima-Verein (Prima- und Sekunda-Verein) des alten Gymnasiums. 7, 1038 [Mikrofilme]Aufsatzhefte des Wissenschaftlichen Vereins der Primaner, H. 20, 1842–1844: Nr. 35, 186–193: Adolf Bastian: „Über das Verhältnis der Welt", 16. 2. 1844; Nr. 41, 219–221: Adolf Bastian: „Worte, gefunden bei der Einführung eines neuen Mitgliedes", 7. 6. 1844; Nr. 42, 222–230: Adolf Bastian: „Über die Bildung der Völker", 21. 6. 1844.

Altes Gymnasium Bremen. 4,39 Verzeichnis der Schüler der Vorschule, 4,39/92 Hauptbuch über den Fleiß und das Betragen sämtlicher Schüler der Vorschule zu Bremen 1817–1858, 4,39/98.

Zweiundzwanzigste Versammlung deutscher Naturforscher und Ärzte, 1844. 2-S.7.a.5.b.

Johann Smidt u. Gustav Woldemar Focke (Hrsg.) (1844): Amtlicher Bericht über die zweiundzwanzigste Versammlung deutscher Naturforscher und Ärzte. Bremen: Schünemann Tageblätter der zweiundzwanzigsten Versammlung deutscher Naturforscher und Ärzte: Nr. 3 v. 19. 9. 1844, Nr. 5 v. 21. 9. 1844, Nr. 7 v. 24. 9. 1844.

Catalog einer Sammlung von Mineralien, Pflanzen, Thieren und ethnographische Gegenständen welche während der 22. Versammlung deutscher Naturforscher und Ärzte im Haus Seefahrt ausgestellt und z. T. am 21. u. 24. September nach der allgemeinen Versammlung Mittags öffentlich meistbietend versteigert werden soll.

Hirschfeld, Eduard (1844): Umrisse der Phrenologie zur Förderung des Ausbaus einer naturgemäßen Geisteskunde. Bremen: Georg Heyse.

Handelskammer Bremen [HK Brem].

Firmengeschichte: Johann Lange Sohn's Wwe & Co. 90001, K10 Ausschnitt aus den *Bremer Nachrichten:* „Bremens älteste Firma. Johann Lange Sohn's Wwe & Co." v. 1. 4. 1942 Anschreiben des Präses der Handelskammer an die Firma zum 300-jährigen Bestehen v. 1. 4. 1942 Auszug aus den *Historisch-biographischen Blättern.* Der Staat Bremen, 1906: „Johann Lange Sohn's Ww. & Co".

Landeskirchliches Archiv Bremen [LA Brem].

Taufen an St. Stefani, Eintrag Nr. 640 im Kirchenbuch (1759–1867).

Altes Gymnasium Bremen [AGym Brem].

Philipp Wilhelm Adolf Bastian, Abiturzeugnis, 1845.

Herzog August Bibliothek Wolfenbüttel [HAB].

Katalog der Büchersammlung der Gesellschaft Museum zu Bremen. 1861. Bremen: Schünemann, Bb 4° 116.

Archiv Deutsche Akademie der Naturforscher Leopoldina [Lpda].

Aufnahme in die Akademie, 1. 1. 1869, Matrikel-Nr. 2093.

Universitätsarchiv Jena [UAJ].

Inskriptionsbuch, Bestand BA, Nr. 1665 a.

Immatrikulationsunterlagen, Bestand BA, Nr. 661, Bl. 35/37.

Rechnungsmanuale der akademischen Quästatur, No. 102: Eintrag No. 19, 85, 1007, 1118; No. 103: Eintrag No. 19, 1007; No. 104: Eintrag No. 24, 709, 710, 711; No. 105: Eintrag No. 24, 709, 711; No. 106: Eintrag: No. 852–858; No. 107: Eintrag: No. 852–857; No. 108: Eintrag No. 709, 711–719; No. 109: Eintrag No. 711–719. UAJ G/Abt. I.

Staatsarchiv Hamburg [StA HH].

Auswandererlisten. VIII A1 Bd. 2.

Universitätsbibliothek Gießen [UB].

Brief: Adolf Bastian an Karl Ernst von Baer v. 9. 3. 1869. Nachlass Baer, Bd. 1.

Dr. Adolf Bastian. Nach einer Photographie (1860)

Dr. Adolf Bastian. Nach einer Photographie.

Quelle: *Illustrirte Zeitung*, H 35: 220

FSC
www.fsc.org
MIX
Papier | Fördert gute Waldnutzung
FSC® C083411

Kolibri 360 GmbH
Ferdinand-Jühlke-Straße 7
99095 Erfurt, Deutschland
produktsicherheit@kolibri360.de